AF553961

कबीर–मीमांसा

परिवर्द्धित एवं संशोधित संस्करण

कबीर-मीमांसा

कबीर सम्बन्धित सभी पक्षों का मूल्यांकन करनेवाली कृति

डॉ. रामचन्द्र तिवारी

कृतकार्य आचार्य एवं अध्यक्ष

हिन्दी विभाग

दीनदयाल उपाध्याय गोरखपुर विश्वविद्यालय

गोरखपुर

लोकभारती प्रकाशन

लोकभारती प्रकाशन
पहली मंजिल, दरबारी बिल्डिंग, महात्मा गाँधी मार्ग
प्रयागराज-211 001
वेबसाइट : www.lokbhartiprakashan.com
ईमेल : info@lokbhartiprakashan.com
शाखाएँ : 1-बी, नेता जी सुभाष मार्ग, दरियागंज
नयी दिल्ली-110 002
अशोक राजपथ, साइन्स कॉलेज के सामने
पटना-800 006 (बिहार)
36-ए, शेक्सपियर सरणी
कोलकाता-700 017

प्रथम संस्करण : 1976
चतुर्थ संशोधित एवं परिवर्द्धित संस्करण : 2018
पुनर्मुद्रण : 2021

जे.के. आर्ट प्रेस
प्रयागराज द्वारा मुद्रित

KABIR-MIMANSA
Edited by Dr. Ramchandra Tiwari

ISBN : 978-93-86863-92-8

मूल्य : ₹ 550

आमुख

हिन्दी-साहित्य के पूर्व मध्यकालीन भक्त साधकों एवं कवियों में कबीरदास का स्थान अन्यतम है। उनके व्यक्तित्व की प्रखरता, चरित्र की निर्मलता, स्वभाव की सहजता एवं साधना की उच्चता की सराहना उनके विरोधियों एवं समर्थकों ने समान रूप से की है। उनकी वाणी में अनुभूति की सच्चाई है। वे पूर्ण सत्य का साक्षात्कार करनेवाले अत्यन्त संवेदनशील सरल हृदय सन्त थे। उन्होंने जो कुछ कहा है वह सत्य-पूत है। वह भारतीय संस्कृति-सागर के गहन मन्थन से प्राप्त दिव्य नवनीत है। कबीर अकेले सन्त कवि हैं जिन्होंने समस्त धार्मिक आडम्बरों एवं बाह्याचारों को नकारकर सहज जीवन-पद्धति को सर्वोच्च मूल्य के रूप में प्रतिष्ठित किया है। इसीलिए आज यदि शास्त्रनिष्ठ अध्यात्मचिन्तक उनके विचारों में औपनिषदिक चिन्तन की छाया देखता है तो प्रगतिशील जीवन चेतना से प्रेरित रचनाकार उनमें एक सच्चे विद्रोही की आत्मा के दर्शन करता है। ऐसे कवि मनीषी की महिमा के सम्बन्ध में जो कुछ कहा जाय, कम है।

प्रस्तुत कृति सन्त कवि कबीर के जीवन एवं कृतित्व के सन्तुलित एवं आग्रह मुक्त मूल्यांकन का एक विनम्र प्रयास है। यदि कबीर के छात्रों एवं अध्येताओं को इसमें कुछ भी संग्रह योग्य प्राप्त हो सका तो मेरा श्रम सार्थक होगा और मैं अपने को कृतार्थ अनुभव करूँगा।

●

तृतीय संस्करण की भूमिका

कबीर-मीमांसा का प्रथम संस्करण 1976 ई. में प्रकाशित हुआ था। उत्तर प्रदेश हिन्दी संस्थान लखनऊ से इसे विशेष पुरस्कार भी प्राप्त हुआ था। तब से लेकर आज तक इस कृति के अनेक संस्करण होते रहे हैं। 1976 ई. में प्रकाशित होने के बाद पिता जी (प्रो. रामचन्द तिवारी) के कबीर के व्यक्तित्व और काव्य के अनेक पक्षों पर विभिन्न पत्र-पत्रिकाओं में अनेक निबन्ध प्रकाशित होते रहे हैं। इस संस्करण में कबीर से सम्बन्धित दस निबन्ध कबीर-वाणी की लिखित एवं मौखिक परम्परा तथा कबीर का व्यक्तित्व, कबीर-वाणी के अध्ययन की परम्परा : एक रेखांकन, कबीर का अनभै साँचा, कबीर की सांस्कृतिक मनोभूमि, जो कबिरा काशी मरै..., प्रगतिवादी 'कबीर', कबीर और बंगाल के बाउल सन्त, कबीर का आदर्श मानव और मानवतावाद, कबीर को कबीर ही रहने दें, कबीर : अन्तर्विरोधों के बावजूद शामिल किया गया है। अब यह कबीर से सम्बन्धित सभी पक्षों का समग्र मूल्यांकन करनेवाली कृति हो गयी है। कबीर के अध्येताओं, उच्च शिक्षा प्राप्त करनेवाले छात्रों और प्रतियोगी परीक्षा में बैठनेवालों के लिए इस कृति का महत्त्व पहले की अपेक्षा ज्यादा हो जायेगा। विश्वास है कि पहले की ही तरह प्रस्तुत संस्करण को भी पाठकों का विश्वास प्राप्त होगा।

कार्तिक पूर्णिमा 2017 ई.
सरस्वती सदन, बेतियाहाता
गोरखपुर - 273001

डॉ. प्रेमव्रत तिवारी
हिन्दी विभाग
दीनदयाल उपाध्याय-
गोरखपुर विश्वविद्यालय,
गोरखपुर - 273009

अनुक्रम

कबीरयुगीन समाज और संस्कृति

कबीर का आविर्भाव पन्द्रहवीं शती वि. में हुआ था और वे सोलहवीं शती वि. के मध्य तक विद्यमान थे। भारतीय इतिहास में यह समय घोर राजनीतिक उथल-पुथल और संक्रान्ति का माना जाता है। इस समय तक उत्तर भारत के राजपूत राजवंश प्रायः नष्ट हो चुके थे। दिल्ली में मुसलमानों का राज्य स्थापित हो चुका था। उत्तर भारत में केन्द्रीय शक्ति का अभाव था। जौनपुर, बिहार, बंगाल, उड़ीसा, कामरूप, मालवा, गुजरात, कश्मीर, मेवाड़, मारवाड़, आमेर, ग्वालियर आदि कई स्वतन्त्र राज्य कायम हो गये थे। दिल्ली की राजसत्ता स्थिर नहीं थी। सन् 1206 (1263 वि.) से 1526 ई. (1583 वि.) तक दिल्ली में क्रमशः पाँच राजवंश—गुलाम, खिलजी, तुगलक, सैयद और लोदी—स्थापित और विघटित हो चुके थे। जिस समय कबीर काशी में बैठे-बैठे धार्मिक-सामाजिक बाह्याचारों का खण्डन कर रहे थे, उस समय दिल्ली में सिकन्दर लोदी शासन कर रहा था। यह कट्टर मुसलमान और एक शक्तिशाली शासक था। इसका सारा जीवन युद्धों में ही व्यतीत हुआ। सन् 1489 (1546 वि.) से 1517 ई. (1574 वि.) के बीच इसने जौनपुर, काल्पी, ग्वालियर, बिहार, तिरहुत, धौलपुर, चंदेरी तथा बयाना आदि अनेक स्थानों पर घोर युद्ध किया और अपने शत्रुओं को पराजित किया। इसे बराबर चुनौतियाँ मिलती रहीं। उस समय राजसत्ता शासक की व्यक्तिगत शक्ति और योग्यता पर निर्भर थी। नियम और संविधान जैसी कोई भी चीज नहीं थी। कोई भी महत्त्वाकांक्षी सरदार या सिपाही अपनी तलवार के बल पर राज्य कायम कर सकता था। मुसलमानों मे सुल्तान होने के लिए आभिजात्य आवश्यक नहीं था। तुर्कों और अफगानों में उत्तराधिकार के निश्चित और सर्वमान्य नियम नहीं थे। इसलिए उत्तराधिकार की समस्या का एकमात्र निर्णायक युद्ध ही होता था। सामान्य जनता में राजनीतिक चेतना का अभाव था। राजसत्ता के परिवर्तन से उसकी आर्थिक-सामाजिक स्थिति में कोई मौलिक परिवर्तन सम्भव नहीं था। इसलिए वह प्रायः उदासीन रहती थी। प्रजा को आर्थिक उन्नति के लिए शासकों की ओर से कोई प्रयत्न नहीं किया जाता था। शासन के मुख्यतः दो ही कार्य थे—शान्ति कायम रखना और राजस्व वसूल करना। इसलिए शासकों को जनता का समर्थन नहीं मिल पाता था। मुसलमानों को अभी तक विदेशी ही समझा जाता था। राजपूत और हिन्दू सामन्त उन्हें बराबर चुनौती देते रहते थे। निरन्तर युद्ध का वातावरण बना रहता था।

ऐसे वातावरण में सामान्य जनता की आर्थिक समृद्धि की कल्पना नहीं की जा सकती थी, किन्तु इस अवधि में भारत में आनेवाले सभी विदेशी यात्रियों—मार्कोपोलो, इब्नबतूता और माहुआ—ने इसकी समृद्धि का उल्लेख किया है।[1] उन दिनों समृद्धि थी अवश्य किन्तु यह

1. दिल्ली सल्तनत, डॉ. आशीर्वादीलाल, पृ. 318

समृद्धि सुल्तान, उनके सामन्तों तथा उच्च पदाधिकारियों तक ही सीमित थी। चोटी के व्यापारी और साहूकार भी सम्पन्न थे। जनसाधारण का जीवन सुख और वैभव का जीवन नहीं था। किसानों के पास भूमि की उपज का केवल एक-तिहाई भाग बच पाता था। यातायात के साधन सुगम न थे। इसलिए प्राकृतिक आपत्तियों से फसल नष्ट होने पर भयंकर दुर्भिक्ष पड़ता था और हजारों लोग अकाल से ही काल-कवलित हो जाते थे। तुर्कों के आगमन के पूर्व औद्योगिक दृष्टि से हमारा देश उन्नत एवं सुसंगठित था। गाँवों में पंचायतें और नगरों में शिल्प-संघ थे, जो कृषकों और शिल्पियों के हितों की रक्षा करते थे। कुछ उद्योगों को सुल्तानों का संरक्षण भी प्राप्त था। विशेष रूप से रेशमी कपड़ों को तैयार करनेवाले तथा उन पर सोना, चाँदी और कसीदा का काम करनेवाले कारखाने सुल्तानों के संरक्षण में संचालित होते थे। इन कारखानों में सैकड़ों जुलाहे काम करते थे। इसके अतिरिक्त सूती-ऊनी कपड़ों को तैयार करने, उनकी रँगाई-छपाई करने, कागज बनाने, पच्चीकारी और कलई करने, मिट्टी और धातुओं के बर्तन बनाने तथा अस्त्र-शस्त्रों का निर्माण करने के लिए सैकड़ों छोटे-मोटे कारखाने देश में बिखरे हुए थे। कृषि की उपज अफीम, नील, जस्ता तथा अनेक प्रकार के सूती-रेशमी वस्त्रों का निर्यात भी होता था। जब तक कृषि और कला-कौशल सम्बन्धी उद्योग-धन्धों पर पंचायतों और शिल्प-संघों का नियन्त्रण था तब तक इनकी हालत सामान्यतः अच्छी थी। मुसलमानी शासन-काल में जागीरदारी प्रथा को प्रश्रय मिला। जागीरदारों ने उद्योग-धन्धों पर भी अपना नियन्त्रण कायम किया। जागीरदार पहले अपना हित देखते थे, इसलिए इन्होंने किसानों और शिल्पियों का शोषण करना आरम्भ किया। धीरे-धीरे किसान और कारीगर जागीरदारों के चंगुल में फँसते गये। आखिर आये दिन होनेवाले भयंकर युद्धों का खर्च कौन वहन करता होगा? सुल्तानों और सामन्तों के वैभव-विलास में तो कमी पड़ती नहीं थी। इन युद्धों का दुष्परिणाम साधारण जनता को ही भुगतना पड़ता होगा। विदेशी यात्रियों की यात्राएँ तो राजधानियों, नगरों और कस्बों तक सीमित रहती होंगी। इनमें रहनेवाले सामन्त, उनके अधिकारी तथा उनके लिए सुविधाएँ एकत्र करनेवाला व्यापारी वर्ग तो सम्पन्न था ही, यदि तत्कालीन साधारण जनता के जीवन का अनुमान लगाना हो तो जायसी द्वारा चित्रित नागमती के अभावग्रस्त जीवन का चित्र देखिये। जायसी ने नागमती को सामान्य ग्रामीण नारी के रूप में ही प्रस्तुत किया है। नागमती के घर में ठीक से न 'छप्पर' था न 'थूनी' न 'थम्भ' न 'कोरो' न 'मूँज'। कबीर से 60-65 वर्ष बाद जब तुलसी के समय में अकबर जैसे कुशल और व्यवस्थाप्रिय शासक के शासनकाल में लोग जीविकाविहीन होकर मारे-मारे फिर रहे थे और अपने को असहाय अनुभव कर रहे थे, तो सिकन्दर लोदी के समय में जनसाधारण की आर्थिक स्थिति अवश्य चिन्त्य रही होगी।

कबीर के समय में सर्वाधिक उथल-पुथल सामाजिक जीवन में व्याप्त थी। वर्ण-व्यवस्था और आश्रम धर्म के आधार पर संघटित ब्राह्मण समाज-व्यवस्था का ढाँचा लड़खड़ा गया था। मुसलमानों के आगमन से वर्ण-व्यवस्था को एक प्रबल चुनौती मिली थी। मुसलमानों में मजहबी जोश था। उनमें कट्टर भ्रातृ-भावना थी। भारतीय समाज का उपेक्षित निम्नवर्ग इस्लाम की ओर आकृष्ट हो रहा था। मुसलमान विजेता और शासक के रूप में यहाँ आये थे। इसलिए निम्नवर्ग पर उनका विशेष आतंक था। मुसलमान धर्म ग्रहण कर लेने से निम्नवर्गीय जनता को कुछ सुविधाएँ मिल जाती थीं। स्वयं भारतीय अभिजात वर्ग की दृष्टि में मुसलमान हो

जाने पर उनकी स्थिति बदल जाती थी। उनके प्रति उपेक्षा का भाव नहीं रह जाता था। कभी भय, कभी प्रलोभन और कभी भय एवं प्रलोभन दोनों के कारण सामूहिक धर्म-परिवर्तन होने लगे थे। हिन्दुओं में एक बार जाति-च्युत और बहिष्कृत होने के बाद पुनः लौटने की गुंजाइश नहीं थी। इसलिए मुसलमानों से अलग रहने के लिए उन्होंने अपने धार्मिक नियमों और विधानों को अधिक कठोर बना लिया था। हिन्दुओं में अपने जातियाँ और उपजातियाँ बन चुकी थीं। उनमें छोटे-बड़े का भेद-भाव चरमसीमा तक बढ़ चुका था। हिन्दुओं की देखा-देखी मुसलमानों में भी बाहर से आये हुए सैयदों, पठानों और यहाँ के परिवर्तित मुसलमानों में भेद-भाव बढ़ गया था। धर्म के नाम पर बाह्याचार और आडम्बर हिन्दुओं-मुसलमानों दोनों में बढ़ रहा था। मुसलमानों में भी फकीरों, पीरों और मकबरों की पूजा होने लगी थी। मुसलमानी धर्म स्वीकार करनेवाले हिन्दुओं की विचित्र स्थिति थी। बाहर से आये हुए मुसलमान उन्हें सम्मान नहीं देते थे और हिन्दू और उन्हें घृणा करते थे। देश के पूर्वी और उत्तरी भागों में कुछ जातियाँ ऐसी थीं जो न हिन्दू थीं न मुसलमान। उनकी निष्ठा न वर्ण-व्यवस्था में थी और न मुसलमानों के धर्माचार में। स्त्रियों की दशा सबसे खराब थी। सामन्तों सुल्तानों के लिए वे 'खड्ग की चेरी'[1] और विलासिता की वस्तु थीं। पण्डितों के लिए संस्कारहीन होने के कारण वे शूद्रवत् थीं और सन्तों एवं भक्तों के लिए वे साक्षात् मायामूर्ति थीं। भक्त लोग उनके सती रूप की प्रशंसा करते थे और दरबारी कवि उनके 'रानी' रूप की। सामान्य नारी की कोई सामाजिक मर्यादा न थी।

हिन्दुत्व के दायरे के भीतर उपासना-भेद के आधार पर मत-मतान्तर प्रचलित थे। बौद्ध और जैन धर्म प्रभावहीन होने पर भी क्रमशः देश के पूर्वी (बंगाल और उड़ीसा) तथा पश्चिमी (राजस्थान और गुजरात) भागों में जीवित थे। यौगियों (नागपन्थी) का प्रभाव पूरे देश में था। उत्तर भारत में वे विशेष सक्रिय थे। शैव-शाक्त मतों के अनुयायी भी जनता में प्रभाव रखते थे। लेकिन योगियों ने उनके दार्शनिक तत्त्वों को आत्मसात् कर लिया था। इस समय सबसे अधिक प्रभाव वैष्णव भक्ति-आन्दोलन का था। दक्षिण से उमड़कर यह प्रवाह महाराष्ट्र, गुजरात और राजस्थान से होता हुआ समस्त उत्तर भारत में फैल गया था। योगियों के प्रभाव को कम करने में वैष्णवों के भक्ति-आन्दोलन का विशेष योगदान था। इस्लाम के अन्तर्गत दो धाराएँ प्रमुख थीं। एक धारा तो कट्टर मुल्ला-मौलवियों द्वारा अनुशासित मुसलमानी मजहब की थी और दूसरी उन्हीं के साथ आये हुए सूफियों के प्रेम-गर्भित साधना की। सूफी फकीर अपेक्षाकृत उदार थे। ये जनता में घुल-मिलकर अपने प्रेम की पीर से उसके मन को आर्द्र कर देते थे। सबसे बड़ी बात यह थी कि इन सभी धर्म-साधनाओं में बाह्याडम्बर आ गया था। सामान्य जनता इन सभी को आदर देती थी। जनता का बौद्धिक स्तर बहुत सामान्य था। उसमें अनेक प्रकार के अन्धविश्वास प्रचलित थे। वह टोना-टोटका, शकुन-अपशकुन, भूत-प्रेत, झाड़-फूँक, तन्त्र-मन्त्र और जादू-मन्तर के चक्कर में पड़ी रहती थी। उसमें न राष्ट्रीय भावना थी न राजनीतिक चेतना। धर्म के नाम पर वह अवश्य प्राण उत्सर्ग कर सकती थीं। तीर्थ-व्रत, नियम-संयम, उपवास एवं पर्व-त्योहार के साथ ही अनेक प्रकार के संस्कार जनता में प्रचलित थे। इनका नियमपूर्वक पालन करना ही धर्म समझा जाता था।

---

1. तिरिया पुहुमि खरग की चेरी। जीतै खरग होइ तेहि केरी--पद्‌मावत, 618/4।

सब मिलाकर कबीरयुगीन समाज गतिशील नहीं था। उस समय की जीवन-चेतना विश्वासप्रधान, रूढ़िग्रस्त, धर्मकेन्द्रित, संकीर्ण, प्रेरणारहित और नैतिकता के आग्रह से पूर्ण थी। यद्यपि यह तो नहीं कहा जा सकता कि उसका कोई वर्णन करने योग्य इतिहास नहीं है। (जैसा कि अंग्रेज इतिहासकार स्मिथ ने कहा है) किन्तु यह सत्य है कि भारतवर्ष की सामान्य जनता के जीवन-मूल्यों में मेगस्थनीज के जमाने से लेकर मध्ययुग के अन्तिम चरण तक क्रान्तिकारी कहा जा सकनेवाला परिवर्तन नहीं हुआ है। इस्लाम का आगमन मध्यकालीन इतिहास की सबसे बड़ी घटना है। इसने हमारे सामाजिक-धार्मिक मूल्यों को चुनौती अवश्य दी थी किन्तु इसके आगमन से भारतीय जीवन में कोई मौलिक परिवर्तन नहीं हुआ। इस सन्दर्भ में डॉ. आशीर्वादीलाल का निम्नांकित कथन ध्यान देने योग्य है—"कुछ भी सही, कम-से-कम उत्तर भारत में तुर्क तथा अफगानों की उपस्थिति का हमारे धार्मिक विचारों तथा क्रियाओं पर कोई क्रान्तिकारी प्रभाव नहीं पड़ा। वैष्णव भक्ति-आन्दोलन ही एक ऐसा धार्मिक आन्दोलन है, जिसके विषय में यह कहा जा सकता है कि वह इस्लाम और हिन्दुत्व के सम्पर्क का परिणाम था किन्तु भक्ति-आन्दोलन के इतिहास पर ध्यान देने से यह स्पष्ट हो जाता है कि इसका उद्‌भव एकान्तिक धर्म के रूप में बहुत पहले हो चुका था। गुप्त सम्राटों के समय में भक्तिप्रधान भागवत धर्म विशेष प्रतिष्ठा प्राप्त कर चुका था। आठवीं शती में तमिल प्रदेश में आलवार भक्तों में राम और कृष्ण दोनों की उपासना प्रचलित थी। इस प्रकार इस्लाम के आगमन के बहुत पहले से भक्ति-भावना का प्रसार हो चुका था। इस्लाम के आगमन का इतना ही प्रभाव पड़ा कि उत्तर भारत में निर्गुण भक्ति के प्रसार-प्रचार में सुगमता हुई और हिन्दुओं तथा मुसलमानों दोनों की दुर्बलताओं पर प्रहार करनेवाला निर्गुण सन्तों का एक समुदाय उभरकर सामने आ गया। इस भक्ति-आन्दोलन से मानवीय एकता का मार्ग प्रशस्त हुआ और सामन्तीय व्यवस्था के प्रति असन्तोष व्यक्त करने का एक परोक्ष आधार मिल गया। जीवन का असन्तोष ईश्वर के प्रति एकान्त समर्पण में व्यक्त हुआ।

मुसलमानों के आगमन से पूर्व हमारे देश में शक, हूण, आभीर तथा कुषाण आदि अनेक जातियों का आगमन हुआ था किन्तु धीरे-धीरे यह सभी जातियाँ हिन्दुत्व की परिधि में समा गयीं। मुसलमानों के साथ ऐसा नहीं हुआ। इसका प्रधान कारण यह था कि मुसलमान धार्मिक मामले में अत्यधिक कट्टर थे। हमारा सामाजिक ढाँचा इतना जर्जर हो चुका था कि वह अपेक्षाकृत अधिक संगठित और भ्रातृत्व-भावना से युक्त समाज को आत्मसात् नहीं कर सकता था। मुसलमानों में विजेता का दर्प भी था। इसलिए उन्हें उदरस्थ करना सम्भव नहीं था। इतना अवश्य हुआ कि हिन्दुत्व ने इस्लाम की सांस्कृतिक मान्यताओं में पर्याप्त परिवर्तन उपस्थित कर दिया। इस्लाम वेदान्त और योग से प्रभावित हुआ। मुसलमानों में हिन्दू चिकित्सा-पद्धति तथा ज्योतिष का प्रचार हुआ। इस्लामी स्थापत्य भारतीय कला-परम्पराओं से प्रभावित हुआ। मुसलमानों ने भारतीय शासन-पद्धति से भी प्रेरणा ली। यह प्रभाव और प्रेरणा दोनों जातियों के सम्पर्क की सहज परिणति थी। धार्मिक मामलों में दोनों ने एक-दूसरे

1. The Indian community has no history that can be told."

–Akbar the Great Mogul, Vincent, A. Smith, page 279.

2. दिल्ली सल्तनत, पृ. 340, 1972

से यथासम्भव अलग रहने की चेष्टा की। दोनों धार्मिक रूढ़ियों से चिपकते गये। इसीलिए निर्गुण सन्तों को दोनों पर प्रहार करने का अवसर मिला।

कबीर के आविर्भाव के पूर्व धार्मिक क्षेत्र में आडम्बर और भेद-भाव इतना बढ़ गया था कि उसकी प्रतिक्रिया अनिवार्य हो गयी थी। योगियों में चमत्कार प्रदर्शन करने और आतंक उत्पन्न करके जनता को प्रभावित करने की प्रवृत्ति बढ़ गयी थी। मुसलमानों में हिंसा, स्वार्थ और कट्टरता का प्राधान्य था। शाक्त गुह्य साधनाओं और हिंसात्मक आचारों में लीन थे। जैन अहिंसा को महत्त्व देते थे किन्तु हिंसा से बचने के लिए वे जो कुछ करते थे वह स्वयं प्रदर्शन की वस्तु बन गया था और पूजा-अर्चा के नाम पर वे जो पुष्प-पत्र अर्पित करते थे उनमें आखिर जीवों की हत्या तो होती ही थी। यही नहीं अन्य विकृतियाँ भी इनमें प्रवेश कर गयी थीं। राहुल सांकृत्यायन के शब्दों में—"भूत-प्रेत, जादू-मन्तर और देवी-देवतावाद में जैन भी किसी से पीछे नहीं थे, रहा सवाल वाममार्ग का, शायद उसका उतना जोर नहीं हुआ, लेकिन वह बिलकुल नहीं था, यह भी नहीं कहा जा सकता। आखिर चक्रेश्वरी देवी वहाँ भी विराजमान हुईं और हमारे मुनि कवि भी निर्वाण-कामिनी के आलिंगन का खूब गीत गाने लगे, जिससे उसी दिशा का सूक्ष्म संकेत मिलता है।"

—हिन्दी काव्य-धारा, पृ. 37-38

बौद्ध सिद्धों में अनेक प्रकार के अनाचार प्रविष्ट हो गये थे। सरहपा का सहजयान गुह्य-साधना का केन्द्र बन गया था और वहाँ मद्य-मैथुन की पूरी स्वतन्त्रता थी। पण्डित सन्ध्या-तर्पण और षट्कर्म में लीन रहते थे और जीवन के सहज मार्ग को भूल गये थे। शैवों में अनेक सम्प्रदाय हो गये थे और वे योगियों के अभ्युदय के पूर्व ही अपनी गतिमयता खो चुके थे। सूफी सन्त भी यहाँ आकर झाड़-फूँक करने लगे थे और रसायनियों एवं योगियों की करामातों को महत्त्व देने लगे थे। वैष्णवों में भी छापा-तिलक लगाकर जनता को मात्र वेश-वैशिष्ट्य से प्रभावित करने की प्रवृत्ति बढ़ रही थी। तात्पर्य यह कि सभी धार्मिक मतों में व्यावहारिक स्तर पर विकृतियाँ आ गयी थीं। इन विकृतियों को दूर करके एक सहज मानव धर्म की प्रतिष्ठा करने की आवश्यकता थी। कबीर के आविर्भाव से इस आवश्यकता की बहुत-कुछ पूर्ति हुई।

●

कबीर-वाणी की लिखित एवं मौखिक परम्परा तथा कबीर का व्यक्तित्व

प्रसिद्ध है कि कबीरदास लिखना-पढ़ना नहीं जानते थे। उन्होंने जो उद्‌गार व्यक्त किये उसे उनके शिष्यों और अनुयायियों ने लिपिबद्ध किया। यह भी स्पष्ट रूप से नहीं कहा जा सकता कि उन्होंने तत्काल लिपिबद्ध किया या सुनकर याद कर लिया और बाद को लिपिबद्ध किया। कबीर-वाणी का कोई भी लिपिबद्ध रूप कबीर के समय का उपलब्ध नहीं है। बाबू श्यामसुन्दर दास द्वारा सम्पादित 'कबीर ग्रन्थावली' संवत् 1561 की हस्तलिखित प्रति पर आधृत बतायी जाती है किन्तु इस प्रति का लिपि-काल सन्दिग्ध है। अब तक कबीर-वाणी की लिखित परम्परा को आधार बनाकर उनकी रचनाओं के जो संग्रह प्रकाशित हुए हैं, उनमें एक भी ऐसा नहीं है जिसका पाठ-निर्धारण कबीर के समय के किसी हस्तलेख के आधार पर हुआ हो। इस दिशा में सर्वाधिक महत्त्वपूर्ण कार्य डॉ. पारसनाथ तिवारी का है। डॉ. तिवारी ने कबीर के नाम से प्रचलित हस्तलेखों की बड़ी संख्या में से पाँच प्रतियाँ दादूपन्थी शाखा की, एक प्रति निरंजनी शाखा की, एक गुरु ग्रन्थ साहिब की, दो बीजक की, दो शब्दावलियों की, तीन साखियों की, एक सर्वंगी की, एक गणगंजनामा की और एक आचार्य क्षितिमोहन सेन की (आंशिक रूप में) अर्थात् 9 शाखाओं की कुल 17 प्रतियों को चुनकर उनका विस्तृत तुलनात्मक अध्ययन करके 'कबीर-वाणी' का वैज्ञानिक पाठ निर्धारित करने का प्रयत्न किया है। इनमें भी उन्होंने दादूपन्थी शाखा की प्रतियों को विशेष महत्त्व दिया है। इस शाखा की प्राचीनतम हस्तलिखित प्रति सवंत् 1715 अर्थात् कबीर के समय से लगभग 150 वर्ष बाद की है। 'गुरु ग्रन्थ साहब' का संकलन संवत् 1661 में हुआ था। इसमें संकलित कबीर-वाणी भी लगभग 90 वर्षों तक लोककण्ठ में रहकर अपने मूल रूप से काफी-कुछ भिन्न हो चुकी होगी। डॉ. तिवारी को कबीर के नाम से प्रचलित विभिन्न हस्तलिखित तथा मुद्रित प्रतियों में कुल मिलाकर लगभग 1600 पद, 4500 साखियाँ और 134 रमैनियाँ मिली थीं। इनमें से उन्होंने मात्र 200 पदों, 744 साखियों और 21 रमैनियों को ही प्रामाणिक मानकर अपनी ग्रन्थावली में स्थान दिया है। डॉ. माताप्रसाद गुप्त को यह सामग्री बहुत कम प्रतीत हुई है और उन्होंने डॉ. तिवारी को उनके द्वारा निर्धारित पच्चीस "संकीर्ण-सम्बन्ध-समुच्चयों में से दस पर पुनर्विचार करने का सुझाव दिया है और आग्रह किया हैं कि यदि वे उनसे सहमत हों तो अपनी

1. कबीर ग्रन्थावली, डॉ. पारसनाथ तिवारी, पृ. 53

'कबीर ग्रन्थावली' के आगे के संस्करणों में उन छन्दों, साखियों और पदों को भी सम्पादित कर सम्मिलित कर लें जो उनके स्वीकृत समुच्चयों की भाँति उपर्युक्त सुमच्चयों में भी पाये जाते हैं।"[1] डॉ. पारसनाथ तिवारी ने डॉ. गुप्त के निर्देशन में ही कबीर-वाणी का वैज्ञानिक पाठानुसन्धान किया है। इन दोनों विद्वानों का मतभेद इस बात का साक्षी है कि कबीर-वाणी की लिखित परम्परा का पाठानुसन्धान कितना मुश्किल कार्य है।

कबीर-वाणी की लिखित परम्परा में 'बीजक' का महत्त्व सर्वमान्य है। इसका भी कबीर के समय का कोई संस्करण उपलब्ध नहीं है। रेवरेण्ड वेस्टकॉट ने अनुमान लगाया था कि इसका सम्पादन संवत् 1627 के आस-पास हुआ होगा। डॉ. बड़थ्वाल की धारणा थी कि "इसके अन्तर्गत संगृहीत अधिकांश पद्य सदोष स्मरण-शक्ति के कारण बहुत-कुछ परिवर्तित होते हुए भी कबीर की ही रचनाएँ हैं।"[2] उन्होंने यह अनुमान लगाया था कि इसका वर्तमान संग्रह संवत् 1660 के अनन्तर ही तैयार किया गया होगा। डॉ. पारसनाथ तिवारी ने इसके 34 पदों, 8 चौंतीसा, 9 रमैनियों तथा 101 साखियों को ही प्रामाणिक मानकर अपनी 'कबीर ग्रन्थावली' में सम्मिलित किया है। उन्होंने अनेक साक्ष्यों के आधार पर प्रमाणित किया है कि "बीजक के मूल रूपान्तर का संकलन भी संवत् 1650 वि. के पश्चात् अर्थात् कबीर साहब के देहान्त के लगभग 100 वर्ष बाद हुआ होगा।"[3]

कबीर 'बीजक' का प्रथम वैज्ञानिक सम्पादन डॉ. शुकदेव सिंह ने किया है। डॉ. सिंह ने 'बीजक' के विभिन्न हस्तलेखों और उनके आधार पर मुद्रित 40 संस्करणों के विस्तृत जाँच-पड़ताल के बाद उन्हें 4 समुच्चयों में बाँटा है–1. दानापुर समुच्चय, 2. फतुहा समुच्चय, 3. भगताही समुच्चय 'अ', 4. भगताही समुच्चय 'ब'। डॉ. सिंह का मत है कि इन चारों में भी भगताही 'अ' समुच्चय अपेक्षाकृत प्राचीन है और इसमें प्रक्षेप-क्रिया कम हुई है। डॉ. सिंह इन चारों समुच्चयों की गहरी वैज्ञानिक जाँच-पड़ताल करके 84 रमैनियों, 115 सबदों, 353 साखियों, 12 बसन्तों, 2 बेइलियों, 1 बिरहुली, 2 चाँचरियों, 3 हिंडोलों, 1 चौंतीसा और 1 विप्रमतीसी को प्रामाणिक मानकर अपने बीजक में स्थान दिया है। यहाँ ध्यान देने की बात है कि छन्दों की यही संख्या 'बीजक' की अन्य प्रकाशित प्रतियों में भी प्राप्त होती है। ऐसा लगता है कि डॉ. सिंह ने अपने सम्पादन में पाठ-विकृतियों को तो दूर कर दिया है किन्तु छन्दों की संख्या में फेर-फार नहीं किया है। 'बीजक' के सम्बन्ध में उनका कहना है–"कबीर-बीजक कबीर-साहित्य की उस व्यापक भूमिका की सृष्टि करता हुआ दीख पड़ता है, जिसके निर्माण में कबीर का व्यक्तित्व धीरे-धीरे घुलकर व्यक्ति-नाम से मिशन बन गया और जो प्रायः साढ़े चार सौ वर्षों तक उनके अनुयायियों का आर्षग्रन्थ बनकर कबीरपन्थी आचार्यों की टीका-टिप्पणी, विश्लेषण तथा सम्प्रदाय-निर्माण का हेतु रहा है। वस्तुतः बीजक को अन्यतम कबीर-साहित्य के रूप में प्रतिष्ठा मिलनी चाहिए।"[4]

1. कबीर ग्रन्थावली, डॉ. माताप्रसाद गुप्त, भूमिका पृ. 29
2. हिन्दी काव्य मे निर्गुण सम्प्रदाय, परिशिष्ट 2, पृ. 384
3. कबीर ग्रन्थावली, डॉ. पारसनाथ तिवारी, पृ. 99
4. *कबीर बीजक*, डॉ. शुकदेव सिंह, पृ. 64

कबीर-वाणी की लिखित परम्परा के आधार पर संकलित और सम्पादित ग्रन्थों में तीन और उल्लेखनीय हैं—1. 'कबीर वचनावली' (1916 ई.) सं. अयोध्यासिंह उपाध्याय, 2. 'सन्त कबीर' (1943 ई.) सं. डॉ. रामकुमार वर्मा, 3 रमैनी, सबद, साखी, सं. डॉ. जयदेव सिंह : वासुदेव सिंह। कबीर के अध्ययन में 'कबीर वचनावली' की भूमिका महत्त्वपूर्ण रही है। जब तक बाबू श्यामसुन्दर दास द्वारा सम्पादित 'कबीर ग्रन्थावली' (1928 ई.) का प्रकाशन नहीं हुआ था तब तक विश्वविद्यालयों में 'कबीर वचनावली' ही पाठ्य-ग्रन्थ के रूप में स्वीकृत थी। 'कबीर वचनावली' के सम्पादक ने पाठ-निर्धारण की किसी वैज्ञानिक पद्धति का उल्लेख नहीं किया है। उसे 'बीजक' और 'चौरासी अंग की साखी' ये दो मौलिक ग्रन्थ मिले थे। इनके अतिरिक्त उसने बेलवेडियर प्रेस से प्रकाशित कबीर की रचनावली तथा 'गुरु ग्रन्थ साहिब' में संगृहीत कबीर-वाणी को महत्त्व दिया था। उसने यह नहीं बताया है कि 'बीजक' और 'चौरासी अंग की साखी' ये दो रचनाएँ जो उसे मिली थीं, उनका लिपि-काल क्या था? उसने बेलवेडियर प्रेस से प्रकाशित सामग्री को इसलिए महत्त्व दिया था कि उस प्रेस के स्वामी जिस सम्प्रदाय से सम्बद्ध थे उस सम्प्रदाय के लोग कबीर को अपना आदि आचार्य मानते हैं, इसलिए उन्होंने यथासम्भव कबीर का मूल पाठ ही प्रकाशित किया होगा। कहना न होगा कि वैज्ञानिक पाठ-शोध की प्रक्रिया में इस तर्क का कोई महत्त्व नहीं है। 'गुरु ग्रन्थ-साहिब' में संगृहीत 'कबीर-वाणी' को इसलिए महत्त्व दिया गया कि उसमें संवत् 1661 के बाद कोई विकृति नहीं आयी होगी। प्रामाणिकता और वैज्ञानिक दृष्टि से इस तर्क का महत्त्व भी आंशिक रूप से ही मान्य होगा। कबीर का देहावसान संवत् 1575 में मान लेने पर पाठ-विकृति के लिए 86 वर्षों का समय कम नहीं है। तात्पर्य यह कि 'कबीर वचनावली' के पाठ को कबीर के मूल-पाठ के रूप में स्वीकार नहीं किया जा सकता। 'सन्त-कबीर' में डॉ. रामकुमार वर्मा ने 'गुरु-ग्रन्थ-साहिब' में संगृहीत 'कबीर-वाणी' को ही आधार बनाया है, इसलिए इसके सम्बन्ध में अलग से विचार करने की आवश्यकता नहीं है।

ठाकुर जयदेव सिंह और वासुदेव सिंह द्वारा सम्पादित 'रमैनी, सबद, साखी' में पाठ-शोध का आधार मुख्यतः छन्द-दोष से मुक्ति, पूर्वी भाषा की प्रवृत्ति एवं व्याख्या की संगति को बनाया गया है। इस संग्रह का महत्त्व इसकी भावार्थ बोधिनी व्याख्या के कारण है, वैज्ञानिक पाठ-शोध की दृष्टि से नहीं।

कबीर-वाणी की लिखित परम्परा के मूल-रूप को प्रकाशित करने के लिए किये गये उपर्युक्त सभी प्रयत्नों को एक साथ देखा जाय तो उसमें कुल तीन परम्पराएँ लक्षित होती हैं। (1) राजस्थानी पाठ-परम्परा, (2) पंजाबी पाठ-परम्परा और (3) पूर्वी (अवधी) पाठ-परम्परा। 'कबीर ग्रन्थावली' के तीनों ही संस्करण बाबू श्यामसुन्दर दास द्वारा सम्पादित, डॉ. पारसनाथ तिवारी द्वारा सम्पादित और डॉ. माताप्रसाद गुप्त द्वारा सम्पादित, राजस्थानी पाठ-परम्परा का प्रतिनिधित्व करते हैं। डॉ. रामकुमार वर्मा द्वारा सम्पादित 'सन्त कबीर' पंजाबी पाठ-परम्परा और डॉ. शुकदेव सिंह द्वारा सम्पादित 'बीजक' पूर्वी हिन्दी पाठ-परम्परा के प्रतिनिधि हैं। राजस्थानी पाठ-परम्परा दादूपन्थी संग्रहों में सुरक्षित है। ये संग्रह दादूपन्थ की प्रतिष्ठा (संवत् 1660 के लगभग) के बाद ही तैयार किये गये

होंगे। पंजाबी पाठ-परम्परा का संग्रह तो निर्विवाद रूप से संवत् 1661 में तैयार किया गया है। पूर्वी पाठ-परम्परा का प्रतिनिधि 'बीजक' भी संवत् 1627 से 1660 के बीच अस्तित्व में आया होगा। तात्पर्य यह कि इस समय उपलब्ध कबीर-वाणी का कोई भी पाठ कबीर के समय का नहीं है। कुछ-न-कुछ प्रक्षेप सभी परम्पराओं के पाठों में हुआ है। यदि राजस्थानी और पंजाबी परम्परा के पाठ इसलिए विश्वसनीय नहीं हैं कि दादूपन्थी, निरंजनपन्थी और नानकपन्थी सन्तों ने उन्हें अपनी मान्यताओं की सीमा में अपने अनुकूल बनाकर स्वीकार किया होगा तो पूर्वी हिन्दी-परम्परा अर्थात् 'बीजक' का पाठ भी इसलिए पूर्णतः प्रामाणिक नहीं माना जा सकता कि इसमें साम्प्रदायिक आग्रह के कारण पौराणिक तत्त्वों का समावेश होता रहा है और कबीरदास को अलौकिक महिमा से मण्डित किया गया है। कबीर-वाणी को 'कूटवाणी', 'टकसार', 'मूलज्ञान' और 'बीजक वाणी' में विभाजित करने का पुनीत कार्य कबीर ने नहीं, उनके शिष्यों ने ही किया है।

कदाचित् इसीलिए कहीं-कहीं 'बीजक' की सबदियों में कबीर-वाणी के सुसम्पादित संग्रहों की तुलना में कुछ पंक्तियाँ अधिक हैं। उदाहरण के लिए बीजक की निम्नलिखित सबदी देखिये—

काजी तैं कवन कतेब बखानी।
पढ़त पढ़त केते दिन बीते, गति एकौ नहिं जानी।।
सकति सनेह पकरि करि सूनति, मैं न बदउँगा भाई।
जौ रे खुदाइ तुरुक मोहि करता, तौ आपहि कटि किन जाई।।
सुनति कराइ तुरुक जौ होना, तौ औरति कौ का कहिए।
अरध सरीरी नारि न छूटै, तातै हिन्दू रहिए।।
घालि जनेऊ बाह्मन होता, मेहरिहिं का पहिराया।
वै जनम की सूद्रि परोसै, तुम पाँडे क्यों खाया।।
हिन्दू तुरुक कहाँ तैं आए, किन एक राह चलाई।
दिल महि खोजि देखि खोजा दे, भिस्ति कहाँ तें आई।।
छांडि कतेब राम भजु बउरे, जुलुम करत है भारी।
कबीर पकरी टेक राम की, तुरुक रहे पचि हारी।।[1]

नागरी प्रचारिणी सभा से बाबू श्यामसुन्दर दास के सम्पादन में प्रकाशित 'कबीर ग्रन्थावली' में उपर्युक्त शब्दों की निम्नलिखित पंक्तियाँ नहीं हैं।[2]

घालि जनेऊ बाह्मन होता, मेहरिहिं का परिहाया।
वै जनम की सूद्रि परोसै तुम पाँडे क्यों खाया।।
हिन्दू तुरुक कहा ते आए, किन एह राह चलाई।
दिल महि खोजि देखि खोजा दे भिस्ति कहाँ ते आई।।

डॉ. पारसनाथ तिवारी द्वारा सम्पादित 'कबीर ग्रन्थावली' में निम्नलिखित दो पंक्तियाँ नहीं हैं—[3]

1. *कबीर बीजक*, सबद, पृ. 74
2. *कबीर ग्रन्थावली*, पद 59, सं. बाबू श्यामसुन्दर दास
3. *कबीर ग्रन्थावली*, पद 178, सं. डॉ. पारसनाथ तिवारी

घालि जनेऊ बाह्मन होता, मेहरिहिं का परिहाया।
वै जनम की सूद्रि परोसै तुम पाँडे क्यों खाया।।

'गुरु ग्रन्थ साहिब' में संगृहीत कबीर के पद संख्या 8 (राग आसा) में भी उपर्युक्त दो पंक्तियाँ नंही हैं।[1] तात्पर्य यह कि 'बीजक' को छोड़कर कबीर के अन्य किसी प्रामाणिक माने जानेवाले संग्रह में "घालि जनेऊ.....तुम पाँडे क्यों खाया" यह दो पंक्तियाँ नहीं हैं। शब्दगत अन्य पाठ-भेद तो सभी संग्रहों में हैं। कुछ शब्दगत पाठ-भेद तो ऐसे हैं जो पूरे 'पद' के तात्पर्य को कुछ-से-कुछ कर देते हैं। उदाहरण के लिए उपर्युक्त पद में ही ना. प्र. स. की प्रति की छठी पंक्ति का पाठ इस प्रकार है—

अरध सरीरी नारि न छूटै, आधा हिन्दू रहिए।

'सभा' की प्रति के अतिरिक्त शेष सभी प्रामाणिक मानी जानेवाली सम्पादित प्रतियों में 'आधा हिन्दू रहिये' के स्थान पर 'तातैं हिन्दू रहिए' पाठ है। इस एक शब्द—**'आधा'** के स्थान पर **'तातैं'**—के भेद से पूरे 'पद' का निहितार्थ बदल जाता है। 'तातैं हिन्दू रहिए' से यह ध्वनि निकलती हैं कि चूँकि खुदा हमें 'तुर्क' बनाकर उत्पन्न नहीं करता, सुन्नति कराकर तुर्क बनाया जाता है। यह ज्यादती है। यह न्यायसंगत नहीं है। पुरुष को सुन्नति कराकर तुर्क बनाया जा सकता है किन्तु स्त्री के साथ यह सम्भव नहीं है। स्त्री अर्द्धाङ्गिनी मानी जाती है। अतः पुरुष के तुर्क बना लिये जाने पर भी उसका आधा अंग तुर्क नहीं बन पाता। इसलिए बेहतर होगा कि हिन्दू ही रहा जाय। यह बात वह व्यक्ति कह सकता है जो हिन्दी समर्थक हो। कबीर के लिए ऐसा नहीं कहा जा सकता। अपनी उत्कट राम-भक्ति, वैष्णवों के प्रति उदारता और पौराणिक सन्दर्भों के अत्यधिक उपयोग के बावजूद कबीर हिन्दुओं के पक्षधर नहीं हैं। वे हिन्दू और मुसलमान दोनों से समान दूरी बनाये रखते हैं। वे दोनों की रूढ़ियों का खण्डन करते हैं। वे मनुष्य होकर जीना चाहते हैं। इसलिए 'आधा हिन्दू रहिए' पाठ अधिक संगत लगता है। इसका तात्पर्य यह है कि पुरुष के 'तुर्क' बना लिये जाने पर भी चूँकि उसका आधा अंग तुर्क नहीं बन पाता, इसलिए वह पूरा तुर्क नहीं हो पाता। आधा हिन्दू ही रह जाता है। इसलिए सुन्नति कराना अर्थहीन हो जाता है। "घालि जनेऊ बाह्मन होता...तुम पाँडे क्यों खाया" यह दो पंक्तियाँ 'बीजक' में बाद को जोड़ी गयी प्रतीत होती हैं। ऐसा शायद इसलिए किया गया कि 'काजी' और 'पाँड़े' बराबर हो जायँ। कबीर के 'पदों' पर ध्यान देने से यह बात उभरकर सामने आती है कि वे प्रारम्भ में काजी, पाँड़े, पंडित, अवधू, मुरशिद तथा मुल्ला आदि जिसे भी सम्बोधित करते हैं पूरे पद से उसी से संवाद करते हैं। दोनों (हिन्दू-मुसलमान) से संवाद तब होता है जब टेक की पंक्ति में या तो कोई सामान्य कथन होता है या पूरा पद सन्तों को सम्बोधित होता है। जैसे—'जो पै करता बरन विचारै' या 'मरिहो रे तन का ले करिहो' या 'राम बिना संसार अंध कुहेरा' या 'सन्तो ई मुरदन कै गाँउँ' या 'संतों देखत जग बौराना' या 'संतों राह दुवो हम दीठा' आदि। तात्पर्य यह कि पाठ-परिवर्तन के सामान्य वैज्ञानिक कारणों के अतिरिक्त संग्रहकर्त्ताओं के निष्ठा-भेद के चलते भी कबीर के पाठ में काफी

1. *गुरु ग्रन्थ साहिब*, पद 86 (राग आसा),

परिवर्तन हुआ है और वैज्ञानिक तरीके से सम्पादित प्रतियों में भी छन्दों की संख्या और शब्दों के पाठ में इतना अन्तर है कि हम किसी भी पाठ के लिए निभ्रान्त होकर नहीं कह सकते कि यही अन्तिम और प्रामाणिक है।

मौखिक परम्परा से प्राप्त 'कबीर-वाणी' को संगृहीत करने का स्तुत्य प्रयास आचार्य क्षितिमोहन सेन ने किया था। उन्होंने लिखित पोथियों से अलग भक्तों के मुख से सुनकर 'कबीर के पद' शीर्षक एक विशिष्ट संग्रह तैयार किया था। इसके सम्बन्ध में आचार्य हजारीप्रसाद द्विवेदी का कथन है—"अपनी प्रामाणिकता के लिए उन्होंने किसी पोथी की मुखापेक्षिता नहीं रखी। परम्परा से एक मुँह से दूसरे मुहँ तक आते रहने के कारण इन पदों की भाषा जरूर बदल गयी होगी पर इसके अन्तर्निहित भावों की प्रामाणिकता विश्वसनीय हो सकती है।"[1] आचार्य द्विवेदी ने अपनी प्रसिद्ध पुस्तक 'कबीर' में इन पदों का उपयोग नहीं किया है किन्तु कबीर के अध्ययन में इस संग्रह का योगदान कम नहीं है। कवीन्द्र रवीन्द्र ने इसी संग्रह से चुनकर 100 पदों का अंग्रेजी अनुवाद 'वन हण्ड्रेड पोयम्स ऑफ कबीर' प्रस्तुत किया था। इस अनुवाद के माध्यम से कबीर को अन्तरराष्ट्रीय ख्याति प्राप्त हुई थी। इसी के प्रकाशन के बाद मिश्रबन्धुओं ने 'हिन्दी नवरत्न' के दूसरे संस्करण (संवत् 1981) में 'कबीर' को नवरत्नों में स्थान देने योग्य माना और लिखा—"वर्तमान भारत के कवि-शिरमौर स्वयं श्री रवीन्द्रनाथ ठाकुर ने इन्हें सत्कवि मानकर इनके बहुत-से पदों का अंग्रेजी में अनुवाद किया। उस अनुवाद-ग्रन्थ को देखने से भी कबीर साहब का साहित्यिक गौरव ऊँचा जान पड़ता है।"[2] मिश्रबन्धुओं से पहले सन् 1920 में जब फ्रैंक, इ. के. ने हिन्दी-साहित्य का अपना छोटा-सा इतिहास प्रस्तुत किया था तो उन्होंने भी रवीन्द्रनाथ ठाकुर के अनुवाद का उपयोग करते हुए कबीर की कवि-प्रतिभा को सराहा था।[3] स्वयं आचार्य द्विवेदी ने यह स्वीकार किया है कि क्षितिमोहन सेन के संग्रह के पाठ का आधार न लेकर भी उन्होंने उनके उपदेशों का यथेच्छ उपयोग किया है। वे कहते हैं—"सच बात तो यह है कि यदि उनसे प्रेरणा न मिलती तो मैं यह पुस्तक लिख ही नहीं पाता।"[4] आचार्य द्विवेदी को कवीन्द्र रवीन्द्र की कविताओं और लेखों से भी कबीर को समझने में सहायता मिली है। वे स्वीकार करते हैं—"मुझे स्वर्गीय कविवर रवीन्द्रनाथ ठाकुर से भी इस पुस्तक के लिखने में बहुत प्रेरणा मिली है और उनकी कविताओं और लेखों को पढ़कर कबीर के भावों को समझने में बड़ी सहायता मिली है।"[5] द्विवेदी जी ने मौखिक परम्परा के साथ ही 'बीजक', 'कबीर ग्रन्थावली' (बाबू श्यामसुन्दर दास), 'सन्त कबीर' (डॉ. रामकुमार वर्मा), 'कबीर वचनावली' (अयोध्यासिंह उपाध्याय 'हरिऔध'), 'शब्दावली' (बेलवेडियर प्रेस, इलाहाबाद), 'सत्य कबीर की साखी' (सं. युगलानन्द जी) आदि लिखित परम्परा से प्राप्त कबीर-वाणियों को अपने कबीर-सम्बन्धी अध्ययन का आधार बनाया है। फिर भी उन्हें इस बात का क्षोभ है कि कबीर के सम्यक् अध्ययन के लिए पर्याप्त सामग्री

1. *कबीर,* आचार्य हजारीप्रसाद द्विवेदी, पृ. 20
2. *हिन्दी नवरत्न,* मिश्रबन्धु, पृ. 421, संस्करण, 1975
3. *हिन्दी लिटरेचर,* फ्रैं. इ. के. पृ. 25, सं. 1920
4. *कबीर,* आचार्य हजारीप्रसाद द्विवेदी, पृ. 21
5. *तदैव,* पृ. 21

उन्हें नहीं मिली है। कहना न होगा कि 'कबीर' के विराट् व्यक्तित्व पर आचार्य द्विवेदी ने ही पहली बार स्वतन्त्र रूप से 'हिन्दी साहित्य की भूमिका' (सन् 1940 ई.) और 'कबीर' (संवत् 1941 ई.) में विचार किया है। उनके विश्लेषण का आधार लिखित और मौखिक दोनों ही परम्पराओं से प्राप्त सामग्री है। यों भी देखा जाय तो 'कबीर' के विषय में पीपा (संवत् 1582), रैदास (संवत् 1505), व्यास जी (संवत् 1620), जायसी (सन् 1528 ई. के लगभग), नाभादास (संवत् 1642), दादू (संवत् 1650) एवं तुकाराम (संवत् 1655) आदि सन्तों ने जो उद्‌गार व्यक्त किये हैं, कबीर के व्यक्तित्व को समझने में उनका महत्व कम नहीं है और निश्चय ही इन सन्तों ने लोक-प्रचलित मौखिक परम्परा से प्राप्त कबीर-वाणी के आधार पर ही अपने उद्‌गार व्यक्त किये होंगे। अपनी सारी पौराणिक मानसिकता के बावजूद नाभादास ने ही पहली बार यह घोषित किया था—

कबीर कानि राखी नहीं वर्णाश्रम षटदरसनी।
भक्ति-विमुख जो धर्म सो अधरम करि गायो।
जोग जग्य व्रत दान, भजन विनु तुच्छ दिखायो।
हिन्दू तुरक प्रमान रमैनी, सबदी, साखी।
पक्षपात नहिं वचन सबहिं के हित की भाखी।।

नाभादास की यह घोषणा संतों में प्रचलित कबीर-वाणी पर ही आधृत है। देखो जाय तो इस घोषणा में आचार्य हजारीप्रसाद द्विवेदी के मूलतः भक्त किन्तु "सिर से पैर तक मस्तमौला बेपरवाह, दृढ़ उग्र, कुसुमादपि कोमल और वज्रादपि कठोर"[2] मुक्तिबोध के "सामाजिक कट्टरपन के विरुद्ध जनसाधारण की सांस्कृतिक आकांक्षाओं एवं मनुष्य-सत्य को मुखरित करनेवाले" तथा डॉ. रामविलास शर्मा के "एक निर्भीक और उद्‌दण्ड अलोचक"[3] कबीर के ये सभी रूप बीज-रूप में विद्यमान हैं। तात्पर्य यह कि 'ढाई आखर प्रेम' का पाठ पढ़ानेवाले कबीर के लोकव्यापी व्यक्तित्व का साक्षात्कार करने के लिए जितनी आवश्यकता पण्डितों द्वारा वैज्ञानिक पद्धति पर सम्पादित लिखित पाठ की है, उतनी ही आवश्यकता लोककण्ठ में विद्यमान मौखिक वाणी की भी है। दोनों में से किसी की उपेक्षा हमारे लिये घातक होगी।

●

---

1. *भक्तमाल,* नाभादास, पृ. 485, संस्करण 1937
2. *कबीर,* आचार्य हजारीप्रसाद द्विवेदी, पृ. 169
3. *परम्परा का मूल्यांकन,* डॉ. रामविलास शर्मा, पृ. 55

कबीर-वाणी के अध्ययन की परम्परा : एक रेखांकन

मध्ययुगीन भक्तों में कबीर का व्यक्तित्व अपनी दृढ़ता, प्रखरता और सहजता के कारण प्रारम्भ से ही आकर्षण का केन्द्र रहा है। इसलिए इतिहास-लेखकों, धर्म और सम्प्रदाय का अध्ययन करनेवाले विद्वानों, भक्तमाल और 'परचई' लिखनेवाले श्रद्धालु भक्तों, साहित्य के इतिहास का विश्लेषण करनेवाले आलोचकों तथा कबीर की विचारधारा से प्रभावित उनके समकालीन एवं परवर्ती सन्तों, सभी ने उनके सम्बन्ध में विचार करने की चेष्टा की है। कबीर के समसामयिक सन्तों में सेन, पीपा, रैदास, धन्ना आदि ने उनके सम्बन्ध में कुछ स्फुट उद्‌गार व्यक्त किये हैं। परवर्ती सन्तों में मीराँबाई, गुरु अमरदास, व्यास जी, दादू, मलूक, दरिया, बषना, रज्जब, हरिदास और गरीबदास आदि ने उनके महत्त्व को स्वीकार करते हुए उनके व्यक्तित्व और विचारधारा के सम्बन्ध में कुछ-न-कुछ कहने की चेष्टा की है। भक्तों का परिचय प्रस्तुत करनेवाले ग्रन्थों—नाभादास तथा राघोदास, मुकुन्द कवि आदि के भक्तमाल, अनन्तदास की 'परचई' तथा रघुराज सिंह की 'राम रसिकावली' आदि में कबीर का संक्षिप्त उल्लेख किया गया है। इतिहास-गन्थों में सर्वप्रथम अबुल फजल कृत 'आईने अकबरी' में कबीर का उल्लेख मिलता है। इस महत्त्वपूर्ण ग्रन्थ में इन्हें 'मुवाहिद' कहा गया है और इनकी जीवनी के सम्बन्ध में भी कुछ महत्त्वपूर्ण बातों—पुरी और रतनपुर में इनकी मजारों के निर्मित होने तथा मृत्यु के बाद हिन्दुओं और मुसलमानों में जलाने और दफनाने के प्रश्न पर विवाद उठ खड़े होने का उल्लेख किया गया है। उपर्युक्त सभी उक्तियाँ एवं उल्लेख पौराणिक संस्कार सम्पन्न व्यक्तियों के हैं। इनमें सबसे सटीक उक्ति नाभादास की है। नाभादास ने कबीर की सहज प्रवृत्ति का उल्लेख करते हुए कहा है कि उन्होंने वर्णाश्रम धर्म-व्यवस्था एवं षट्‌दर्शन की मान्यताओं को अस्वीकार कर दिया तथा किसी को प्रसन्न करने के लिए मुँहदेखी नहीं कही। कबीर के सम्बन्ध में यह एक सूत्र कथन मात्र है किन्तु इससे उनके व्यक्तित्व की व्यंजना हो गयी है।[1]

आधुनिक वैज्ञानिक प्रणाली पर कबीर का संक्षिप्त अध्ययन सन् 1828-32 में श्री एच. एच. विल्सन महोदय ने प्रस्तुत किया था। श्री विल्सन का 'रेलिजस सेक्ट्स ऑफ हिन्दूज' पुस्तकाकार सन् 1842 ई. में प्रकाशित हुआ था, किन्तु इसका मूल प्रारूप दो खण्डों में—प्रथम खण्ड 1828 ई. और द्वितीय खण्ड 1832 ई.—बहुत पहले ही प्रस्तुत हो चुका था। श्री विल्सन ने कबीर को स्वतन्त्र विचारक, निर्भीक वक्ता तथा पण्डितों, शास्त्रों एवं मुल्ला-मौलवियों का

---

1. कबीर कानि राखी नहीं वर्णाश्रम षटदरसनी।

x x x

आरूढ़ दसा है जगत पर, मुँह देखी नाहिन भनी।

आलोचक बताया है। साथ ही अपनी निजी धारणा व्यक्त करते हुए उन्होंने उनके अस्तित्व के प्रति शंका भी व्यक्त की है।[1] श्री विल्सन का महत्त्व इसलिए विशेष रूप से मान्य है कि उनके द्वारा प्रस्तुत सामग्री का उपयोग हिन्दी के प्रथम इतिहास-लेखक श्री गार्सां द तासी से लेकर आज तक के सभी अध्येताओं ने किसी-न-किसी रूप में अवश्य किया है। श्री विल्सन ने निर्गुण परम्परा के अन्य सन्तों– पीपा, दादू, मलूक, रैदास, सेन शिवनारायण तथा बाबालाल आदि–का भी संक्षिप्त परिचय दिया है।

सन् 1839 ई. में गार्सां द तासी ने हिन्दी-साहित्य का प्रथम इतिहास प्रस्तुत किया। उसने श्री विल्सन की सामग्री का उपयोग करते हुए कबीर का संक्षिप्त परिचय दिया। दी तासी ने 'भक्तमाल' का हवाला देते हुए कबीर की जाति, गुरु, विचारधारा तथा रचनाओं का उल्लेख भी किया। 1889 ई. में जार्ज ग्रियर्सन ने अपना प्रसिद्ध इतिहास-ग्रन्थ 'माडर्न वर्नाक्यूलर लिटरेचर ऑफ हिन्दुस्तान' लिखा। उनकी दृष्टि में कबीर का महत्त्व रामानन्द द्वारा प्रचारित उस उदार धर्म-भावना को पल्लवित करने के कारण सर्वमान्य है जो जातिगत कट्टरता को कम करने में सहायक सिद्ध हुई। श्री जार्ज ग्रियर्सन की दृष्टि में कबीर एक समन्वयवादी थे और उन्होंने 'हिन्दू और इस्लाम धर्मों की प्रमुख विशेषताओं का समन्वय किया था।'[2] विशेष जानकारी के लिए डॉ. ग्रियर्सन ने श्री विल्सन कृत 'रेलिजस सेक्ट्स ऑफ द हिन्दूज' (भाग-1) देखने का निवेदन किया है। तात्पर्य यह कि डॉ. ग्रियर्सन तक कबीर के अध्ययन का मूल आधार श्री विल्सन द्वारा प्रस्तुत सामग्री ही है।

सन् 1907 ई. में रेवरेण्ड वेस्टकाट ने 'कबीर और कबीर पन्थ' नामक ग्रन्थ में कबीर तथा उनके पन्थ से सम्बन्धित विस्तृत जानकारी प्रस्तुत की। आपने कबीर को जन्मना मुसलमान और सूफी सिद्धान्तों से प्रभावित प्रमाणित किया। साथ ही कबीर की जन्मकथा को ईसा की जन्मकथा के आधार पर कल्पित सिद्ध करने की चेष्टा की। अब तक सन्त-साहित्य एवं कबीर के प्रति भारतीय विद्वानों ने भी रुचि लेना आरम्भ कर दिया था। सन् 1910 ई. में आचार्य क्षितिमोहन सेन ने चार खण्डों में कबीर के पदों का एक वृहत् संग्रह प्रकाशित कराया। यह संग्रह सन्तों में प्रचलित परम्परा से प्राप्त मौखिक सामग्री के आधार पर प्रस्तुत किया गया था। इसमें हिन्दी मूल के साथ बँगला अनुवाद भी था। इसी के आधार पर सन् 1915 ई. में कवीन्द्र रवीन्द्र ने 'वन हण्ड्रेड पोयम्स ऑफ कबीर' नाम से कबीर के 100 पदों का अंग्रेजी अनुवाद प्रकाशित कराया। प्रसिद्ध विदुषी कुमारी अण्डरहिल ने इसकी भूमिका लिखी और कबीर के रहस्यवाद का विस्तापूर्वक विवेचन किया। इस अंग्रेजी अनुवाद से कबीर का महत्त्व भारत के बाहर भी मान्य हुआ। 1920 ई. में फर्कुहर ने 'आउटलाइन ऑफ रेलिजस लिटरेचर ऑफ इण्डिया' नामक प्रसिद्ध ग्रन्थ में कबीर के दार्शनिक सिद्धान्तों के विवेचन में विशेष रुचि ली। उनके द्वारा प्रस्तुत शेष सामग्री के मूल आधार श्री विल्सन ही थे। फर्कुहर ने कबीर को 'भेदाभेदवादी' प्रमाणित किया। श्री फर्कुहर का यह निरूपण

---

1. "Indeed I think it is not at all impossible that no such person as Kabir ever existed, and that his name is a mere cover to the innovations of some free thinker among the Hindus." *-रेलिजस सेक्ट्स ऑफ दी हिन्दूज,* पृ. 36, फुटनोट

2. *द मॉडर्न वर्नाक्यूलर लिटरेचर ऑफ हिन्दुस्तान, पृ. 50* (सं. टिप्पणी अनु.–किशोरीलाल गुप्त)

परम्परागत मान्यता से भिन्न है। क्योंकि 'भेदाभेदवाद' निम्बार्क द्वारा प्रतिपादित है और कबीर का सम्बन्ध रामानन्द से जोड़ा जाता है। सन् 1924 ई. में मिश्रबन्धुओं के 'नवरत्न' का द्वितीय संस्करण प्रकाशित हुआ। इसमें कबीर को सातवाँ स्थान प्रदान किया गया। 'नवरत्न' का प्रथम संस्करण 1910 ई. में प्रकाशित हुआ था। इसमें कबीर की चर्चा नहीं की गयी थी। सम्भवतः कवीन्द्र रवीन्द्र के समर्थन से प्रभावित होकर मिश्रबन्धुओं ने 'नवरत्न' के दूसरे संस्करण में कबीर को महत्त्व दिया था। मिश्रबन्धुओं के अनुसार कबीर अद्वैतवादी थे किन्तु अद्वैतवाद का सांगोपांग विवेचन उन्होंने नहीं किया है। उनमें आध्यात्मिक अनुभूति की गहराई है किन्तु कवित्व न्यून है। 1929 ई. में बाबू श्यामसुन्दर दास ने सं. 1561 और 1881 की दो हस्तलिखित प्रतियों के आधार पर 'कबीर ग्रन्थावली' का सम्पादन किया। इसमें 71 पृष्ठों की विस्तृत भूमिका के अन्तर्गत कबीर-वाणी के सभी पक्षों पर विचार किया गया है। बाबू साहब ने कबीर को शंकराचार्य के अद्वैतवाद से प्रभावित माना। उन्होंने यह भी स्वीकार किया कि, "उन पर समय और परिस्थितियों का अलक्ष्य प्रभाव भी पड़ा था जिसके कारण वे असावधानी में ऐसी बातें भी कह गये हैं, जो उनके अद्वैत-सिद्धान्त से मेल नहीं खाती।"[1] बाबू साहब ने कबीर को सच्चा रहस्यवादी प्रमाणित किया और लोक-प्रभाव की दृष्टि से तुलसी के बाद दूसरा स्थान प्रदान किया। इसके पूर्व सन् 1915 ई. मे बेलवेडियर प्रेस, प्रयाग से 'कबीर शब्दावली' का प्रकाशन हो चुका था और उसी के आधार पर 1916 ई. में अयोध्यासिंह उपाध्याय 'हरिऔध' ने 'कबीर वचनावली' का सम्पादन किया था किन्तु इन संस्करणों में कबीर-वाणी की प्रामाणिकता का गम्भीर दावा नहीं किया गया था। 'कबीर ग्रन्थावली' पहली कृति है, जिसमें वैज्ञानिक सम्पादन और प्रामाणिकता का दावा किया गया है। सन् 1929 ई. में क्षितिमोहन सेन ने कलकत्ता विश्वविद्यालय के लिए 'मध्यकालीन रहस्यवाद' विषय पर बँगला भाषा में विस्तृत व्याख्यान प्रस्तुत किया। एक वर्ष बाद इसका अंग्रेजी अनुवाद प्रकाशित हुआ। इस ग्रन्थ में लेखक ने कबीर को विशेष महत्त्व देते हुए उन्हें एक स्वन्तत्र विचारक प्रमाणित किया। 1929 ई. में ही आचार्य रामचन्द्र शुक्ल का 'हिन्दी साहित्य का इतिहास' प्रकाशित हुआ। शुक्ल जी ने ज्ञान-तत्त्व की बातों के लिए कबीर को रामानन्द का और प्रेम-तत्त्व के लिए सूफियों का ऋणी बताया। उन्होंने कबीर की प्रतिभा एवं व्यंग्य-शक्ति को सराहा किन्तु कवित्व को अस्वीकार किया। सन् 1931 ई. में एफ. एफ. के. महोदय का 'कबीर एण्ड हिज फालोवर्स' नामक शोध-प्रबन्ध, जो ऑक्सफोर्ड विश्वविद्यालय में डि. लिट्. की उपाधि के लिए प्रस्तुत किया गया था, प्रकाशित हुआ। के. महोदय ने वेस्टकाट के 'कबीर एण्ड कबीरपन्थ' से पर्याप्त सहायता ली है किन्तु उनका अध्ययन अधिक विश्वसनीय है। इसी वर्ष डॉ. रामकुमार वर्मा का 'कबीर का रहस्यवाद' प्रकाशित हुआ। इस ग्रन्थ में 'रहस्यवाद' की विस्तृत व्याख्या के साथ ही हठयोग एवं सूफीमत का भी विस्तारपूर्वक विवेचन किया गया है। लेखक का अविचल मत है कि "कबीर का सारभूत विचार यही था कि वे किस प्रकार मनुष्य की आत्मा को प्रकाश में ला दें।"[2] सन् 1934 ई. में डॉ. मोहन सिंह का 'कबीर एण्ड दी भक्ति मूवमेण्ट' ग्रन्थ प्रकाशित हुआ। इसमें लेखक ने कबीर का जीवन-वृत्त प्रस्तुत करने में विशेष रुचि दिखायी

1. *कबीर ग्रन्थवली*, पृ. 47
2. *कबीर का रहस्यवाद*, पृ. 13 (1966, दसवीं आवृत्ति)

है किन्तु उसके निर्णय परवर्ती लेखकों को मान्य नहीं हुए हैं। सन् 1936 ई. में डॉ. पीताम्बर दत्त बड़थ्वाल का प्रसिद्ध शोध-ग्रन्थ 'निर्गुण स्कूल ऑफ हिन्दी पोयट्री' प्रकाशित हुआ। कबीर तथा निर्गुण सन्त काव्य का अध्ययन—तथ्य संचयन एवं तत्त्वान्वेषण दोनों दृष्टियों से—इस ग्रन्थ में प्रामाणिक स्थिति प्राप्त कर लेता है। विद्वान् लेखक की धारणा है कि निर्गुण सम्प्रदाय के अन्तर्गत प्रायः उन सभी बातों का सुन्दर समावेश पाया जाता है जो भारतीय आध्यात्मिक चिन्तन में मूल्यवान् समझी जाती हैं। अपने सारग्राही स्वभाव के कारण इसने भारत की सभी आध्यात्मिक पद्धतियों के सार-तत्त्व को अपना लिया है। डॉ. बड़थ्वाल ने पहली बार गहराई में जाकर यह प्रमाणित करने की चेष्टा की है कि किस प्रकार प्राचीन एकान्तिक धर्म तथा बौद्ध धर्म क्रमशः अट्ठारह शताब्दियों तक अलग-अलग प्रवाहित होते हुए अन्ततः निर्गुण सन्तमत में समन्वित होकर एकाकार हो गये हैं। जहाँ तक कबीर का सम्बन्ध है, डॉ. बड़थ्वाल ने उन्हें 'पूर्ण अद्वैती' सिद्ध किया है। उनके अनुसार "पूर्ण अद्वैत में कबीर का इतना अटल विश्वास है कि वे उस परमतत्त्व को कोई नाम देना भी पसन्द नहीं करते, क्योंकि ऐसा करने से नाम और नामी में द्वैतभाव हो जाने की आशंका हो जाती है।"[1]

सन् 1941 ई. में पं. हजारीप्रसाद द्विवेदी का प्रसिद्ध ग्रन्थ 'कबीर' प्रकाशित हुआ। द्विवेदी जी ने कबीर के विद्रोही व्यक्तित्व को मध्यकालीन साधनाओं के सन्दर्भ में उभारने की चेष्टा की है और पूरी सहानुभूति के साथ उनके मर्म को उद्घाटित किया है। डॉ. बड़थ्वाल ने बौद्ध-सिद्धों और नाथ-योगियों से कबीर का जो सम्बन्ध-सूत्र स्थापित किया था, द्विवेदी जी ने उसे पूर्णतः प्रमाणित किया है किन्तु उन्होंने यह बलपूर्वक कहना चाहा है कि "कबीरदास का भक्त-रूप ही उनका वास्तविक रूप है।"

सन् 1951 ई. में दो महत्त्वपूर्ण ग्रन्थ प्रकाशित हुए। पहला श्री पुरुषोत्तमलाल श्रीवास्तव का 'कबीर साहित्य का अध्ययन' और दूसरा परशुराम चतुर्वेदी का 'उत्तरी भारत की सन्त-परम्परा'। श्री पुरुषोत्तमलाल ने कबीर-सम्बन्धी समस्त साहित्य का बड़े संयम से अनुशीलन किया है। लेखक की दृष्टि सन्तुलित एव निष्पक्ष है। 'उत्तरी भारत की सन्त-परम्परा' सन्त-साहित्य का विश्वकोश है। इसमें सन्त-साहित्य के सभी सम्प्रदायों का पूर्ण ऐतिहासिक विवेचन तो किया ही गया है, सन्तमत में संश्लिष्ट अन्य सभी आध्यात्मिक साधनाओं का विवेचन भी पृष्ठभूमि के रूप में दिया गया है। 'सन्त-परम्परा' को समझने के लिए वैदिक साधनाओं के साथ ही बौद्ध-सिद्धों, जैन-मुनियों, नाथ-योगियों, सूफी-साधकों, दक्षिण के आडवार भक्तों, काश्मीर के शैव दार्शनिकों तथा वैष्णव-भक्तों का अध्ययन आवश्यक मानकर विद्वान् लेखक ने वैज्ञानिक दृष्टि से इन सबका अनुशीलन प्रस्तुत किया है। इस विशाल ग्रन्थ में लगभग 200 पृष्ठों में कबीर के सभी पक्षों का विस्तृत विवेचन किया गया है। लेखक ने कबीर को एक स्वतन्त्र विचारक एवं सत्यान्वेषी के रूप में देखने की चेष्टा की है। इस ग्रन्थ में सन्त-साहित्य सम्बन्धी समस्त पूर्ववर्ती अध्ययन का सार-भाग एकत्र हो गया है। सन् 1952 ई. में डॉ. गोविन्द त्रिगुणायत का शोध-प्रबन्ध 'कबीर की विचारधारा' प्रकाशित हुआ। शोध-शैली में कबीर के विचारों का शास्त्रीय अनुशीलन इस पुस्तक की प्रमुख विशेषता कही जा सकती है। 1954 ई. में परशुराम चतुर्वेदी की एक-दूसरी पुस्तक 'कबीर साहित्य की परख' प्रकाशित हुई। इसमें लेखक ने ऐतिहासिक, धार्मिक तथा साहित्यिक

1. *हिन्दी काव्य में निर्गुण सम्प्रदाय,* पृ. 117

दृष्टिकोण से कबीर साहित्य का मूल्यांकन किया है। वस्तुतः कबीर सम्बन्धी समय-समय पर लिखे गये महत्त्वपूर्ण निबन्धों को एकत्र करके तथा कुछ अन्य विषयों पर सामग्री प्रस्तुत करके इस ग्रन्थ का प्रारूप तैयार किया गया है। कबीर साहब की सौन्दर्य भावना, प्रतीक-योजना, छन्द-योजना, रचना-शैली तथा संगीत-तत्त्व का गम्भीर विवेचन पुस्तक की प्रमुख विशेषता कही जा सकती है। 1960 ई. में डॉ. सरनामसिंह का 'कबीर : एक विवेचन' प्रकाशित हुआ। लेखक ने उद्धरणों की प्रचुरता से पुस्तक के कलेवर को बढ़ा दिया है। सामाजिक दृष्टि से कबीर का मूल्यांकन इस अध्ययन की विशेषता मानी जा सकती है। सन् 1961 ई. में डॉ. गोविन्द त्रिगुणायत का डी. लिट्. उपाधि के लिए स्वीकृत शोध-प्रबन्ध—'हिन्दी का निर्गुण काव्यधारा और उसकी दार्शनिक पृष्ठभूमि' प्रकाशित हुआ। इसमें लेखक ने सन्त-साहित्य में लक्षित होनेवाले समस्त मतों की विस्तृत दार्शनिक पृष्ठभूमि प्रस्तुत की है। सन्तों की वाणियों का गम्भीर अनुशीलन करके उसके भीतर से तत्त्व-अन्वेषण का प्रयत्न न करके विद्वान् लेखक ने शास्त्रों के प्रकाश में सन्तों की अनुभूति-प्रधान वाणियों को परखने का प्रयत्न किया है फिर भी लेखक का निष्कर्ष महत्त्वपूर्ण है—उसके अनुसार "सन्तमत मध्ययुग की एक ऐसी विभूति है जिसने तत्कालीन धर्मक्षेत्र, अध्यात्मक्षेत्र साधना-क्षेत्र, उपासना-क्षेत्र तथा आचरण सभी क्षेत्रों में कृत्रिमता, जटिलता, अव्यावहारिकता, रूढ़िवादिता और पाखण्ड आदि के भयावह तिमिर में सहज का दीपक जलाकर सबको परिवर्तित और प्रकाशित करने का सफल प्रयास किया था।"[1]

सन् 1961 के बाद कबीर तथा सन्तमत से सम्बन्धित कई शोध-ग्रन्थ प्रकाशित हुए हैं। इनमें डॉ. रामखेलावन पाण्डेय का 'मध्यकालीन सन्त-साहित्य' (1965 ई.) डॉ. श्यामसुन्दर शुक्ल का 'हिन्दी-काव्य की निर्गुणधारा में भक्ति' (1964 ई.), के शनीप्रसाद चौरसिया का 'मध्यकालीन हिन्दी सन्त : विचार और साधना' (1965 ई.) तथा केदारनाथ द्विवेदी जी का 'कबीर और कबीर-पन्थ' (1965 ई.) आदि उल्लेखनीय हैं। नागेन्द्रनाथ उपाध्याय का 'नाथ और सन्त-साहित्य' तुलनात्मक अध्ययन ग्रन्थ भी इस सन्दर्भ में स्मरणीय है। डॉ. रामखेलावन पाण्डेय ने मध्यकालीन सामाजिक एवं सांस्कृतिक चेतना के प्रकाश में सन्त-साहित्य का अनुशीलन किया है। आपकी दृष्टि सम्पूर्ण सन्त-साहित्य पर केन्द्रित रही है, किन्तु अनिवार्यतः कबीर को विशेष महत्त्व देना पड़ा है। आपकी दृष्टि में "समस्त उत्तराखण्ड में गोरखनाथ के पश्चात् सबसे प्रचण्ड व्यक्तित्व लेकर जन्म लेनेवाले व्यक्ति कबीर थे।"[2] डॉ. श्यामसुन्दर शुक्ल ने मध्यकालीन निर्गुण-धारा में भक्तितत्त्व का श्रमपूर्वक निरूपण किया है और कबीर जैसे सन्त और महापुरुष की सहज वाणी को भक्ति से ओत-प्रोत प्रमाणित किया है। श्री चौरसिया ने अपने विषय की सीमा में सन्त-साहित्य एवं कबीर का व्यवस्थित अध्ययन किया है। श्री केदारनाथ द्विवेदी ने 'कबीर और कबीर-पन्थ' का विशद, व्यवस्थित और तुलनात्मक अध्ययन प्रस्तुत करके महत्त्वपूर्ण कार्य किया है। कबीर पर शोध-दृष्टि से लिखे गये ग्रन्थों

1. हिन्दी की निर्गुण काव्यधारा और उसकी दार्शनिक पृष्ठभूमि, पृ. 700
2. *मध्यकालीन, सन्त-साहित्य. पृ. 57*

की संख्या निरन्तर बढ़ती जा रही है। सम्प्रति देश के 75 विश्वविद्यालयों में शोध-कार्य हो रहा है। इन विश्वविद्यालयों में सन् 1965 से लेकर अब तक कबीर सम्बन्धी एक सौ से ऊपर शोध-प्रबन्ध प्रस्तुत हो चुके हैं। ये प्रबन्ध कबीर के जीवन, व्यक्तित्व, प्रभाव, धर्म, दर्शन, समाजदर्शन, साधना, भक्ति, रहस्यवादिता, मानव-मूल्य, काव्यत्व, प्रतीक-विधान, भाषा, शैली-विज्ञान, काव्य-रूप, तुलना तथा लोक-तत्त्व आदि अनेक दृष्टियों से किये गये हैं। इनसे कबीर के अध्ययन का परिप्रेक्ष्य अवश्य विस्तृत हुआ है किन्तु उनके विराट् व्यक्तित्व की समीक्षा आगे नहीं बढ़ी है। अभी तक मानव-मूल्य ही उनके व्यक्तित्व की समीक्षा का मुख्य आधार बना हुआ है। इधर उनके छह सौवीं जयन्ती-समारोहों में आयोजित परिचर्चाओं में कुछ सार्थक बातें अवश्य उभरकर सामने आयी हैं। कई विदेशी विद्वानों का ध्यान भी उनकी ओर आकृष्ट हुआ है। कुछ विद्वानों ने 'कबीर वाणी' के सम्पादन मे भी रुचि दिखायी है। डॉ. विनान्त कैलवर्ट द्वारा सम्पादित 'मिलेनियम कबीर वाणी' ने विद्वानों का ध्यान आकृष्ट किया है। रूस में कबीर को विशेष लोकप्रियता प्राप्त है। डॉ. निनेल गफूरोवा और डेविड लारेंजन ने कबीर के अध्ययन में विशेष रुचि दिखायी है। अमेरिका और जर्मनी में भी कबीर की लोकप्रियता बढ़ी है। वस्तुतः आज मनुष्य-मनुष्य के बीच बढ़ती नफरत की दीवारों को तोड़ने के लिए कबीर की वाणी एक रोशनी की तरह दिखायी दे रही है। इसलिए उसकी ओर ध्यान जाना अनिवार्य हो गया है। कबीर ने दलित-चेतना की दृष्टि से साहित्य का मूल्यांकन करनेवाले नये लेखकों का ध्यान भी आकृष्ट किया है। डॉ. धर्मवीर ने इसी दृष्टि से कबीर के अब तक के सभी प्रमुख आलोचकों को ब्रह्माणवादी घोषित कर दिया है। उनका कहना है—"उन्होंने (कबीर के समीक्षकों ने) कबीर की नहीं कबीर के भीतर रामानन्द ब्राह्मण को बैठाकर उसकी प्रशंसा की है। मूल कबीर से ये सभी बचते हैं।" मुझे लगता है कि यह निर्णय एकतरफा है। अब तक के समीक्षकों की सीमाएँ हो सकती हैं लेकिन यह कहना कि उनके मन में 'कबीर' के प्रति सम्मान नहीं था या वे उनके व्यक्तित्व से प्रभावित नहीं थे, उनके साथ अन्याय है। निष्कर्ष रूप में हम कह सकते हैं कि कबीर एवं सन्त-काव्य के अध्ययन को निरन्तर लोकप्रियता प्राप्त होती जा रही है। उपर्युक्त ग्रन्थों के अतिरिक्त ऐसे अन्य अनेक स्फुट एवं व्यवस्थित अध्ययन भी हुए हैं जिनमें प्रसंगवश कबीर का उल्लेख किया गया है। कबीर-सम्बन्धी समस्त सामग्री का अनुशीलन अपने-आप में स्वतन्त्र अध्ययन का विषय है।

'कबीरवाणी' का सम्पादन कबीर के अध्ययन की दूसरी दिशा है। इस दिशा में भी पिछले सौ वर्षों से प्रयत्न होते आ रहे हैं। किन्तु कबीर की रचनाओं के प्रामाणिक संस्करण का अभाव आज भी खटकता है। बाबू श्यामसुन्दर दास द्वारा सम्पादित 'कबीर ग्रन्थावली' के प्रकाशन के बाद 'सन्त कबीर' (1943 ई.) डॉ. रामकुमार वर्मा 'कबीर ग्रन्थावली' (1961 ई.) डॉ. पारसनाथ तिवारी तथा 'कबीर ग्रन्थावली' (1969 ई.), डॉ. माताप्रसाद गुप्त, इस दिशा में महत्त्वपूर्ण प्रयास किया है। डॉ. पारसनाथ तिवारी ने कबीर-वाणी के पाठ-निर्धारण में सर्वाधिक परिश्रम किया है। सम्पादक का दावा है कि "अथ से इति तक इस निबन्ध का समस्त अंश मौलिक है। कबीर-वाणी के पाठ-निर्धारण का यह प्रथम वैज्ञानिक प्रयास है।"[1]

1. *कबीर ग्रन्थावली,* डॉ. पारसनाथ तिवारी, भूमिका

डॉ. माताप्रसाद गुप्त ने "मूलरूप में कबीरवाणी की उसी परम्परा की सर्वाधिक प्राचीन स्थिति का पाठ दिया है जिसका उपयोग बाबू श्यामसुन्दर दास के संस्करण में हुआ है।"[1] उनके द्वारा सम्पादित संस्करण में "हिन्दी तथा भाषाविज्ञान विद्यापीठ आगरा की सं. 1762 की प्रति का आधार मुख्य रूप से लिया गया है और उनका दावा है कि बाबू श्यामसुन्दर दास सम्पादित ग्रन्थावली के समस्त छन्द उनके संस्करण में अपने शुद्ध पाठ के साथ मिल जायेंगे।"[2] डॉ. माताप्रसाद गुप्त के बाद इस दिशा में दो महत्त्वपूर्ण प्रयत्न हुए हैं। डॉ. शुकदेव सिंह ने 'कबीर बीजक' और डॉ. जयदेव सिंह, वासुदेव सिंह ने रमैनी, सबद तथा साखी का सम्पादन किया है। डॉ. शुकदेव सिंह की मान्यता है कि 'बीजक' में ही कबीर की प्रामाणिक वाणी सुरक्षित है। उनके इस दावे को स्वीकार करना कठिन है। डॉ. शुकदेव सिंह का 'बीजक' भी साम्प्रदायिक भावनाओं के प्रति विशेष आदर भाव के कारण पूर्णतः वैज्ञानिक नहीं हो पाया है। इसका सबसे बड़ा प्रमाण यह है कि उन्होंने पारम्परिक 'बीजक' के किसी छन्द को खारिज नहीं किया है। उन्होंने मात्र शाब्दिक परिवर्तन ही किये हैं। ठाकुर जयदेव सिंह और वासुदेव सिंह द्वारा सम्पादित कबीरवाणी को भी पूर्णतः प्रामाणिक नहीं कह सकते। सम्पादकद्वय ने छन्द-दोष से मुक्ति, पूर्वी भाषा की प्रवृत्ति और व्याख्या की संगति को ही दृष्टि में रखकर पाठ-शोधन किया है। वैज्ञानिक पाठशोध के सिद्धान्त दूसरे हैं। तात्पर्य यह कि अभी कबीरवाणी के पूर्ण प्रामाणिक संस्करण की प्रतीक्षा है।

कबीरवाणी का भाषिक विश्लेषण उनके अध्ययन की तीसरी दिशा है। विविध दृष्टियों से कबीर की भाषा का अध्ययन भी अब होने लगा है। डॉ. माताबदल जायसवाल ने 'कबीर की भाषा' (1965 ई.) शीर्षक से कबीर की व्याकरणिक प्रयोगावृत्तियों का विशेष अध्ययन प्रस्तुत किया है और इन्हीं के आधार पर कबीर-काव्य की मूलाधार बोली के निर्धारण की चेष्टा की है। 'कबीर की भाषा' (1966 ई.) शीर्षक से ही डॉ. महेन्द्र ने कबीर की भाषा का वैज्ञानिक, काव्यशास्त्रीय, सांस्कृतिक एवं भाषा-शक्ति की दृष्टि से एक-दूसरा अध्ययन प्रस्तुत किया है। इस परम्परा में भगवतप्रसाद दूबे और राधेश्याम मिश्र के अध्ययन भी उल्लेखनीय हैं। सन्त-साहित्य विशेषतः कबीरवाणी में प्रयुक्त पारिभाषिक शब्दों के ऐतिहासिक सांस्कृतिक अध्ययन का प्रयत्न भी आगे बढ़ा है। इस दिशा में प्रथम उल्लेखनीय प्रयास डॉ. बड़थ्वाल का था। उन्होंने 'सुरति-निरति', 'अजपा-जाप', 'सहस्रार' आदि शब्दों के प्रयोग एवं अर्थ-विकास का गम्भीर विवेचन किया था। इस अध्ययन को डॉ. हजारीप्रसाद द्विवेदी और पं. परशुराम चतुर्वेदी ने आगे बढ़ाया है। डॉ. प्रेमनारायण शुक्ल ने भी 'सन्तकाव्य की भाषा' नामक शोध-प्रबन्ध में इस दिशा में अच्छा कार्य किया है। इधर डॉ. राजदेव सिंह ने 'शब्द और अर्थ' सन्त-साहित्य के सन्दर्भ में (1968 ई.) लिखकर इस दिशा में उल्लेखनीय प्रयत्न किया है।

उपर्युक्त विवेचन के आधार पर कहा जा सकता है कि कबीरवाणी के अध्ययन की प्रमुखतः तीन दिशाएँ रही हैं—

---

1. *कबीर ग्रन्थवली*, डॉ. माताप्रसाद गुप्त, भूमिका, पृ. 2
2. तदैव, भूमिका, पृ. 2

1. मूलपाठ का निर्धारण,

2. जीवनवृत्त एवं विचारधारा का अध्ययन,

3. भाषा का अध्ययन।

ये तीनों प्रकार के अध्ययन एक-दूसरे पर आधृत हैं। श्री विल्सन ने जब कबीर के सम्बन्ध में अपना मत प्रकाशित किया था, तो उनकी 132 साखियों का अनुवाद कर लिया था। डॉ. बड़थ्वाल के अध्ययन के पूर्व 'कबीर ग्रन्थावली' का सभा-संस्करण प्रकाशित हो चुका था। विचारधारा और भाषा दोनों का अध्ययन मूलपाठ निर्धारण के बाद ही हो सकता है। इस दृष्टि से कबीर का अध्ययन आज भी पूर्णतः विश्वसनीय नहीं है। डॉ. पारसनाथ तिवारी द्वारा निर्धारित पाठ तथा डॉ. वर्मा और बाबू श्यामसुन्दर दास द्वारा निर्धारित पाठ में पर्याप्त भेद है। डॉ. तिवारी ने कुल 744 साखियों और 200 पदों को प्रामाणिक माना है जबकि सभा-संस्करण में परिशिष्ट समेत 1001 साखियों तथा 625 पदों को प्रामाणिक मानकर संगृहीत किया गया है। तात्पर्य यह कि कबीर के अध्ययन के सम्बन्ध में अभी तक के प्रयासों को अन्तिम नहीं कहा जा सकता। विशेषतः कबीर एवं सन्त-साहित्य में प्रयुक्त पारिभाषिक शब्दावली तथा कबीर के मूलपाठ के निर्णय के सम्बन्ध में अभी बहुत-कुछ करना शेष है। साथ ही अब समय आ गया है कि अब तक के समस्त अध्ययनों की एक संहिता प्रस्तुत कर ली जाय अन्यथा अनेक मूल्यवान् निर्णय इतस्ततः पत्र-पत्रिकाओं या स्फुट लेखों में दबे रह जायेंगे।

●

कबीर साहब का जीवन-वृत्त

(क) आधारभूत सामग्री की परीक्षा

अन्य धार्मिक महापुरुषों की भाँति कबीर साहब का जीवन-वृत्त भी अनेक श्रद्धाप्रेरित जनश्रुतियों, साम्प्रदायिक मिथकीय मान्यताओं तथा अलौकिकत्व प्रतिपादनार्थ उद्‌भावित चमत्कारपूर्ण घटनाओं के कुहासे में ढँका हुआ है। अतः उनके जीवनवृत्त के सम्बन्ध में विश्वासपूर्वक कुछ भी कहने के पहले आवश्यक है कि हम इस क्रम में अब तक के अध्येताओं द्वारा प्रस्तुत आधारभूत सामग्री की परीक्षा कर लें। समग्र आधारभूत सामग्री को दो वर्गों में रखा जा सकता है। अन्तस्साक्ष्य और बहिस्साक्ष्य। कबीरवाणी में उपलब्ध अन्तस्साक्ष्य की सामग्री अत्यल्प है। अतएव पहले बहिस्साक्ष्य के सम्बन्ध में विचार करना समीचीन होगा।

बहिस्साक्ष्य :

बहिस्साक्ष्य के अन्तर्गत आनेवाली सामग्री को चार वर्गों में प्रस्तुत किया जा सकता है—(1) प्राचीन धार्मिक साहित्य, (2) साम्प्रदायिक साहित्य (3) इतिहास ग्रन्थ एवं (4) सन्तों और भक्तों के स्फुट उल्लेख।

1. प्राचीन धार्मिक साहित्य :

प्राचीन धार्मिक साहित्य के अन्तर्गत निम्नांकित कृतियाँ उल्लेखनीय हैं—

1. नाभादासकृत 'भक्तमाल' (संवत् 1642)
2. अनन्तदासकृत 'कबीर साहिब जी की परचयी' (संवत् 1657)
3. गुरु अर्जुनदेव द्वारा सम्पादित 'श्री गुरु ग्रन्थ साहिब' (संवत् 1661)
4. प्रियादासकृत 'भक्तमाल की रसबोधिनी टीका' (संवत् 1702)[1]
5. मुकुन्द कविकृत 'कबीर चरित' (संवत् 1708)
6. राघोदासकृत 'भक्तमाल' (संवत् 1717)

भक्तमाल (नाभादास) :

इस कृति में अलग-अलग दो छप्पयों में कबीर साहब का उल्लेख मिलता है। एक छप्पय पूरा कबीर साहब के सम्बन्ध में है और दूसरा रामानन्द के सम्बन्ध में, जिसमें उनके शिष्यों

---

1. भक्तमाल की 'रसबोधिनी टीका' का रचनाकाल ना. प्र. स., काशी की खोज रिपोर्ट में सं. 1769 दिया गया है। डॉ. रामकुमार वर्मा ने किसी अन्य आधार पर इसका रचनाकाल सं. 1702 दिया है। डॉ. केदारनाथ द्विवेदी ने डॉ. वर्मा का अनुसरण किया है। रचनाकाल के इस अन्तर से मरे प्रतिपाद्य में कोई अन्तर नहीं पड़ता।

की सूची दी गयी है और प्रसंगतः कबीर साहब का उल्लेख किया गया है। पहले छप्पय से कबीर के सम्बन्ध में निम्नलिखित बातें ज्ञात होती हैं[1]–

(1) कबीर साहब ने भक्ति-विरोधी धर्म को अधर्म कहा।
(2) भक्ति के सम्मुख उन्होंने योग, यज्ञ, व्रत, दान सभी को तुच्छ बताया।
(3) उन्होंने किसी के साथ पक्षपात नहीं किया और जो कुछ कहा सबके हित के लिए कहा।
(4) कबीर ने वर्णाश्रम धर्म और षट्दर्शनों में निरूपित सिद्धान्तों की परवाह नहीं की।
(5) उन्होंने किसी के मुँहदेखी नहीं कही।
(6) उनके द्वारा कथित रमैनी, सबदी और साखी हिन्दुओं और तुर्कों दोनों के लिए प्रमाण रूप मान्य हुई।

उपर्युक्त समस्त बातें कबीर की प्रवृत्ति और व्यक्तित्व से सम्बद्ध हैं। इनसे उनके जीवन-वृत के सम्बन्ध में कोई सूचना नहीं मिलती।

दूसरे छप्पय से इतना ही ज्ञात होता है कि कबीर साहब रामानन्द के शिष्य थे।[2]

कबीर साहिब जी की परिचयी :

इसका समय संवत् 1645 निर्धारित किया गया है। यह अनुमान पर आधृत है। नागरी प्रचारिणी सभा द्वारा प्रस्तुत 'हस्तलिखित हिन्दी पुस्तकों का संक्षिप्त विवरण' में अनन्तदास को संवत् 1645 के लगभग वर्तमान बताया गया है। इसी के आस-पास उन्होंने कबीर साहब की परिचयी लिखी होगी। इन अनुमान के आधार पर 'परिचयी' का समय संवत् 1645 माना गया है। इसमें कबीर साहब के जीवन-वृत्त के सम्बन्ध में निम्नलिखित महत्त्वपूर्ण तथ्य उपलब्ध होते हैं –

(1) कबीर साहब जुलाहा थे और काशी में निवास करते थे।
(2) उन्होंने बड़े भाग्य से रामान्द जैसा गुरु प्राप्त किया था।
(3) सिकन्दर शाह ने काशी में कबीर पर अत्याचार किये थे।
(4) बघेल राजा वीरसिंह कबीर के समकालीन थे।
(5) कबीर ने 120 वर्ष तक भक्ति-साधना की थी और उसके बाद मुक्त हुए थे।
(6) कबीरदास का बचपन धोखे में ही व्यतीत हुआ था और 20 वर्षों तक उन्हें किसी प्रकार की आध्यात्मिक चेतना नहीं हुई थी।
(7) कबीर साँवले रंग के सुन्दर आकृति के व्यक्ति थे।

श्री गुरु ग्रन्थ साहिब :

इस ग्रन्थ में कबीर के 'सलोक' और 'रागु' संगृहीत हैं। ग्रन्थ का सीधा सम्बन्ध कबीर के जीवन-वृत्त से नहीं है। इसके अन्तर्गत नानक, धन्ना तथा रविदास आदि सन्तों की जो बानियाँ संगृहीत हैं, उनमें कबीर की जाति का उल्लेख है। इसके अतिरिक्त इस ग्रन्थ में किसी अन्य घटना या ऐतिहासिक तथ्य का उल्लेख नहीं मिलता।

---

1. भक्तमाल, छप्पय 60, पृष्ठ. 414, सं. श्री व्रजवल्लभ शरण, 1960
2. भक्तमाल, छप्पाय 31

भक्तमाल की रसबोधिनी टीका :

इस टीका में कबीर के जीवन-वृत्त से सम्बन्धित कुछ महत्त्वपूर्ण सूचनाएँ दी गयी हैं। इन सूचनाओं का क्रमबद्ध विवरण निम्नांकित है –

(1) कबीरदास रामानन्द के शिष्य थे।

(2) यह शिष्यत्व उन्हें पंचगंगा घाट की सीढ़ियों पर स्वामी रामानन्द की खड़ाऊँ से टकराने के बाद प्राप्त हुआ था।

(3) कबीरदास कपड़ा बुनते और बेचते थे।

(4) यवन सम्राट् सिकन्दर लोदी ने कबीर पर अत्याचार किये थे।

(5) कबीर का निधन 101 वर्ष की अवस्था में हुआ था।

(6) भगवान् ने स्वयं व्यापारी के वेष में कबीर के घर भोज्य सामग्री बैलों पर लादकर पहुँचायी थी।

कबीर चरित

इसके रचयिता मुकुन्द कवि द्वारका निवासी औदिच्य गुगली ब्राह्मण थे। इन्होंने भक्तमाल की रचना की है। इसमें 'कबीर चरित' एवं 'गोरक्षा चरित' ही उपलब्ध हैं। 'कबीर चरित' में कबीर के महत्त्व के अतिरिक्त निम्नलिखित तथ्य उपलब्ध होते हैं –

(1) स्वामी रामानन्द कबीर के गुरु थे।

(2) कबीर के मृत्यु के बाद हिन्दुओं और मुसलमानों में द्वन्द्व हुआ था।

(3) वीरसिंह ने काशी में कबीर की समाधि बनवायी।

(4) मुसलमानों ने गोरखपुर में (मगहर से तात्पर्य) एक बड़ी मस्जिद बनवायी।

भक्तमाल (राघोदास दादूपन्थी कृत)

इसमें कबीर के सम्बन्ध में निम्नलिखित तथ्य दिये गये हैं –

(1) इन्हें काशी के पास किसी जुलाहे ने वृक्ष के नीचे पड़ा हुआ पाया था।

(2) बड़े होने पर यह एक सच्चे भक्त साधक हुए।

(3) सिकन्दर शाह ने इन्हें पीड़ित किया था।

(4) कमाल, कमाली, पद्मनाभ, रामकृपाली, नीर, धीर, ज्ञानी, धर्मदास और हरदास ये कबीर के नौ शिष्य थे।

2. साम्प्रदायिक साहित्य :

कबीरपन्थी भक्तों, सन्तों और जिज्ञासुओं द्वारा कबीर के जीवन और व्यक्तित्व पर प्रकाश डालनेवाले अनेक ग्रन्थ लिखे गये हैं। इन्हें दो वर्गों में रखा जा सकता है– प्राचीन और अर्वाचीन। प्राचीन ग्रन्थों में मात्र दो का उल्लेख किया जा सकता है–(1) निर्भय ज्ञान और(2) आशा सागर। अर्वाचीन ग्रन्थ अनेक हैं।

निर्भय ज्ञान :

नागरी प्रचारिणी सभा, काशी की खोज के आधार पर जो हस्तलिखित हिन्दी पुस्तकों का संक्षिप्त विवरण प्रस्तुत किया गया है, उसमें इसे कबीर कृत बताया गया है और इसका लिपिकाल संवत् 1892 दिया गया है। श्री केदारनाथ द्विवेदी ने अपने शोध-प्रबन्ध–कबीर और कबीरपन्थ–में नागरी प्रचारिणी सभा की सन् 1909-11 की त्रैवार्षिक खोज-रिपोर्ट के आधार पर इसकी एक हस्तलिखित प्रति का उल्लेख किया है, जिसका लिपिकाल संवत् 1633 है। दामा खेड़ा के

कबीरपन्थी मठ में जो प्रति स्वयं द्विवेदी जी को प्राप्त हुई है, उसका प्रतिलिपिकाल सं. 1856 है। मैं समझता हूँ कि संवत् 1633 लिपिकाल मानने में द्विवेदी जी से कहीं कुछ भ्रान्ति हुई है। यह किसी कबीरपन्थी साधु की रचना है और संवत् 1800 के आस-पास लिखी गयी है। इसमें कबीर के रामानन्द के शिष्य होने, सिकन्दर शाह द्वारा उन पर अत्याचार किये जाने तथा मगहर में उनकी मृत्यु होने का उल्लेख है। शेष सारी बातें कबीर की अलौकिकता प्रकट करनेवाली है।

आशा सागर :

इसकी एक प्रति श्री केदारनाथ द्विवेदी को पुरी के कबीरचौरा में ताड़पत्र पर उड़िया लिपि में लिखी हुई प्राप्त हुई थी। स्वयं द्विवेदी जी इसकी प्राचीनता में सन्देह न करते हुए भी इसे उन्नीसवीं शताब्दी या और भी इधर की रचना मानते हैं। इसमें कबीर साहब की जन्म-तिथि संवत् 1455 की ज्येष्ठ पूर्णिमा मानी गयी है।

अर्वाचीन ग्रन्थों में 'कबीर कसौटी' (संवत् 1942, बाबू लहना सिंह कृत), 'कबीर मंशूर' (संवत् 1944, पंजाब निवासी स्वामी परमानन्ददास कृत) 'कबीर चरित बोध' (स्वामी युगलानन्द द्वारा संशोधित, श्री वेंकटेश्वर प्रेस, बम्बई से संवत् 1963 में प्रकाशित), 'श्री सद्गुरु चरितम्' ब्रह्मलीन मुनि द्वारा संस्कृत में रचित, संवत् 2016) उल्लेखनीय हैं। 'कबीर कसौटी' में कबीर के जीवन-वृत्त के सम्बन्ध में दो महत्त्वपूर्ण तथ्य उपलब्ध होते हैं—

(1) कबीर ने माघ सुदी एकादशी दिन बुधवार संवत् 1575 को काशी से मगहर के लिए प्रस्थान किया और उसी दिन मगहर पहुँचे। इस तथ्य की पुष्टि निम्नलिखित दोहे से भी की गयी है -

संवत् पन्द्रह सौ पछतरा, किया मगहर को गवन।
माघ सुदी एकादशी, रलो पवन में पवन।।

(2) कबीर की मृत्यु के बाद वीरसिंह बघेला और बिजली खाँ में संघर्ष की स्थिति उत्पन्न हो गयी थी।

'कबीर मंशूर' में मुख्यतः पाँच बातों का उल्लेख है—(1) कबीर संवत् 1455 में काशी के लहरतारा तालाब में कमल-पुष्प पर ज्योति रूप में अवतरित हुए थे। (2) नीरू और नीमा दम्पति ने उनका पालन किया था। (3) उन्होंने रामानन्द को अपना गुरु स्वीकार किया था। (4) कमाल कबीर का शिष्य और कमाली शिष्या थी। (5) कबीर का देहावसान संवत् 1575 में मगहर में हुआ था।

'कबीरचरित्र बोध' में 'कबीर मंशूर' में उल्लिखित तथ्यों के अतिरिक्त दो बातें और ध्यान देनेवाली हैं—(1) संवत् 1545 में सिकन्दर लोदी काशी आया था, वह कबीर से प्रभावित हुआ था, किन्तु शेख तकी ने उनके विरुद्ध षड्यन्त्र किये थे। (2) कबीर 119 वर्ष 5 माह 20 दिन की आयु में मगहर में अन्तर्धान हुए थे।

'श्रीसत्गुरुचरितम्' में कबीर पर लगाये गये आरोपों का खण्डन किया गया है और 'कबीर मंशूर' में वर्णित तथ्यों को प्रायः ज्यों-का-त्यों स्वीकार कर लिया गया है।

3. इतिहास ग्रन्थ :

कबीर का उल्लेख करनेवाले इतिहास ग्रन्थ भी दो प्रकार के हैं—(1) प्राचीन, (2) अर्वाचीन। प्राचीन इतिहास ग्रन्थों में 'आईन-ए-अकबरी' (संवत् 1655, अबुल फजल अल्लामी कृत) और 'दबिस्तान-ए-मजाहिब' (संवत् 1700 के आसपास, मोहसिन फानी कृत) उल्लेखनीय है। **'आईन-ए-अकबरी'** में कबीर का उल्लेख 'जगन्नाथपुरी' और 'रतनपुर'

(अवध में स्थित) इन दो स्थानों के प्रसंग में किया गया है– जिससे निम्नलिखित सूचनाएँ मिलती हैं–

(1) कबीर सिकन्दर लोदी के समसामयिक थे। (2) वे एकेश्वरवादी थे। (3) उन्हें सत्य की झलक मिल गयी थी। (4) उन्हें हिन्दू और मुसलमान दोनों प्यार करते थे। (5) उनकी समाधि रतनपुर (अवध) और (पुरी) (जगन्नाथपुरी) दोनों स्थान पर बतायी जाती है। (6) उनकी मृत्यु के बाद ब्राह्मण उन्हें जलाना चाहते थे और मुसलमान कब्रिस्तान में दफनाना चाहते थे। (7) वे समय की घिटी-पिटी रीतियों से अलग हो गये थे। (8) उनकी रहस्यमयी उक्तियाँ हिन्दी में प्राप्त हैं जो उनकी यादगार हैं।[1]

दबिस्तान-ए-मजाहिब में मुख्यतः दो बातों का उल्लेख है–(1) कबीर जाति के जुलाहे थे और (2) उन्होंने रामानन्द को गुरु-रूप में स्वीकार किया था।

अर्वाचीन इतिहास ग्रन्थों की लम्बी सूची है। इनमें 'रेलिजस सेक्ट्स ऑफ दी हिन्दूज' (1846 ई., एच. एच. विल्सन कृत) 'कबीर एण्ड कबीर पन्थ' (1907 ई. एज. जी. वेस्टकाट कृत), 'दी सिख रेलिजन' (1909, मैक्स आर्थर मेकालिफ कृत), 'आउटलाइन ऑफ रेलिजस लिटरेचर ऑफ इण्डिया' (1911 ई. फर्कुहर कृत), 'वैष्ण विज्म, शैविज्म एण्ड माइनर रेलिजस कल्ट्स' (1913 ई., सर आर. जी. भण्डारकर कृत), 'कबीर एण्ड हिज फालोवर्स' (1931 ई, डॉ. एफ. एफ. के. कृत), 'कबीर एण्ड दी भक्ति मूवमेण्ट' (1934 ई., डॉ. मोहन सिंह कृत), 'दी निर्गुण स्कूल ऑफ हिन्दी पोयट्री' (1936, डॉ. पीताम्बर दत्त बड़थ्वाल कृत) आदि ग्रन्थ विशेष रूप से उल्लेखनीय हैं। इन इतिहासकारों ने वैज्ञानिक दृष्टि से कबीर का जीवन-वृत्त प्रस्तुत करना चाहा है किन्तु साम्प्रदायिक ग्रन्थों की चमत्कारपूर्ण घटनाओं और जनश्रुतियों के बीच से तर्कसम्मत तथ्यों का चयन असम्भव-सा हो गया है। इन इतिहासकारों ने कबीर-पूर्व एवं कबीर के समसामयिक अन्य सन्तों का जीवन-काल निर्धारित करके उसके आधार पर कबीर का समय निर्धारित करने का प्रयत्न किया है या स्वामी रामानन्द का समय निर्धारित करके उसके आधार पर कबीर का समय की कल्पना की है या सिकन्दर लोदी के समय को ध्यान में रखकर कबीर का समय निर्धारित करना चाहा है। इन लेखकों ने जनश्रुतियों और अन्तस्साक्ष्यों का भी आधार लिया है। इन सबके बावजूद कबीर के प्रामाणिक जीवन-वृत्त के सम्बन्ध में निर्भ्रान्त निर्णय लेने में प्रत्येक ने अपनी असमर्थता व्यक्त की है।

4. सन्तों और भक्तों के स्फुट उल्लेख :

कबीरदास का उल्लेख उनके समकालीन तथा परवर्ती अनेक सन्तों और भक्तों ने किया है। इनमें धन्ना (संवत् 1472 जन्म), पीपा (संवत् 1582 जन्म), नानक (संवत् 1526-95), रैदास (कबीर के समकालीन), मीराँबाई (संवत् 1561), कमाल (संवत् 1564), व्यास जी (ओड़छेवाले

1. "बरुखे बर आँकिदर रतनपुर तुर्बते कबीर मुश्वहिद। दर जमाने सिकन्दर लोदी बूद। लखते दरे माना बरु कुशायश यापत व अज फर्सूदः रस्म हाये रोजगार बर किनारः शुद। फ़रावाँ हक़ायक़ बशेर हिन्दी जुबान अजू यादगार।" (आईन-ए-अकबरी जिल्द 2, पृष्ठ 78, न.कि.प्रे. लखनऊ 1893) "बरुखै बर आँकि कबीर मुव्हिद आँजा आसूदः। बसा हकायक अज़ जबान गुफ्त बकार कर्दे उ इमरोज दरम्यानस्त। अज फ़राख़ीए मशरब व वल्दीए नज़र मुसलमान व हिन्दू दोस्त दाश्ती। चूँ खानए उस्तुख्वानी बा पर दाख़्त बरहमन बसोख्तन रू आवूर्द व मुसलमान वगोरिस्तान बुर्दन।" (आईन-ए-अकबरी, जिल्द 2, पृष्ठ 53, न.कि.प्रे. लखनऊ, 1893)

हरिराम शुक्ल, संवत् 1618) दादू (संवत् 1601-60), बखना (सत्रहवीं शती का मध्य), तुकाराम (संवत् 1655 जन्म) आदि विशेषरूप से उल्लेखनीय हैं। इन सन्तों और भक्तों के उद्गार श्रद्धापूर्ण हैं। इनसे कबीर के सम्बन्ध में कुल तीन बातें ज्ञात होती हैं। (1) कबीर के गुरु रामानन्द थे, (2) कबीर जाति के जुलाहे थे, (3) कबीर भगवान् के उच्चतम कोटि के भक्त थे। कबीर के जीवन से सम्बद्ध अन्य किसी घटना का उल्लेख इन सन्तों ने नहीं किया है।

कबीरदास के जीवन-वृत्त का जो अध्ययन पिछले (लगभग) 40 वर्षों में हिन्दी और हिन्दीतर विद्वानों एवं साहित्यकारों द्वारा प्रस्तुत हुआ है, वह उपर्युक्त आधारग्रन्थों को सामने रखकर ही किया गया है। अतः यहाँ उनका पृथक् उल्लेख अनावश्यक है।

अन्तस्साक्ष्य :

कबीर वाणी में कबीर के सम्बन्ध में जो संकेत मिलते हैं, उनकी प्रामाणिकता वाणी की प्रामाणिकता पर निर्भर करती है। अतः अन्तस्साक्ष्य प्रस्तुत करते समय अत्यधिक सावधानी अपेक्षित है। इस सन्दर्भ में अधिक-से-अधिक गुरु ग्रन्थ साहब में संगृहीत कबीर वाणी, कबीर बीजक और कतिपय मान्य विद्वानों द्वारा सम्पादित कबीर ग्रन्थावलियों पर ही निर्भर किया जा सकता है। इन ग्रन्थों में प्राप्त संकेतों का उपयोग हम आगे चलकर प्रामाणिक जीवन-वृत्त प्रस्तुत करते समय करेंगे।

आधारभूत सामग्री की समीक्षा

उपर्युक्त आधारभूत सामग्री का विश्लेषण करने पर हम निम्नलिखित निष्कर्षों पर पहुँचते हैं –

(1) कबीर सम्बन्धी प्राचीनतम उल्लेख भी कबीर की परम्परानुमोदित मृत्युतिथि से कम-से-कम 50 वर्ष बाद का है। अतः इनमें जनश्रुतियों के समाविष्ट हो जाने की पूरी सम्भावना है।

(2) यह समस्त सामग्री श्रद्धाभाव से प्रस्तुत है। इसमें शुद्ध इतिहास-दृष्टि का अभाव है। अर्वाचीन इतिहासकारों का सारा विमर्श जनश्रुतियों के बीच भटककर रह गया है।

(3) प्राचीन एवं प्रामाणिक कही जाने योग्य सामग्री में हमें अधिक-से-अधिक कबीर की जाति, गुरु और भक्ति-भाव का ही परिचय मिलता है।

(4) जीवन-वृत सम्बन्धी शेष बातें परवर्ती हैं और मुख्यतः जनश्रुतियों पर आधृत होने के कारण पूर्णतः विश्वसनीय नहीं हैं।

(ख) प्रामाणिक जीवन-वृत्त

जन्म-तिथि :

कबीर की जन्म-तिथि का निर्णय अभी तक नहीं हो सका है। इस सम्बन्ध में अधिकांश विमर्श कबीर-पन्थ में प्रचलित निम्नलिखित छन्द पर आधृत है–

चौदह सै पचपन साल गये चंद्रवार एक ठाठ ठये।
जेठ सुदी बरसायत को पूरनमासी तिथि प्रगट भये।।
घन गरजे दामिनि दमके बूँदें बरसें झर लाग गये।
लहर तालाब में कमल खिले तहँ कबीर भानु परकास भये।।

इस छन्द का रचयिता कौन है? यह भी निश्चित रूप से नहीं कहा जा सकता। डॉ. बाबू श्यामसुन्दर दास के अनुसार यह कबीर के शिष्य धर्मदास की रचना है।[1] किन्तु इसका कोई

1. कबीर ग्रन्थावली, बाबू श्यामसुन्दर दास, भूमिका, पृष्ठ 18, सन् 1928

प्रमाण उपलब्ध नहीं है। इस छन्द का कबीरपन्थियों में व्यापक प्रचार अवश्य है। यह 'कबीर चरित्र बोध' में उद्धृत है तथा 'कबीर कसौटी' (संवत् 1942) के लेखक बाबू लहना सिंह ने भी इसे उद्धृत किया है। उपर्युक्त छन्द के अनुसार कबीरदास की जन्म-तिथि चन्द्रवार ज्येष्ठ सुदी पूर्णिमा संवत् 1455 ठहरती है। किन्तु इसे स्वीकार करने में कई कठिनाइयाँ हैं। सबसे बड़े कठिनाई तिथि की (गणना से) शुद्धता की है। संवत् 1455 में ज्येष्ठ पूर्णिमा चन्द्रवार को नहीं पड़ती। इसलिए डॉ. बाबू श्यामसुन्दर दास ने 'गये' का अर्थ संवत् 1455 व्यतीत हो जाने पर (अर्थात् संवत् 1456) लिया। डॉ. माताप्रसाद गुप्त का कहना है कि संवत् 1456 में भी ज्येष्ठ पूर्णिमा मंगलवार को पड़ती है, चन्द्रवार (सोमवार) को नहीं। चन्द्रवार को पूर्णिमा दिन के परवर्ती काल में थी। सूर्योदय के समय जो तिथि होती है, वह पूरे दिन के लिए मान्य होती है। इस न्याय से मंगल को ही पूर्णिमा मान्य होगी। दूसरी कठिनाई 'बरसायत' शब्द को लेकर है। यदि इसका अर्थ 'वट सावित्री पर्व' लिया जाता है तो यह पर्व ज्येष्ठ की अमावस्या को पड़ता है, पूर्णिमा को नहीं। अतः इसका अर्थ 'ज्येष्ठ मुहूर्त्त' लेना होगा। तीसरी आपत्ति यह हो सकती है कि छन्द की अन्तिम दो पंक्तियों में कबीर को अलौकिक व्यक्तित्व प्रदान किया गया है। अतः यह पूरी रचना किसी अत्यन्त श्रद्धालु भक्त की होगी। ऐसी स्थिति में प्रथम दो पंक्तियों में निहित तथ्य भी कबीर के भक्त रूप में प्रसिद्ध होने के बाद श्रद्धालु भक्तों ने अनुमान और कल्पना के सहारे निर्धारित किया होगा। अतः यह तिथि सन्दिग्ध है।

मृत्यु-तिथि :

कबीर की मृत्यु के सम्बन्ध में भी कई तिथियों का उल्लेख मिलता है। ये तिथियाँ छन्दोबद्ध हैं—

(1) संवत् पन्द्रह सौ पछतरा किया मगहर को गवन।
माघ सुदी एकादशी रलो पवन में पवन।।

(2) पन्द्रह सौ औ पाँच में, मगहर कीन्हों गौन।
अगहन सुदी एकादसी, मिल्यो पौन में पौन।।

(3) पन्द्रह सै उनचास में, मगहर कीन्हों गौन।
अगहन सुदी एकादसी मिलो पौन में पौन।।

(4) संमत पंद्रासौ उनहत्तरा रहाई।
सतगुरु चले उठि हंसा जाई।।

उपर्युक्त तिथियों में पहली तिथि (संवत् 1575) को बहुसंख्यक विद्वानों ने स्वीकार किया है, किन्तु इसकी प्रामाणिकता का कोई ऐतिहासिक सूत्र उपलब्ध नहीं है। 'कबीर कसौटी' के लेखक बाबू लहना सिंह को यह साखी किसी 'लाला माधोराम साहिब पायलवाले' से मिली थी। इस तिथि का उल्लेख हिन्दी साहित्य के प्रथम इतिहास लेख गार्सां-द-तासी ने भी किया है। अतः संवत् 1896 में भी यह तिथि प्रसिद्ध रही होगी। इस तिथि को रेवरेण्ड वेस्टकाट, मेकालिफ, डॉ. भण्डारकर, रेवरेण्ड फर्कुहर तथा रेवरेण्ड अहमद शाह जैसे विद्वानों ने भी

परम्परानुमोदित होने के कारण स्वीकार किया है। किन्तु इस तिथि को स्वीकार करने में अनेक कठिनाइयाँ हैं। पहली बात यह है कि यह जनश्रुति पर आधारित है, इसका कोई ऐतिहासिक साक्ष्य नहीं है। दूसरी बात यह है कि इसके उल्लेख के साथ जुड़ी हुई जो एक ही दिन में कबीर के काशी से चलकर मगहर पहुँचने की बात कबीरपन्थियों में प्रचलित है, वह विश्वसनीय नहीं है और वह पूरी मान्यता को सन्दिग्ध बना देती है[1]। वस्तुतः संवत् 1575 को कबीर की मृत्यु-तिथि स्वीकार करने का कारण यह है कि इसे स्वीकार करने से विद्वानों की कई समस्याएँ हल हो जाती हैं। एक तो संवत् 1551 में सिकन्दर लोदी के काशी जाने और कबीर को दण्डित करने की घटना की संगति बैठ जाती है; दूसरे गुरु नानकदेव (संवत् 1526-96) और कबीर की भेंट की सम्भावना को बल मिलता है, तीसरे कबीर की 120 वर्ष की आयु प्रमाणित हो जाती है। यह सब होने पर भी संवत् 1575 को कबीर की मृत्यु-तिथि स्वीकार करने का कोई ठोस ऐतिहासिक आधार नहीं है, यह बात अपने स्थान पर है।

दूसरे दोहे के आधार पर कबीर की मृत्यु-तिथि संवत् 1505 ठहरती है। यह दोहा भी उतना ही पुराना प्रतीत होता है, जितना पहला दोहा। सम्भवतः इसी के आधार पर एच. एच. विल्सन साहब ने भी कबीर की मृत्यु-तिथि संवत् 1505 स्वीकार की है। प्रो. बी. वी. राय, आचार्य क्षितिमोहन सेन और डॉ. पीताम्बरदत्त बड़थ्वाल ने भी संवत् 1505 में ही कबीर की मृत्यु स्वीकार की है। इस स्वीकृति के मूल में भी कुछ प्रचलित तथ्यों की संगति बैठाने की ही बात है। डॉ. फ्यूर्हर के अनुसार बिजली खाँ पठान ने बस्ती जिले के पूर्व में आमी नदी के दाहिने तट पर कबीर शाह का एक रौजा संवत् 1507 में बनवाया था, जिसका जीर्णोद्धार संवत् 1624 में नवाब फिदाई खाँ ने कराया। कबीर की मृत्यु संवत् 1505 मान लेने पर इस घटना की संगति बैठ जाती है। किन्तु कठिनाई यह है कि डॉ. फ्यूर्हर ने 'मानुमेण्टल ऐण्टिक्विटीज ऑफ दि नार्थ वेस्टर्न प्राविन्सेज' में इस तथ्य का उल्लेख करते हुए अपने समर्थन में कोई प्रमाण नहीं दिया है।

तीसरा दोहा (जिसके अनुसार संवत् 1549 में कबीर के मगहर जाने की बात सिद्ध होती है) नाभादास के भक्तमाल की टीका करते हुए रूपकला जी ने उद्धृत किया है किन्तु यह दोहा उन्हें किस सूत्र से प्राप्त हुआ इसका कोई उल्लेख नहीं किया है। संवत् 1549 में 3 वर्ष जोड़कर उन्होंने संवत् 1552 में कबीर की मृत्यु स्वीकार की है। अयोध्यासिंह उपाध्याय 'हरिऔध,' मिश्रबन्धु, चन्द्रबली पाण्डेय और डॉ. रामकुमार वर्मा ने भी कबीर की मृत्यु इसी समय स्वीकार की है। यह बीच की स्थिति है। इसे स्वीकार करने में सिकन्दर लोदी द्वारा कबीर के उत्पीड़न की जनश्रुति की संगति भी बैठ जाती है और कबीर की 120 वर्ष की आयु की अविश्वसनीयता का संकट भी टल जाता है।

चौथा छन्द (जिसके अनुसार कबीर की मृत्यु 1569 सिद्ध होती है) कबीरपन्थी धर्मदास द्वारा उल्लिखित बताया जाता है। डॉ. माताप्रसाद गुप्त का कहना है कि निर्वाण तिथियाँ टाँक लेने की सम्प्रदायों में परम्परा रही है। इसलिए कबीरपन्थी धर्मदास की दी हुई संवत् 1569

1. लहना सिंह के अनुसार काशी से माघ सुदी एकादशी, दिन बुधवार, संवत् 1575 को प्रस्थान करके कबीर उसी दिन 6 मंजिल की दूरी तय करके मगहर पहुँचे और वहाँ आमी नदी के किनारे एक सन्त की छोटी-सी कोठरी में लेटकर चादर ओढ़ ली और बाहर से ताला बन्द करा दिया।

की तिथि अधिक निर्भर योग्य हो सकती है।[1] डॉ. गुप्त के इस तर्क के बावजूद अभी तक इस तिथि को विशेष समर्थन नहीं मिला है।

इधर पं. परशुराम चतुर्वेदी और उनके शिष्य डॉ. केदारनाथ द्विवेदी ने संवत् 1455 को कबीर की 'कायापलट' अर्थात् 'ज्ञानोदय' की तिथि मानकर इसमें से 30 वर्ष घटाकर संवत् 1425 में कबीर के जन्म की सम्भावना व्यक्त की है और संवत् 1505 को उनकी मृत्यु-तिथि मानना अधिक उचित बताया है। चतुर्वेदी जी का तर्क है—"यदि अनन्तदास की परिचयी प्रामाणिक मान ली जाय और उसके लेखक का एतद् सम्बन्धी कथन भी सत्य निकल आवे, तो इस विषय में 'तीस बरस तै चेतन भयो' के सहारे हम उनके जन्म-काल के लिए भी सं. 1455—30= सं. 1425 दे सकेंगे और वैसा होने पर कबीर साहब मैथिल कवि विद्यापति (सं. 1417-1505) के समसामयिक हो जायेंगे। ऐसी दशा में सम्भवतः इस जनश्रुति की भी पुष्टि होती हुई दीख पड़ेगी कि असम के प्रसिद्ध भक्त शंकरदेव (सं. 1506-1625) ने अपनी उत्तरी भारत की द्वादशवर्षीया तीर्थयात्रा (सं. 1540-1552) के अवसर पर कबीर साहब की समाधि के भी दर्शन किये थे।[2]"

इस सम्बन्ध में इतना ही निवेदन है कि चतुर्वेदी जी ने जिस सूत्र का सहारा लिया है, उसके सत्य होने की सम्भावना उतनी ही क्षीण है, जितनी अन्य विद्वानों के आधार-सूत्रों की। असम के प्रसिद्ध भक्त शंकरदेव द्वारा कबीर की समाधि-दर्शन की घटना के साथ संगति बैठाने का मोह यहाँ भी विद्यमान है। यह मोह वैसा ही है, जैसा सिकन्दर लोदी द्वारा कबीर के पीड़ित किये जाने या बिजली खाँ द्वारा आमी नदी के तट पर संवत् 1507 में कबीर के रौजा बनवाने या कबीर को स्वामी रामानन्द का शिष्य प्रमाणित करने जैसी घटनाओं की संगति बैठाने का मोह।

उपर्युक्त विवेचन से स्पष्ट है कि कबीर की मृत्यु-तिथि के सम्बन्ध में जितने मत प्रचलित हैं, उनमें से कोई भी पूर्णतः प्रामाणिक नहीं है। सभी साम्प्रदायिक जनश्रुतियों पर आधृत हैं। विद्वानों ने कबीर के जीवन से सम्बद्ध किसी-न-किसी महत्त्वपूर्ण घटना को ऐतिहासिक मानकर उससे संगति बैठाने के मोह में तिथि-विशेष को अपना समर्थन दिया है। अतः कबीर की जन्म और मृत्यु-तिथियों का निश्चित निर्धारण सम्भव नहीं है। हम उनके समय के सम्बन्ध में अवश्य निश्चित धारणा बना सकते हैं।

कबीर का समय :

कबीरदास ने अपने से पहले के सन्तों का उल्लेख करते हुए 'जयदेव' और 'नामदेव' का उल्लेख किया है।[3] नामदेव की जन्म-तिथि रविवार एकादशी (शुक्लपक्ष) कार्तिक शक 1192 (1270 ई. = संवत् 1327 वि.) निश्चित है।[4] इनकी मृत्यु सन् 1350 (संवत् 1407 वि.) में मान्य है। अतः यह स्वीकार्य हो सकता है कि कबीरदास का आविर्भाव संवत् 1407 के बाद

1. कबीर ग्रन्थावली, डॉ. माताप्रसाद गुप्त. भूमिका, पृ. 2
2. कबीर साहित्य की परख, परशुराम चतुर्वेदी, पृष्ठ 292
3. गुर प्रसादी जैदेउ नामा। भगति कै प्रेमी इनही है जाना।।

— सन्त कबीर, सं. रामकुमार वर्मा. पृ. 39, पद 36

4. "Namdev was born on Sunday the eleventh day of the light half of the month of kartik in the Shaka year 1192, A.D. 1270".

—The Sikh Religion, Macauliffe, page 18, 1909

हुआ। कबीर के आविर्भाव की दूसरी सीमा हरिराम व्यास का जीवनकाल है।[1] कबीर साहब के व्यक्तित्व और उनके गुरु रामानन्द का उल्लेख करनेवाले पहले व्यक्ति व्यास जी हैं।[1] व्यास जी का जन्म संवत् 1567 में मान्य है।[2] यदि इन्होंने 30 वर्ष की अवस्था में भी कबीर और उनके गुरु रामानन्द का उल्लेख अपनी रचनाओं में किया होगा तो यह उल्लेख संवत् 1600 के आस-पास किया गया मान्य होना चाहिए। व्यास जी के गुरु स्वामी हितहरिवंश जी थे। हितहरिवंश जी का जन्म संवत् 1559 में माना जाता है। यह समय कबीर के आविर्भाव के अत्यन्त निकट पहुँच जाता है। सम्भव है व्यास जी ने अपने गुरु स्वामी हितहरिवंश या अन्य पूर्ववर्ती भक्तों से 'कबीर के गुरु रामानन्द थे' यह सुन रखा हो। जो भी हो, कबीर का आविर्भाव हरिराम व्यास से पूर्व (संवत् 1600 से पूर्व) मान्य होना चाहिए। इस सन्दर्भ में उल्लेखनीय है कि डॉ. रामकुमार वर्मा ने 'गुरु ग्रन्थ साहिब' के आधार पर 'नानक', 'धन्ना,' 'रविदास' तथा 'सरबगोटिका' (हस्तलिखित प्रति सं. 1842) के आधार पर 'पीपा' द्वारा कबीर का उल्लेख प्रमाणित किया है। इस दृष्टि से कबीर का आविर्भाव नानक (संवत् 1526-95) से पूर्व होना चाहिए। यह अस्वाभाविक नहीं है। किन्तु 'गुरु ग्रन्थ साहिब' में संगृहीत पद बहुत दिनों तक लोककण्ठ में विद्यमान रहे हैं। उनका संग्रह संवत् 1661 में हुआ है। इसलिए उन्हें पूर्ण प्रामाणिक नहीं माना जा सकता। निष्कर्ष यह कि कबीरदास की निश्चित जन्म एवं मृत्यु-तिथियों का निर्धारण चाहे न हो सके, किन्तु यह निर्विवाद है कि उनके व्यक्तित्व का विकास और प्रकाश पन्द्रहवीं शती के उत्तरार्द्ध और सोलहवीं शती के प्रथमार्द्ध के अन्तर्गत ही हुआ था।

जन्म-स्थान :

कबीर के जन्म-स्थान को लेकर कई मत प्रचलित हैं। प्रमुख मत कुल चार हैं–

(1) कबीर का जन्म मगहर में हुआ था।

(2) कबीर का जन्म आजमगढ़ जिले में 'बेलहरा' गाँव में हुआ था।

(3) कबीर का जन्म मिथिला में हुआ था।

(4) कबीर का जन्म काशी में हुआ था।

मगहर :

कबीर का जन्म मगहर मानने के पक्ष में एक अन्तस्साक्ष्य प्रस्तुत किया जाता है। गुरु ग्रन्थ साहिब' के एक पद में कबीर ने कहा है–

'पहिले दरसनु मगहर पाइओ पुनि कासी बसे आई'

इससे निष्कर्ष निकालते हुए डॉ. बड़थ्वाल ने लिखा है–"इससे जान पड़ता है कि काशी में बसने के पहले वह केवल मगहर में रहते ही नहीं थे, वहीं उन्हें पहले-पहल परमात्मा का दर्शन भी प्राप्त हुआ था। अधिक सम्भव यह है कि "कबीर का जन्म मगहर में हुआ हो, जो आज भी प्रधानतया जुलाहों की बस्ती है।[3]"

वस्तुतः उपर्युक्त पंक्ति जिस पद से ली गयी है, वह इस प्रकार है–

---

1. कलि में ... करुना में नीर, कबीर-मीमांसा पृ सं. 25
2. भक्त कवि व्यास जी, वासुदेव गोस्वामी, पृ. 41
3. हिन्दी काव्य में निर्गुण सम्प्रदाय, पृष्ठ 45

तूँ मेरो मेरु परबतु सुआमी ओट गही मैं तेरी।
ना तुम डालहु ना हम गिरते रखि लीनी हरि मेरी।।
अब तब जब कब तुही तुही।
हम तुअ परसाद सुखी सदही।।
तोरे भरोसे मगहर बसिओ मेरे तब की तपनि बुझाई।
पहिले दरसनु मगहर पाइओ पुनि कासी बसे आई।।
जैसा मगहर तैसी कासी हम एकै करि जानी।।
हम निरधन जिउ इहु धन पाइआ मरते फूटि गुमानी।।[1]

सबसे पहला प्रश्न उपर्युक्त पद की प्रामाणिकता का है। 'कबीर ग्रन्थावली (सं. डॉ. पारसनाथ तिवारी, हिन्दी परिषद्, प्रयाग विश्वविद्यालय) तथा 'कबीर ग्रन्थावली' (सं. डॉ. माताप्रसाद गुप्त) में यह पद नहीं है। यदि इसे प्रामाणिक मान भी लिया जाय तो इससे इतना ही प्रकट होता है कि कबीर ने उस परमात्मा के प्रकाश का अनुभव सबसे पहले मगहर में किया था, जिसके प्रति समर्पित होकर वे मानसिक शान्ति प्राप्त कर सके थे और जिसे वे सर्वव्यापी मानते थे। इस सन्दर्भ में डॉ. रामकुमार वर्मा का तर्क है—"मृत्यु के समय उनका मगहर लौट जाना मनुष्य की उस स्वाभाविक प्रेरणा का प्रतीक हो सकता है, जिससे वह अपनी जन्मभूमि या उसके समीप ही आकर मरना चाहता है। अतः मेरे दृष्टिकोण से कबीर का मगहर में जन्म मानना अधिक युक्तिसंगत है।"[2] कुछ भी हो, कबीर का मगहर में जन्म लेना उपयुक्त पद से प्रमाणित नहीं होता। यों, कबीर के मगहर में उत्पन्न होने की सम्भावना से इनकार नहीं किया जा सकता।

आजमगढ़ जिले का बेलहरा गाँव :

आजमगढ़ जिलें के बेलहरा नामक गाँव में कबीर के उत्पन्न होने की बात बनारस डिस्ट्रिक्ट गजेटियर में उल्लिखित।[3] इसको सबसे प्रबल समर्थन चन्द्रबली पाण्डेय ने दिया है। उनका कहना है—"आज भी पटवारी के कागदों में 'बेलहरा' उर्फ 'बेलहर पोखर' लिखा मिलता है। अपनी निजी धारण तो यह है कि यही 'बेलहर पोखर' 'लहर तालाब' की जड़ है, 'बेलहर' का 'लहर' और 'पोखर' का 'तालाब' कर लेना जनता के बायें हाथ का खेल है।" इस मत को किसी अन्य विद्वान् ने समर्थन नहीं दिया है। अन्तस्साक्ष्य से भी इसकी पुष्टि नहीं होती।

मिथिला :

कबीर की जन्मभूमि मिथिला थी, इसका समर्थन डॉ. सुभद्र झा ने किया है। डॉ. सुभद्र झा के कुल तीन तर्क हैं—

1. गुरु ग्रन्थ साहिब, शिरोमणि गुरुद्वारा प्रबन्धक कमेटी, अमृतसर, 1961, पृ. 969
2. सन्त कबीर, डॉ. रामकुमार दर्मा, पृ. 76
3. According to tradition, Kabir was born in Benares itself though the Benares Gazetteer give Belhara, a village in the District of Azamagarh, as the place of his birth."
–Indian Inheritance', Bhartiya Vidya Bhawan, Bombay, Page 181

(1) कबीर ने मत्स्य-मांस-भोजियों को शाक्त और शाकाहारियों को वैष्णव समझा था। मिथिला में शाक्तों और वैष्णवों का भेद इसी रूप में किया जाता है।

(2) कबीर ने 'ज्यों मैथिल सच्चा बासा। त्योंहि मरण होय मगहर पासा' कहकर अपने मैथिल वास को स्वयं प्रमाणित किया है।

(3) कबीर ने अपने शिष्य धर्मदास से कहा है–''सावन भादव बरिसे मेहा। एते सबद हम कह्यो विदेहा।'' इसमें आया हुआ 'विदेह' शब्द कबीर को मैथिल सिद्ध करता है।

कहना न होगा कि सुभद्र झा महोदय के तीनों तर्क निराधार हैं। कबीर ने शाक्तों और वैष्णवों का भेद मात्र 'मत्स्य-मांस' भोजन और 'शाकाहार' के आधार पर नहीं किया है; उनकी हिंसक और अहिंसक वृत्ति, उनकी भक्ति भावना तथा उनकी वेशभूषा सभी को दृष्टि में रखकर किया है। उन्होंने कबीर के 'मैथिलवास' को सिद्ध करने के लिए जो पंक्ति उद्धृत की है, वह अप्रामाणिक है। उन्होंने 'विदेह' शब्द का भ्रान्त अर्थ लिया है। 'विदेहे' स्थान-बोधक न होकर जीवन्मुक्त दशा का बोधक है। सबसे बड़ी बात यह है कि इतनी खींचतान करने पर भी मिथिला में कबीर का कुछ दिनों तक रहना ही सिद्ध हो सकता है, जन्म नहीं।

काशी :

कबीर का जन्म 'काशी' मानने के पक्ष में कुल तीन प्रकार के तर्क हैं–

(1) कबीर ने अपनी वाणियों में अपने को काशी का जुलाहा कहा है[1]।

(2) अनन्तदास ने 'कबीर परिचयी' (संवत् 1657) में कबीर को 'काशी का जुलाहा' कहा है।[2]

(3) जनश्रुतियाँ कबीर को काशी में आविर्भूत मानती हैं।[3]

काशी में कबीर का जन्म सिद्ध करते हुए अयोध्यासिंह उपाध्याय 'हरिऔध' ने बड़ी दृढ़ता से कहा है–''मैं समझता हूँ कि यह बात निश्चित-सी है कि पुनीत काशीधाम कबीर साहब का जन्म-स्थान, उनकी माता का नाम नीमा और पिता का नाम नीरू था।[4] हरिऔध जी की दृढ़ता का कारण उनका कबीर और काशी दोनों के प्रति श्रद्धामूलक अनुराग है। उपलब्ध साक्ष्यों से कबीर का, जैसा कि रेवरेण्ड अहमद शाह ने कहा है, काशी में निवास करना ही प्रमाणित होता है।[5]

इधर कबीर के जन्मविषयक प्रचलित छन्द की प्रथम पंक्ति–''चौदह सै पचपन साल गये चन्द्रवार एक ठाठ ठये'–में आये हुए 'चन्द्रवार' शब्द को स्थानवाची मानकर एक विद्वान् ने कबीर का जन्म बलिया जिले के चँदवार गाँव में प्रमाणित करना चाहा है, किन्तु यह व्यर्थ की खींचतान ही है। निष्कर्ष यह कि अभी तक किसी भी स्थान को, निर्विवाद रूप से, कबीर

---

1. तू ब्राह्मन में कासी जोलहा, चीन्हि न मोर गियाना। तैं सब मागे भूपति राजा, मोरे राम धियाना।
–कबीर ग्रन्थावली, सं.पारसनाथ तिवारी, पृष्ठ 109, पद 188
2. काशी बसे जुलाहा एक। हरि भगतनि की पकरी टेक।। –कबीर परिचयी, अनन्तदास।
3. जनश्रुतियों का एक अच्छा संग्रह 'कबीर कसौटी' है। इसमें कबीरदास के काशी में 120 वर्ष रहकर मगहर जाने का उल्लेख है। इससे प्रकट है कि वे आजीवन काशी में ही रहे। नवजात शिशु के रूप में काशी के लहरतारा तालाब में ही कबीर के पाये जाने की जनश्रुति रही है।
4. कबीर वचनावली, अयोध्यासिंह उपाध्याय 'हरिऔध', पृष्ठ 5
5. "It is hardly an exaggeration to say that two facts only can be asserted with absolute confidence: he lived for sometime at Kashi. [Benares], and he died at Maghar."
–The Bijak of Kabir, by the Rev. Ahmed Shah, Page 1

की जन्मभूमि प्रमाणित नहीं किया जा सका है। सम्भावना काशी और मगहर इन्हीं दो स्थानों की अधिक है।

जाति :

कबीर की जाति के सम्बन्ध में अधिक विवाद नहीं है। अन्तस्साक्ष्य तथा बहिस्साक्ष्य दोनों से उनका जुलाहा होना प्रमाणित है।

'तू बाम्हन मैं काशी का जुलाहा'–राग आसा, 26, गुरु ग्रन्थ साहिब

X X X

तननां बुननां तज्यों कबीर। राम नाम लिखि लियौ सरीर'

–कबीर ग्रन्थावली, डॉ. पारसनाथ तिवारी, पद 12, पृ. 9,

'गई बुनावन माहो, घर छोड़िये जाइ जुलाहो'

–सन्त कबीर, रामकुमार वर्मा, पद 54, पृ. 57

उपर्युक्त पंक्तियाँ स्वयं कबीरदास की रचनाओं से उद्धृत हैं, अतः कबीर के जुलाहा होने के सम्बन्ध में किसी प्रकार का सन्देह नहीं हो सकता। 'गुरु ग्रन्थ साहिब' में धन्ना के नाम से संगृहीत एक पद में कबीर के विषय में लिखा है–

''बुनना तनना तिआगि कै प्रीति चरन कबीरा।
नीच कुल जोलाहरा भइउ गुनीय गहीरा।।

–गुरु ग्रन्थ साहिब, पृ. 487

इससे प्रकट है कि कबीर को जुलाहा समझे जाने की बात सन्तों के बीच बहुत पहले से मान्य है। यहाँ एक प्रश्न, उनके 'हिन्दू संस्कारों की प्रबलता' के सम्बन्ध में उठाया जा सकता है। यदि कबीर जुलाहे थे तो उनकी वाणियों में योग मत एवं हिन्दू विश्वासों का समावेश कैसे हुआ? इसके दो समाधान हो सकते हैं–एक तो यह कि कबीर पर रामानन्दी वैष्णवों की गहरी छाप पड़ी और उन्होंने उन्हीं से इन संस्कारों को ग्रहण किया। दूसरा समाधान पं. हजारीप्रसाद द्विवेदी द्वारा प्रस्तुत किया गया है। द्विवेदी जी के अनुसार ''कबीरदास जिस जुलाहा जाति में पालित हुए थे, वह एकाध पुश्त पहले के योगी जैसी किसी आश्रमभ्रष्ट जाति से मुसलमान हुई थी या अभी होने की राह में थी।''[1] यह अनुमान सत्य के निकट प्रतीत होता है। रामानन्दी वैष्णवों ने योग को अपनी भक्ति में स्थान अवश्य दिया था, किन्तु कबीर जिस प्रकार योगियों को उन्हीं के स्वर में चुनौती देते हैं, इससे साफ जाहिर है कि उन्हें योग-साधना का गहरा ज्ञान था। अतः कबीर का आश्रमभ्रष्ट योगी जाति का जुलाहा होना स्वीकार्य हो सकता है।

माता-पिता :

जनश्रुति के अनुसार कबीरदास स्वामी रामानन्द के आशीर्वाद से एक विधवा ब्राह्मणी के गर्भ से उत्पन्न हुए थे। ऐसा प्रतीत होता है कि कबीरदास का सम्बन्ध हिन्दू कुल से जोड़ने और स्वामी रामानन्द के अलौकिकत्व को प्रमाणित करने के लिए इस जनश्रुति की उद्भावना की गयी होगी। इस जनश्रुति में भी उनका नीरू और नीमा जुलाहा दम्पति द्वारा पालित होना ही बताया गया है।[2]

---

1. कबीर, हजारीप्रसाद द्विवेदी, प्रस्तावना, पृ. 11
2. "He was found by a Musalman weaver, called Ali–who from living beside the water (nir) was popularly known by the name of Niru–when he was taking home his wife from her parents' house." –The Sikh Religion–Macauliffe, page 123.

इस सन्दर्भ में डॉ. रामकुमार वर्मा का कहना है कि "कबीर के पिता एक बड़े गोसाईं थे, उनके प्रति कबीर को बहुत श्रद्धा थी।"[1] उन्होंने अपने कथन की पुष्टि में एक अन्तस्साक्ष्य उद्धृत किया है–

'पिता हमारो बड़ गोसाईं। तिसु पिता पहि हउ किउ करि जाई।'

किन्तु पूरे पद पर ध्यान देने से यह कथन परमपिता परमात्मा की ओर संकेत करनेवाला प्रतीत होता है। पूरा पद इस प्रकार है–

'पिता हमारो बड़ गोसाईं। तिसु पिता पहि हउ किंउ करि जाई।
सति गुरू मिले त मारगु दिखाइया। जगत पिता मेरे मन भाइआ।।
हउ पूतु तेरा तू बाप मेरा। एकै ठाहर हुआ बसेरा।
कहु कबीर जनि एको बुझिया। गुरू प्रसादि मैं सभु किछु सूझिआ।।[2]

उपर्युक्त पद में स्पष्ट रूप से कहा गया है कि मेरा पिता सबसे बड़ा स्वामी (बड़ गोसाईं) अर्थात् विश्व का पोषक जगत्पिता है। ऐसे पिता के समीप मैं कैसे जा सकता हूँ? इसका यह अर्थ नहीं है कि कबीर के पिता काशी में बसनेवाली गोसाईं जाति के थे। अन्तस्साक्ष्य से माता का जो संकेत मिलता है, उससे यह अवश्य सिद्ध होता है कि कबीर की माता के कुल में रामभक्ति का प्रचार नहीं था। उन्हें कबीरदास की भक्ति से चिढ़ थी। वे समझती थीं कि इससे गार्हस्थ्य जीवन नष्ट हो जायेगा। पद इस प्रकार है–

'नित उठि कोरी गागरि आनै लीपत जीउ गइओ।
ताना बाना कछू न सूझै हरि हरि रस लपटिओ।'
हमारे कुल कउने रामु कहिओ।
जब की माला लई निपूते तब ते सुखु न भइओ।[3]

इससे यह प्रमाणित होता है कि कबीर निश्चय ही 'जुलाहा' परिवार में पालित थे और उनकी माता निश्चित रूप से जुलाहा कुल की थीं। किन्तु कबीर के वास्तविक माता-पिता कौन थे? यह उपलब्ध साक्ष्यों के आधार पर निश्चित रूप से नहीं कहा जा सकता।

गुरु :

परम्परा से स्वामी रामानन्द को कबीर का गुरु माना जाता रहा है, किन्तु कबीरदास की प्रामाणिक समझी जानेवाली किसी रचना में रामानन्द का नाम नहीं आया है। कबीर बीजक शब्द 77 में अवश्य रामानन्द का उल्लेख है–

आपन आस किये बहुतेरा। काहु न मर्म पावल हरि केरा।
इंद्री कहाँ करै विस्राम। सो कहँ गये जे कहते राम।।
सो कहँ गये जो होत सयाना। होय मृतक वह पदहि समाना।
रामानन्द राम रस माते। कहैं कबीर हम कहि कहि थाके।।[4]

---

1. सन्त कबीर, डॉ. रामकुमार वर्मा, पृ. 72
2. गुरु ग्रन्थ साहिब, राग आसा, पद 3, पृ. 476
3. गुरु ग्रन्थ साहिब, राग बिलावल, पद 4, पृष्ठ 856
4. कबीर बीजक, डॉ. शुकदेव सिंह, पृ. 137, सबद 77, 1972

'कबीर बीजक' के सम्पादक डॉ. शुकदेव सिंह का दावा है कि बीजक के इस प्रामाणिक संस्करण के प्रकाशन के बाद विश्वविद्यालय दुनिया में 'कबीर ग्रन्थावली' (सं. बाबू श्यामसुन्दर दास) की प्रामाणिकता का भ्रम टूट जायेगा। उनका यह भी दावा है कि 'कबीर-सिद्धान्त' की प्रामाणिकता और दार्शनिकता की सही जानकारी के लिए बीजक ही एकमात्र आधार ग्रन्थ है।''[1] डॉ. शुकदेव सिंह के दावे को स्वीकार कर लेने और बीजक को कबीर की प्रामाणिक रचना मान लेने पर भी उपर्युक्त 'शब्द' से इतना ही ज्ञात होता है कि 'रामरस में निरन्तर मग्न रहनेवाले रामानन्द भी अन्ततः इस संसार में नहीं रहे।' इससे यह सिद्ध नहीं होता कि रामानन्द कबीरदास के गुरु थे। 'रामानन्द' को कबीर का गुरु कहनेवाले पहले व्यक्ति भक्त कवि व्यास जी (संवत् 1567 में जन्म) हैं।[2] इसके बाद नाभादास के भक्तमाल[3] तथा अनन्तदास द्वारा रचित 'कबीर साहब जी की परिचयी[4] (संवत् 1657 ई.) में रामानन्द को कबीर का गुरु घोषित किया गया है—कहा जाता है कि यह अनन्तदास रामानन्द की ही शिष्य-परम्परा में छठी पीढ़ी (रामानन्द>अनन्तानन्द>कृष्णदास>अग्रदास> विनोदी>अनन्तदास) में आते हैं। अतः उनका कथन विशेष रूप से प्रामाणिक होना चाहिए। रामानन्द का समय 'अगस्त्य संहिता' के अनुसार संवत् 1356-1467 मान्य है। रामानन्द रामानुजाचार्य (11वीं शती) की चौदहवीं पीढ़ी में आते हैं। यदि प्रत्येक पीढ़ी के लिए 20 वर्षों का अन्तराल मान्य हो तो 'अगस्त्य संहिता' में दिया हुआ समय ठीक ही प्रतीत होता है। कबीर का जो समय परम्परा से मान्य है उसके अनुसार स्वामी रामानन्द की वृद्धावस्था में कबीर का उनके सम्पर्क में आना स्वीकार्य हो सकता है। अतः कबीर के स्वामी रामानन्द के शिष्य होने की सम्भावना से इनकार नहीं किया जा सकता।

शेख तकी :

हिन्दू-परम्परा के अनुसार शेख तकी कबीर के विरोधी और प्रतिस्पर्द्धी थे, किन्तु मुसलमानी परम्परा उन्हें कबीर का पीर (गुरु) मानती है।[5] जहाँ तक अन्तस्साक्ष्य का प्रश्न है मात्र बीजक की दो रमैनियों (रमैनी 48 और 63) में शेख तकी का उल्लेख मिलता है। रमैनी 48 में कहा गया है—

---

1. कबीर बीजक, भूमिका, पृ. 10
2. साँचे साधु जु रामानन्द।
   जिन हरिजी सों हित करि जान्यो और जानि दुःख दन्द।
   जाको सेवक कबीर धीर अति सुमति सुरसुरानन्द।
   तब रैदास उपासिक हरि कौ, सूर सु परमानन्द।
   इनते प्रथम तिलोचन नामा, दुःख मोचन सुख-कन्द।
   सेस सनातन भक्ति-सिन्धु रस रूप, राघवानन्द।।

   भक्त कवि व्यास जी, पद 23, पृ. 1961
3. भक्तमाल, छप्पय 31
4. नृमल भगति कबीर की चीन्ही। परदा षोल्या दछ्या दीन्ही। भाग बड़े रामानन्द गुरु पाया। जो मन मरन का भरम गँवाया।

   —सन्त कबीर, प्रस्तावना, पृष्ठ 29 पर उद्धृत
5. According to the Hindu legends Sheikh Taqqi was the rival and opponent of Kabir, while Muhammadans regrad him as his Pir.

   –Kabir and the Kabir Panth, page 23.)

मानिक पुरहि कबीर बसेरी। मद्दति सुनी सेख तकी केरी।
ऊ जे सुनी जौनपुर धामा। झूँसी सुनि पीरन को नामा।।[1]

रमैनी 63 के अन्त की साखी में कहा गया है–

नाना नाच नचाय के, नाचै नट के भेख।
घट-घट अविनासी बसै, सुनहु तकी तुम सेख।।

–रमैनी, ठाकुर जयदेव सिंह, पृ. 98

रमैनी 48 से प्रकट है कि कबीरदास मानिकपुर शेख तकी की प्रशंसा सुनकर गये थे। किन्तु रमैनी 63 से ज्ञात होता है कि वे शेख तकी को उपदेश दे रहे हैं। इतिहास में शेख तकी नामक दो सूफी सन्तों का उल्लेख मिलता है। एक कड़ा-मानिकपुर निवासी और दूसरे झूँसी निवासी। कड़ा-मानिकपुर निवासी शेख तकी चिश्तिया सम्प्रदाय के अनुयायी बताये जाते हैं। रेवरेण्ड वेस्टकाट के अनुसार इनकी मृत्यु सन् 1545 (संवत् 1620 में हुई थी) किन्तु वेस्टकाट महोदय को स्वयं इस तिथि पर विश्वास नहीं है। मानिकपुर में किसी शेख तकी की कब्र का होना 'आईन-ए-अकबरी' में भी लिखा है किन्तु इन शेख तकी के समय उल्लेख नहीं किया गया है। झूँसीवाले शेख तकी सुहवर्दिया सम्प्रदाय के थे। इलाहाबाद गजेटियर में इनका समय सन् 1320-1384 (संवत् 1377-1441) दिया हुआ है। रेवरेण्ड वेस्टकाट इनकी मृत्यु सन् 1429 (1486) में स्वीकार करते हैं। वेस्टकाट महोदय ने इस मृत्यु-तिथि की प्रामाणिकता का कोई आधार नहीं दिया है।[2] उपलब्ध साक्ष्यों के आधार पर इतना ही कहा जा सकता है कि कबीर ने किसी शेख तकी से सत्संग किया था, किन्तु शेख तकी उनके पीर या गुरु नहीं थे।

पीताम्बर पीर :

कबीरदास के किसी पीताम्बर पीर से सत्संग करने की बात भी कही जाती है। 'गुरु ग्रन्थ साहिब' में कबीर का एक पद संगृहीत है, जिसमें पीताम्बर पीर का उल्लेख है–

हज हमारो गोमती तीर। जहाँ बसहिं पीताम्बर पीर।।
बाहु बाहु किया खूबु गावता है। हरि का नाम मेरे मन भावता है।
नारद सारद करहिं खवासी। पासि बैठी बीबी कवला दासी।
कंठे माला जिहवा राम। सहंस नाम लै लै करउ सलाम।
कहत कबीर राम गुन गावउ। हिन्दू तुरुक दोऊ समझावउ।

–गुरु ग्रन्थ साहिब, राग आसा, पद 13, पृ. 478-79

पूर्वोक्त पद से प्रकट है कि कबीरदास गोमती तट पर निवास करनेवाले किसी पीताम्बर पीर के प्रति श्रद्धाभाव रखते थे। उसके सत्संग को ही वे 'हज' की यात्रा के समान फलदायक

1. 'रमैनी' सं. ठाकुर जयदेव सिंह : वासुदेव सिंह : पृ. 80
2. "At the same time it would seem that Kabir was more closely associated with Sheikh Taqqi of Jhusi or his successors in office. This Sheikh was the son of Shaban-ul-Millat and belonged to the Soharwardia order of Sufis. He died in 1429 (A.D. 785) and his tomb at Jhusi is still a place of pilgrimage"–Kabir and Kabir Panth, Page 25.

मानते थे। कबीरदास के उपर्युक्त उल्लेख से पीताम्बर पीर कोई वैष्णव भक्त प्रतीत होते हैं। इनके प्रति कबीरदास के मन में आदर भाव तो है, किन्तु इन्हें कबीर का गुरु नहीं कहा जा सकता।

कबीरदास ने अपनी वाणियों में गुरु को जो महत्त्व दिया है, भक्त और साधक के लिए गुरु की कृपा की जैसी आवश्यकता बतायी है, जिस श्रद्धाभाव से सत्गुरु को गोविन्द को लक्षित करानेवाला कहा है, जिस निष्ठा से गुरु और गोविन्द की एकता प्रमाणित की है और जिस विश्वास से गुरु को शिष्य के समस्त संशयों को दूर करके उसकी कायापलट कर देनेवाला कहा है, उससे यह समझा जा सकता है कि उन्होंने किसी-न-किसी महात्मा या साधक को गुरु रूप में अवश्य स्वीकार किया होगा। कबीर-पूर्व-युग में 'रामानन्द' जैसा व्यक्तित्व दूसरा नहीं था। वे एक साथ अनेक विरोधी समझे जानेवाले सिद्धान्तों, मतों और साधना-धाराओं के प्रेरणा-स्रोत हैं। कबीर ने उनका शिष्यत्व स्वीकार करने में गौरव का अनुभव किया होगा। रामानन्द ने प्रत्यक्ष रूप में चाहे कबीर को 'रामावत सम्प्रदाय' में दीक्षित न किया हो किन्तु कबीर ने अपनी ओर से उन्हें 'राम' नाम का मन्त्रदाता अवश्य मान लिया होगा।

परिवार :

जनश्रुतियों के अनुसार कबीर का विवाह हुआ था। उनकी पत्नी का नाम 'लोई' था। उनके पुत्र का नाम 'कमाल' था और उनकी पुत्री का 'कमाली'। डॉ. मोहन सिंह ने कमाल के अतिरिक्त कबीर के एक अन्य पुत्र 'निहाल' और एक अन्य पुत्री 'निहाली' का उल्लेख किया है किन्तु उन्होंने इस सूचना का कोई आधार नहीं दिया। 'गुरु ग्रन्थ साहिब' में कुछ ऐसी पंक्तियाँ अवश्य उपलब्ध होती हैं जिनमें कबीर की पत्नी और बच्चों का संकेत मिलता है—

मेरी बहुरीआ को धनीआ नाउ। ले राखिओ राम जनीआ नाउ।
इन मुंडीअन मेरा घरु धुँधराया। विटवहिं राम रमऊआ लावा।
कहतु कबीर सुनहु मेरी माई। इन्ह मुंडीअन मेरी जाति गवाई।

—गुरु ग्रन्थ साहिब, राग आसा, पद 33, पृ. 484

उपर्युक्त पद से यह संकेत मिलता है कि कबीर की माता को घर में साधु-सन्तों का बराबर आना-जाना अच्छा नहीं लगता था। साधु-सन्तों ने न केवल उनके पुत्र को रामभक्ति में लीन कर दिया था वरन् उनकी बहू को भी 'धनियाँ' से 'रामजनियाँ' बना डाला था। इसके पूर्व के एक अन्य पद से यह सूचना मिलती है कि कबीर के दो स्त्रियाँ थीं। पहली 'कुरूपा' और 'कुलक्षणी' थी जबकि दूसरी रूपवती और सुलक्षणा थी। कबीर कहते हैं कि अच्छा हुआ कि मेरी पहली स्त्री की मृत्यु हो गयी। मेरी दूसरी पत्नी युग-युग तक जीवित रहे। पद इस प्रकार है—

पहिली करूपि कुजाति कुलखनी साहुरै पेईऐ बुरी।
अब की सरूपि सुजानि सुलखनी सहजे उदरि धरि।।
भली सरी मेरी पहिली बरी। जुगु जुगु जीवउ मेरी अबकी धरी।

कहु कबीर जब लहुरी आई बड़ी का सुहागु हरिओ।
लहुरी संगि भई अब मेरे जेठी अउरू धरिओ।।

—गुरु ग्रन्थ साहिब, पद 32, राग आसा, पृ. 483-84

उपर्युक्त पद में दो स्त्रियों का प्रतीकार्थ लेना अधिक उचित होगा। पहली स्त्री 'माया' हैं। दूसरी 'भक्ति'। कबीर ने 'माया' को त्यागकर 'भक्ति' का वरण किया था। 'माया' का समाप्त होना ही पहली स्त्री की मृत्यु होना है। वे भक्ति को निरन्तर अपने जीवन का अंग बनाकर रखना चाहते हैं। इसीलिए इसके युग-युग जीने की बात कहते हैं। इससे इतना ही ध्वनित होता है कि कबीर ने प्रारम्भ में गार्हस्थ्य जीवन व्यतीत किया था, 'माया इनकी पहली पत्नी थी' अर्थात् उन्होंने प्रारम्भ में माया में पड़कर गृहस्थ रूप में 'पत्नी' को स्वीकार किया था। 'गुरु ग्रन्थ साहिब' की ही एक साखी से कबीर के पुत्र 'कमाल' का संकेत मिलता है। साखी इस प्रकार है—

बूड़ा बंसु कबीर का उपजिओ पूतु कमालु।
हरि का सिमरनु छाड़ि के धरि ले आया मालु।।

—गुरु ग्रन्थ साहिब, सलोक 115, पृ. 1370

डॉ. पीताम्बर दत्त बड़थ्वाल ने 'कमालबानी' से एक छन्द उद्धृत किया है—

गंग जमन के अंतरे निरमल जल पाणी।
कबीर को पूत कमाल है, जिन इह गति जाणी।।

उपर्युक्त छन्द से यह प्रकट होता है कि 'कमाल' योग-साधना के उस रहस्य को जानता है जिससे कबीर भली-भाँति परिचित थे। ऐसा लगता है कि यह 'हरि का सिमरनु' छोड़कर घर में माल ले आनेवाले कमाल से भिन्न कोई दूसरे कमाल थे, जो कबीर के साधना-पथ पर ही आगे बढ़े थे। कुछ भी हो, गुरु ग्रन्थ साहिब के उपर्युक्त उल्लेख के अतिरिक्त 'कमाल' के कबीर-पुत्र होने का कोई ऐतिहासिक साक्ष्य उपलब्ध नहीं है। इस सम्बन्ध में डॉ. बड़थ्वाल का कथन उल्लेखनीय है—"जनश्रुति के अनुसार कबीर के एक पुत्र और एक पुत्री थी। पुत्र का नाम कमाल, पुत्री का कमाली था। पन्थवालों के अनुसार ये उनके सगे लड़के-लड़की नहीं थे, बल्कि करामात के द्वारा मुर्दे से जिन्दे किये हुए बच्चे थे जो उन्हीं के साथ रहा करते थे।"

उपर्युक्त विवेचन से यह अवश्य प्रकट होता है कि कबीर का परिवार था और उन्होंने पारिवारिक जीवन व्यतीत किया था।

सिकन्दर लोदी द्वारा उत्पीड़न :

परम्परा से प्रसिद्ध है कि कबीरदास सिकन्दर लोदी द्वारा उत्पीड़ित हुए थे। 'कबीर परिचयी' के लेखक अनन्तदास ने सिकन्दरशाह के काशी आने और काजी तथा मुल्ला की शिकायत पर कबीर को उत्पीड़ित करने का स्पष्ट उल्लेख किया है—

स्याह सिकन्दर कासी आया। काजी मुलाँ के मन भाया।
कहै सिकन्दर अैसी बाता। हूँ तोहि देषू दोजिग जाता।।
गाफल संक न मानै मोरी। अब देषूँ साँची करामति तोरी।
बाँध्यो पग मेल्यों जंजीरू। ले बोर्‌यों गंगा कै नीरू।।[1]

1. सन्त कबीर, पृ. 39 पर उद्धृत

'कबीर परिचयी' कबीरदास की मृत्यु के लगभग 80 वर्ष बाद की रचना है। 'कबीर परिचयी' का लेखक कबीर का महत्त्व बढ़ा-चढ़ाकर दिखाना चाहता है। इसलिए वह अपनी ओर से भी तथ्य को नया रूप दे सकता है इसलिए 'कबीर परिचयी' का उपर्युक्त उल्लेख पूर्णतः प्रामाणिक नहीं है। कबीर से सम्बद्ध महत्त्वपूर्ण घटनाओं की मीमांसा करते हुए पं. परशुराम चतुर्वेदी ने लिखा है–

''मीराबाँई के समय (सं. 1555-1603) तक कबीर साहब के विषय में चमत्कारपूर्ण वर्णनों का आरम्भ हो जाना, व्यास जी (सं. 1612 में वर्तमान) के समय से उनके रामानन्द के शिष्य कहे जाने की प्रथा का चलना, अनन्तदास (संवत् 1645) के लगभग से सिकन्दर लोदी के प्रसंग का दीख पड़ना, अबुल फजल (संवत् 1655 में वर्तमान) के समय से उनके शव के लिए हिन्दू एवं मुसलमानों के बीच कलह उत्पन्न होने की चर्चा का फैलना तथा आगे चलकर उनके शेख तकी का शिष्य होने अथवा गुरु नानक से भेंट करने की कल्पनाओं का भिन्न-भिन्न रचनाओं में स्थान पाने लगना उपलब्ध सामग्रियों की जाँच-पड़ताल करने का क्रमशः आये हुए प्रसंगों के रूप में दीख पड़ते हैं।''[1]

उपर्युक्त विवेचन में चतुर्वेदी जी ने सिकन्दर लोदी द्वारा किये गये उत्पीड़न के प्रति अपना अविश्वास प्रकट किया है। सिकन्दर लोदी का शासनकाल संवत् 1545-1546 से 1575 तक मान्य है। संवत् 1551 में बिहार के हुसैनशाह शर्की से युद्ध-अभियान के क्रम में उसका काशी आना और काशी के निकट गंगा पार करना भी इतिहास सिद्ध है किन्तु इस भाग-दौड़ में उसे कबीर को उत्पीड़त करने और उनकी करामात देखने का अवसर भी मिला होगा यह सन्देहास्पद है। यदि कबीर इस समय तक विद्यमान रहे होंगे तो उनकी अवस्था लगभग 96 वर्ष की रही होगी। इस उम्र तक उनके व्यक्तित्त्व तथा उनकी वाणी का प्रभाव जितना पड़ना था, पड़ चुका रहा होगा। किसी व्यक्ति का उग्र विरोध उस समय होता है, जब वह पहली बार अपने उत्तेजक एवं परम्परा-विरुद्ध नवीन विचारों और उद्भावनाओं को लेकर सामने आता है। 96 वर्ष की अवस्था में कबीर के उत्पीड़न की बात कयास में नहीं आती। अन्तस्साक्ष्य से यह अवश्य संकेत मिलता है कि कबीर को उत्पीड़ित एवं दण्डित करने का प्रयत्न किया गया था। ये संकेत देनेवाले पद डॉ. पारसनाथ तिवारी द्वारा सम्पादित 'कबीर ग्रन्थावली' में भी हैं। पद निम्नांकित हैं–

आंहि मेरे ठाकुर तुम्हारा जो।
काजी बकिवो हस्ती तोर।।
भुजा बाँधि भिला (भेला?) करि हार्‌यो।
हस्ती कोपि मूँड महि मार्‌यो।
भाग्यो हस्ती चीसा मारी।
या मूरति की हौं बलिहारी।।[2]

* * *

1. कबीर साहित्य की परख, पृ. 288-89
2. कबीर ग्रन्थावली, पद 23, पृ. 14, डॉ. पारसनाथ तिवारी

मन न डिगै तनु काहे को डेराई।
चरन कमल चितु रह्यो समाई।।
गंग गुसाइनि गहिर गँभीर। जंजीर बाँधि करि खरे कबीर।
गंगा की लहरि मेरी टूटी जंजीर। म्रिग छाला पर बैठे कबीर।।
कहै कबीर कोऊ संग न साथ। जल-थल मैं राखै रघुनाथ।।[1]

उपर्युक्त प्रथम पद में हाथी द्वारा कबीर को कुचलवाने और दूसरे में उन्हें जंजीर में बाँधकर गंगा में डुबाये जाने की घटना का उल्लेख है। दोनों ही पदों में 'भगवान् ही भक्त के रक्षक हैं' यह प्रमाणित किया गया है। हो सकता है, कबीर की खरी और सही बातें तत्कालीन कट्टरपन्थी मुसलमानों को बुरी लगी हों और उन्होंने काजी से उन्हें दण्डित करने की आज्ञा दिला दी हो। उपर्युक्त पदों में सिकन्दर लोदी का उल्लेख कहीं नहीं आया है। इस सन्दर्भ में डॉ. बड़थ्वाल का कथन है—''कबीर पर किसी शासक की कोप-दृष्टि अवश्य हुई थी, पर वह शासक सिकन्दर ही था, इसका कोई विशेष प्रमाण नहीं मिलता।''[2]

वस्तुतः सन्तों और भक्तों के चरित्र लेखकों ने सन्त-विशेष के समसामयिक शासक से अपने चरितनायक को बढ़कर दिखाने की चेष्टा की है। प्रायः प्रत्येक प्रसिद्ध सन्त और भक्त के अपने समकालीन शासक से मिलने और उसे प्रभावित करने की बात चरित-लेखन की एक रूढ़ि बन गयी है। नानक की बाबर से, दादू की अकबर से, सुन्दरदास की फतहपुर के नवाब अलफ खाँ से, मलूकदास की औरंगजेब से बाबा लाल की दाराशिकोह से, चरणदास और सन्त शिवनारायण की मुहम्मदशाह से और दरियादास की नवाब कासिम अली की भेंट की बात प्रसिद्ध है। सम्भव है, कबीर की जीवनी लिखनेवाले उनके शिष्यों और भक्तों ने कबीर के स्थानीय उत्पीड़न का सम्बन्ध सिकन्दर लोदी से जोड़कर उनके महत्त्व में वृद्धि करने की चेष्टा की हो। निष्कर्ष यह कि कबीर का सिकन्दर लोदी द्वारा उत्पीड़ित किया जाना पूर्णतः प्रमाणित नहीं है। यही नहीं, कबीर का संवत् 1551 तक जीवित होना भी बहुत-से विद्वानों को मान्य नहीं है।

निर्वाण स्थली :

इस सम्बन्ध में प्रायः सभी लोग एकमत हैं कि कबीर की मृत्यु 'मगहर' में हुई थी। गुरु ग्रन्थ साहिब के एक पद से यह सिद्ध होता है कि सारा जीवन शिवपुरी (काशी) में व्यतीत करने के बाद मृत्यु के समय कबीर मगहर चले आये थे। पद इस प्रकार है—

जिउ जल छोड़ि बाहरि अहओ मीना।
पूरब जनम हउ तप का हीना।।
अब कहु राम कवन गति मोरी।
तजीले बनारस मति भई थोरी।।

---

1. कबीर ग्रन्थावली, पद 24, पृ 15
2. हिन्दी काव्य में निर्गुण सम्प्रदाय, पृ. 56

सगल जनमु सिव पुरी गवाइआ।
मरती बार मगहरि उठि आइया।।
बहुतु बरस तपु कीआ कासी।
मरनु भइआ मगहर को बासी।।
कासी मगहर सम बीचारी।
ओछी भगति कैसे उतरसि पारी।।
कहु गुरु गजि सिव सभु को जानै।
मुआ कबीरु रमत स्त्री रामै।।[1]

यह पद डॉ. पारसनाथ तिवारी द्वारा सम्पादित 'कबीर ग्रन्थावली' में भी संकलित है।[2] अतः पद की प्रामाणिकता में सन्देह नहीं किया जा सकता। कबीर का अन्तकाल में मगहर चला आना उनकी प्रवृत्ति के अनुकूल भी है। उन्हें अपनी भक्ति पर अखण्ड विश्वास था। उन्हें यह प्रमाणित करना था कि सच्चा भक्त कहीं भी शरीर त्याग करे उसे भगवान् अपने चरणों में अवश्य स्थान देंगे। उन्होंने विश्वासपूर्वक कहा है—

मन में मैला तीरथि न्हावै, तिनि बैकुंठ न जानां।
पाषंड करि करि जगत भुलांना, नाहिन राम अयांनां।।
हिरदै कठोर मरै बानारसि, नरक न बंच्या जाई।
हरि का दास मरै जे 'मगहरि' सेन्यां सकल तिराई।।[3]

अतः यह निर्विवाद रूप से मान्य होना चाहिए कि कबीर की मृत्यु मगहर में ही हुई थी।

अन्तिम विवाद :

कहा जाता है कि कबीर की मृत्यु के बाद उनके दो शिष्यों—वीरसिंह बघेल (बनारस का राजा) और बिजली खाँ (गोरखपुर का नवाब)—में उनके शव को लेकर विवाद उत्पन्न हो गया। वीरसिंह उनके शव का दाह करना चाहते थे और बिजली खाँ उसे दफनाना चाहते थे। जब चादर हटाकर देखा गया तो शव के स्थान पर कुछ 'पान-फूल' बिखरे हुए मिले। विवाद समाप्त हो गया। वीरसिंह बघेल ने उन फूलों को लेकर दाह-संस्कार किया और बिजली खाँ ने दफनाया। इस घटना का प्राचीनतम उल्लेख 'आइन-ए-अकबरी' (संवत् 1655) में मिलता है, किन्तु वहाँ वीरसिंह बघेल और बिजली खाँ का उल्लेख नहीं है; ब्राह्मणों और मुसलमानों के विवाद की ही बात कही गयी है।[4]

सम्भव है, कबीर की मृत्यु के बाद हिन्दुओं और मुसलमानों में कुछ विवाद हुआ हो क्योंकि दोनों ही उन पर अपना अधिकार समझते थे। मुसलमानी प्रथा के अनुसार कबीर के दफनाये जाने पर बिजली खाँ ने उनकी कब्र पर रौजा बनवा दिया होगा। बाद को वीरसिंह बघेल मगहर

1. गुरु ग्रन्थ साहिब, राग गउड़ी, पद 15, पृ. 326
2. कबीर ग्रन्थावली, डॉ. पारसनाथ तिवारी, पद 46, पृ. 27
3. कबीर ग्रन्थावली, डॉ. माताप्रसाद गुप्त, राग भैरु, पद 20, पृ. 352
4. "चूँ खानए उस्तुख्वानी का परदाख्त बरहमन बसोख्तन रू आवूर्द व मुसलमान बगोरिस्तान बुर्दन।"
—आईन-ए-अकबरी, जिल्द 2, पृष्ठ 53, न. कि. प्रे., लखनऊ 1893

पहुँचे होंगे और कब्र खुदवाकर हिन्दू प्रथा के अनुसार शव के दाह-संस्कार का प्रयत्न किया होगा। मुमकिन है कि इस बात पर बात बढ़ी हो, और फिर किसी तरह समझौता हुआ हो। 'वीरसिंह बघेल कबीर के समकालीन थे' ऐसा 'कबीर साहब की परिचयी' से भी प्रमाणित होता है।[1] किन्तु बिजली खाँ से उनके विवाद की बात अनुमान और जनश्रुति पर ही आधृत है।

कबीर : नाम :

डॉ. माताप्रसाद गुप्त ने शंका उठायी है 'कबीर का उनके माता-पिता का दिया हुआ नाम क्या था?' और फिर स्वयं ही समाधान करते हुए कहा है—"यह असम्भव नहीं है कि वे मुसलमान कुल में उत्पन्न थे, इसलिए 'कबीर' उनके नाम का सर्वप्रमुख अंश रहा हो।"[2] 'कबीर कसौटी' में कहा गया है कि मुसलमानी प्रथा के अनुसार बालक कबीर का नामकरण करने के लिए काजी को बुलाया गया। काजी ने जब कुरान खोला तो उसमें चार नाम निकले—'कबीर', 'अकबर', 'कुब्र' और 'किब्रिया'। इनमें पहला शब्द, 'कबीर', ईश्वर-बोधक था और अन्य उसी के समानार्थी थे। इसीलिए दूसरे काजियों को भी बुलाया गया और उचित नाम प्राप्त करने के लिए फिर से प्रयत्न किया गया। इस बार भी चार नाम निकले—'जिन्द', 'खिज़र', 'पीर' और 'हक़'। फिर वही संकट सामने आया। इनमें भी पहला और चौथा नाम ईश्वर-बोधक था और शेष दो एक मामूली जुलाहे के लड़के के लिए आवश्यकता से अधिक गौरव-बोधक थे। अतः काजियों ने निर्णय दिया कि बच्चे को मार डाला जाये। इस पर बच्चा स्वयं बोल पड़ा—मैं शरीररहित और सभी बन्धनों से मुक्त था। मैंने स्वेच्छा से यह शरीर धारण किया है। इस शरीर में मैं 'कबीर' कहा जाऊँगा। यह कथा कबीर की दिव्य उत्पत्ति सिद्ध करने के लिए कल्पित की गयी होगी। किन्तु इसमें इतना सत्य अवश्य है कि 'कबीर' को 'कबीर' (श्रेष्ठ, महान्) कहे जाने का आरम्भ में काजियों ने विरोध किया होगा। डॉ. माताप्रसाद गुप्त ने 'कबीरा' की व्युत्पत्ति 'कबि<कब्बि<काव्य+डा' से सिद्ध करते हुए इससे 'हल्के ढंग का काव्य' अर्थ लिया है। मुमकिन है आरम्भ में उच्चवर्गीय लोग कबीर की उक्तियों को हीन दृष्टि से देखते रहे हों और उन्हें 'कबीर' (अर्थात् हल्की बात कहनेवाला) कहते रहे हों, किन्तु बाद में उनकी भक्ति से प्रभावित होकर उन्हें 'कबीर' (श्रेष्ठ, महान्) कहने लगे हों। कबीरदास ने अपनी एक साखी में यह कहा है कि मैं किसी लायक नहीं था, जो कुछ किया, भगवान् ने किया। उन्हीं की कृपा से 'कबीर' (साधारण रचना करनेवाला) 'कबीर' (श्रेष्ठ एवं महान्) हो गया।

ना कुछ कीया न करि सका, ना करणें जोग सरीर।
जे कछु कीया सु हरि कीया, ताथैं भया कबीर 'कबीर'।।

इससे इतना स्पष्ट है कि कबीर का बचपन का चाहे जो नाम रहा हो, उन्होंने अपने जीवन-काल में ही अपनी भक्ति-साधना के बल पर अपने नाम की सार्थकता सिद्ध कर दी थी।

---

1. 'वरसिंघ दे बाघेली राजा। कबीर कारनि षोई लाजा।'
—सन्त कबीर, पृ. 39 पर उद्धृत

2. कबीर ग्रन्थावली, डॉ. माताप्रसाद गुप्त, भूमिका, पृ. 8

निष्कर्ष :

कबीर के जीवन-वृत्त के सम्बन्ध में अब तक जो कुछ विमर्श किया गया है, उससे निम्नलिखित तथ्य सामने आते हैं—

1. कबीर विक्रम की पन्द्रहवीं शती में विद्यमान थे।
2. उन्होंने अपने जीवन का अधिकांश काशी में व्यतीत किया था।
3. वे जाति के जुलाहा थे।
4. काशी में उन्हें अपने खरे विचारों के कारण पर्याप्त विरोध का सामना करना पड़ा था।
5. उनका परिवार था। भक्ति में लीन रहने के कारण वे गृहस्थ धर्म का निर्वाह ठीक से नहीं कर पाते थे।
6. मृत्यु के पहले वे काशी से चलकर मगहर आ गये थे।
7. उनकी मृत्यु मगहर में ही हुई।
8. उन्होंने हिन्दू और मुसलमान—दोनों को उनके बाह्याचारों और अन्धविश्वासों के लिए फटकारा और अपने को 'न हिन्दू न मुसलमान' की स्थिति में रखा।
9. समकालीन और परवर्ती सभी सन्त और भक्त उनकी भक्ति-साधना से प्रभावित थे और उन्हें आदर की दृष्टि से देखते थे।
10. उन्हें पर्याप्त लम्बी आयु प्राप्त हुई थी।
11. उन पर योग साधना और वैष्णव भक्ति दोनों के गहरे संस्कार पड़े थे। सम्भव है उनके पूर्वज 'जुग्गी' जाति (आश्रमभ्रष्ट योगी) के रहे हों।

उपर्युक्त तथ्यों के अतिरिक्त कबीर के विषय में जो कुछ कहा गया है, वह विवादास्पद है और उसके सम्बन्ध में निश्चयपूर्वक कुछ भी नहीं कहा जा सकता।

●

प्रामाणिक कृतियाँ

कबीर की प्रामाणिक कृतियों का अनुसन्धान अत्यन्त कठिन कार्य है। कबीर ने स्वयं अपनी वाणियों को लिपिबद्ध नहीं किया था। उनके शिष्यों ने कुछ को लिपिबद्ध किया और कुछ लोककण्ठ में जीवित रहते हुए अपना स्वरूप बदलती रहीं। कबीरपन्थी सन्तों ने अपनी रचनाओं को भी श्रद्धावश कबीर के नाम से ही प्रचारित किया। परिणाम यह हुआ कि कबीर और कबीरपन्थी साहित्य घुल-मिलकर एक हो गया। कबीर के जीवन और साहित्य का अध्ययन करनेवाले आधुनिक विद्वानों ने भी बहुत दिनों तक कबीर के नाम से प्रचलित समस्त वाङ्मय के प्रति सन्देह प्रकट करते हुए भी कबीरवाणी को कबीरपन्थी वाङ्मय से अलग करने की चेष्टा नहीं की। श्री विल्सन ने अपने प्रसिद्ध ग्रन्थ 'रेलिजस सेक्ट्स ऑफ दि हिन्दूज' (1846 ई.) में कबीर की मात्र निम्नलिखित आठ रचनाओं का उल्लेख किया था–

1. आनन्द राम सागर
2. वलख की रमैनी
3. चाँचरा
4. हिंडोला
5. झूलना
6. कबीर पंजी
7. कहरा
8. शब्दावली।

रेवरेण्ड वेस्टकाट ने 'कबीर और कबीरपन्थ' (1907 ई.) में कबीर के जीवन और उनके शिक्षा सम्बन्धी ग्रन्थों की सूची देते हुए प्रकाशित और हस्तलिखित सब मिलाकर 82 ग्रन्थों का उल्लेख किया। इस सूची में 'अलिफनामा' और 'बीजक' के तीन-तीन संस्करणों का अलग-अलग उल्लेख किया गया है। अतः 'अलिफनामा' और 'बीजक' की गणना तीन-तीन बार हो गयी है। इस असंगति को दूर कर देने पर यह संख्या 78 रह जाती है। मिश्रबन्धुओं ने अपने 'नवरत्न' (1925 ई.) में कबीर के 75 और 'विनोद (1929 ई., तृतीय संस्करण) में 84 ग्रन्थों की सूचना दी। मिश्रबन्धुओं की सूचना का आधार नागरी प्रचारिणी सभा, काशी की प्रथम तथा द्वितीय त्रैवार्षिक खोज रिपोर्ट है।

डॉ. एफ. एफ. के. ने 'कबीर एण्ड हिज फालोवर्स' (1931 ई.) में कबीरपन्थी साहित्य का उल्लेख करते हुए 38 कृतियों का उल्लेख किया। डॉ. रामकुमार वर्मा ने 'सन्त कबीर' (सन् 1943 ई.) में नागरी प्रचारिणी सभा के 1922 ई. तक के खोज-विवरण को आधार बनाकर कबीर के नाम से प्रचलित 85 ग्रन्थों का उल्लेख किया। सन् 1943 ई. तक के सभा के खोज-विवरण के आधार पर कबीर के नाम से उल्लिखित ग्रन्थों की संख्या 130 और

1955 ई. तक के खोज-विवरण के आधार पर यह संख्या 158 तक पहुँच जाती है। निश्चित है कि यह सारा कृतित्व कबीर का नहीं है। यह कबीर और कबीरपन्थी सन्तों की रचनाओं की मिली-जुली संख्या है।

कबीर साहब की प्रामाणिक रचनाओं को कबीरपन्थी साहित्य से अलग करने का प्रयत्न अयोध्यासिंह उपाध्याय 'हरिऔध' ने 'कबीर वचनावली' (सन् 1916 ई.) का सम्पादन करते हुए किया। उन्होंने भूमिका में लिखा है–"मुझे कबीर साहब के मौलिक ग्रन्थों में से केवल दो ग्रन्थ मिले, एक 'बीजक' और दूसरा 'चौरासी अंग की साखी'। इनके अतिरिक्त बेलवेडियर प्रेस की छपी 'कबीर शब्दावली' चार भाग, 'ज्ञान गुदड़ी' व 'रेखते' और 'साखी संग्रह' नाम की पुस्तकें भी हस्तगत हुईं। बेलवेडियर प्रेस के स्वामी 'राधास्वामी मत' के हैं। इस मतवाले कबीर साहब को अपना आदि आचार्य मानते हैं, इसलिए इस प्रेस की छपी पुस्तकों के बहुत-कुछ प्रामाणिक होने की आशा है। उन्होंने भूमिका में इस बात को प्रकट भी किया है। गुरु नानक सम्प्रदाय के 'आदिग्रन्थ' में भी कबीर साहब के बहुत-से शब्द और साखियाँ संगृहीत हैं। मैंने उक्त दो मौलिक और इन्हीं सब संगृहीत ग्रन्थों के आधार पर अपना संग्रह प्रस्तुत किया।"[1] बाबू श्यामसुन्दर दास ने 'कबीर ग्रन्थावली' (1928 ई.) का सम्पादन संवत् 1561 और संवत् 1881 की दो हस्तलिखित प्रतियों के आधार पर किया। कबीर वाणी के प्रामाणिक रूप को प्रस्तुत करने का यह दूसरा महत्त्वपूर्ण प्रयास था। डॉ. पीताम्बर दत्त बड़थ्वाल ने 'निर्गुण स्कूल ऑफ हिन्दी पोयट्री' (1936 ई.) के परिशिष्ट दो में कबीर के अध्ययन के लिए क्षितिमोहन सेन द्वारा सम्पादित बोलपुरवाले संस्करण तथा बेलवेडियर प्रेस इलाहाबाद और वेंकटेश्वर प्रेस, बम्बईवाले संस्करणों के अतिरिक्त आदिग्रन्थ में संगृहीत कबीर वाणी एवं कबीरपन्थियों के मध्य ग्रन्थ 'बीजक' का महत्व स्वीकार करते हुए भी इन सभी की पूर्ण प्रामाणिकता के प्रति सन्देह व्यक्त किया। तात्पर्य यह कि एक ओर तो खोज रिपोर्टों को आधार मानकर कबीर के नाम के साथ समस्त कबीरपन्थी साहित्य की गणना की जाती रही है और दूसरी ओर कबीर की प्रामाणिक रचनाओं के वैज्ञानिक संस्करण प्रस्तुत करने का भी प्रयत्न किया जाता रहा है।

अब तक कबीर की रचनाओं के प्रामाणिक संस्करण प्रस्तुत करने के क्रम में जो महत्त्वपूर्ण प्रयास किये गये हैं, वे निम्नलिखित हैं–

(1) कबीर वचनावली (1916 ई.) सं. अयोध्यासिंह उपाध्याय 'हरिऔध'
(2) कबीर ग्रन्थावली (1928 ई.) सं. बाबू श्यामसुन्दर दास
(3) सन्त कबीर (सन् 1943 ई.) सं. डॉ. रामकुमार वर्मा
(4) कबीर ग्रन्थावली (सन् 1961 ई.) सं. डॉ. पारसनाथ तिवारी
(5) कबीर ग्रन्थावली (सन् 1969 ई.), सं. डॉ. माताप्रसाद गुप्त
(6) कबीर बीजक (सन् 1971 ई.), सं. डॉ. शुकदेव सिंह
(7) रमैनी (सन् 1974 ई.), सं. जयदेव सिंह, वासुदेव सिंह

---

1. कबीर वचनावली, भूमिका, पृ. 30

यह क्रमशः उपर्युक्त प्रत्येक प्रयास का विवेचन और मूल्यांकन समीचीन होगा।

कबीर वचनावली :

'कबीर वचनावली' के सम्पादक ने पाठ-निर्धारण की किसी वैज्ञानिक पद्धति का उल्लेख नहीं किया है। उसने यह भी नहीं बताया है कि 'बीजक' और 'चौरासी अंग की साखी' नामक जो दो मौलिक ग्रन्थ उसे मिले थे, उनका लिपिकाल क्या था? अन्य प्रकाशित ग्रन्थों से 'कबीर वचनावली' के लिए सामग्री चयन करते समय सम्पादक ने प्रामाणिक पाठ-निर्धारण के निमित्त किस प्रकार की सावधानी रखी थी इस सम्बन्ध में भी कुछ नहीं कहा गया। यह अवश्य है कि 'वचनावली' के सम्पादक की मन्शा कबीर का प्रामाणिक पाठ प्रस्तुत करने की थी और उसने यथासम्भव उन्हीं कृतियों को आधार रूप में ग्रहण किया जिनकी प्रामाणिकता पर उसे विश्वास था। उसने बेलवेडियर प्रेस से प्रकाशित सामग्री को इसलिए आधार बनाया कि उसे प्रेस के स्वामी जिस सम्प्रदाय से सम्बद्ध थे उस सम्प्रदाय के लोग कबीर को अपना आदि आचार्य मानते हैं, इसलिए उन्होंने यथासम्भव कबीर का मूल पाठ ही दिया होगा, 'गुरु ग्रन्थ साहिब' में संगृहीत कबीर वाणी को इसलिए महत्त्व दिया गया कि उसमें संवत् 1661 के बाद कोई विकृति नहीं आयी होगी। यह होने पर भी 'कबीर वचनावली' को पूर्ण प्रामाणिक नहीं माना जा सकता, क्योंकि उसके सम्पादन में न तो आधार प्रतियों के पाठ की तुलना की गयी, न भाषा, व्याकरण, अर्थ एवं देशकाल की दृष्टि से उसकी प्रामाणिकता की जाँच की गयी, न लिपि भ्रम पुनरुक्ति आदि दोषों से उत्पन्न विकृतियों पर विचार किया गया। प्रामाणिकता की एक सामान्य दृष्टि अपनाकर सामग्री का चयन कर दिया गया। वचनावली में 781 साखियाँ और 228 पद संगृहीत हैं।

कबीर ग्रन्थावली (सं. श्यामसुन्दर दास)

इस ग्रन्थावली का सम्पादन दो प्राचीन हस्तलिखित प्रतियों के आधार पर किया गया है। पहली प्रति संवत् 1561 की लिखी हुई है। दूसरी संवत् 1881 की। दोनों प्रतियों में पाठभेद बहुत कम पाया गया। परवर्ती प्रति में 131 दोहे और 5 पद अधिक थे। संवत् 1561 की प्रति की प्रचीनता के सम्बन्ध में विद्वानों ने सन्देह प्रकट किया है। सन्देह के कारण निम्नलिखित हैं–

(1) प्रति की पुष्पिका शेष ग्रन्थ की लिखावट से भिन्न है। उसके अक्षर अपेक्षाकृत बड़े और मोटे हैं।

(2) मूलग्रन्थ के बाद समाप्ति की सूचना–"इतिश्री कबीर जी की वाणी सम्पूरण समाप्तः"–देने के बाद फिर "सम्पूर्ण संवत् 1561 लिप्यकृत वाणारस मध्य षेमचन्द पठनार्थ ...आदि" के रूप में पुष्पिका देना संगत नहीं प्रतीत होता। अतः यह अंश बाद को बढ़ाया हुआ प्रतीत होता है।

(3) संकलित साखियों और पदों की भाषा से यह नहीं प्रतीत होता कि यह प्रति बनारस में लिखी गयी है।

उपर्युक्त तथ्यों के आधार पर उत्पन्न होनेवाले सन्देह का उचित समाधान किसी ने नहीं किया है। डॉ. पारसनाथ तिवारी का अनुमान है कि– "उक्त पुष्पिका में उल्लिखित संवत्

कदाचित् शक संवत् है जो विक्रमीय संवत् 1696 के लगभग पड़ता है।''[1] डॉ. तिवारी ने अपने अनुमान का कोई कारण और आधार नहीं बताया है। यदि हम उनके अनुमान को ठीक भी मान लें तो इससे मूल समस्या के समाधान में कोई सहायता नहीं मिलती। मूल समस्या तो यह है कि पुष्पिका किसी चतुर व्यक्ति द्वारा ग्रन्थ को अधिक प्राचीन सिद्ध करने के लिए बाद को लिखी गयी है। डॉ. तिवारी ने पुष्पिका[2] में प्रयुक्त 'छै' (हिन्दी 'है') से यह संकेत ग्रहण किया है कि पुष्पिका-लेखक कोई राजस्थानी व्यक्ति होना चाहिए जबकि पुस्तिका-लेखक पुस्तक का वाराणसी में किसी 'षेमचन्द' के पठनार्थ लिखा जाना सूचित करता है। इससे तो सन्देह की पुष्टि ही होती है। कुछ भी हो, 'कबीर ग्रन्थावली' कबीर वाणी के प्रामाणिक पाठानुसन्धान की दिशा में महत्त्वपूर्ण पदन्यास है। इसमे 'गुरु ग्रन्थ साहिब' में संग्रहीत कबीर की उन साखियों और पदों को परिशिष्ट में जोड़ दिया गया है, जो मूल ग्रन्थ में समाविष्ट नहीं है। इससे सिद्ध होता है कि सके सम्पादक ने 'गुरु ग्रन्थ साहिब' की पाठ-परम्परा को भी समान महत्त्व दिया है। इसमें बीजक की पाठ-परम्परा को अधिक महत्त्व नहीं दिया गया है। सम्भवतः बाबू साहब को बीजक की प्रामाणिकता में सन्देह था। 'ग्रन्थावली' में 809 साखियाँ, 400 पद और 7 रमैनियाँ संगृहीत हैं।

सन्त कबीर (डॉ. रामकुमार वर्मा) :

'सन्त कबीर' के सम्पादक डॉ. रामकुमार वर्मा ने उस समय विशेष प्रचलित कबीर की कविता के 6 प्रकाशित संस्करणों[3] का उल्लेख करते हुए प्रत्येक की प्रामाणिकता पर सन्देह व्यक्त किया[4] और 'गुरु ग्रन्थ साहिब' में संकलित कबीर वाणी की प्रामाणिकता के प्रति अपना पूर्ण विश्वास व्यक्त करते हुए कहा—''मेरे सामने अधिक-से-अधिक विश्वसनीय पाठ श्री आदि गुरु ग्रन्थ साहब का ज्ञात होता है। श्री गुरु ग्रन्थ साहब का संकलन पाँचवें गुरु श्री अर्जुन देव ने सन् 1604 (संवत् 1661) किया था। सन् 1604 का यह पाठ अत्यन्त प्रामाणिक है। इसका कारण यह है कि आदि श्री गुरु ग्रन्थ सिक्खों का धार्मिक ग्रन्थ है। यह ग्रन्थ सिक्खों द्वारा 'देवस्वरूप' पूज्य होने के कारण अपने रूप में अक्षुण्ण है और इसके पाठ को स्पर्श करने का साहस किसी को नहीं हो सका।''[5] डॉ. वर्मा ने कबीर की मृत्यु (संवत् 1575?) से लेकर गुरु अर्जुन देव द्वारा किये गये संकलन (संवत् 1661) के बीच की अवधि

---

1. कबीर ग्रन्थावली, डॉ. पारसनाथ तिवारी, भूमिका, पृ. 12
2. पुष्पिका—''सम्पूर्ण संवत् 1561 लिप्पकृत वाणारस मध्य षेमचन्द पठनार्थ मलुकदास वाच विचा जासूँ श्री राम राम छै याद्रसि पुस्तकं द्रष्ट्वा ताद्रसं लिखतं मयायदि शुद्धं तो वा ममदोशो न दियतां।।''
3. डॉ. वर्मा ने 'सन्तबानी संग्रह' (बेलवेडियर प्रेस, इलाहाबाद, 1905 ई.), 'बीजक मूल' (कबीर चौरा, बनारस, 1932 ई.) 'सत्य कबीर की साखी' (वेंकटेश्वर प्रेस, बम्बई 1920), 'सद्गुरु कबीर साहब की साखी ग्रन्थ' (सियाबाग, बड़ौदा, 1935 ई.), 'बीजक श्री कबीर साहब' (साधु पूरनदास, करनेलगंज, इलाहाबाद, 1905), 'कबीर ग्रन्थवली' (ना. प्र. स., काशी 1928 ई.) इन छह प्रकाशित संस्करणों का उल्लेख किया है।
   - सन्त कबीर, प्रस्तावना, पृ. 3
4. ''उपर्युक्त संस्करणों में बीजक और साखी ग्रन्थ अलग-अलग अथवा मिले हुए ग्रन्थ हैं जिनसे कबीर की कविता का ज्ञान जनता से सम्यक् रूप से अवश्य हो गया, किन्तु इन सभी संस्करणों की प्रामाणिकता चिन्त्य है।''— तदैव, प्रस्तावना, पृ. 3
5. तदैव, प्रस्तावना, पृ. 21

(86 वर्ष) में कबीर की वाणी में जो विकृतियाँ आयी होंगी या जो प्रक्षेप हुए होंगे उन पर विचार नहीं किया। डॉ. वर्मा ने 'गुरु ग्रन्थ साहिब' में संकलित पदों की भाषा पर विचार करते हुए कहा–"गुरुमुखी लिपि में लिखे जाने पर भी कबीर के काव्य का व्याकरण पूर्वी हिन्दी रूप ही लिये हुए हैं। उसमें स्थान-स्थान पर पंजाबी प्रभाव अवश्य दृष्टिगत होता है, किन्तु प्रधान रूप से उसमें हमें पूर्वी हिन्दी (अवधी) व्याकरण के रूप ही मिलते हैं।"[1] इस प्रकार डॉ. वर्मा ने गुरु ग्रन्थ साहिब में संकलित कबीर वाणी की प्रामाणिकता, भाषा की दृष्टि से भी, सिद्ध की और 'सन्त कबीर' का सम्पादन किया। इसमें 243 'सलोक' (साखियाँ) और 228 पद संकलित हैं। इनमें 58 साखियाँ और 37 पद 'कबीर ग्रन्थावली' (स. बाबू श्यामसुन्दर दास) में भी थोड़े-बहुत परिवर्तनों के साथ प्राप्त होते हैं। ऐसा लगता है कि अत्यन्त सतर्कता और सावधानी के बाद डॉ. वर्मा के इस संस्करण में कुछ 'सलोक' 'नामदेव' और 'रविदास' के भी आ गये हैं। सलोक संख्या 212, 213 एवं 241 में 'नामदेव' की छाप है और 242 में 'रविदास' की। कुछ भी हो, 'कबीर वाणी' के प्रामाणिक रूप को हिन्दी पाठकों के लिए सुलभ बनाने के क्रम में 'सन्त कबीर' एक उल्लेखनीय प्रयास है।

कबीर ग्रन्थावली (डॉ. पारसनाथ तिवारी) :

डॉ. तिवारी ने कबीर वाणी के सम्पादन में निश्चित रूप से अत्यधिक श्रम किया है। उन्होंने कबीर के नाम से प्रचलित प्रतियों की बड़ी संख्या में से 5 प्रतियाँ दादूपन्थी शाखा की, एक प्रति निरंजनी शाखा की, एक गुरु ग्रन्थ की, 2 बीजक की, 2 शब्दावलियों की, 3 साखियों की, 1 सर्वंगी की, 1 गुणगंजनांमा की और 1 आचार्य सेन की (आंशिक रूप में) अर्थात् 9 शाखाओं की कुल 17 प्रतियों को चुनकर उनका विस्तृत तुलनात्मक अध्ययन किया और कबीर वाणी का यथासम्भव प्राचीनतम तथा प्रामाणिकतम पाठ निर्धारित करने का प्रयत्न किया है। डॉ. तिवारी ने कबीर के नाम से उपलब्ध-खोज रिपोर्टों में उल्लिखित तथा अन्य सूत्रों से प्राप्त-कृतियों की एक लम्बी सूची भी दी है और इस प्रकार प्राप्त समस्त सामग्री का विश्लेषण करते हुए उसे मुख्यतः दो वर्गों में–(1) कबीर के नाम पर प्रचलित अन्य सम्प्रदायों के ग्रन्थ, (2) कबीर के नाम पर कबीरपन्थ की परिवर्ती रचनाएँ–विभाजित किया है। उन्होंने प्रथम वर्ग के अन्तर्गत 10 कृतियों का उल्लेख किया है और द्वितीय वर्ग के सात उपवर्गों–(1) गोष्ठी साहित्य, (2) सृष्टि प्रक्रिया तथा कबीर के जीवन से सम्बद्ध पौराणिक शैली के ग्रन्थ, (3) पन्थ के बाह्याचार से सम्बद्ध ग्रन्थ, (4) नाम माहात्म्य सम्बन्धी ग्रन्थ, (5) योग साधना सम्बन्धी ग्रन्थ, (6) नीति ग्रन्थ तथा (7) अन्य ग्रन्थ–के अन्तर्गत कुल 96 ग्रन्थों का उल्लेख करते हुए उनकी प्रामाणिकता सिद्ध की है। इस प्रकार डॉ. तिवारी ने पहली बार कबीर के नाम से प्रचलित विपुल सामग्री की परीक्षा करके उसमें से सारतत्त्व ग्रहण करने का प्रयत्न किया है। उन्होंने कहा है–"विभिन्न हस्तलिखित तथा मुद्रित प्रतियों में कबीर के नाम से कुल मिलाकर हमें लगभग 1600 पद, 4500 साखियाँ और 134 रमैनियाँ मिली हैं।"[2]

इस विपुल सामग्री में से डॉ. तिवारी ने अपनी ग्रन्थावली में 200 पदों, 744 साखियों और 21 रमैनियों को स्थान दिया है। वैज्ञानिक दृष्टि से पाठ-निर्धारण के क्रम में अपने 15 सूत्रीय सिद्धान्तों–समस्त प्रतियों के सम्मिलित साक्ष्य की दृष्टि, संकीर्ण सम्बन्ध के सिद्धान्त की दृष्टि,

1. सन्त कबीर, प्रस्तावना, पृ. 22
2. कबीर ग्रन्थावली, प्रस्तावना, पृ.1

प्रतियों के देश-काल की दृष्टि, लिपि-भ्रम की दृष्टि, पुनरुक्ति दोष की दृष्टि, प्रसंग की दृष्टि, शब्दों के क्लिष्टतर रूप की दृष्टि, अर्थ की दुर्बोधता की दृष्टि, भाषा की दृष्टि, व्याकरण की दृष्टि, प्रयोग-वैषम्य की दृष्टि, कवि-समय की दृष्टि, साम्प्रदायिक संशोधनों की दृष्टि, तुक की दृष्टि तथा प्रतियों की पाठ-स्थिति की दृष्टि—का पालन किया है। इस प्रकार 'कबीर ग्रन्थावली' का यह संस्करण कबीर वाणी के प्रामाणिक स्वरूप के अनुसन्धान-क्रम में अपना विशेष स्थान रखता है।

कबीर ग्रन्थावली (डॉ. माताप्रसाद गुप्त) :

डॉ. माताप्रसाद गुप्त ने 'कबीर ग्रन्थावली' प्रस्तुत करते हुए कबीर वाणी की उसी परम्परा की सर्वाधिक प्राचीन स्थिति का पाठ दिया है, जिसका उपयोग बाबू श्यामसुन्दर दास के संस्करण में हुआ है। डॉ. साहब 'कन्हैयालाल माणिकलाल मुन्शी हिन्दी तथा भाषाविज्ञान-विद्यापीठ, आगरा' की सं. 1762 की एक प्रति को आधार बनाकर अपनी ग्रन्थावली अपेक्षाकृत प्राचीन और शुद्ध पाठ देने का प्रयत्न किया है। डॉ. साहब को मुन्शी विद्यापीठ की जो प्रति मिली थी, उसमें बाबू श्यामसुन्दर दास द्वारा सम्पादित ग्रन्थावली से एक साखी अधिक थी, किन्तु 19 पद कम थे। डॉ. साहब ने इन उन्नीस पदों को अपनी ग्रन्थावली की पाद-टिप्पणियों में दे दिया है और एक साखी को स्वीकृत पाठ में समाविष्ट कर दिया है। इस प्रकार डॉ. साहब के संस्करण में बाबू साहब के संस्करण के समस्त छन्द अपने पाठ के साथ मिल जाते हैं। डॉ. साहब ने अपने संस्करण को 'सटीक' प्रकाशित कराकर उसकी उपयोगिता बढ़ा दी है। डॉ. साहब ने डॉ. पारसनाथ तिवारी के श्रम और कार्य की प्रशंसा करते हुए भी उनके द्वारा निर्धारित पच्चीस 'संकीर्ण-सम्बन्ध समुच्चयों' में से दस पर पुनर्विचार करने का सुझाव दिया है।[1] और आग्रह किया है कि यदि वे डॉ. साहब के निर्णयों से सहमत हों तो अपनी 'कबीर ग्रन्थावली' के आगे के संस्करणों में उन छन्दों, साखियों और पदों—को भी सम्पादित कर सम्मिलित कर लें जो उनके स्वीकृत समुच्चयों की भाँति उपर्युक्त समुच्चयों में भी पाये जाते हैं।"[2] इस प्रकार डॉ. गुप्त की ग्रन्थावली का महत्त्व दो दृष्टियों से है—एक तो वह डॉ. पारसनाथ तिवारी द्वारा सम्पादित संस्करण के सम्बन्ध में पुनिर्विचार की प्रेरणा और आधार प्रस्तुत करती है, दूसरे वह बाबू श्यामसुन्दर दास के संस्करण की नवीन प्राण-प्रतिष्ठा प्रदान करती है।

कबीर बीजक (डॉ. शुकदेव सिंह) :

कबीर वाणी के प्रामाणिक स्वरूप का निर्धारण करते हुए विद्वानों ने प्रारम्भ से ही 'बीजक' का महत्त्व स्वीकार किया था। वेस्टकाट साहब ने अनुमान लगाया था कि इसका सम्पादन सन् 1570 ई. (संवत् 1627) में हुआ होगा। डॉ. बड़थ्वाल की धारणा थी कि बीजक का वर्तमान संग्रह लगभग सन् 1603 ई. (संवत् 1660) के अनन्तर ही किया गया होगा। उनका विश्वास था कि—"इसके अन्तर्गत संगृहीत अधिकांश पद्य सदोष स्मरण शक्ति के कारण बहुत-कुछ परिवर्तित होते हुए भी कबीर की ही रचनाएँ हैं।"[3] रेवरेण्ड अहमद शाह ने

1. कबीर ग्रंथावली, डॉ. माताप्रसाद गुप्त, भूमिका, पृ. 25
2 तदैव, पृ. 29
3. हिन्दी काव्य में निर्गुण सम्प्रदाय, परिशिष्ट 2, पृ. 384

सन् 1917 में 'कबीर बीजक' का अंग्रेजी अनुवाद प्रस्तुत करते हुए कहा था–"विभिन्न छन्दों में रचित पवित्र गीतों का यह संकलन कबीर के उपदेशों का सर्वाधिक प्रामाणिक अभिलेख है।"[1] 'कबीर ग्रन्थावली' के सम्पादक डॉ. पारसनाथ तिवारी ने बीजक के 32 संस्करणों का उल्लेख किया है, किन्तु बीजक के 34 पदों, 8 चौंतीसी रमैनियों, 9 रमैनियों तथा 101 साखियों को ही प्रामाणिक मानकर 'कबीर ग्रन्थावली' के अपने संस्करण में सम्मिलित किया है। डॉ. शुकदेव सिंह ने बीजक के विभिन्न हस्तलेखों और उनके आधार पर मुद्रित 40 संस्करणों की विस्तृत जाँच-पड़ताल के बाद उन्हें 4 समुच्चयों में बाँटा है–(1) दानापुर समुच्चय, (2) फतुहा समुच्चय, (3) भगतही समुच्चय 'अ', (4) भगत ही समुच्चय 'ब'। डॉ. सिंह का मत है कि इन चारों में भी 'भगत ही' 'अ' समुच्चय अपेक्षाकृत प्राचीन है और इसमें प्रक्षेप-क्रिया कम हुई है।[2] डॉ. सिंह ने बड़े परिश्रम से इन चारों समुच्चयों की आधुनिक वैज्ञानिक पाठानुसन्धान प्रक्रिया का आधार लेकर जाँच-पड़ताल की है और 84 रमैनियों, 115 सबदों, 353 साखियों, 12 कहरों, 12 बसन्तों, 1 बिरहुली, 2 वेइलियों, 1 चाँचरियों, 3 हिंडोलों, 1 चौंतीसी और 1 विप्रमतीसी को प्रामाणिक मानकर अपने 'बीजक' में स्थान दिया है। डॉ. सिंह की मान्यता है कि "कबीर की मूलभाषा की कल्पना पूर्वी भाषा के रूप में होनी चाहिए।"[3] अभी तक इस तथ्य की प्रायः उपेक्षा हुई है। डॉ. पारसनाथ तिवारी द्वारा सम्पादित 'कबीर ग्रन्थावली' में भी मुख्य आधार राजस्थानी परम्परा की प्रतियों को ही लिया गया है। इसलिए एक प्रकार से उनका श्लाघ्य प्रयत्न भी पूर्णतः सार्थक नहीं हुआ है। डॉ. सिंह की मान्यता है कि कबीर का प्रायः प्रामाणिक साहित्य प्रत्यक्ष तथा साम्प्रदायिक रूप में 'बीजक' में ही मिलता है। कुछ भी हो, बीजक का आधुनिक वैज्ञानिक दृष्टि से प्रथम सम्पादित संस्करण होने के कारण डॉ. सिंह के प्रस्तुत संस्करण का महत्त्व निर्विवाद है। रही बात यह कि 'कबीर का प्रामाणिक साहित्य 'बीजक' में ही मिलता है' तो इसे शायद स्वयं कबीर भी स्वीकार करने में संकोच करेंगे।

रमैनी, सबद, साखी (डॉ. जयदेव सिंह) (वासुदेव सिंह) :

विद्वान् सम्पादकों ने 'हिन्दी के छात्रों का अध्ययन साखियों और पदों तक ही सीमित न रह जाये, वे रमैनियों के अध्ययन में भी प्रवत्त हों' यह सोचकर सबसे पहले रमैनियों का 'भावार्थबोधिनी व्याख्या' सहित सम्पादन किया था। अब कबीर वाङ्मय के दो और खण्ड 'सबद' (खण्ड 2) और 'साखी' (खण्ड 3) प्रकाशित हो गये हैं। सम्पादकों के अनुसार "रमैनी के पाठालोचन में डॉ. शुकदेव सिंह का कार्य रार्वाधिक महत्त्वपूर्ण है, किन्तु उन्होंने भी भगत ही पाठ को अधिक प्रामाणिक एवं प्राचीन मानकर पाठ स्थिर करते समय उसी को आधार बनाया है।"[4] सम्पादकों को "उक्त पाठ में भी कई त्रुटियाँ दिखायी पड़ीं।"[5] अतः उन्होंने

1. "This collection of hymns in various metres contains the most authoritative record of Kabir's teaching." –The Bijak of Kabir, Ahmad Shaf, page 29.
2. कबीर बीजक, शुकदेव सिंह, पृ. 72
3. तदैव, पृ. 52
4. रमैनी, उपोद्घात, पृ. 16
5. तदैव, पृ. 17

डॉ.शुकदेव सिंह द्वारा निर्धारित पाठ में प्राप्त 'त्रुटियों से सावधान रहते हुए, अधिक प्रामाणिक एवं शुद्ध पाठ देने की चेष्टा की है।"[1] सम्पादकों ने पाठ निर्धारण से अधिक महत्त्व व्याख्या पक्ष को दिया है। पाठशोधन मुख्यतः छन्द-दोष से मुक्ति, पूर्वी भाषा की प्रवृत्ति एवं व्याख्या की संगति को ध्यान में रखकर किया गया है। 'सबद' खण्ड के अन्तर्गत कुल 350 पद संगृहीत है। 'साखी' खण्ड में संगृहीत साखियों की संख्या 809 है। 'सबद' के परिशिष्ट में 'ज्ञान चौंतीसा', 'विप्रयतीसी', कहरा' (11 छन्द), 'बसन्त' (12 छन्द), 'चाँचर' (2 छन्द), 'वेलि' (2 छन्द), बिरहुली', हिंडोला (3 छन्द) को भी समाविष्ट कर लिया गया है। इस पूरे प्रयास का विशिष्ट महत्त्व इसकी भावार्थ बोधिनी व्याख्या के कारण है। विद्वान् सम्पादकों द्वारा सम्पूर्ण कबीर वाङ्मय की जो व्याख्या की गयी है वह अपने में एक उपलब्धि है।

निष्कर्ष :

उपर्युक्त समस्त विवेचन के आधार पर कहा जा सकता है कि कबीर वाणी का समग्र रूप अभी सम्पादित होकर सामने नहीं आया है। कबीर वाणी के पाठ की कुल तीन परम्पराएँ हैं—(1) राजस्थानी पाठ-परम्परा, (2) पंजाबी पाठ-परम्परा तथा (3) पूर्वी (अवधी) पाठ-परम्परा। राजस्थानी पाठ-परम्परा की सुरक्षा दादूपन्थी एवं निरंजनपन्थी सन्तों ने की है। इस परम्परा का प्राचीनतम हस्तलेख संवत् 1715 वि. का है, जो स्व. पुरोहित हरि नारायण के संग्रह में उपलब्ध है। इस परम्परा की कबीर वाणी का संकलन दादूपन्थी की प्रतिष्ठा (संवत् 1660 में दादू की मृत्यु) के बाद ही हुआ होगा। पंजाबी पाठ-परम्परा 'गुरु ग्रन्थ साहिब' में सुरक्षित है। गुरु ग्रन्थ साहिब का सम्पादन-संकलन संवत् 1661 में हुआ था। पूर्वी (अवधी) पाठ-परम्परा बहुत-कुछ 'बीजक' में सुरक्षित है। 'बीजक' का मूल-रूप संवत् 1627 से संवत् 1660 के आस-पास संकलित हुआ होगा अर्थात् इस समय उपलब्ध कबीर वाणी का कोई भी पाठ कबीर के समय का नहीं है। कुछ-न कुछ-प्रक्षेप सभी परम्पराओं के पाठों में हुआ है। यदि राजस्थानी और पंजाबी परम्परा के पाठ इसलिए विश्वसनीय नहीं हैं कि दादूपन्थी, निरंजनपन्थी एवं नानकपन्थी सन्तों ने उन्हें अपनी मान्यताओं की सीमा में अपने अनुकूल बनाकर स्वीकार किया होगा तो पूर्वी हिन्दी-परम्परा की कबीर वाणी अर्थात् 'बीजक' का पाठ भी इसलिए पूर्णतः प्रामाणिक नहीं माना जा सकता कि इसमें साम्प्रदायिक आग्रह के कारण पौराणिक तत्त्वों का समावेश होता रहा है और कबीरदास को अलौकिक महिमा में मण्डित किया गया है। इस समय हमारे सामने कबीर वाणी की तीनों ही परम्पराओं के प्रतिनिधि ग्रन्थ सम्पादित रूप में उपलब्ध हैं। 'कबीर ग्रन्थावली' (बाबू श्यामसुन्दर दास, डॉ. पारसनाथ तिवारी एवं डॉ. माताप्रसाद गुप्त तीनों के ही संस्करण) राजस्थानी पाठ-परम्परा का प्रतिनिधि ग्रन्थ है। 'सन्त कबीर' (सं. डॉ. रामकुमार वर्मा) पंजाबी पाठ-परम्परा का प्रतिनिधि ग्रन्थ है और 'बीजक' (सं. डॉ. शुकदेव सिंह) पूर्वी हिन्द (अवधी) पाठ-परम्परा का। कबीर के अध्ययन के लिए हमें इन सभी ग्रन्थों को सामने रखना होगा। इनमें से किसी एक के पाठ को ही कबीर वाणी का प्रामाणिक रूप नहीं माना जा सकता।

●

1. रमैनी, उपोद्घात, पृ. 17

मध्यकालीन धर्म-साधनाएँ और कबीर

कबीर के अभ्युदय के पूर्व उत्तर भारत में अनेक धार्मिक साधनाएँ प्रचलित थीं। सबसे अधिक प्रभाव नाथपन्थी योगियों का था। दक्षिण से उमड़कर वैष्णव भक्ति-प्रवाह उत्तर भारत में प्रवाहित हो चुका था। कट्टर एकेश्वरवादी इस्लाम निम्नवर्गीय जनता को राजनैतिक और सामाजिक कारणों से प्रभावित कर रहा था। सूफी साधक अपनी उदारता और सात्त्विकता के कारण भारतीय जन-मानस के निकट आ गये थे। शैव और शाक्त मतों का प्रचार भी था किन्तु उनकी गतिमयता समाप्त हो चुकी थी। विशेषतः शाक्त (शक्ति के उपासक) साधना तान्त्रिक पद्धति को स्वीकार कर गुह्य और एकांगी हो गयी थी। इनके अतिरिक्त अनेक प्रकार के तपस्वी और साधक अपने-अपने रंग में मस्त विविध प्रकार की साधनाओं में लीन थे। कबीर विलक्षण प्रतिभा लेकर उत्पंन्न हुए थे। उन्होंने अपने समय में प्रचलित सभी धार्मिक साधनाओं के व्यवहार पक्ष में आ जानेवाली दुर्बलताओं को लक्षित किया और अपने निजी अनुभव को प्रमाण मानकर धर्म-साधना के क्षेत्र में क्रान्ति उपस्थित की। उन्होंने सबसे अधिक महत्त्व नागपन्थी योगियों और वैष्णव भक्तों को दिया, किन्तु इन्हें भी वे पूर्णतः स्वीकार न कर सके और परमतत्त्व के स्वरूप, उसकी प्राप्ति के साधन, मानव-जीवन की सार्थकता एवं उसके लक्ष्य के सम्बन्ध में स्वतन्त्र मान्यताएँ स्थिर कीं। मध्यकालीन धर्म-साधनाओं से कबीर का सम्बन्ध और उनके बीच उनका महत्त्व प्रतिपादित करने के लिए आवश्यक है कि हम अलग-अलग प्रत्येक धर्म-साधना के सन्दर्भ में कबीर के विचारों एवं सिद्धान्तों की मीमांसा करें।

वैष्णव भक्ति और कबीर :

कबीर ने अपनी साखियों में सर्वाधिक महत्त्व वैष्णवों को दिया है। यही नहीं, जिन रामानन्द जिनको, उन्होंने गुरु-रूप में स्वीकार किया था वे वैष्णव ही थे। इसमें सन्देह नहीं कि कबीर पर वैष्णव भक्ति के गहरे संस्कार थे। वैष्णव भक्ति की परम्परा अत्यन्त प्राचीन है। विष्णु एक वैदिक देवता हैं। वेदों में इनका स्थान विशेष महत्त्वपूर्ण नहीं माना गया है। सर्वप्रथम ऐतरेय ब्राह्मण में विष्णु को सम्मानित पद दिया गया है। शतपथ ब्राह्मण में विष्णु का महत्त्व और बढ़ गया है। महाभारत में विष्णु को छह अवतारों—वराह, नृसिंह, वामन, भार्गवराम (परशुराम), दाशरथि राम, वासुदेव कृष्ण—में से एक माना गया है। महाभारत से ही यह सूचना मिलती है कि 'एकान्तिक', 'नारायणीय', पांचरात्रिक', 'सात्वन' और 'भागवत' ये सभी धर्म वैष्णव परम्परा के अन्तर्गत हैं। महाभारत में इन सभी को एक-दूसरे का पर्याय मान लिया गया है। ऐसा समझा जाता है कि महाभारत-काल में भागवतधर्म लोक-प्रचलित हो चुका था। इसके प्रवर्तक स्वयं सात्वत या वृष्णिवंशीय कृष्ण थे। इस धर्म की प्रभाव-वृद्धि के कारण अनेक पूर्ववर्ती धर्म—एकान्तिक, नारायणीय आदि—भी इसमें समाहित हो गये और साथ ही नारायण, वासुदेव, विष्णु और कृष्ण का भी समीकरण हो गया। अपने मूल रूप में यह धर्म वैदिक ब्राह्मण धर्म के प्रभाव में विकसित होने पर भी उससे पर्याप्त उदार और प्रगतिशील

था। वैदिक कर्मकाण्ड का विरोध तो उपनिषदों में ही होने लगा था। कालान्तर में उपनिषदों का तत्त्व-चिन्तन भी मानव की राग-भावना को तुष्ट करने में असमर्थ हुआ और भक्तिप्रधान धर्म की आवश्यकता का अनुभव किया गया। भागवत या वैष्णव धर्म इसकी पूर्ति में सहायक हुआ। ईश्वर-प्राप्ति के लिए मात्र 'प्रेम' को ही केन्द्रीय तत्त्व मानने के कारण इस धर्म का लोकव्यापी प्रचार हुआ और आर्येतर जातियों को भी इसमें स्थान प्राप्त हुआ। परम्परावादी ब्राह्मणधर्मानुयायी इसे समय-समय पर वेद-बाह्य घोषित करते रहे। उत्तर भारत का शूरसेन मण्डल (मथुरा और उसके आस-पास का प्रदेश) भागवत या वैष्णव धर्मानुयायी सात्वत क्षत्रियों का गढ़ था। जरासन्ध के आक्रमणों से पीड़ित होकर सात्वत क्षत्रिय भारत के पश्चिमी समुद्र-तट पर बस गये थे। यही सें ये विदर्भ, आन्ध्र तथा द्रविड़ प्रदेशों में गये। इस प्रकार वैष्णव धर्म द्रविड़ देश में पहुँचा। नवीं शती में शंकराचार्य ने एक बार फिर इसे वेद-बाह्य घोषित किया। ग्यारहवीं शती में रामानुजाचार्य ने वैष्णव भक्ति को वेद-सम्मत प्रमाणित किया। उत्तर भारत में वैष्णव भक्ति के अन्तर्गत रामोपासना का प्रचार करनेवाले कबीर के गुरु स्वामी रामानन्द इन्हीं रामानुजाचार्य की शिष्य-परम्परा में आते हैं। रामानुजाचार्य तमिल प्रदेश के आलवार भक्तों से विशेष प्रभावित थे। आलवारों की संख्या बारह मानी जाती है (शठकोप) रामभक्त थे। इनके पूर्व के आलवार नारायण और विष्णु के उपासक थे। रामावत् सम्प्रदाय में इन्हें राम की पादुका का अवतार माना जाता है। रामानुजाचार्य लक्ष्मण के अवतार समझे जाते हैं। रामानुज की परम्परा में राघवानन्द तेरहवीं और रामानन्द चौदहवीं पीढ़ी में आते हैं। राघवानन्द की विचारधारा पर नाथपन्थी योग-साधना का प्रभाव लक्षित किया गया है। वास्तविकता यह है कि परवर्ती वैष्णव धर्म की सभी शाखाओं पर नाथपन्थ का प्रभाव है। स्वयं कबीरदास का मत 'योग के थाले में भक्ति का बीज' पड़ने से पल्लवित हुआ था। रामानन्द निस्सन्देह एक युग विधायक महापुरुष थे। उन्होंने युग के समस्त विरोधों से ऊपर उठकर रामभक्ति का प्रचार किया। उसके अनुसार 'भगवान् राम में नित्य निरन्तर स्मरणपूर्वक परम अनुराग ही भक्ति है।' भक्ति उत्पन्न होने के लिए–1. विवेक (दुष्टाहार तथा सात्त्विक आहार का विवेचन), 2. विमोक (काम में अनासक्ति), 3. अभ्यास (भगवान् राम का सतत शीलन), 4. क्रिया (पंच महायज्ञों का अनुष्ठान), 5. कल्याण (सत्य, आर्जव, दान एवं दया आदि), 6. अनवसाद (उत्साह) तथा 7. अनुद्धर्ष (सांसारिक हर्षों से अनासक्तता) आवश्यक है।''[1] कहना न होगा कि कबीर ने रामानन्द से रामनाम का बीज-मन्त्र ही ग्रहण किया था। साम्प्रदायिक विधि से शिष्यता ग्रहण नहीं की थी। यह उनके वश की बात नहीं थी। किसी प्रकार साम्प्रदायिक विधि-विधान एवं कर्मकाण्ड उन्हें मान्य नहीं हो सकता था। उन्होंने रामानन्दीय वैष्णव परम्परा से राम के प्रति अविचल प्रेम, नाम माहात्म्य, शरणागति की भावना तथा जीवन के प्रति अहिंसात्मक दृष्टिकोण के तत्त्व ही ग्रहण किये थे। वैष्णव भक्ति में भी जहाँ उन्हें आडम्बर एवं बाह्याचार की गन्ध मिली, वहाँ उन्होंने खुलकर उसका विरोध किया और फटकारकर अलग हो गये। यदि उन्होंने एक ओर राम और वैष्णव–इन दोनों को अपना साथी घोषित किया–

कबीर मेरे सगी दोइ जण, एक वैश्नौ, (बैस्नौ) एक राम।
वो है दाता मुकति का, वो सुमिरावै नाम।।[2]

---

1. भक्ति आन्दोलन का अध्ययन : डॉ. रतिभानु सिंह नाहर, पृ. 199
2. कबीर ग्रन्थावली, डॉ. माताप्रसाद गुप्त, पृ. 83

तो दूसरी ओर यह भी कहा–

(कबीर)– वैश्नौ (बैस्नौ) भया तो का भ्या बूझ्या नहीं वमेक।
छापा तिलक बनाइ करि, दगध्या लोक अनेक।।[1]

स्पष्ट है कि कबीर को वही वैष्णव प्रिय था जो विवेकयुक्त हो और जिसकी रामनाम में अविचल निष्ठा हो। छापा तिलक बनाकर संसार को ठगनेवाले वैष्णवों से वे दूर ही रहते थे।

मुसलमानी एकेश्वरवाद और कबीर :

कबीर के समय में मुसलमानी एकेश्वरवाद का राजनीतिक-सामाजिक कारणों से निम्नवर्गीय हिन्दू जनता पर प्रभाव पड़ने लगा था। मुसलमानों में अभी जातिगत भेद-भाव कम था। उनमें भ्रातृभाव को प्राधान्य था। मुसलमानी मजहब स्वीकार कर लेने से निम्नवर्गीय जनता का सामाजिक महत्त्व बढ़ जाता था। अंग्रेज इतिहासकारों की सामान्य धारणा यह रही है कि कबीर ने जो एक ईश्वर की भावना पर बल दिया है, वह मुसलमानी एकेश्वरवाद के प्रभाव का परिणाम है। किन्तु यह धारणा निर्मूल है। मुसलमानों के 'एकेश्वरवाद' से कबीर ने अपना मतभेद स्पष्ट शब्दों में प्रकट करते हुए कहा है–

'मुसलमान का एक खुदाई। कबीर को स्वामी घटि घटि रह्यो समाई।।'[2]

अर्थात् मुसलमान तो एक खुदा को मानते हैं, लेकिन मेरा स्वामी तो घट-घट में व्याप्त है। वस्तुतः मुसलमानों का खुदा सभी देवताओं से बड़ा एक देवता है। उसके स्वरूप को स्पष्ट करते हुए कहा गया है ''ला इलाहे इल्लिल्लाह मुहम्मद-रसूल्लिल्लाह' अर्थात् अल्लाह का कोई अल्लाह नहीं है वह एकमात्र परमेश्वर है और मुहम्मद उसका रसूल है। कुरान-निरूपित यह अल्लाह सब-कुछ कर सकता है। वह पृथ्वी के शाहंशाह की तरह उन शूरवीरों के लिए सुख सदन बनाता है, हूरों का प्रबन्ध करता है, और भोग-विलास की सामग्रियाँ प्रस्तुत करता है जो उसके लिए मरते-मारते हैं तथा उसी की उपासना में लगे रहते हैं। दूसरी ओर जो उसकी उपासना नहीं करते उन्हें दोजख की तरफ हाँक दिया जाता है और अनेक प्रकार से पीड़ित किया जाता है। ऐसे खुदा की मजलिस तक कबीर नहीं पहुँच सकते थे। उन्होंने साफ कहा है कि ''भला मैं उसके महल तक कैसे पहुँच सकता हूँ जिसके सत्तर हजार सालार हैं, अस्सी लाख पैगम्बर हैं, अट्ठासी हजार शेख हैं, छप्पन करोड़ खास लोग हैं; तैंतीस करोड़ खिलवत खाने हैं और चौरासी लाख दीवान हैं। वहाँ मुझ गरीब की बात कौन सुनेगा।''[3] कबीर तो उस राम के उपासक थे जो दीनबन्धु हैं जो सब में रमा हुआ है। वस्तुतः मुसलमानों का ईश्वर इस अर्थ में एक है कि उसके समान शक्तिसम्पन्न दूसरा कोई देवता नहीं है। कबीर का स्वामी इस अर्थ में एक है कि उसके अतिरिक्त और कोई सत्ता है ही नहीं। कबीर न उस ईश्वर के उपासक हैं जिसकी मन्दिरों में पूजा की जाती है और न उस खुदा की इबादत करते हैं, जिसके लिए मस्जिदों में नमाज पढ़ी जाती है। वे कहते हैं–

'एक निरंजन अलह मेरा।
हीन्दू तुरक दहूँ नहीं नेरा।

---

1. कबीर ग्रन्थावली, डॉ. माताप्रसाद गुप्त, पृष्ठ 78
2. तदैव, पद 330
3. तदैव, पद 339

पूजां करौं न निमाज गुजारौं।
एक निराकार हिरदै नमसकारौं।।"[1]

सूफी साधन और कबीर :

कबीर के आविर्भाव से बहुत पहले ही उत्तर भारत में सूफी साधकों का प्रभाव-विस्तार हो चुका था। सूफी साधकों की प्रेम की पीर हिन्दू जनता को आकृष्ट करने लगी थी। सामान्यतः ऐसा समझा जाता है कि कबीरदास सूफियों से प्रभावित थे। इसमें सन्देह नहीं कि कबीर ने आध्यात्मिक विरह की अनुभूति को जिस प्रगाढ़ भाव से व्यक्त किया है, वह उन्हें सूफी साधकों के निकट ले जाती है। किन्तु सूक्ष्म दृष्टि से देखा जाये तो सिद्धान्त, साधना और अनुभूति तीनों स्तरों पर कबीरदास सूफियों से अलग प्रतीत होंगे। सूफी साधकों का अद्वैतवाद (तौहीद) वेदान्त के अद्वैतवाद से थोड़ा भिन्न है। सूफी मत के अनुसार ईश्वरत्व (लाहूत) मनुष्यत्व (नासूत) में उसी प्रकार मिल जाता है, जिस प्रकार शराब में पानी। ईश्वरत्व का मनुष्यत्व में इस प्रकार हल हो जाना हुलूल कहलाता है। यह स्थिति हाल की अवस्था (भावावेग की अवस्था-विशेष) में ही संभव है। वेदान्त के अनुसार परमतत्त्व की अद्वैतता की अर्थ दो तत्त्वों का मिलन नहीं है, वरन् एक ही तत्त्व की स्थिति का बोध है। अद्वैत वेदान्त के अनुसार 'ब्रह्म' ही एकमात्र तत्त्व है और 'जीव' भी वही है। इसके अतिरिक्त सूफी तत्त्व-दर्शन के अनुसार परमतत्त्व ज्ञानस्वरूप, नित्य प्रकाश, परम सौन्दर्यमय और विश्वेच्छा स्वरूप है। विश्व दर्पण में अपने को बिम्बित करना उसका सहज स्वभाव है। यह नाम-रूपात्मक जगत् उसकी बाह्य अभिव्यक्ति है।[2] कबीरदास परमतत्त्व को ज्ञानस्वरूप एवं नित्य प्रकाश रूप तो मानते हैं किन्तु इसके सौन्दर्य को जगत् के बाह्य प्रसार में उसी रूप में नहीं देखते जिस रूप में सूफी साधक देखते हैं। सूफियों के अनुसार भौतिक सौन्दर्य परमतत्त्व के सौन्दर्य का प्रतिबिम्ब होने के कारण सत्य है, किन्तु कबीर के अनुसार यह सारा रूपात्मक जगत् नश्वर और क्षणभंगुर है। कबीर का अनुभूतिपक्ष भी सूफियों से भिन्न है। कबीर के प्रेम के आदर्श सती और शूर हैं। उनका प्रेम शाश्वत और एकरस है। उनका राम से मिलकर 'एकमेक' होना क्षणिक भावावेग का परिणाम नहीं है। कबीर और राम का मिलन एक ही चेतन तत्त्व के द्विधा विभक्त (अज्ञान के कारण) तत्त्वों का पुनः मिलकर (भ्रम मिट जाने के बाद) एक हो जाना है। इसी प्रकार साधना के स्तर पर भी कबीर किन्हीं योग या प्रेम-साधना की रूढ़ियों के कायल नहीं हैं। वे सहज सात्त्विक जीवन को सबसे बड़ी साधना मानते हैं। सूफी साधक योग और प्रेम साधना की अनेक रूढ़ियों को महत्त्व देते हुए दिखायी देते हैं, कबीरदास सभी क्षेत्रों में रूढ़ियों के विरोधी हैं। इसलिए व्यापक आधार पर देखा जाये तो कबीर और सूफीमत का अन्तर साफ लक्षित होता है।

काश्मीरी शैव सिद्धान्त और कबीर :

कबीर ने स्पष्ट शब्दों में कहीं भी शैव मत का उल्लेख नहीं किया है। एक पद में उन्होंने यह अवश्य कहा है कि इस संसार में सभी भ्रम में पड़कर मदमत्त हो गये हैं। केवल 'शुक',

---

1. कबीर ग्रन्थावली, डॉ. माताप्रसाद गुप्त, पद 338
2. According to Sufi philosophy, reality is the universal will, the true knowledge, eternal light and supreme beauty, whose nature is self-manifestation, reflected in the mirror of the universe. The phenomenal world is an outward manifestation of the one real. –Outlines of Islamic Culture, Page.. 353.

'उधव', 'अक्रूर', 'हणवन्त', 'संकर', तथा 'नामदेव' और 'जयदेव' (कलियुग में) अभिमानरहित होकर जागते रहे हैं।[1] इस पद में शंकर (शिव) का उल्लेख है और उनके विषय में कहा गया है—'संकर जागे चरन सेव' इससे यह तो सिद्ध होता है कि कबीरदस शंकर (शिव) को एक जाग्रत भक्त एवं साधक मानकर महत्त्व देते हैं किन्तु वे शैवमत से प्रभावित हैं, ऐसी कोई बात प्रमाणित नहीं होती। फिर भी विद्वानों ने काश्मीर शैवमत से कबीर के विचारों की तुलना सम्भवतः इसलिए की है कि दोनों में ज्ञान-समन्वित भक्ति पर बल दिया गया है। काश्मीरी शैव सिद्धान्त 'ईश्वराद्वयवाद' के नाम से प्रसिद्ध है। यह आचार्य शंकर के 'ब्रह्मवाद' या अद्वैतवाद से भिन्न है। आचार्य शंकर 'ब्रह्म' को क्रियारहित मानते हैं। वह मायामुक्त होकर सृष्टि की रचना करता है। माया से आवृत्त होने पर निर्विशेष ब्रह्म सगुण रूप धारण करता है। इस स्थिति में उसे 'ईश्वर' कहते हैं। विश्व की सृष्टि, स्थिति एवं लय का कारण यह माया-युक्त ब्रह्म ही है। ईश्वराद्वयवाद में स्वयं ईश्वर में कर्तृत्व शक्ति मानी गयी है। सृष्टि ईश्वर की इच्छा का परिणाम है।[2] यह उसकी लीला है। 'ब्रह्मवाद' (शंकराचार्य द्वारा प्रतिपादित) के अनुसार आत्मा विश्वीत्तीर्ण, सच्चिदानन्द, एक, सत्य, निर्मल, निरहंकार, अनादि, अनन्त, शान्त, सृष्टि-स्थिति-संहार-हेतु, भावाभावविहीन, स्वप्रकाश एवं नित्यमुक्त है, किन्तु उसमें कर्तृत्व नहीं है। आगमसम्मत अद्वैतगत (ईश्वराद्वयवाद) के अनुसार विमर्श आत्मा का स्वभाव है। ज्ञान और क्रिया उसके लिए एक-से हैं। उसकी क्रिया ही ज्ञान है, क्योंकि वह ज्ञाता का धर्म है तथा उसके कर्तृ स्वभाव होने के कारण उसका ज्ञान ही क्रिया है। इस ज्ञान और क्रिया की उन्मुखता ही इच्छा है। इसी रूप में वह इच्छामय है।[3] आचार्य शंकर का ब्रह्मवाद माया एवं तत्प्रसूत जगत् को तात्त्विक दृष्टि से असत् मानता है, जबकि ईश्वराद्वयवाद माया एवं तत्प्रसूत जगत् को ब्रह्मशक्ति और उसके विकास रूप में अनुभव करता हुआ 'सर्वं खल्विदं ब्रह्म' की भावना को सच्चे रूप में ग्रहण करता है। ईश्वराद्वयवाद में ज्ञान और भक्ति में पूर्ण सामंजस्य माना गया है। आचार्य शंकर के मत से भक्ति द्वैत-मूलक है, इसलिए पूर्ण ज्ञान की दशा (अद्वैतावस्था) में भक्ति की सत्ता नहीं रहती। ईश्वराद्वयवाद में शिव और शक्ति की सामरस्य अवस्था वस्तुतः ज्ञान और भक्ति की भी सामरस्य अवस्था मानी गयी है। शिव चिद्रूप है। शक्ति आनन्द रूप है। चिदंश ज्ञान है और आनन्द अंश भक्ति है। इस प्रकार शिव और शक्ति की सामरस्य अवस्था चित् (ज्ञान) और आनन्द (भक्ति) की भी सामरस्य अवस्था है। यह पूर्ण अद्वैत की अवस्था है। इस अद्वैत में कल्पित भाव-द्वैत की लहरी उठती है। इसी स्थिति को व्यक्त करते हुए कहा गया है—

द्वैतं मोहाय बोधात्प्राक् प्राप्ते बोधे मनीषया।
भक्त्यर्थं कल्पितं द्वैतं अद्वैतादपि सुन्दरम्।।

---

1. कबीर ग्रन्थावली, बाबू श्यामसुन्दर दास, पद 387
2. God is, according to them, independent and creates merely by the force of his will all that comes into existence.

   —Vaisnavism, Saivism and Minor Religious Systems, page 184.
3. भारतीय संस्कृति और साधना : म.म. गोपीनाथ कविराज, पृ. 4-5

जाते समरसानन्दे द्वैतप्यमृतोपमम्।
मित्रयोरिव दम्पत्योर्जीवात्म परमात्मनोः।।[1]

इस अद्वैतमूला भक्ति से निर्गुण सन्तों का सम्बन्ध स्थापित करते हुए परशुराम चतुर्वेदी ने कहा है—"इस प्रकार अद्वैतभाव की कल्पना और निर्गुणभाव में सगुणभाव का काल्पनिक आरोप इस मत की विशेषता थी, जिसे आगे चलकर सन्तों ने भी किसी-न-किसी रूप में स्वीकार किया।"[2] इस काश्मीरी शैवमत का सीधा प्रभाव कबीर पर स्वीकार नहीं किया जा सकता। सम्भव है, महाराष्ट्र के वारकरी सन्तों के माध्यम से वे इस अद्वैतमूला भक्ति से प्रभावित हुए हों। कबीरदास ने अपने राम को निर्गुण कहते हुए भी उनमें कर्तृत्व स्वीकार किया है—

'आपन करता भये कुलाला। बहु विधि सिष्टि रचो दर हाला'[3]
'कहै कबीर सुनहु रे लोई। भानड़ घड़ण संवारण सोई'[4]

वे सृष्टि-रचना का उद्देश्य नट-लीला मानते हैं—

'जिमि नटवै नटसारी साजी। जो खेलै सा दीसै बाजी'[5]

वे यह भी कहते हैं कि यह सम्पूर्ण सृष्टि बाजीगर का स्वाँग है—

'बाजीगर डंक बजायी। सभ खलक तमासे आयी।
बाजीगर स्वांग सकेला। अपने रंग रवै अकेला।'[6]

इसी प्रकार कबीरदास 'गुण में निरगुण और निरगुणर में गुण' की बात भी कहते हैं और इस प्रकार 'द्वैत में अद्वैत' और अद्वैत में द्वैत के सिद्धान्त का भी प्रतिपादन करते हुए प्रतीत होते हैं। उपर्युक्त मान्यताएँ कबीर को काश्मीरी शैवमत के निकट ला खड़ा करती हैं, किन्तु यह ध्यान रखना होगा कि काश्मीरी 'ईश्वराद्वयवाद' एक प्रौढ़ दार्शनिक मतवाद है। वह गहन चिन्तन का परिणाम है। कबीरदास ने जो कुछ कहा है, अपने अनुभव के आधार पर कहा है। उन्होंने सृष्टि को ईश्वर की रचना मानते हुए भी उसे बार-बार मिथ्या कहा है। उनकी जगत् मान्यताएँ आचार्य शंकर के विचारों के अधिक निकट हैं।

शाक्तमत और कबीर :

कबीरदास ने सबसे अधिक निन्दा शाक्तों की किया है। स्पष्ट है कि शाक्तमत से प्रभावित नहीं थे। कबीर के सामने शाक्तमत का तात्त्विक रूप नहीं था। वे तत्कालीन शाक्तों के आचरण को देखकर ही उनके विरोधी हो गये थे। सिद्धान्त की दृष्टि से शाक्तमत अद्वैतवादी है। शैव सिद्धान्त के अनुसार शक्ति शुद्ध जगत् का कारण मानी गयी है। शिव की दो शक्तियाँ हैं—1. समवायिनी, 2. परिग्रह रूपा। समवायिनी शक्ति चिद्रूप और निर्विकार है। इसे शक्ति तत्व कहते हैं। यह परमशिव में नित्य समवेत भाव से विद्यमान रहती है। परिग्रह शक्ति अचेतन

---

1. भारतीय संस्कृति और साधनाः म. म. गोपीनाथ कविराज, पृ. 8 पर उद्धृत
2. उत्तरी भारत की सन्त परम्परा, प्र. सं., पृ. 87
3. कबीर ग्रन्थावली, रमैनी 5, पृ. 240
4. तदैव, पद 273, पृ. 181
5. वही, रमैणी 2, पृ. 227
6. आदिग्रन्थ, राग सोरठ, पृ. 655

है। महामाया और माया इसी के दो भेद हैं। महामाया सात्त्विक जगत् का उपादान कारण है vk$ek kikdr txr~dk‍A[1] शाक्त लोग शिव की समवायिनी शक्ति की ही उपासना करते हैं। शाक्तों की यह शक्ति-उपासना परमशिव के रूपातीत होने के कारण उपासना के लिए अनुपयुक्त मानकर प्रचलित हुई थी। शिव से अभिन्न होने पर भी व्यवहारतः शक्ति को अलग महत्त्व दिया गया और इसकी उपसना का प्रचार हुआ।[2] सिद्धान्ततः शाक्त मत से विरोध का कोई प्रश्न नहीं उठता। कबीर जिस योगमत से सम्बद्ध थे उसमें भी तो शिव क साथ शक्ति को महत्त्व दिया गया था। योगियों ने शक्ति-तत्त्व को मानव देह में कुण्डलिनी रूप में प्रतिष्ठित किया था। यह कुण्डलिनी शक्ति भी शिव की समवायिनी शक्ति ही थी। योगियों का लक्ष्य भी शक्ति को जागृत करके शिव से मिला देना और समरसत्व प्राप्त करना था। ऐसा लगता है कि कबीर-पूर्व-युग में शक्ति के उपासकों में अनेक प्रकार की नैतिक दुर्बलताएँ आ गयी थीं। डॉ. भण्डारकर ने शक्ति उपासना के तीन अलग-अलग रूपों की चर्चा की है। शक्ति उपासना का एक तो साधारण रूप था, जिसमें उपासक विनीत भाव से देवी की उपासना करता था। उपासना का दूसरा रूप भयानक था। इस रूप में कापालिक और कालमुख सम्प्रदाय के उपासक शक्ति की उपासना करते थे। उपासना का तीसरा रूप काममूलक था, जिसमें शक्ति को आनन्दभैरवी, त्रिपुरसुन्दरी या ललिता मानकर उसकी उपासना की जाती थी।[3] सम्भवत कबीर के सामने शाक्तों की यह काममूलक उपासना ही थी। उन्होंने प्रायः एक तुला पर वैष्णवों को रखा है और दूसरी पर शाक्तों को। उनका कहना है कि ब्राह्मण भी यदि शाक्त है, तो उससे दूर रहना चाहिए और चाण्डाल भी यदि वैष्णव है तो उसे साक्षात् भगवान् समझकर उसके गले मिलना चाहिए–

'साक्षात बांमण मति मिलै, बैसनों मिलै चंडाल।
अंकमाल दे भेटिये, मानौं मिले गोपाल।।''[4]

वारकरी सम्प्रदाय की भक्ति और कबीर :

वारकरी सम्प्रदाय के संस्थापक प्रसिद्ध महाराष्ट्र सन्त ज्ञानेश्वर (जन्म 1275 ई. के आस-पास) हैं। ज्ञानेश्वर ने अपनी गुरु-परम्परा आदिनाथ से स्वीकार की है। आदिनाथ से चलकर छठी पीढ़ी में–आदिनाथ > मत्स्येन्द्रनाथ > गोरखनाथ > गहिनीनाथ > निवृत्तिनाथ > ज्ञाननाथ (ज्ञानदेव) या ज्ञानेश्वर हुए थे। वारकरी का अर्थ है 'यात्रा करनेवाला'। वारकरी सम्प्रदाय के भक्त आषाढ़ तथा कार्तिक शुक्ल एकादशी को नियमित रूप से पण्ढरपुर जाकर अपने इष्टदेव विट्ठल की उपासना करते हैं। पण्ढरपुर की वारी (यात्रा) करने के कारण ही इस सम्प्रदाय को वारकरी कहते हैं। सन्त ज्ञानेश्वर की विचारधारा में नाथपन्थ और भागवतमत का सामंजस्य लक्षित होता है। इस सम्बन्ध में डॉ. विनय मोहन शर्मा का कथन है–''ज्ञानेश्वर के नाथ गुरुओं ने 'शून्यवाद' को प्रमुखता दी थी, पर ज्ञानदेव ने समाज के

---

1. भारतीय दर्शन, बलदेव उपाध्याय, पृ. 585
2. नाथ सम्प्रदाय, हजारीप्रसाद द्विवेदी, पृ. 113
3. Vaisnavism and Saivism.

   –Sir R.G. Bhandarkar, Vol. IV, page 206.
4. कबीर ग्रन्थावली, पृ. 53, साखी 9

अनुकूल भक्तिपरक भागवत मत को प्रतिष्ठित किया जो महाराष्ट्र में 'वारकरी पन्थ' कहलाता है।"[1] सन्त ज्ञानेश्वर रचित गीता की 'ज्ञानेश्वरी टीका' प्रसिद्ध है। इस टीका के सम्बन्ध में कहा गया है कि "सूक्ष्म रूप से देखने पर उपनिषद्, गीता, गौड़पादकारिका, योगवशिष्ठ, शांकराद्वैत मत, काश्मीरी शैव-सम्प्रदाय और गुरु-परम्परा से प्राप्त नाथ सम्प्रदाय का शैवाद्वैत तत्त्वज्ञान सम्मिलित रूप से ज्ञानेश्वरी और अद्वैत सागर में आकर मिल गये हैं।"[2] वारकरी सम्प्रदाय में ज्ञानदेव के बाद नामदेव (1270-1350 ई.) का महत्त्व सर्वमान्य है। कबीरदास ने नामदेव का उल्लेख श्रद्धापूर्वक किया है। कबीरदास की विचारधारा पर उपर्युक्त दोनों सन्तों का प्रभाव स्पष्ट लक्षित होता है। सन्त ज्ञानेश्वर ने भक्त के वास्तविक रूप को स्पष्ट करते हुए कहा है कि जिस प्रकार आकाश से गिरनेवाली बूँद पृथ्वी के अतिरिक्त अन्यत्र नहीं जा सकती, जिस प्रकार गंगा अपने सम्पूर्ण जल-प्रवाह के साथ समुद्र में ही विलीन होती है, उसी प्रकार सच्चा भक्त अपने सम्पूर्ण रागात्मक भावावेग के साथ साध्य के स्वरूप में ही लीन होकर उससे अभिन्न हो जाता है।[3] कहना न होगा कि भक्त का सही स्वरूप कबीरदास का भी आदर्श है। प्रिय के प्रति यही एकान्त समर्पण कबीर को भी मान्य है। वे कहते हैं–

कबीर नैनां अंतरि आव तू ज्यूँ हौं नैन झंपेउं।
ना हौं देखौं और कूं नां तुझ देखन देउं।
कबीर मेरा मुझ में कुछ नहीं, जो है सो तेरा।
तेरा तुझ कौं सौंपता, क्या लागै मेरा।।

–कबीर ग्रन्थावली, डॉ. माताप्रसाद गुप्त पृ. 35, साखी 2-3

कबीरदास नामदेव से विशेष प्रभावित प्रतीत होते हैं। प्रिय के प्रति कान्ताभाव से पूर्ण रागात्मक समर्पण, गुरु का महत्त्व, नाम-जप का महत्त्व, जाति-पाँति, तप, तीर्थ, व्रत आदि का विरोध, हिन्दुओं और मुसलमानों दोनों को पथभ्रष्ट बताना, कुण्डलिनी-योग का महत्व स्वीकार करना, पुस्तक-ज्ञान का विरोध, सहज नैतिक जीवन व्यतीत करने पर बल देना, ये सभी बातें नामदेव की वाणियों में पायी जाती हैं और ये ज्यों-की-त्यों कबीर की वाणियों में भी उपलब्ध हैं। कहीं-कहीं तो दोनों की शब्दावली में भी अद्‌भुत साम्य है। नामदेव अपने एक पद में कहते हैं–मैं पगली हूँ। राम मेरे प्रिय स्वामी हैं। मैं उन्हीं के लिए रच-रचकर शृंगार करती हूँ। इसके लिए लोग भले ही हमारी निन्दा करें हमने तो अपना तन-मन अपने प्रिय को अर्पित कर दिया है।

---

1. हिन्दी को मराठी सन्तों की देन, पृ. 92
2. हिन्दी और मराठी के वैष्णव साहित्य का तुलनात्मक अध्ययन, पृ. 219-20
3. "As the rain that droppeth from above knows no other place except the earth to fall upon, or as the Ganges with all the wealth of her waters searches the ocean and meets it over and over again; similarly the true devotee with all the riches of his emotoins, and with unabated love, enters into My being and becomes one with me."

–Mysticism in Maharashtra, page 112.

मैं बऊरी मेरा राम भतारू।
रचि रचि ताकउ करऊ सिंगारू।।
भले निंदऊ भले निंदऊ भले निंदऊ लोग।
तनु मनु राम पियारे जोग।।[1]

ठीक ऐसी ही शब्दावली में कबीर भी यही बात कहते हैं–

भलैं नींदौ भलै नींदौ भलैं नींदौं लोग।
तन मन राम पियारे जोग।।
मैं बौरी मेरे राम भरतार।
ता कारनि रचि करौ स्यंगार।।[2]

नामदेव ने हिन्दुओं और मुसलमानों दोनों को पथ-भ्रष्ट मानकर दोनों के पूजा-केन्द्रों से अलग परमत्व की सेवा करने की बात कही है–

हिन्दू पूजै देहुरा, मुसलमानु मसीत।
नामे सोई सेविआ जहँ देहुरा ना मसीत।।[3]

कबीरदास भी कहते हैं–

हिन्दू मुआ राम कहि, मुसलमान खुदाइ।
कहै कबीर सो जीवंता, जो दुहुं के निकटि न जाइ।।[4]

नामदेव ब्राह्मण और शूद्र के भेद को व्यर्थ सिद्ध करते हुए कहते हैं–

नाना वर्ण गवा उनका एक वर्ण दूध।
तुम कहाँ के ब्रह्मन हम कहाँ के सूद।।[5]

कबीर कहीं इससे तीखे स्वर में कहते हैं–

एक बूँद एकै मल मूतर, एक चांम एक गूदा।
एक जोति थै सब उतपनां, कौन बाम्हन कौन सूदा।।[6]

नामदेव ब्रह्म और जीव में अभेद स्थापित करते हुए कहते हैं–

जल ते तरंग, तरंग ते है जल कहन सुनन को दूजा।
कहत नामदेव तू मेरो ठाकुर जन ऊरा तू पूरा।।[7]

कबीरदास भी कहते हैं–

1. हिन्दी को मराठी सन्तों की देन, पृ. 255
2. कबीर ग्रन्थावली, डॉ. माताप्रसाद गुप्त, पृ. 350, राग भैरु, पद 17
3. हिन्दी को मराठी सन्तों की देन, पृ. 251, पद 29
4. कबीर ग्रन्थावली, डॉ. पारसनाथ तिवारी, पृ. 210 ए, साखी 9
5. नामदेव की वाणी, पद 184, पृ. 87
6. कबीर ग्रन्थावली पद 57, पृ. 106
7. हिन्दी और मराठी वैष्णव साहित्य का तुलनात्मक अध्ययन, पृ. 376 पर उद्धृत

जैसे जलहि तंरग तंरगनी, अैसें हम दिखलावहिंगे।
कहै कबीर स्वामी सुखसागर, हंसहिं हंस मिलावहिंगे।।[1]

यही नहीं कबीरदास ने अपने आराध्य को नामदेव के इष्टदेव 'विट्ठल' के नाम से भी अभिहित किया है।[2] इसमें सन्देह नहीं कि कबीरदास नामदेव को अपना अग्रज स्वीकार करते हैं। डॉ. विनयमोहन शर्मा तो नामदेव को ही निर्गुण सन्त मत का प्रवर्तक मानने के पक्ष में हैं। उनका कहना है—नामदेव कबीर से पूर्व हुए, उन्होंने निर्गुण भक्ति का उत्तर में वर्षों प्रचार किया, फिर भी उन्हें उस पन्थ का प्रवर्तक मानने में विद्वानों को क्यों झिझक होती है।"[3] डॉ.शर्मा की झुँझलाहट ठीक ही है, हम चाहें तो नामदेव को निर्गुण सन्तमत का प्रवर्तक मान सकते हैं, लेकिन एक बात ध्यान देने की है कि वारकरी सन्तों ने ज्ञानमूलक अद्वैतपरक भक्ति के लिए भगवान् के सगुण रूप को साधन रूप में स्वीकार किया है। कबीर ऐसा नहीं मानते। वारकरी सन्तों ने प्रभुगुण-गान के लिए कीर्त्तन आदि को भी मान्यता दी थी। कबीरदास अजपा-जाप को अधिक महत्त्व देते थे। वारकरी सन्त 'विट्ठल' प्रभु के मन्दिर की परिक्रमा का निषेध नही कर सकते थे जबकि कबीरदास किसी भी मन्दिर में जाने की बात सोच भी नहीं सकते थे। इसलिए सन्तमत का प्रतिनिधित्व जितना कबीर करते हैं, उतना नामदेव नहीं करते।

बौद्ध सिद्ध नाथपन्थी योगी और कबीर :

सन् 1930 तक राहुल सांकृत्यायन जैसे विद्वान् यह अनुभव कर चुके थे कि "भावना और शब्द-साखी में कबीर से लेकर राधास्वामी तक के सभी सन्त चौरासी सिद्धों के ही वंशज कहे जा सकते हैं, किन्तु वे अधिक-से-अधिक बारहवीं शती तक आनेवाली सिद्ध-साहित्य की धारा का सम्बन्ध कबीर से जोड़ने में अपने को असमर्थ अनुभव कर रहे थे, क्योंकि बीच की तीन शताब्दियों के अन्तराल को भरना उन्हें असम्भव प्रतीत हो रहा था। दिसम्बर, 1930 में डॉ. पीताम्बर दत्त बड़थ्वाल ने काशी नागरी प्रचारिणी सभा के साहित्य परिषद् में कोशोत्सव के अवसर पर 'हिन्दी काव्य में योग-प्रवाह' शीर्षक निबन्ध पढ़ा। इसमें पहली बार नाथयोगियों की कविता का परिचय प्रस्तुत किया गया। इस निबन्ध से यह प्रमाणित हो गया कि सिद्धों की धारा नाथ-योगियों में अन्तर्भुक्त होकर निर्गुण सन्तों की परम्परा में विकसित हुई है। इसके बाद पं. हजारीप्रसाद द्विवेदी ने कबीर का गम्भीर अध्ययन प्रस्तुत करते हुए यह प्रतिपादित किया कि कबीर के निर्गुण राम नाथ-योगियों के 'द्वैताद्वैत विलक्षण-समतत्त्व' ही हैं। आज यह निर्विवाद रूप से मान लिया गया है कि कबीर के निर्गुण सन्तमत का सीधा सम्बन्ध नाथ योगियों से है। सिद्धों और नाथों से कबीर का सम्बन्ध मुख्यतः पाँच स्तरों पर मान्य है— 1. उच्चवर्गीय या ब्राह्मणों द्वारा अनुमोदित व्यवस्था का विरोध, 2. गुरु का महत्त्व, 3. पिण्ड-ब्रह्माण्ड की एकता, 4. सहज तत्त्व (परमतत्त्व) की भावना, 5. भाषा-शैली एवं काव्य-रूप। इसमें सन्देह नहीं कि उपर्युक्त सभी बातों को कबीर ने सिद्धों और नाथों से ग्रहण किया था किन्तु विचारपूर्वक देखा जाय तो इनमें से प्रत्येक को कबीर ने अपने स्वतन्त्र व्यक्तित्व की छाप लगाकर नयी अर्थवत्ता प्रदान कर दी है।

---

1. कबीर ग्रन्थावली, राग गौड़ी, पद 148, पृ. 230
2. तदैव, बाबू श्यामसुन्दर दास, पृ. 88, पद 4-5
3. हिन्दी को मराठी सन्तों की देन, पृ. 127

उच्चवर्गीय या ब्राह्मणों द्वारा अनुमोदित समाज-व्यवस्था के प्रति विरोध का बीज उपनिषदों के युग से ही वेद-थाह्य मतों में अंकुरित हुआ था। लोकायत, चार्वाक, जैन, बौद्ध-सिद्ध तथा नाथ-योगियों से होती हुई यह परम्परा हिन्दी-प्रदेश के सन्तों में आयी थी। यह विरोध कई रूपों में प्रकट हुआ था। पुस्तक-ज्ञान, वर्ण-व्यवस्था, तीर्थ-व्रत तथा अनेक प्रकार के धार्मिक विधि-विधान इन सभी का विरोध किया गया था। कबीर ने निश्चय ही यह विरोध की प्रवृत्ति नाथ-योगियों से ग्रहण की थी। उन्होंने गोरखनाथ का उल्लेख श्रद्धापूर्वक किया है और अपने पदों में 'अवधू' (अवधूत, नाथपन्थी सिद्ध योगी) को महत्त्वपूर्ण मानकर उसको करवार सम्बोधित किया है। पण्डितों को जिस प्रकार गोरखनाथ ने चुनौती दी है, उसी प्रकार लगभग उसी शब्दावली में कबीर ने भी उन्हें चुनौती दी है। गोरखनाथ ने कहा है–

पंडित जण जण वाद न होई, अण बोल्या अवधू सोई। टेक।।
पत्रे ब्रह्मा कली बिसना फल मधे रुद्रम देवा।
तीनि देव का छेद किया, तुम्हें करहु कौन की सेवा।।[1]

कबीर का कथन है–

पाती तोरै मालिनी पाती पाती जीउ।
ब्रहमु पाती बिसनु डारी फूल संकर देउ।
तीन देव प्रतखि तोरहि करहि किसकी सेउ।।[2]

गोरखनाथ ने कहा था–

पढ़ि पढ़ि पढ़ि केता मुवा कथि कथि कथि कहा कीन्ह।
बढ़ि बढ़ि बढ़ि बहु घट गया पारब्रह्म नहीं चीन्ह।।[3]

कबीर कहते हैं–

पोथी पढ़ि पढ़ि जग मुवा, पंडित भया न कोइ।
एकै आखर प्रेम कै, पढ़ै सो पंडित होइ।।[4]

जैसा कि हम ऊपर कह आये हैं पाखण्ड-खण्डन की यह परम्परा सिद्धों में भी इसी रूप में पायी जाती है। सिद्ध सरहपा ने पाखण्डों का खण्डन करते हुए कहा है कि यदि नंगा रहने से मुक्ति प्राप्त होती तो कुत्तों और गीदड़ों को भी प्राप्त हो जाती और यदि बालों की सफाई कर देने से सिद्धि मिल जाती तो युवतियों के नितम्बों को भी मिल जाती।

जइ णग्गाविअ होइ मुत्ति ता सुणह सिआलह।
लोम उपाडण अत्थि सिद्धि ता जुवइ णिअम्बह।।[5]

कबीर ने यही तर्क पद्धति अपनाते हुए कहा है–

---

1. गोरखबानी, पृ. 132
2. सन्त कबीर, डॉ. रामकुमार वर्मा, पृ. 104 पद 14, राग आसा
3. गोरखबानी, पृ. 77
4. कबीर ग्रन्थावली, पारसनाथ तिवारी, पृ. 241
5. हिन्दी काव्यधारा, राहुल सांकृत्यायन, पृ. 4

नांगे फिरे जोग जो होई। बन का मिरग मुकुति गया कोई।
मूंड़ मुंड़ाए जौ सिद्धि होई। सरगहिं भेंड़ न पहुँची कोई।।[1]

इस समता के बावजूद सिद्धों और नाथों के विरोध और कबीर के विरोध में अन्तर है सिद्धों और नाथों के विरोध में हीनभावनाजनित खीझ है, जबकि कबीर में आत्मविश्वास की प्रधानता के कारण एक प्रकार की लापरवाही है। वे अच्छी तरह जानते थे कि जिस परम्परा का वे विरोध कर रहे हैं, वह जर्जर हो चुकी है। कबीर का विलक्षण व्यक्तित्व, जो अखण्ड आत्मविश्वास एवं अतुल सूक्ष्मदर्शिता लेकर विकसित हुआ था, उनकी विरोध-भावना को सिद्धों और नाथों से पृथक् दृढ़ता की एक स्वतन्त्र भूमि पर ला खड़ा कर देता है।

गुरु का महत्त्व भारतीय धर्म-साधना में बराबर मान्य रहा है। तन्त्र और योग-साधना में यह महत्त्व और बढ़ गया था। कारण यह था कि यह दोनों ही धर्म-साधनाएँ गुह्यातिगुह्य शारीरिक क्रियाओं को महत्त्व देती थीं, जिनमें गुरु की आवश्यकता पग-पग पर अनुभव की जाती थी। बौद्ध सिद्ध पुस्तक-ज्ञान के स्थान पर गुरु-ज्ञान को महत्त्व देते थे। शास्त्र-ज्ञान उनके लिए मरुभूमि के समान था, जिसमें भटक-भटककर वे जल के अभाव में प्यासे रह जाते थे। गुरु का उपदेश उनके लिए अमृत था। सिद्ध सरहपा ने कहा है–

गुरु उवएसे अमिअ रसु, धाव ण पीअउ जेहि।
बहु सत्थत्थ मरुत्थलहि, तिसिए मरिअउ तेहि।।[2]

गोरखनाथ ने 'प्राण संकली' में गुरु को 'आत्म ब्रह्म' को लक्षित करानेवाला कहा है–

प्रथमे प्रणऊं गुरु के पाया। जिन मोहिं आत्म ब्रह्म लषाया।[3]

कबीरदास गुरु के महत्त्व को और बढ़ाते हुए कहते हैं–

गुरु गोविन्द तौ एक है, दूजा सब आकार।
आपा मेटै हरि भजै, तब पावै दीदार।।[4]

कबीर के लिए गुरु का महत्त्व इसलिए नहीं है कि वह उन्हें गुह्य साधना का मार्ग दिखाता है, या काया-साधना की शिक्षा देता है। कबीर के लिए गुरु गोविन्द ही है। दोनों में अभेद है। द्वैतभावजनित-भेद के मिट जाने पर दोनों की एकता स्पष्ट हो जाती है। इस प्रकार गुरु को परमात्म-रूप बनाकर कबीर ने उसे अधिक महत्त्व प्रदान किया है।

ब्रह्माण्ड और पिण्ड की एकता का रहस्य अथर्ववेद की रचना के समय ही मन्त्रद्रष्टा ऋषियों पर प्रकट हो चुका था। अथर्ववेद की एक ऋचा में कहा गया है–

अष्टचक्रा नवद्वारा देवानाम् पूरयोध्या
तस्याम् हिरण्यमयः कोशः स्वर्गो ज्योतिषावृत्तः।।

(अथर्ववेद 10–1, 2, 31)

---

1. कबीर ग्रन्थावली, पारसनाथ तिवारी, पृ. 101, पद 174
2. काव्यधारा : राहुल सांकृत्यायन, पृ. 8
3. गोरखबानी, पृ. 164
4. कबीर ग्रन्थावली, पारसनाथ तिवारी, पृ. 139

उपर्युक्त मन्त्र में मानव-शरीर को ही आठ चक्रों और नवद्वारों बाली पुरी के रूप में देखा गया है और उसमें ही हिरण्यमय कोश की स्थिति मानी गयी है। मुण्डकोपनिषद् में महान्, दिव्य, अचिन्त्यस्वरूप परब्रह्म को हृदय रूपी गुफा में निहित बताया गया है–

बृहच्च तद् दिव्ययमचिन्त्यरूपं
सूक्ष्माच्च तत् सूक्ष्मतरं विभाति।
दूरात् सुदूरै तदिहान्तिके च
पश्यत्स्विहैव निहितं गुहायाम्।।

(मु. 3, ख. 1, मन्त्र 7)

तान्त्रिक साधना में भी मानव-पिण्ड के अन्तर्गत समस्त ब्रह्माण्ड के उपकरणों की स्थिति स्वीकार की गयी है। गोरखनाथ ने भी कहा है कि योगी को निर्वाण पद की खोज मानव शरीर के भीतर ही करनी चाहिए।[1] इस सम्बन्ध में पं. हजारीप्रसाद द्विवेदी ने लिखा है–"गोरखनाथ का योग मार्ग साधनामूलक है। मनुष्य शरीर को ही प्रधान पिण्ड मानकर इसकी व्याख्या की गयी है और बताया गया है कि मनुष्य के किस-किस अंग में ब्रह्माण्ड का कौन-सा अंश है–पाताल कहाँ है, स्वर्ग कहाँ है, साधना मार्ग के तीर्थ कहाँ हैं, गन्धर्व, यक्ष, उरग, किन्नर, भूत एवं पिशाच आदि के स्थान कहाँ हैं।[2] गोरखनाथ से पहले सिद्ध सरहपा ने भी शरीर में ही गंगा, यमुना, सरस्वती, प्रयाग, वाराणसी, गंगासागर तथा सूर्य और चन्द्र की स्थिति बतायी है–

एत्थु में सुरसरि जमुणा, एत्थु से गंगा साअरु।
एत्थु पआग बणारसि, एत्थु से चन्द दिवाअरु।।[3]

कबीरदास ने भी कहा है–

ब्रह्मण्डे सो प्यण्डे जांनि, मानसरोवर करि असनान।[4]

इस सम्बन्ध में ध्यान देने की बात यह है कि कबीरदास के लिए पिण्ड और ब्रह्माण्ड की एकता का यह अर्थ नहीं था कि ब्रह्माण्ड के प्रत्येक अंश को मानव शरीर के भीतर ढूँढ़ा जाये। कबीर का दृष्टिकोण यह था कि जब व्यष्टि पिण्ड में स्थित आत्मा और समष्टि पिण्ड (ब्रह्माण्ड) में स्थित विश्वात्मा एक है जो पिण्ड और ब्रह्माण्ड की स्थिति अभेदात्मक है। साधक को सत्य की खोज में बाहर न भटककर अपनी प्रवृत्ति को अन्तर्मुखी करना चाहिए। चित्त को एकाग्र करना चाहिए। चित्त की एकाग्रता से परमतत्त्व का साक्षात्कार हृदय में ही हो सकता है। तात्पर्य यह है कि इस स्तर पर भी कबीर की दृष्टि परम्परागत रूढ़िग्रस्त धारणा से अलग साफ और सहज थी।

सहज और शून्य की भावना :

सहज और शून्य की धारणा कबीर की परम्परा से प्राप्त हुई थी। 'शून्यतत्त्व' की व्याख्या बौद्धों के 'निर्वाण' से जुड़ी हुई है। गौतम बुद्ध ने संसार को दुःखमय मानकर दुःख-निरोध

---

1. जोग जुक्त जब पाओ ग्याना। काया षोजौ पद नृबाना–गोरखबानी, पृ. 164
2. सहज साधना, हजारीप्रसाद द्विवेदी, पृ. 22
3. काव्यधारा, राहुल सांकृत्यायन, पृ. 8
4. कबीर ग्रन्थावली, बाबू श्यामसुन्दर दास, पृ. 199, पद 328

को जीवन का लक्ष्य स्वीकार किया था। इसके लिए उन्होंने संस्कारों का शमन, चित्तमलों का त्याग एवं तृष्णा का क्षय आवश्यक माना था। इस निरोध या विरा"मयी पूर्ण शान्ति की अवस्था को ही 'निर्वाण' कहा गया था। कालान्तर में इस निर्वाण को 'समत्वरूप', 'अमृतमय' एवं 'शिव' कहा गया।[1] महायान के विकास के साथ 'निर्वाण' की व्याख्या विकसित हुई और इसे 'सत्', 'असत्', 'सदसत्' और 'सदसद्भिन्न' इन चारों कोटियों से परे अनिर्वचनीय एवं आनन्द रूप माना गया। जब बौद्धदर्शन में 'शून्यतत्त्व' का समावेश हुआ तो उसकी व्याख्या भी लगभग इसी स्तर पर की गयी। 'शून्य' असत् वाची नहीं है। चतुष्कोटि विनिर्मुक्त होने के कारण तत्त्व को 'शून्य' कहा गया। 'शून्यता', 'पूर्णता' का समकक्ष है। जो शून्य है, वही सहज है, क्योंकि अपनी सत्ता के लिए वह किसी अन्य सत्ता पर निर्भर नहीं है। सहज और शून्य-तत्त्व का बोध आनन्दमय है। बौद्ध सिद्धों ने इसी 'सहज' की साधना को अपना लक्ष्य बनाया था। 'सहजावस्था' की अनुभूति ही 'महासुख' की अनुभूति है। यह सहज-तत्त्व आदि, मध्य, अन्त-रहित, 'भव' एवं 'निर्वाण' तथा 'आत्म' और 'पर' से परे एक समत्वमयी स्थिति है। यही परम सुख है।[2]

गोरखनाथ ने अपने गुरु मत्स्येन्द्रनाथ का हवाला देते हुए 'सहज' और 'शून्य' शब्दों का एक साथ प्रयोग किया है—

सहज-सुनि मन तन थिर रहै। ऐसा विचार मछिंद्र कहै।[3]

अर्थात् सहजावास्था और शुन्यावस्था में तन और मन स्थिर हो जाता है। यह तन और मन का पूर्णतः स्थिर होना ही समत्व-बोध प्राप्त करने की स्थिति है। गोरखनाथ के गुरु मत्स्येन्द्रनाथ ने कहा है कि सहजावास्था में मन की सारी 'दुविधा' मिट जाती है-

दुवध्या मेटि सहज में रहैं। ऐसा विचार मछिंद्र कहै।[4]

मन की यह द्वन्द्वातीत स्थिति या समत्वबोध की स्थिति को प्राप्त करना ही शिवत्व प्राप्त करना है। गोरखनाथ ने शून्य तत्व को आकाशतत्व कहा है और उसे सदाशिव रूप माना है और इस शिवत्व की उपलब्धि को ही 'निर्वाण' पद कहा है—

आकाश तत सदाशिव जांण। तसि अभिअंतरि पद निरवाण।[5]

इस प्रकार गोरखनाथ की दृष्टि में सहजावस्था, शून्यावस्था शिवत्व प्राप्त करने की अवस्था या समत्वबोध की अवस्था में कोई तात्विक अंतर नहीं है (कहना न होगा कि सिद्धों और योगियों का यह 'सहज-शून्रू-तत्व' बौद्धों की 'निर्वाण' अवस्था की तुलना में अधिक धनात्मक हो गया है। कबीरदास ने सहज और शून्य चर्चा अनेक बार की है, किन्तु सहज और शून्य तत्व उनके लिए 'राम' का पर्याय हो गया है। सिद्धों का 'महासुख' या 'सहजसुख' उनका 'राम-रसायन' है। राम से 'एकमेक' होने की अनुभूति ही उनकी सहजानुभूति है। उन्होंने कहा है—

---

1. सर्वधर्माः समाः सर्वसमाः समसमाः सदा।
   एवं ज्ञात्वा विजानाति निर्वाणममृतं शिवम्।।—सद्धर्मपुण्डरीक सूत्र, पृ. 143
2. आइ ण अंत ण मज्झ णउ, णउ भव णउ णिब्बाण। एहु सो परम महासुह, णउ पर णउ अप्पाण।।—सरहपा, हिन्दी काव्यधारा, पृ. 6
3. हिन्दी काव्यधारा : राहुल सांकृत्यायन, पृ. 159
4. तदैव, 159
5. तदैव, 159

सहज-सहज सब कोई कहै, सहज न चीन्हैं कोइ।
जिन्ह सहजै हरि जी मिलैं सहज कही जै सोइ।।[1]

* * *

सहजै सहजै सब गये, सुत बित कामिणि काम।
एकमेक ह्वै मिलि रह्यो; दास कबीरा राम।।[2]

स्पष्ट है कि बौद्धों का 'निर्वाण' ही जो अपने मूल रूप में स्थितिबोध मात्र था क्रमशः तत्त्वबोध में बदल गया और कबीर तक आते-आते वह 'राम' का पर्याय बन गया। कबीर के लिए वह राग का विषय बनकर आराध्य हो गया। यह बहुत बड़ा अन्तर है और इस दृष्टि से कबीर की सहज-भावना बौद्ध सिद्धों के अलग हो गयी है।

'सहज' तत्त्व ही नहीं एक साधना-पद्धति भी है। सहज-साधना से ही सहज-तत्त्व की उपलब्धि सम्भव थी। सरहपाद की दृष्टि में यह सहज-साधना नैसर्गिक जीवन का पर्याय थी। वे चित्त के बलात् निरोध को महत्त्व नहीं देते थे। उनका कहना था कि 'चित्त रूपी गजेन्द्र को मुक्त कर दो इसमें पूछताछ न करो। गगन रूपी गिरि नदी के जल को पी के उसके तट पर उसे स्वच्छन्द बैठने दो।''[3]

सरह के लिए यह संसार सहजानन्द से पूर्ण है। इसमें मुक्त भाव से नाचना, गाना और विलसना चाहिए–

जइ जग पूरिअ सहजाणन्दे। नाचहु गावहु विलसहु चङ्गे।[4]

सिद्ध सरहपाद के उपर्युक्त कथनों का अर्थ यही था कि चित्त को जबरदस्ती सांसारिक विषयों से अलग रहना उचित नहीं है। संसार के सौन्दर्य को जीवन का सहज रूप मानकर स्वीकार करना चाहिए। किन्तु आगे चलकर बौद्ध सिद्धों ने अबाध और मुक्त विलास को ही सहज-साधना मान लिया। महापण्डित राहुल सांकृत्यायन का कहना है–''मुक्त यौन सम्बन्ध के पोषक चक्र-संवर आदि देवता, उनके मन्त्र और पूजा-प्रकार तैयार किये। गुह्य-समाज एकत्रित होने लगे, जहाँ स्त्री-पुरुषों को मद्‌य-मैथुन की पूरी स्वतन्त्रता दी गयी।''[5] नाथ-योगियों ने इसका विरोध किया और कठोर संयम पर बल दिया। कबीरदास ने सहज-साधना को फिर एक सहज नैतिक जीवन के रूप में प्रतिष्ठित किया। उनकी दृष्टि में सहज रूप में (हठपूर्वक नहीं) विषयों का त्याग ही सहज साधना है–

सहज सहज सब कोइ कहै, सहज न चीन्है कोइ।
जिहिं सहजै बिखया तजै, सहज कहावै सोइ।।[6]

जहाँ तक भाषा और शैली के साम्य का प्रश्न है, इसमें सन्देह नहीं कि कबीरदास योगियों

1. कबीर ग्रन्थावली, पृ. 42, साखी 4
2. तदैव, साखी 3
3. मुक्कउ चित्त गेएन्द कर एत्थ विअप्प ण पुच्छ। गअण गिरि णइ जल पिअउ, तहि तड बसउ सइच्छ।।
   –दोहाकोश, सिद्ध सरहपाद, सं. राहुल सांकृत्यायन, भूमिका, पृ. 34
4. दोहाकोश, राहुल सांकृत्यायन, पृ. 30
5. काव्यधारा, भूमिका, पृ. 35
6. कबीर ग्रन्थावली, पारसनाथ तिवारी, पृ. 242, साखी-1

से बहुत प्रभावित हैं। 'अलख-निरंजन', 'अजपा-जाप', 'सुरति-निरति', 'सहज-शून्य', 'मुद्रा', 'सिंगी', 'चन्द्र-सूर्य', 'इला-पिंगला', 'उनमुनी', 'त्रिकुटी', 'ओंकार', 'मन', 'पवन', 'गगन गुफा', 'अनाहदनाद', 'कलारिनि', 'माठी', 'अमृत', 'ब्रह्माण्ड', 'नाद-बिन्दु' तथा 'अंजन' आदि सैकड़ों शब्द हैं जो गोरखबानी और कबीर ग्रन्थावली में समान रूप से प्रयुक्त हुए हैं। जिस प्रकार की उलटबासियाँ सिद्धों और योगियों में पायी जाती हैं, उसी प्रकार की उलटबासियाँ कबीर ने भी लिखी हैं। सबदी, पद, साखी, वार एवं तिथि आदि काव्यरूप भी कबीर ने योगियों की परम्परा से ही प्राप्त किया है। यही नहीं कबीर के कुछ पद और साखियाँ ऐसी भी हैं जो थोड़े-बहुत शाब्दिक परिवर्तन के साथ 'गोरखबानी' में भी पायी जाती हैं। गोरखबानी का एक पद इस प्रकार है—

मारौ मारौ स्रपनी निरमल जल पैठी।
त्रिभुवन डसती गोरखनाथ दीठी।।टेक।।
मारौ स्रपणीं जगाईल्यो भौरा,
जिनि मारी स्रपणी ताकौ कहा करै जौंरा।
स्रपणी कहै मैं अबला बलिया।
ब्रह्मा विष्न महादेव छलिया।।[1]

'सन्त कबीर' (डॉ. रामकुमार वर्मा द्वारा सम्पादित) में यह पद इस प्रकार है—

सरपनी ते ऊपरि नहीं बलीआ।
जिनि ब्रह्मा बिसनु महादेउ छलिआ।
मारु मारु स्रपनी निरमल जलि पैठी।
जिनि त्रिभुवणु डसीअले गुरु प्रसादि डीठी।।[2]

कहना न होगा कि 'गोरखबानी' के पद और कबीर के पद में भावसाम्य ही नहीं शब्दों और पंक्तियों में भी समानता है। इसी प्रकार गोरखनाथ की एक सबदी है—

नीझर झरणैं अमीरस पीवणां षट दल बेध्या जाइ।
चंद विहूणां चंदिणां तहां देख्या श्री गोरख राइ।।[3]

कबीर की साखी है—

मन लागा उनमन्न सौं गगन पहुँचा जाइ।
देख्या चंद बिहूँणां चाँदिणा तहां अलख निरंजन राइ।।[4]

इस प्रकार की अनेक सबदियाँ और पद उद्धृत किये जा सकते हैं और प्रमाणित किया जा सकता है कि कबीर की भाषा-शैली सिद्धों और योगियों से प्रभावित है। निस्सन्देह योगियों और सिद्धों के प्रभाव को अस्वीकार नहीं किया जा सकता। लेकिन कबीर वाणी का स्वर इनसे सर्वथा भिन्न है। कबीर ने जिस आत्म-विश्वास और तेजस्विता से अपनी समसामयिक

1. गोरखबानी, पृ. 139
2. सन्त कबीर, पृ. 109
3. गोरखबानी, सबदी, सबदी, 171
4. कबीर ग्रन्थावली, पृ. 13, साखी 15 (परचौ कौ अंग)

धार्मिक रूढ़ियों और बाह्याचारों का खण्डन किया है, वह आत्मविश्वास और तेजस्विता न सिद्धों में है न योगियों में। इसके अतिरिक्त कबीर में सूफियों और वैष्णवों की शब्दावली भी समाविष्ट है जो उनकी वाणी को एक भिन्न स्वर प्रदान करती है। प्रिय के प्रति जो समर्पण और भावाकुलता कबीर में है, उसके सिद्धों और योगियों में होने का प्रश्न ही नहीं उठता। इस समर्पण और भावाकुलता की शब्दावली ने ही कबीर को योगियों से अलग सन्तों और भक्तों की कोटि में ला खड़ा किया है।

निष्कर्ष रूप में कहा जा सकता है कि मध्यकाल की सभी धर्म-साधनाओं के बीच कबीर अपना स्वतन्त्र अस्तित्व रखते हैं। उन्हें किसी भी धर्म-साधना का अनुकरण करनेवाला नहीं कहा जा सकता। उनकी वाणी में सिद्धों, योगियों, वैष्णवों, सूफियों, कट्टर मजहबी मुसलमानों, वारकरी सन्तों आदि सभी के शब्द और उक्तियाँ लक्षित की जा सकती हैं किन्तु यह उनकी वाणी का पूर्वपक्ष है। सभी के कथनों को लेते हुए वे उनकी कमजोरियों को उभारते हैं और तब अपने को अलग कर लेते हैं। इस प्रकार वे एक स्वतन्त्र सन्तमत के प्रवर्तक के रूप में सामने आते हैं।

•

कबीर का 'अनभै साँचा'

भारतीय धर्म-साधना में ज्ञान के तीन स्रोत माने जाते हैं– 1. आप्त ज्ञान या शब्दप्रमाण ज्ञान, 2. गुरु प्रदत्त ज्ञान एवं 3. अनुभव या स्वसंवेद्य ज्ञान। मध्यकाल के निर्गुण सन्त, शब्द-प्रमाण या पुस्तकीय ज्ञान पर विश्वास नहीं करते थे। उनके लिए प्रस्थानत्रयी प्रमाण नहीं थी। वे गुरुप्रदत्त-ज्ञान और अनुभव ज्ञान को प्रमाण मानते थे। अनुभव ज्ञान को स्वसंवेद्य ज्ञान भी कह सकते हैं। कबीर ने 'अनुभव' शब्द को तीन अर्थों में प्रयुक्त किया है। 'अनुभव' अर्थात् 'अनुभूति'। अनुभव > अनुभै = निर्भय। अनुभव > अनभव = अघटित। 'स्वसंवेद्य' को भी उन्होंने दो अर्थों में प्रयुक्त किया है। स्वसंवेद्य = स्वानुभूति से ज्ञात। स्वसंवेद्य = सूछमवेद = सूक्ष्मवेद = प्रचलित चारों वेदों के ज्ञान से अधिक सूक्ष्म ज्ञान। 'साँचा' शब्द का प्रयोग उन्होंने प्रायः 'सत्य' के अर्थों में किया है। 'कबीर ग्रन्थावली' में एक पूरा 'अंग' ही 'साँच कौ अंग' है। जहाँ तक 'अनभैसाँचा' दोनों पदों के एक साथ प्रयोग का प्रश्न है, मेरे देखने में नहीं आया। 'अनभै' पद का प्रयोग कई जगह मिलता है।

(1) अनभै कथा कवन सों कहिए, है कोई चतुर बवेकी।

—क. ग्रन्था., ना. प्र. स., पद 8

(2) सन्तों सो अनभै पद गहिए।
कला अतीत आदि निधि निरमल ताकूँ सदा विचारत रहिए।

—कबीर समग्र, भाग 1, पद 157

(3) अमृत बरसै हीरा निपजै, घंटा पड़ै टकसाल।
कबीर जुलाहा भया परषू अनभै अतरया पार।।

—क. ग्र., ना. प्र. सभा, पृ. 16

इसी प्रकार 'साँचा' शब्द का प्रयोग भी कई अवसरों पर किया गया है–

(1) लेखा देणां सोहरा, जे दिल साँचा होइ।
उस चंगे दीवांन मैं, पला न पकड़ै कोइ।।

—क. ग्र., ना. प्र. स., पृ. 42

(2) कबीर लज्या लोक की, सुमिरै नाहीं साँच।
जानि बूझि कंचन तजै काठा पकड़ै काँच।।

—वही, पृ. 43

(3) साँच बरोबरि तप नहीं, झूठ बरोबरि पाप।
जाके हिरदै साँच है, ताकै हिरदै आप।।

—क. ग्र., पारसनाथ तिवारी, साखी-16, पृ. 187

'अनभै' और 'साँच' दोनों पद एक साथ प्रयुक्त चाहे न हुए हों, इसमें सन्देह नहीं है कि 'कबीर' 'अनुभव के सत्य' को ही प्रमाण मानते थे और जिस तत्त्व का साक्षात्कार अनुभव के बल पर करते थे उसे 'निर्भय' होकर, डंके की चोट कहते थे। उन्होंने दूसरे शब्दों का प्रयोग करके भी इसी सत्य को बार-बार प्रकट किया है। उन्होंने कहा है—'जगभव का गावना क्या गावै', 'अनुभव-गावै', सो रागी है। 'परचा कौ अंग' में भी वे परमतत्त्व के साक्षात्कार की बात करते हैं। एक तरह से देखा जाय तो कबीर की साखियाँ उसी सत्य की अभिव्यक्ति हैं जिसका कबीर ने साक्षात्कार किया था। स्वयं देखा था। जिसके वे साक्षी थे। ऐसा साक्षात्कार करनेवालों की एक परम्परा थी। 'सिद्ध' और 'नाथ' भी अनुभव के सत्य को प्रमाण मानते थे। वे भी शब्द-साधक थे। आचार्य द्विवेदी ने अपनी 'सहज साधना' वाली पुस्तक में 'सबद-साधकों' की परम्परा को 'अनभैपन्थ' कहा है। वे कहते हैं—'अनुभवैकगम्य मार्ग को 'अनभैपन्थ' कहते हैं।' इसे ही उन्होंने 'अनभैसाँच' पन्थ भी कहा है। इस क्रम में उन्होंने 'भृगुवल्ली' की कहानी उद्धृत की है। भृगु ने अपने पिता वरुण से ब्रह्मज्ञान प्राप्त करने की इच्छा व्यक्त की। वरुण ने उनसे 'तप' करने को कहा। भृगु बार-बार तपस्या करते रहे और क्रमशः तत्त्वों के ज्ञान—अन्न प्राण एवं मन, विज्ञान (बुद्धि)—से आगे बढ़ते रहे और पाँचवी बार उन्होंने पिता को सन्तुष्ट करते हुए कहा—'आनन्द' ही 'ब्रह्म' है। उनका यह ज्ञान अनुभव-सत्य था। इस अनुभूत-सत्य पर पारम्परिक धर्म-ग्रन्थों और रूढ़ आचार-विचार पर निष्ठा रखनेवाले विश्वास नहीं करते। वे अनुभव के मार्ग को सन्देह की दृष्टि से देखने लगते हैं। वे आप्तवाक्य या पण्डितों द्वारा लिखित पुस्तकों पर अधिक निर्भर करते हैं। उनकी दृष्टि में अनुभव-शक्ति का क्या ठीक है? इस प्रकार सन्देह करनेवाला बार-बार अनुभव के मार्ग को परखते हुए जिस बिन्दु पर जाकर पूर्णतः सन्तुष्ट हो जाता है, विश्वास के मार्ग पर चलनेवाले उसी अनुभव-बिन्दु पर लब्ध सत्य के प्रति शंकालु हो जाते हैं।

आचार्य द्विवेदी सन्तों के 'अनुभव-साँच' पन्थ को दोनों के बीच सन्तुलन कायम करनेवाला मानते हैं। उन्होंने कहा है—"दोनों के मध्य में कोई मार्ग होना चाहिए। मुझे लगता है कि सन्त लोग जिसे 'अनभै साँच' पन्थ कहते हैं, उसके इस समस्या का समाधान है।"[1] अनुभव-सत्य' का सिद्धान्त एक प्रकार से श्रद्धा और तर्क, विश्वास और परीक्षण दोनों के सामंजस्य का मार्ग है।

बिना परखे, विवेक की कसौटी पर बिना कसे यदि कोई बात मान ली जाती है तो वह अन्धविश्वास की ओर ले जायेगी। इसके विपरीत कोरे तर्क पर निर्भर होकर यदि बिना किसी निष्ठा के हम 'सम्य' को जानना चाहेंगे तो किसी लक्ष्य तक पहुँच ही नहीं सकेंगे। सन्त, निष्ठावादी हैं। प्रेम, विनय, श्रद्धा, अहिंसा, सच्चाई, करुणा, दया, ममता जैसे मानवीय मूल्यों के प्रति उनमें अप्रतिम विश्वास है, किन्तु अतर्क्य और विवेक-रहित श्रद्धा के वशीभूत होकर आचारों और रूढ़ियों के जंजाल को वे स्वीकार नहीं करते। वे चीजों को अपने अनुभव और विवेक की कसौटी पर परखते हैं, उसके बाद ही उन्हें स्वीकार करते हैं। मध्यकाल में जब विविध धर्म-साधनाओं के अगुवा पण्डित, मौलवी, पीर, नबी, योगी, शैव, शाक्त आदि बिना

1. हजारीप्रसाद द्विवेदी ग्रन्थावली, भाग 5, पृ. 130

समझे-बूझे पोथियों में लिखित ज्ञान के आधार पर धर्म की व्याख्या करते हुए समाज में भेद-भाव बढ़ा रहे थे, उस समय निष्ठा और विवेक दोनों के सामंजस्य को आधार बनाकर सन्तों ने जिस मनुष्य-सत्य को ऊपर किया, वह कोरे 'बुद्धिवाद' पर आधृत नहीं था। उसके एक ओर यदि अनुभवगम्य परमतत्त्व के अस्तित्व और कर्तृत्व पर पूर्ण विश्वास था तो दूसरी ओर पुस्तक-ज्ञान पर अविश्वास। इसलिए वे पण्डित को सीधे सम्बोधित करते हुए कहते हैं—"पण्डित! तुम जो अनेक प्रकार के 'वादों' (सिद्धान्तों) की चर्चा करते हो, वह सब झूठ है। उसके पीछे अनुभव का सत्य नहीं है। चरितार्थता नहीं है। वह कोरा कथन मात्र है। बिना समझे बिना मर्म जाने, राम-राम रटने से मुक्ति मिलती तो दुनिया मुक्त हो गयी होती। खाँड' कहने से मुँह मीठा नहीं होता। 'पावक' शब्द का उच्चारण करने से पैर नहीं जलते। 'जल' शब्द के बोलने से प्यास नहीं बुझती। 'भोजन' कहने से 'भूख' नहीं मिटती। 'तोता' बार-बार राम-राम कहता है। इससे वह राम-तत्त्व का ज्ञाता नहीं हो जाता। यदि किसी प्रकार वह पिंजड़े से बाहर निकल पाता है तो सीधे उड़कर जंगल में पहुँच जाता है। पीछे मुड़कर देखता भी नहीं है। यदि 'धन' कहने से धन हो जाता तो संसार में कोई निर्धन नहीं होता। प्रीति तो लोग विषयों से करते हैं। माया के आकर्षण में आसक्त रहते हैं। हरिभक्तों का उपहास करते हैं और बातें ज्ञान की करते हैं। ध्यान रहे, यदि 'प्रीति' सच्ची नहीं है, तो सीधे यमपुर जाना होगा।"[1] यह सीधी चुनौती है। 'वाक्य-ज्ञान' का स्पष्ट प्रत्याख्यान है। इसके पीछे 'प्रेम' की चरितार्थता पर अखण्ड विश्वास है। तर्क के लिए तर्क नहीं है। तर्क के पीछे आचरण का बल है। इसी प्रकार, इसी आत्मविश्वास से वे मुल्ला से कहते, "हे मुल्ला, मस्जिद की ऊँची मीनार पर चढ़कर आवाज क्यों लगाते हो? अल्लाह बहरा नहीं है। वह सब-कुछ जानता है। सबके हृदय की बात जानता है। जिसके लिए तुम आवाज दे रहे हो, उसे हृदय के भीतर ही देखो।" कबीर को ऐसे बाह्याचारों से चिढ़ है जिन्हें धर्म के नाम पर अनिवार्य बना दिया गया है। मुसलमानों में 'खतना' और हिन्दुओं में 'यज्ञोपवीत' ऐसे ही आचार और संस्कार हैं। ईश्वर, मनुष्य को मनुष्य रूप में पैदा करता है। हिन्दुओं को विशेषतः द्विजों को, 'यज्ञोपवीत' पहनाकर और मुसलमानों को 'खतना' करके नहीं भेजता। यह भेद यहीं पण्डित और काजी पैदा करते हैं। कबीर काजी से पूछते हैं—"हे काजी! कुरान पढ़ते-पढ़ते कितने दिन बीत गये किन्तु तुमने उसका मर्म नहीं समझा। तुम्हें हिंसा-शक्ति प्रिय है। तुम सुन्नति करके मुसलमान बनाते हो। यह भी कोई बात हुई। यदि ईश्वर ने मुझे मुसलमान बनाया होता तो पेट में ही सुन्नति करके पैदा करता। अच्छा, यह बताओ औरत का क्या किया जाये? उसकी तो सुन्नति हो नहीं सकती। वह अर्द्धांङ्गिनी होती है। इस न्याय से तो सभी मुसलमान आधे हिन्दू ही रह गये।" इसी क्रम में वे पण्डित से जानना चाहते हैं कि 'यज्ञोपवीत' पहनाकर जन्म से 'शूद्र' समझे जानेवाले मनुष्य को 'द्विज' बनाया जाता है। पण्डित यह बताओ कि स्त्री का तो यज्ञोपवीत होता नहीं। वह तो 'शूद्रा' ही रही। जिस मनुष्य का आधा अंग (स्त्री) 'शूद्र' ही रह गया हो, वह 'द्विज' कैसे हुआ? कबीर के इन तर्कों का अर्थ इतना ही है कि

1. कबीर ग्रन्थावली, डॉ. पारसनाथ तिवारी, पद 171, पृ. 105

धार्मिक वेश-भूषा, आचार-विचार, रस्म-रिवाज आदि मनुष्य को मनुष्य से अलग करते हैं। मूलतः मनुष्य एक है। वह न हिन्दू है, न मुसलमान। न शैव है, न शाक्त। न जैन है, न बौद्ध, न वैष्णव। यह भेद मनुष्य कृत हैं। यदि पुस्तक-ज्ञान और धार्मिक आचार-विचार इस भेद को समाप्त नहीं कर सकते, तो व्यर्थ हैं। वे बार-बार कहते हैं कि मैं सभी झगड़ों से अलग हूँ। मैंने पण्डित और मुल्ला दोनों को छोड़ दिया है। मैंने इन दोनों के द्वारा लिखित विचारों को पूरी तरह अग्राह्य माना है। न मैं पूजा करता हूँ न नमाज पढ़ता हूँ। न हज की यात्रा करता हूँ, न तीर्थों में भटकता हूँ। मैं तो एक निरंजन परमतत्त्व को हृदय में धारण करता हूँ। यह परमतत्त्व कबीर का अनुभूत है। इसे उन्होंने अनुभव की कसौटी पर परखकर स्वीकार किया है। यह उनके प्रेम का विषय है। इसे वे अपना प्रियतम मानते हैं। अपने को उसकी 'बहुरिया' बताते हैं। कभी यह उनकी माता बन जाता है और उनका उसी प्रकार खयाल रखता है जैसे माता अपने पुत्र का खयाल करती है। कभी वह उनका दोस्त बन जाता है और उनका 'साहब' तो वह है ही। वैयक्तिक स्तर पर प्रेम का घनत्व तर्कातीत है। इस स्तर पर कबीर ने जो कुछ अनुभव किया है, वह 'अनुभवैकगम्य' है। वह तर्कगम्य नहीं है। बुद्धिगम्य नहीं है, ज्ञानगम्य नहीं है, अनुभव-प्रमाण है। 'अनुभव-पद' अनुभव का सत्य है? 'अनुभव-साँचा' है। इस अनुभूति-दशा में मन के सारे विकार शमित हो जाते हैं। फिर भय कैसा? चिन्ता कैसी? 'परचा कौ अंग' में कबीर ने इस अनुभूति-दशा का अनेक प्रकार से वर्णन किया है। कबीर की कठिनाई यह है कि जिस 'सत्य' को कहना है, प्रकट करना है, वह वाणी से परे है। शब्दातीत है, फिर भी उसे इसी लौकिक वाणी, लोक-प्रचलित शब्दावली में व्यक्त करना है। इसलिए अनेक प्रकार से व्यक्त करने के बाद भी उन्हें लगता है, कुछ रह गया है। वह ठीक से व्यक्त नहीं हो पाया। इसी कशमकश में वे कहते जाते हैं। वे कहते हैं "मैंने सत्य का साक्षात्कार कर लिया। अब तो मैं अपने स्वामी के साथ हूँ। अब मेरे सारे पाप सहज ही शमित हो गये।"

कबीर का जो यह 'अनुभव का सत्य' है, जो उनका स्वामी है, जो उन्हें आनन्द से भर देता है। वह उनका स्व-संवेद्य है। उसका 'संवेदन' (अनुभव) उन्हीं को हुआ है। योगियों का 'समतत्त्व' या 'शिवतत्त्व' भी स्व-संवेद्य था। लेकिन योगियों को इसके लिए 'आसन' लगाना पड़ता था। 'प्राणायाम' करना पड़ता था। आँख बन्द करनी पड़ती थी। कान रूँधना पड़ता था। अनेक प्रकार की कृच्छ साधनाएँ करनी पड़ती थीं। कबीर ऐसा कुछ नहीं करते। उनकी समाधि सहज ही लग जाती है। उन्हें अपनी सहजचर्या के अतिरिक्त कोई अतिरिक्त साधना नहीं करनी पड़ती। उनकी तो 'रहनी' ही 'उन्मनी' रहनी है। वह जो कुछ करते हैं, जैसे रहते हैं, वह सब साधना ही है। कबीर का जीवन ही उनकी साधना है। कबीर का जीवन ही उनकी साधना है। जिसके जीवन में 'सत्य' चरितार्थ होता है, अर्थात् सत्य की अवधारणा जिसके जीवन से प्रमाणित होती है। जहाँ 'सत्य' प्रमेय है और चर्या प्रमाण, वहाँ अलग से कुछ करने की जरूरत ही क्या है?

कबीर के इस 'अनुभव-साँचा' 'अनुभव के सत्य'—या 'सत्य के अनुभव' से यूरोपीय 'अनुभववाद' (Empiricism) की तुलना नहीं की जानी चाहिए। यूरोपीय 'अनुभववाद',

'बुद्धिवाद' की प्रतिक्रिया में आया था। 'बुद्धिवाद' से तार्किक-बुद्धिवाद का अर्थ नहीं लेना चाहिए। यूरोपीय 'बुद्धिवाद' (सत्रहवीं-अट्ठारहवीं शती) एक तरह का 'अन्तः प्रज्ञावाद' है। इसे हम अन्तः प्रज्ञा (Intuition) से लब्ध निश्चयपूर्ण ज्ञान कह सकते हैं। यूरोपीय बुद्धिवादी यह मानते थे कि ज्ञान का पूर्ण आदर्श गणितीय ज्ञान में लक्षित होता है। इसे यदि हम तत्त्व-ज्ञान के क्षेत्र में प्रयुक्त करें तो हम ऐसे परिणामों तक पहुँच सकते हैं, जहाँ शंका के लिए कोई गुंजाइश नहीं है। उदाहरण के लिए 'त्रिभुज' को देखकर हमारी अन्तःप्रज्ञा तत्काल निर्णय करती है कि यह तीन भुजाओंवाला है। यह अन्तःप्रज्ञात्मक ज्ञान स्वतः सिद्ध है। इसके लिए अलग से तर्क-वितर्क की जरूरत नहीं पड़ती। यह ज्ञान इन्द्रिय-लब्ध 'अलोचन' (Sensation) और कल्पनाप्रसूत भ्रान्त अवधारणा दोनों से अलग है। यह निश्चयात्मक है। बुद्धिवादी अन्तः प्रज्ञा द्वारा उन अवधारणाओं को प्राप्त करते थे जो असन्दिग्ध और शाश्वत होती थीं, फिर उनको सामने रखकर 'निगमन' (Deduction) पद्धति से आत्मा, जगत् आदि के सम्बन्ध में निश्चित निष्कर्ष पर पहुँचने की कोशिश करते थे। वे यह मानकर चलते थे कि कुछ सनातन सत्य मनुष्य की बुद्धि (अन्तःप्रज्ञा) में निहित हैं। वे स्वयं सिद्ध हैं। उन्हीं के आधार पर निगमन के द्वारा हम विशेष सत्य को प्राप्त कर सकते हैं। 'अनुभववाद' इसे (बुद्धिवाद) को अस्वीकार करता है। उसके अनुसार कोई ज्ञान जन्मजात या अन्तःप्रज्ञात्मक नहीं होता। सारा ज्ञान इन्द्रियजन्य आलोचन (Sensation) से प्राप्त होता है। वह अनुभवजन्य होता है।

वस्तुतः अन्तःप्रज्ञा जैसी कोई चीज मनुष्य में नहीं होती। जब तक इन्द्रियों द्वारा लब्ध ज्ञान की आधारभूत सामग्री न मिल जाये तब तक बुद्धि कुछ नहीं कर सकती। अनुभव द्वारा हम विशेष का ज्ञान प्राप्त करते हैं। इन्हीं विशेष तथ्यों को सामने रखकर हम उद्‌गम (Induction) पद्धति के सामान्य नियमों को निर्धारित करते हैं। इस 'अनुभववाद' के मुख्य प्रवर्तक 'लाक' (1632-1704 ई.) थे। इन्होंने 'देकार्ते' (1596-1660 ई.) के 'बुद्धिवाद' का विरोध किया था। यहाँ यह ध्यान देने की बात है कि 'देकार्ते' गणितज्ञ थे। भौतिकशास्त्री थे। इसीलिए 'गणित' की पद्धति को वे दर्शन के क्षेत्र में प्रयुक्त करने की बात करते थे। 'लाक' अर्थशास्त्री और राजनीतिज्ञ थे। उनका झुकाव भौतिकवाद की ओर था। कबीर के लिए ये दार्शनिक पुस्तकीय ज्ञान-समृद्ध पाण्डित्य-धर्मा होने के कारण ज्ञान कथनेवाले भारतीय पण्डितों जैसे ही थे। कबीर का ज्ञान इन्द्रिय-संवेदन से प्राप्त विशेष अनुभव का सामान्यीकरण नहीं है। कबीर का 'अनुभव-सत्य' आत्मा की सर्वनिरपेक्ष अनुभूति-दशा है। वहाँ न वेद है, न भेद, न पाप है, न पुण्य, न ज्ञान है, न ध्यान, न स्थूल है, न शून्य, न भेख है, न भीख; वास्तविकता तो यह है कि वहाँ तीनों लोकों की अवधारणा भी नहीं है। उस अनुभव-सत्य को लौकिक भाषा में व्यक्त करना असम्भव है। इन्द्रिय-बोध से प्राप्त सारा अनुभव, सापेक्ष्य-स्थितियों का ज्ञान कराता है। कबीर जिस तत्त्व का अनुभव कर रहे हैं उसे कैसे व्यक्त किया जाये? उसका न रूप है, न रेखा, न मुद्रा, न माया, वह न पर्वत शिखर है, न गहरा समुद्र, वह न धरती है, न आकाश, न सूर्य, न चन्द्र, वह पवन का संचार भी नहीं है। वह न नाद है, न बिन्दु, वह न काल है, न काया, वह न जप है, न तप न योग है, न ध्यान, न पूजा; वह न शिव

है, न शक्ति। वह ऋक् यजुः साम और अथर्व वेद भी नहीं है, न वह व्याकरण है। कबीर इतना ही कह सकता है—"हे गोविन्द! तू निरंजन है, निरंजन है। तेरी गति तू ही जान सकता है।" अनुभव की इस भूमि पर यदि किसी भी दार्शनिक प्रक्रिया से पहुँचा जा सकता तो कबीर पण्डितों को चुनौती ही क्यों देते? अनुभव-सत्य के इसी सर्वनिरपेक्ष बिन्दु पर पहुँचकर कबीर को यह साफ दिखायी पड़ता है कि धर्म के सभी ठेकेदार अपने-अपने संकीर्ण मतवाद के छोटे-छोटे दायरों में बँधे हैं। यहीं उनकी तर्क-बुद्धि जागृत होती है, जो तर्क के लिए तर्क नहीं करती वरन् विवेकहीन, असंगत और समझ में न आनेवाली रूढ़ियों को खण्डित करने के लिए तर्क करती है।

अपने अनुभव-सत्य की शक्ति और उच्चतम नैतिकबोध के सहारे कबीर पण्डित, मुल्ला, काजी, अवधू, शाक्त, पीर, औलिया, मुरशिद, सबकी विवेकहीनता पर प्रहार करते हैं। वे पण्डित को चुनौती देते हैं कि पण्डित, जब भगवान् ही सृष्टि का बीज है, तो बड़ी-बड़ी पोथियों में कौन-सा ज्ञान बघारते हो। जब एक ज्योति से सब-कुछ उत्पन्न हुआ है, तब यह ब्राह्मण और शूद्र का भेद कहाँ से आ गया? इसी प्रकार वे मुल्ला और मौलवी से पूछते हैं कि यदि खुदा मात्र मस्जिद में निवास करता है तो और मुल्क किसका है? मुरशिद को आगाह करते हैं कि 'नबी', नयनों में ही है। उसे भीतर अनुभव करने की जरूरत है। 'अवधू' को समझाते हैं कि वह मन को स्थिर करे और अच्छी तरह जान ले कि जिसे वह जंगलों, पहाड़ों और दुर्गम स्थलों में ढूँढ़ता फिर रहा है वह उसके भीतर ही है। अपनी इसी प्रखर तर्क-शक्ति के बल पर वे तीर्थ-व्रत, रोजा-नमाज, छापा-तिलक, लुंचन-मुण्डन आदि धार्मिक कहे जानेवाले आचारों का खण्डन करते हैं। वस्तुतः उन्हें भेद-मात्र भ्रान्त प्रतीत होता है। कोई भी ब्रह्याचार जिसकी सहज जीवन की गति से संगति न बैठती हो, कबीर को स्वीकार्य नहीं है। कबीर के 'अनुभव-सत्य' या 'अनुभव-साँचा' की दृष्टि से उनके भक्त, रहस्यवादी और तार्किक क्रान्तिकारी व्यक्तित्व में कोई अन्तर्विरोध नहीं है। सभी प्रकार की भेद-भूमियों से ऊपर सर्व-निरपेक्ष अनुभव-सत्य का साक्षात्कार करनेवाला ही भेद, आडम्बर एवं विवेकरहित बाह्याचार का निर्भय होकर विरोध कर सकता है। जो स्वयं भेद-भाव ग्रस्त है। कर्म-काण्ड में उलझा है। धर्म के नाम पर अमानवीय आचरण करता है। मनुष्य-मनुष्य के बीच घृणा का प्रचार करता है वह दूसरों को क्या समझायेगा। वह किस बल पर कथनी-करनी की एकता की बात करेगा। कबीर का क्रान्तिकारी अपनी भीतरी शक्ति के बल पर ही बड़े-बड़े धर्म-ध्वज-धारियों को अदना आदमी समझकर उनकी उपेक्षा करता है। बेहद्दी मैदान के विचरण करनेवाला ही 'हद' के जीवों का तिरस्कार कर सकता है। कबीर का क्रान्तिकारी अपनी आस्था में अविचल है। अपने विश्वास में अटल है और अपने विचार में दृढ़ है। वह सहज मनुष्यता को ऊपर लाकर सच्चे मानवधर्म की प्रतिष्ठा करना चाहता है।

आज यही मनुष्यता खतरे में है। घोर व्यावसायिक वृत्ति के चलते मनुष्य भी खरीद-फरोख्त की वस्तु बन गया है। विकास के नाम पर एक ओर विध्वंसक, अस्त्र-शस्त्रों का अम्बार लगाया जा रहा है, दूसरी ओर सुख-सुविधा प्रदान करनेवाले उपादानों का संग्रह किया जा रहा है।

मनुष्य के नैसर्गिक अधिकार अब राजनीति के मोहरे बन गये हैं। मनुष्यता विध्वंसक अस्त्र-शस्त्रों और ऐश्वर्य सामग्रियों के नीचे दबी कराह रही है। आज कबीर होते तो निर्भय स्वर में कहते—"मूर्खों विकसित होने का दम्भ पालनेवालो, विवेक के बिना 'बुद्धि', 'योग' के बिना भोग, 'निवृत्ति' के बिना 'प्रवृत्ति', 'विनय', के बिना 'अहंकार', 'त्याग' के बिना 'संग्रह', 'परमार्थ' के बिना 'स्वार्थ', 'आचार' के बिना 'विचार', 'करनी', के बिना 'कथनी', 'साधना', के बिना 'शब्द' और 'आन्तरिक प्रकाश' के बिना 'बाह्य विकास' का कोई अर्थ नहीं है। और 'सत्य' भी तभी 'सत्य' है जब वह अनुभूति का विषय या 'अनुभूत' हो। इस अनुभूत सत्य को कहने का अधिकार उसी को है जो निर्भय होकर कह सके। कहने के खतरे उठा सके।" इसी खतरे को उठाते हुए कबीर ने निर्भय स्वर में कहा था—

दुइ जगदीस कहाँ ते आए, कहु कवने भरमाया।।
अल्लह राम करीमा केसो, हजरत नाम धराया।।

●

कबीर की सांस्कृतिक मनोभूमि

भारतीय इतिहास में पन्द्रहवीं शती (विक्रमीय) घोर राजनीतिक उथल-पुथल, सांस्कृतिक मन्थन और मूल्यगत संक्रमण की शती है। इसी शती में कबीर का आविर्भाव हुआ था। कबीर का व्यक्तित्व मूलतः एक धर्मसाधक का व्यक्तित्व है। कबीर के पूर्व भारतीय धर्म-साधना उपासना-भेद के आधार पर बिखरकर अनेक मत-मतान्तरों में विभक्त हो चुकी थी। बौद्ध और जैन धर्म प्रभावहीन होने पर भी क्रमशः देश के पूर्वी (बंगाल और उड़ीसा) तथा पश्चिमी (राजस्थान और गुजरात) प्रदेशों में जीवित थे। नाथ-योगियों का प्रभाव यों तो पूरे देश में था, किन्तु उत्तर भारत में वे अब भी विशेष सक्रिय थे। शैव और शाक्त मत सीमित दायरे में सामान्य जनता पर अपना प्रभाव बनाये हुए थे। वैष्णव-भक्ति-आन्दोलन इस समय सबसे अधिक प्रभावशाली था। दक्षिण से चलकर यह आन्दोलन महाराष्ट्र, गुजरात और राजस्थान से होता हुआ समस्त उत्तर भारत में फैल गया था। वैष्णव भक्ति-आन्दोलन ने योगियों के प्रभाव को कम कर दिया था। इस समय तक दिल्ली में मुसलमानों का राज्य कायम हो चुका था और उस पर गुलाम वंश, खिलजी वंश, तुगलक वंश और सैयद वंश के शासक हुकूमत कर चुके थे। कबीर के समय में दिल्ली में लोदी वंश का शासन था और सिकन्दर लोदी जैसा कठोर शासक, अपना प्रभाव बढ़ाने के लिए प्रयत्नशील था। इस प्रकार कबीर के समय तक भारत इस्लाम की सांस्कृतिक परिधि के भीतर आ गया था। इस्लाम के अन्तर्गत धर्म-साधना की दो धाराएँ थीं। एक धारा कट्टर मुल्ला-मौलवियों की थी। इनमें मजहबी जोश भरा हुआ था। दूसरी धारा उदार सूफी फकीरों की थी। सूफी फकीरों का सामान्य जनता में विशेष प्रभाव था। मुसलमान इस देश में विजेता के रूप में आये थे। इसलिए उनमें मजहबी जोश अधिक था। इस्लाम उनका राजधर्म था। इसलिए हिन्दू-जनता के लिए वह एक चुनौती के रूप में उपस्थित था। भारतीय समाज में धार्मिक बन्धन कठोर नहीं थे। हिन्दुत्व की परिधि के भीतर आस्था के अनेक केन्द्र थे। इसलिए भारतीय जन-मानस इस्लाम का सामूहिक और संगठित विरोध करने में असमर्थ था। वस्तुतः धर्म का सम्बन्ध आस्था से है। कोई भी धर्म राजधर्म बनकर (सत्ता से जुड़कर) आतंकित कर सकता है जनता का विश्वास नहीं प्राप्त कर सकता। जनता का विश्वास प्राप्त करने के लिए प्रत्येक धर्म को मनुष्यधर्मी होना पड़ता है। पन्द्रहवीं शती में इस देश में जो सांस्कृतिक मन्थन हुआ उसके फलस्वरूप उस महत्त्वपूर्ण भक्ति-आन्दोलन को व्यापक प्रतिष्ठा प्राप्त हुई जो दक्षिण से चलकर उत्तरभारत में आया था, जो अपनी प्रकृति में मनुष्यधर्मी था और जिसका नेतृत्व नामदेव, कबीर, रैदास, नानक आदि समाज के निचले स्तर से आये हुए भक्तों ने किया था। इनमें सबसे प्रखर और आत्मविश्वास से भरा हुआ स्वर कबीर का था।

सामान्यतः समझा जाता है कि कबीर की भक्ति-साधना नाथपन्थी योगियों और वैष्णव-भक्तों के संश्लेषा का परिणाम है। कुछ लोगों का मत है कि कबीर पर बौद्ध-सिद्धों, नाथ-योगियों, वारकरी सम्प्रदाय के भक्तों, सूफियों तथा एकेश्वरवादी इस्लाम के अनुयायियों इन सभी का थोड़ा-बहुत प्रभाव है। बौद्ध-सिद्धों और नाथ-योगियों से कबीर का सम्बन्ध पाँच समानताओं के आधार पर प्रमाणित किया जाता है—1. उच्चवर्गीय या ब्राह्मणों द्वारा अनुमोदित व्यवस्था का विरोध, 2. गुरु का महत्त्व, 3. पिण्ड-ब्रह्माण्ड की एकता, 4. 'सहज' या 'परमतत्त्व' की अवधारणा, 5. भाषा-शैली एवं काव्य-रूप। इसमें सन्देह नहीं कि उपर्युक्त पाँचों स्तरों पर कबीर बौद्ध-सिद्धों और नाथ-योगियों से प्रभावित हैं किन्तु यह ध्यान देने की बात है कि सभी स्तरों पर कबीर इनके अन्ध अनुगामी नहीं हैं। कबीर की निजता परम्परा के अनुसरण में नहीं अतिक्रमण में है। यही स्थिति वारकरी सन्तों, सूफियों और इस्लाम मतानुयायियों के प्रभाव को लेकर भी है। कबीर सबसे प्रभावित किन्तु सबसे अलग हैं। कबीर मध्ययुगीन सांस्कृतिक स्रोतों के संश्लेष मात्र नहीं, इन स्रोतों के सकारात्मक मनुष्यधर्मी तत्त्वों के आधार पर एक सच्चे मानवधर्म के संस्थापक सन्त हैं। 'कबीर' ने अपने विचार और आचार से एक ऐसी संस्कृति को जन्म दिया है जो चिर-नूतन है। यह तो निर्विवाद है कि कबीरदास के पास ज्ञान की जो पूँजी है वह अनुभव से, सत्संग से और गुरु-कृपा से प्राप्त है। किसी भी धर्ममत की शास्त्रीय मीमांसा से कबीर को कुछ खास लेना-देना नहीं था। वे अधीत नहीं थे, बहुश्रुत थे। उनके पास सबसे बड़ी पूँजी आस्था की थी। अनेक धर्म-मतों से अच्छी बातों का संग्रह कर लेने से अच्छाइयों का सन्दर्भकोश बन सकता है, 'आस्था-केन्द्र' का निर्माण नहीं हो सकता। कबीर की सांस्कृतिक चेतना का विश्लेषण करते हुए हमें ध्यान रखना होगा कि किसी भी सांस्कृतिक प्रवाह के आलोक में उन्हें ठीक-ठाक नहीं समझा जा सकता। कबीर ने किसकी चुनौती स्वीकार नहीं की है और किसे चुनौती नहीं दी है। अवधू, पाँड़े, पीर, औलिया, मुरशिद, नबी, मुल्ला, पण्डित, जोगी, जंगम, वैष्णव, शाक्त, काजी तथा श्रावक आदि जितने भी धर्म-प्रतिनिधि उनके समय में थे सभी को उन्होंने चुनौती दी है। यह चुनैती उनके आचार-पक्ष में आयी हुई विकृतियों को लेकर दी गयी है। वे अवधू से चुनौती भरे स्वर में कहते हैं—

अवधू नादैं व्यंद गगन गाजै, सबद अनाहद बोलै।
अंतरिगति नहीं देखै नेड़ा, ढूँढ़त बन-बन डोलै।।

हे अवधू! नाद, बिन्दु, गगन में ध्वनित अनाहतनाद यह सब सूक्ष्म आन्तरिक क्रियाएँ हैं। इनको बिना जाने वन-वन में क्या ढूँढ़ते फिरते हो? इसी प्रकार एक अन्य अत्यन्त महत्त्वपूर्ण पद में वे कहते हैं—

अवधू! छाड़हु मन विस्तारा।
सो पद गहौ जाहिते सदगति, पारब्रह्म ते न्यारा।।[1]

पूरा पद लम्बा है। पद का सार यह है कि 'परब्रह्म' अपनी आदि अवस्था में अकेला होता है। उस अवस्था में न महोदय होते हैं, न मुहम्मद, न हरि, न हजरत। न आदम होते हैं न ब्रह्म। न धूप, न छाया। न अस्सी हजार पैगम्बर होते हैं न अट्ठासी हजार मुनि। न सूर्य होते

1. *कबीर वाङ्मय,* खण्ड 2, सबद 31

हैं न चन्द्रमा, न तारागण, न मत्स्य और कच्छप अवतार होते हैं और न यह इन्द्रिय-गोचर संसार। न वेद, न कुरान, न स्मृति, न संयम। उस अवस्था में जीव की छाया तक नहीं होती। न बाँग होती है, न नमाज, न कलमा। न राम होते हैं, न खुदा। 'परमपद' की उस मूल अवस्था में आदि, मध्य, अन्त की अवधारणा भी नहीं होती। मन भी उस स्थिति में नहीं होता। अग्नि, पवन, जल आदि भूत भी उस स्थिति में नहीं होते। चौरासी लाख योनियाँ भी उस समय नहीं होतीं। उस समय प्रमाण-रूप में प्रस्तुत की जानेवाली 'साखी', 'सबद' और 'बानी' भी नही होती। हे अवधू! विचारणीय यह है कि पूर्ण ब्रह्म कहाँ से प्रकट हुए और यह सृष्टि कैसे उत्पन्न हुई? पूरे पद पर ध्यान दीजिये। जिन बातों को लेकर सारे धर्म और सम्प्रदाय एक-दूसरे से टकराते हैं, भेद मानते हैं, और कभी-कभी एक दूसरे की जान लेने पर उतारू हो जाते हैं, उन बातों में कितना सार है? जिसे धर्म के प्रतिनिधियों ने सत्य मान लिया, वह सब तो मन का विस्तार है। कबीर ने इसी मनोभूमि से धर्म के ठेकेदारों को चुनौती दी है। उस समय सबसे बड़ी समस्या हिन्दुओं और मुसलमानों की एकता को लेकर थी। दोनों जिन ऊपरी भेदों को लेकर टकरा रहे थे उनके मिथ्यात्व को उजागर करते हुए कबीर कहते हैं–

हमारे रांम रहीम करीमा केसो, अलह रांम सति सोई।
विसमिल मेटि विसंभर एकै, और न दूजा कोई।।

वे सीधे प्रश्न करते हैं?

तुरक मसीति देहुरै हिन्दू, दुहँठा राम खुदाई।
जहाँ मसीति देहुरा नाहीं, तहँ काकी ठकुराई।।

कबीर के लिए अनुभूतिरहित सारा वाक्य-ज्ञान मिथ्या था। आचार-व्यवहार सम्बन्धी सारा कर्मकाण्ड व्यर्थ था। विडम्बना यह थी कि सभी धर्मोपदेशक अनुभूति को महत्त्व न देकर धर्मशास्त्रों मे निरूपित ऊपरी आचार-व्यवहार को महत्त्व देते थे। इसीलिए शुद्ध-अशुद्ध का टण्टा खड़ा करनेवाले पण्डित से वे कहते हैं–

"पाँडे बूझि पियहु तुम पानी।
जेहि मटिया के घर मँह बैठे, तामें सृष्टि समानी।।"

जिस तर्क से पण्डित लोग नीची समझी जानेवाली जातियों के घरों में रखे हुए मिट्टी के पात्रों और उसके जल को अशुद्ध मानकर उसके पीने का निषेध करते थे उसी तर्क से कबीर यह प्रतिपादित करते हैं कि हे पाँडे! यह मिट्टी, यह नदी का जल, यह गाय का दूध, सब अशुद्ध है। इसी मिट्टी में मरने के बाद छप्पन करोड़ यादव, अट्ठासी हजार मुनि और न जाने कितने पैगम्बर विलीन हो गये हैं। इस नदी में जिसके जल का प्रयोग आप निस्संकोच करते हैं–पशुओं और मनुष्यों की लाशें सड़-गलकर बहती रहती हैं। यह दूध, जिसे आप शुद्ध मानकर पीते हैं, पशुओं की हड्डी से झरकर और गूदे से गलकर आता है। मिट्टी में रखे हुए जल को तो आप अशुद्ध मानते हैं किन्तु नदी के जल और गाय के दूध को शुद्ध। यह कहाँ का न्याय है?

नदिया नीर नरक बहि आवै, पसु मानुष सब सरिया।
हाड़ झरी झरि गूद गलीगल, दूध कहाँ ते आया।।
सो लै पाँडे जेंवन बैठे, मटियहिं छूति लगाया।।

इसी प्रकार काजी को सम्बोधित करते हुए वे कहते हैं—

काजी तैं कवन कतेब बखानी।
पढ़त पढ़त केते दिन बीते, गति एकौ नहिं जानी।।

कबीर मनुष्य को उसके सहज रूप में महत्त्व देते हैं। मनुष्य अपने प्रकृत रूप में न तुर्क है, न हिन्दू। न वैष्णव, न बौद्ध, न जैन। यह सारे भेद मनुष्य-कृत हैं। ये भेद दूरी पैदा करनेवाले हैं, मनुष्य को बाँटकर छोटा बनानेवाले हैं। वे काजी से कहते हैं कि तुम धर्म के नाम पर मनुष्य की 'सुन्नति' करते हो। सुन्नति करके तुर्क बनाते हो। यदि ख़ुदा 'तुर्क' होने के लिए 'सुन्नति' करना जरूरी समझते तो स्वयं ख़तना करके पैदा करते?

जौ रे खुदा तुरुक मोहि करता, तौ आपहि कटि किन जाई।

और यदि सुन्नति कराकर तुर्क होना है तो औरतों का क्या होगा? सुन्नति को 'तुर्क' होने के लक्षण मान लेने पर नारी के रूप में तुम्हारा आधा समाज तो हिन्दू ही रह जाता है।

सुनति कराई तुरुक जौ होना, तौ औरति कौ का कहिए।
अरध सरीरी नारि न छूटैं, आधा हिन्दू रहिए।।

इस स्तर पर ब्राह्मण को सम्बोधित करते हुए वे कहते हैं—यदि जनेऊ पहनने से मनुष्य ब्राह्मण हो जाता है तो स्त्रियों का क्या होगा? उन्हें तो जनेऊ पहनने का अधिकार ही नहीं है। वे तो जन्म से शूद्र ही रह गयीं। फिर उनका परोसा भोजन क्यों खाते हो?

घालि जनेऊ बाह्मन होता, मेहरिहिं का पहिराया।
वै जनम की सूद्रि परोसै, तुम पाँडे क्यों खाया।।

अन्त में वे निर्णय के स्वर में प्रश्न करते हैं—

हिन्दू तुरुक कहाँ ते आए? किन यह राह चलाई।।
दिल महिं खोजि देखि खोजा दे, भिस्ति कहाँ ते आई?
छाँड़ि कतेब राम भजु बउरे, जुलुम करत है भारी।।
कबीर पकरी टेक राम की, तुरुक रहे पचि हारी।।

हिन्दू और तुर्क के बनावटी भेद को निर्मूल करते हुए कबीर सत्य को पहचानने के लिए आग्रह करते हैं। वे साफ कहते हैं कि हिन्दू और तुर्क कहाँ से आ गये? ईश्वर ने तो 'मनुष्य' पैदा किया था। अपने दिल में ही प्रभु को प्राप्त कर सकते हो। उसके लिए 'विहिस्त' जाने की आवश्यकता नहीं। 'सत्य' को प्राप्त करने के लिए धर्मग्रन्थ का आधार लेने की आवश्यकता नहीं है। कबीर ने तो दृढ़तापूर्वक 'राम' को (परमतत्त्व को) अपना आधार बना लिया है। धर्मग्रन्थों का आधार लेनेवाले, 'सुन्नति' कराकर तुर्क बनानेवाले और धर्म के नाम पर जुल्म करनेवाले तो प्रयत्न ही करते रह गये। न उन्हें प्रपंच से मुक्ति मिल पायी न वे

'सत्य' को ही पहचान पाये। सोर भेद-प्रभेद से परे जो परमतत्त्व 'राम' है, कबीर ने उसी की टेक पकड़ी है। वही कबीर की 'आस्था' का केन्द्र है। वही कबीर का स्वामी, प्रिय, सखा, माता-पिता, रक्षक एवं भ्राता सब-कुछ है। वह कबीर के हृदय में ही निवास करता है। उसी से मिलकर कबीर ने सब-कुछ प्राप्त कर लिया है। उसे जान लेने के बाद उन्हें कुछ भी जानना नहीं रह गया है। उन्होंने अपने स्वत्व को उसी में लीन कर दिया है। कबीर ने अब न किसी प्रकार की वासना रह गयी है, न आकांक्षा। अहंकार को विगलित करके, मन के सारे विकारों को त्यागकर, भेद-बुद्धि-जनित सारे प्रपंचों से ऊपर उठकर, लोक और वेद दोनों के द्वारा विहित बाह्याचार के बन्धनों को काटकर कबीर ने अपने को राम-रूपी कसौटी पर खरा प्रमाणित किया है। यह वह कसौटी है जो भेद-बुद्धि का परिहार का देती है जो सुख-दुख की सांसारिक अनुभूतियों से ऊपर उठकर सच्चे साधक को सदैव आनन्दमग्न रखती है। यह वह कसौटी है जिस पर खरा उतरने के लिए अपने को मिटा देना पड़ता है। इसे स्पष्ट करने के लिए कबीर ने कुछ प्रतीकों को सामने रखा है। वे सोचते हैं कि पाखण्ड और अभिमान की चट्टान को तोड़कर खण्ड-खण्ड करके बिछा देने से भगवान् मिल सकते हैं, फिर उन्हें लगता है कि तुच्छ रोड़ा होने पर भी पथिकों के कष्ट का कारण हुआ जा सकता है। रोड़े में भी अहंकार का कुछ अंश तो रह ही जाता है; तब वे सोचते हैं, कि भगवान् को प्राप्त करने के लिए राह की धूल बन जाना उचित होगा। फिर उनके ध्यान में आता है कि 'खेह' भी हवा के साथ उड़कर राह में चलनेवालों के अंग को मैला करती है, इसलिए खेह होना भी ठीक नहीं। इससे बेहतर होगा कि साधक अपने को 'जल' की तरह तरल बना ले। यह प्रतीक भी उन्हें पूरी तरह सन्तुष्ट नहीं कर पाता। जल भी तो कभी ठण्डा और कभी गर्म होता रहता है। द्वैत तो यहाँ भी है। द्वैत के रहते 'राम' कैसे मिल सकते हैं? और तब वे इस निष्कर्ष पर पहुँचते हैं कि 'हरिजन' को 'हरिरूप' ही होना चाहिए।

रोड़ा होइ रहु बाट का, तजि पांखड अभिमान।
ऐसा जे जन होइ रहै ताहि मिलैं भगवान।।
रोड़ा भया तौ क्या भया, पंथी कौ दुख देइ।
हरिजन ऐसा चाहिए ज्यौं धरनी की खेह।।
खेह भया तौ क्या भया, उड़ि-उड़ि लागै अंग।
हरिजन ऐसा चाहिए ज्यों पानी सरबंग।।
पानी भया तौ क्या भया, ताता-सीरा होय।
हरिजन ऐसा चाहिए जैसा हरि ही होय।।

हरि और हरिजन एक हैं। यौं कहिये कि हरिजन हरि के साथ 'एकमेक' होकर अपनी साधना को सार्थक बनाता है। यह अद्वैतता शास्त्रज्ञान से या जप-तप, संयम-नियम, व्रत-उपवास, रोजा-नमाज, तीर्थ-हज से नहीं, निश्छल 'प्रेम' से ही प्राप्त हो सकती है। इस प्रेम-मार्ग पर चलना सबके बस की बात नहीं। यह खाला का घर नहीं है। इस पर चलने के लिए सती की मानसिक दृढ़ता और शूर का अविचल साहस चाहिए। कबीर अपार साहस लेकर इस मार्ग पर अग्रसर

हुए थे। यह कहना ठीक नहीं है कि "कबीरदास ऐसे मिलन-बिन्दु पर खड़े थे, जहाँ एक ओर हिन्दुत्व निकल जाता है और दूसरी ओर मुसलमानत्व; जहाँ एक ओर ज्ञान निकल जाता है, दूसरी ओर अशिक्षा; जहाँ पर एक ओर योग-मार्ग निकल जाता है, दूसरी ओर भक्ति-मार्ग; जहाँ से एक तरफ निर्गुण भावना निकल जाती है, दूसरी ओर सगुण भावना।" सत्य तो यह है कि कबीरदास अद्वैतता की उस मनोभूमि पर स्थित थे जहाँ आत्म और पर का, नाम और रूप का, जड़ और चेतन का तथा हरि और हरिजन का भेद समाप्त हो जाता है।

कबीर की साधना और उनके विचारों को किन्हीं पूर्ववर्ती धर्म-मतों या चिन्ताधाराओं के आलोक में देखना उनकी स्वानुभूति की निजता या मौलिकता के साथ अन्याय करना होगा। कबीर मूलतः साधक हैं। रहस्यदर्शी हैं। परमतत्त्व को उन्होंने अनुभूति के बल पर पहचाना था। उनकी वाणी में यही अनुभूति अखण्ड आस्था के साथ व्यक्त हुई है। बौद्धिक धरातल पर कोई भी विचारक उसकी व्याख्या अपने ढंग से कर सकता है। इसीलिए कभी उन्हें 'एकेश्वरवादी' कहा गया है कभी 'अद्वैतवादी'। कभी उन्हें द्वैताद्वैत-विलक्षण 'समतत्त्ववादी' कहा गया, कभी 'ईश्वराद्वयवादी'। कबीर की वाणियों में संगति बैठाना, उन्हें वैचारिक व्यवस्था देना, यह पण्डितों का काम है। इस सम्बन्ध में डॉ. राममूर्ति त्रिपाठी का यह कथन सर्वथा उचित है कि "अभिव्यक्ति तो समाज-दत्त भाषा के ही माध्यम से होगी और अनुभव के लिए साधन-परम्परा और निर्देश भी परम्परा से ही मिला होगा—यही कारण है कि अनुभूति के नितान्त मौलिक होने पर भी साधना और अभिव्यक्ति की दृष्टि से वे किसी-न-किसी परम्परा से भी सम्बद्ध हैं।" (तन्त्र और सन्त, पृ. 75) इसी लाचारी के कारण 'कबीर' को भी अनेक परम्परागत पारिभाषिक शब्दों का प्रयोग करना पड़ा है। लेकिन इन शब्दों का प्रयोग करते हुए भी कबीर ने उनमें नया अर्थ भरा है। कबीर के यहाँ 'सहज', 'शून्य', 'नाद', 'बिन्दु', 'सुरति', 'निरति', 'निरंजन' आदि अनेक परम्परागत (तान्त्रिकों, बौद्ध-सिद्धों और नाथ-योगियों में प्रचलित) शब्द प्रयुक्त हैं। इन सभी को उन्होंने अपनी आस्था के अनुसार नया अर्थ दिया है। सहज, शून्य, निरंजन ये सभी शब्द कबीर के लिए 'राम' से अभिन्न हैं। कबीर की 'निरति' भी पूर्णतः अभावात्मक नहीं है। उनके यहाँ 'सुरति' के 'निरति' में समाने से सिंहद्वार खुल जाता है और 'शिवत्व' की अनुभूति होती है। कबीर का 'परमतत्त्व' राम से अभिन्न है। इसीलिए परमतत्त्ववाची सभी परम्परागत शब्द उनके यहाँ 'राम' के द्योतक हैं।

'संस्कृति' वह मानवीय मूल्यवत्ता है जो चेतना का संस्कार और परिष्कार करके मनुष्य को सभी प्रकार के भेदों से ऊपर उठा देती है। संस्कृत-मानस पारदर्शी होता है। कबीर की मनोभूमि पूर्णतः संस्कृत है। इसीलिए वह पारदर्शी भी है। उनका युग संक्रान्ति का युग है। धर्म और साधना के क्षेत्र में ही नहीं जीवन के सभी क्षेत्रों में भेद-भाव की पराकाष्ठा उस युग की सामान्य विशेषता है। शासक-शासित, धनी-गरीब, ब्राह्मण-शूद्र, हिन्दू-तुर्क का भेद तो है ही, शैव, शाक्त, वैष्णव, योगी, सिद्ध, श्रावक आदि अनेक धर्ममत भी अपनी रूढ़ियों और विकृतियों के साथ उनके युग में विद्यमान हैं। कबीर के पारदर्शी मानस में ये सारे भेद, यह सारी विकृतियाँ साफ-साफ उभर आयी हैं। वे ऐसे साधन नहीं हैं जो आत्मलीन होकर एकान्त

में पड़े रहें। वे जगत्-गति से आन्दोलित होते हैं और जहाँ कहीं उन्हें आडम्बर, संकीर्णता, भेद-भाव और थोथा अहंकार दिखायी पड़ता है, वहाँ प्रहार करते हैं। इसीलिए सामाजिक धरातल पर उनके विचार क्रान्तिकारी प्रतीत होते हैं। समाज-सुधार चाहे उनका लक्ष्य न हो, लेकिन सामाजिक कुरीतियों पर उनके द्वारा किया गया प्रहार अत्यन्त सार्थक और प्रासंगिक है। वे अच्छी तरह जानते हैं कि 'तत्त्व' एक और 'अद्वय' है। इसलिए सभी प्रकार के भेद झूठे और थोथे हैं। कबीर ने बोध के धरातल पर, अनुभव के स्तर पर, सत्य का साक्षात्कार किया है, इसलिए उनका सत्य उनसे अलग नहीं है। वे सत्य को जीते हैं। अद्वैतता को चरितार्थ करते हैं। उनकी वाणी को उनकी क्रिया प्रमाणित करती है। इसीलिए उनके शब्द छूछे नहीं हैं। संस्कृति, धर्म तथा साधना यह सब उनके लिए पोथियों में लिखे गये कोरे शब्द नहीं है, इन सभी को आचरण से अर्थ प्राप्त होता है। इसी बिन्दु पर कबीर अपने युग के अन्य साधकों से अलग हो जाते हैं। कबीर के मानस का साक्षात्कार करने के लिए हमें स्वयं अपनी चेतना को परिष्कृत और संस्कृत करना होगा। अभेद की उस भूमि तक पहुँचना होगा जहाँ खड़े होकर कबीर ने अपने युग के पोंगापंथी धर्म-नेताओं को चुनौती दिया था। केवल यह कहने से काम नहीं चलेगा, कि कबीर सन्तमत के प्रवर्तक हैं और ''सन्तमत का चरम तत्त्व 'द्वयात्मक अद्वय' है—समरस है—आगम-सम्मत-अद्वैत है।'' यह तो कबीर को उसी पुस्तक-ज्ञान में बाँधना हुआ जिसका उन्होंने विरोध किया था। 'कबीर' को समझने के लिए 'प्रीति' की 'पीर' उत्पन्न करनी होगी। आत्म का प्रसार करना होगा। भेद-बुद्धि को मिटाना होगा। 'भेद' की पूँछ पकड़कर संसार से पार नहीं उतरा जा सकता। कबीर को तो इसी बात की कसक थी कि लोग भेद की पूँछ पकड़कर संसार-सागर से पार होना चाहते थे—

कबीर इस संसार को समझाऊँ कै बार।
पूँछ जु पकड़ै भेद की, उतर्‌या चाहै पार।।

काश, कबीर ने जो समझाया था, हम उसे समझ सके होते।

•

कबीर की भक्ति

हिन्दी साहित्य के इतिहास में कबीरदास पहले व्यक्ति हैं जिन्हें भक्त के रूप में पूर्ण प्रतिष्ठा प्राप्त है। उनके सम्बन्ध में नाभादास ने लिखा है कि वे 'भक्ति-विमुख' धर्मसाधनाओं को अधर्म मानते थे। उन्होंने 'भक्ति' की तुलना में 'योग', 'यज्ञ', 'व्रत', 'दान' सभी को तुच्छ बताया है।[1] 'भक्ति' ही मूलतत्त्व है जो कबीर को नाथपन्थी योगियों की परम्परा से अलग करता है। कबीर ने अपने पूर्ववर्ती पौराणिक और ऐतिहासिक दोनों ही प्रकार के भक्तों का उल्लेख किया है। पौराणिक भक्तों में उन्होंने 'नारद', 'व्यास' तथा 'शुकदेव' आदि की चर्चा की है।[2] और ऐतिहासिक भक्तों में 'जयदेव' तथा 'नामदेव' का नाम लिया है।[3] इससे यह तो सिद्ध होता है कि सतगुरु ने उन्हें जिस 'भक्तितत्त्व' से परिचित कराया था, वह पौराणिक भक्ति साधना या उसके लोकाश्रयी प्रवाह से भिन्न नहीं था, किन्तु पौराणिक अवतारवाद एवं पुस्तकीय ज्ञान का विरोध करनेवाले कबीर के विषय में यह नहीं सोचा जा सकता कि उन्होंने अपनी भक्ति साधना को मध्यकालीन भक्तिशास्त्रों के आधार पर प्रतिष्ठित किया होगा। इसलिए कबीर की भक्ति का विश्लेषण हम उन्हीं के शब्दों को प्रमाण मानकर करना चाहेंगे।

तात्त्विक स्वरूप :

कबीर की भक्ति का मूलतत्त्व हरि के प्रति उत्कट 'राग' है। वे जीवन की सार्थकता राम के प्रति आन्तरिक प्रीति में मानते हैं। जिसके हृदय में राम के प्रति प्रेम नहीं है, जिसने प्रेम-रस का आस्वादन नहीं किया और जिसकी जिह्वा पर राम का नाम नहीं आया वह इस संसार में व्यर्थ ही उत्पन्न हुआ।[4] उनका कहना है कि मूर्खता से तो पढ़ना अच्छा है और पढ़ने से अच्छा है योग साधना करना किन्तु राम से प्रेम करना सबसे अच्छा है, भले ही लोग इसके लिए निन्दा करें।[5] उन्होंने सन्तों का लक्षण बताते हुए कहा है कि निर्वैरता, निष्कामता, विषयों का त्याग और साई (राम) से नेह ये ही सन्तों के लक्षण हैं।[6] सच्चा सन्त राम में अनुरक्त

1. भक्ति विमुख जो धरम ताहि अधरम करि गायो।
   जोग जग्य व्रत दान सकल करि तुच्छ लखायो।। —भक्तमाल, छप्पय 60
2. नारद कहै व्यास यूँ भाषै, सुखदेव पूछौ जाई।
   कहै कबीर कुमति तब छूटै जे रहौ राम ल्यौ लाई।। —कबीर ग्रन्थावली, पद 39, पृ. 169
3. सनक सनंदन जैदेव नामा।
   भगति करी मन उनहुँ न जाना।। —तदैव, पद 33, पृ. 166
4. कबीर जिहि घटि प्रीति न प्रेम रस फुनि रसना नाहीं राम।
   ते नर आइ संसार में, उपजि खये बेकाम।। —कबीर ग्रन्थावली, साखी 17, पृ. 9
5. कबीर मैं जान्यू पढ़िबौ भलौ, पढ़िबा थै भलौ जोग।
   राम नाम सूँ प्रीति करि, भलभल नींदौ लोग।
6. कबीर निरवैरी निहकामता, साई सेती नेह।
   विषया सूँ न्यारा रहै, संतनि का अंग एह।। —तदैव, साखी 1, पृ. 85

होता है। वह उनके बिना जल से अलग की गयी मछली के समान तड़पता है। उसे नींद नहीं आती। जो राम में अनुरक्त नहीं है, वह सुख से सोता है।[1] उनका निश्चित मत है कि जिस प्रकार हमारा तन माया में रमता है (प्रवृत्त होता है) वैसे ही यदि वह राम में रमता तो हम लोग (सांसारिक लोग) इस भौतिक जगत् (तारामण्डल से सीमित इस भूलोक) को छोड़कर जहाँ 'केशव' (हरि या राम) निवास करते हैं वहाँ पहुँच जाते।[2]

'प्रेम भगति' या 'भाव भगति':

उत्कट राग या प्रेम-केन्द्रित होने के कारण ही कबीरदास ने अपनी भक्ति को 'प्रेमभगति' कहा है। उनका कहना है कि सामान्यतः संसार में एक युक्ति से एक ही पदार्थ की प्राप्ति होती हैं। यदि आप लोग चाहते हैं (जीवन्मुक्त होना चाहते हैं) तो योग की युक्ति करनी पड़ेगी और यदि भोग चाहते हैं तो भोग के साधनों को सुलभ करने के लिए दूसरे प्रकार की युक्ति करनी पड़ेगी, किन्तु राम नाम की सिद्धि से योग और भोग इन दोनों पदार्थों की प्राप्ति होती है। जिस प्रकार चन्द्रमा से टपकनेवाली अमृत की बूँदों के हमारे मुख में पड़ने पर अलौकिक आनन्द की अनुभूति होती है, उसी प्रकार रामनाम के सिद्धि-योग से घटित होनेवाली 'प्रेम भगति' हमें अमृत के आस्वाद (राम नाम के स्मरण से जिह्वा को प्राप्त होनेवाला दिव्य आस्वाद) का अलौकिक आनन्द प्रदान करती है।[3] यह 'प्रेम भगति' बाह्याचारमूलक न होकर पूर्णतः मानसिक है। भक्ति साधना के लिए पहली शर्त है 'मन' को विषयों की ओर से विमुख करके राम की ओर उन्मुख करना। कबीर ने कहा है कि इस मदमत्त मन को मारकर पीस डालो (पूर्णतः नियन्त्रित कर लो) तब आत्मा रूपी सुन्दरी ब्रह्म को प्राप्त कर सौभाग्यसुख का अनुभव करेगी।[4] मन पर पूर्ण नियन्त्रण एवं आराध्य के प्रति अखण्ड आस्था से ही उस भावलोक का निर्माण होता है, जिसमें निवास करता हुआ भक्त संसार के सारे प्रपंचों और माया के सारे बन्धनों से अप्रभावित रहकर निर्द्वन्द्व भाव से अपनी जीवन-यात्रा पूरी करता है। राम के प्रति भावात्मक लगाव ही भक्त को उनके निकट लाता है। उन्हें अपने अन्तस् में अनुभव कराता है। कबीर ने कहा है कि यद्यपि भगवान् सभी के हृदयों में व्याप्त है, किन्तु 'भाव' के अभाव में आभ्यन्तरिक दूरी बनी रहती है।[5] मन की सच्ची भावना ही भक्ति को

---

1. कबीर अणरता सुखि सोवणाँ, रत्ते नींद न आइ।
   ज्यूँ जल छूटै मछली, यूँ बेलंत विहाइ।। — कबीर ग्रन्थावली, साखी 5, पृ. 55
2. कबीर जैसे माया मन रमै, यों ज राम रमाइ
   तौ तारा मंडल छाँड़ि करि, जहाँ केसौं तहाँ जाइ।। — तदैव, साखी 24, पृ. 10
3. एक 'जुगति' एकै मिलै, किंवा जोग कि भोग।
   इन दून्यूँ फल पाइये, राम नाम सिधि जोग रे।
   प्रैम भगति ऐसी कीजिये मुखि अमृत वरिषै चंद
   आप ही आप विचारिये तब केता होइ अनंद रे।। —तदैव, पद 5, पृ. 143
4. (कबीर) मैमंता मन मारि रे नान्हाकरि करि पीसि।
   तब सुख पावै सुन्दरी ब्रह्म झलक्कै सीसि।। —तदैव, साखी 20, पृ. 52
5. जदपि रह्या सकल घटि पूरी। भाव बिनां अभिअंतरि दूरी।।
   —तदैव, दुपदी रमैनी 4, पृ. 392

सारे बाह्याचारों में अलग करके एक आन्तरिक या मानसिक स्वरूप प्रदान करती है। भक्त को विग्रह के 'अर्चन', 'वन्दन' और 'पादसेवन' की आवश्यकता नहीं रह जाती। कबीर ने 'भाव की सच्चाई पर बल देते हुए अनेक स्थलों पर अपनी भक्ति को 'भाव भगति' कहा है। उनका कहना है कि संसार-सागर से पार उतारने के लिए 'भाव भगति' ही बोहित (बेड़ा) है। सतगुरु इसे खेनेवाला (नाविक) है। इस बोहित का आधार लेने पर भव-सागर का सारा विस्तार 'गोपद-खुर-प्रमाण' रह जाता है।[1] वे बार-बार 'भाव-भगति की सेवा करने पर बल देते हैं।[2] और दृढ़ता के साथ कहते हैं कि 'भाव भगति' और 'विश्वास' के बिना संशयजनित दुःख दूर नहीं हो सकता।[3] कबीर की यह 'भाव भगति' उन्हें एक सच्चे भाव-साधक के रूप में प्रतिष्ठित करती है। भाव की इस साधना के लिए न तो भौतिक देवालय की आवश्यकता है न देव-विग्रह की। पूजा के सारे उपकरण मानसिक हैं। इस मनोभूमि में कबीर अलक्ष्य की सेवा करते हैं। यह भाव-भगति सर्वगम्य नहीं है। जो इसके रहस्य को जानते हैं, उन्हें कबीर और राम के गूढ़ सम्बन्ध पर कोई आश्चर्य नहीं होता। 'भाव-भगति' की साधना करने के कारण ही कबीर के लिए काशी और मगहर में भेद नहीं रह गया था।[4] कबीर ने साफ-साफ कहा था कि ऐ संसार के लोगों तुम 'मति के भोरे' हो। यदि कबीर काशी में शरीर-त्याग करता है तो राम को क्या? यदि हृदय में राम स्थित है तो क्या काशी क्या मगहर? (अर्थात् दोनों बराबर ही) जैसे जल ढुलककर जल में मिल जाता है, वैसे ही शरीर त्यागने के बाद कबीर के प्राण बिन्दु ढुलककर राम-रूप जल में विलीन हो गये।[5]

नारदी भक्ति :

कबीर की यह 'प्रेम भगति' या 'भाव भगति' ही 'नारदी भक्ति' है। भक्ति के आचार्यों में नारद प्रेम प्रसिद्ध हैं। नारद के अनुसार भक्ति ईश्वर में परम प्रेम रूप है। (सात्वस्मिनूपरमप्रेमरूपा)[6] इसलिए समस्त कर्मों और आचारों को ईश्वर के प्रति अर्पित कर देना और उसके विस्मरण की स्थिति में अत्यन्त व्याकुलता का अनुभव करना ही भक्ति का लक्षण है। (नारदस्तु तदर्पिताखिलाचारिता तद्विस्मरणे व्याकुलतेति)[7] ईश्वर के प्रति प्रेम ग्यारह प्रकार की आसक्तियों—गुणमाहात्म्यासक्ति, रूपासक्ति, पूजासक्ति, स्मरणासक्ति, दास्यासक्ति, सख्यासक्ति, वात्सल्यासक्ति, कान्तासक्ति, आत्मनिवेदनासक्ति, परमविरहासक्ति—प्रकट होता

---

1. भाव भगति हित बोहिथ सतगुर खेवणहार। अलप उदिक तव जाणिये (कबीर) जब गोपदखुर विस्तार।।
—कबीर ग्रन्थावली, पृ. 190
2. साच सील का चौका दीजै, भाव-भगति की सेवा कीजै।। —तदैव, चौपदी रमैनी 7, पृ. 199
3. भाव भगति विसवास बिन, कटै न संसै सूल।। —तदैव, पृ. 199
4. कबीर ग्रन्थावली, पारसनाथ तिवारी, पद 200, पृ. 116-17
5. नींव विहूँणा देहुरा, देह विहूँणा देव। कबीर तहाँ विलंबिया, करै अलख की सेव।। कबीर देवल माहैं देहुरी, तिल जेहैं विस्तार। माहैं पाती माहिं जल, माहैं पूजनहार।। —तदैव, पृ. 30
6. नारद भक्ति सूत्र, 2
7. नारद भक्ति सूत्र, 19

है।[1] नारद का यह भी कथन है कि भक्ति को प्राप्त कर मनुष्य सिद्ध हो जाता है, अमरत्व प्राप्त करता है और तृप्त हो जाता है। उसे किसी वस्तु की कामना नहीं रह जाती। वह आनन्दमग्न, निष्क्रिय और आत्माराम हो जाता है।[2] कहना न होगा कि कबीरदास ने नारद के मूल मन्तव्य को भली-भाँति ग्रहण किया था। उनका राम के प्रति प्रेम असाधारण था।[3] वे उनके विरह में जल से निकली हुई मछली के समान तड़पते रहते थे।[4] राम की भक्ति पाकर वे सब-कुछ पा गये थे। वे आत्माराम हो गये थे।[5] यों कबीर ने राम के प्रति जिन सम्बन्धों की व्यंजना की है, उसमें ग्यारहों प्रकार की आसक्तियाँ भी लक्षित की जा सकती हैं, किन्तु सम्भवतः वे नारदभक्तिसूत्र के शास्त्रीय विधान को पूर्णतः चरितार्थ करने के लिए भक्ति के क्षेत्र में नहीं आये थे। उन्होंने नारदी भक्ति के तत्त्व को ग्रहण कर लिया था। वे राम के प्रेम में इतने मग्न थे कि उन्हें किसी अन्य की कामना ही नहीं रह गयी थी। जहाँ तक भगवान् के साथ सम्बन्ध की स्थापना का प्रश्न है, कबीर ने उन सभी सम्बन्धों की चर्चा की है, जो सामान्यतः वैष्णव भक्ति-परम्परा में मान्य हैं। कबीर अपने को 'राम का कुत्ता' कहकर दास्यभाव की पराकाष्ठा का परिचय देते हैं।[6] वे उस परमतत्त्व से दोस्ती की बात कहकर सख्यभाव की व्यंजना भी करते हैं।[7] हरि को जननी और अपने को बालक रूप में प्रस्तुत करके वत्सलभाव स्थापित करते हैं।[8] राम को अपना प्रियतम और अपने को उनकी बहुरिया कहकर कान्ताभाव का परिचय देते हैं।[9] यही नहीं वे अपने को समग्र रूप में परमात्मा के प्रति निवेदित करते हैं।[10] उनमें पूर्णतः लीन (तन्मय) हो जाते हैं[1] और उनके वियोग में अत्यन्त व्याकुलता का अनुभव करते हुए परम विरहासक्ति[2] की स्थिति तक पहुँच जाते हैं।

---

1. नारद भक्ति-सूत्र 821
2. नारद भक्ति-सूत्र 4-6
3. कबीर भगति दुहेली राम की, नहिं कायर का काम। सीस उतारे हाथि करि सो लेसी हरि नाम।।

   —कबीर ग्रन्थावली, पृ. 177, साखी 24
4. कबीर अणरता सुखि सेवणां, रत्तै नींद न आई। ज्यूँ जलि छूटै मंछली यूँ बेलंत विहाइ।।

   —तदैव, पृ. 85, साखी 5
5. मेरा मन सुमिरै राम कूँ, मेरा मन रामहिं आहि। इब मन रामहिं ह्वैरह्या, सीस नवावौं काहि।।

   —तदैव, पृ. 8, साखी 8
6. कबीर कूता राम का मूतिया मेरा नांउ। गलै राम की जेवड़ी, जित खैचै तिउ जांउ।।

   —तदैव, पृ. 37, साखी 14
7. पांणी ही ते पातला, धूँवा ही ते झीण। पवनां बेगि उतावला, सो दोस्त कबीरै कीन्ह।।

   —तदैव, पृ. 50, साखी 12
8. हरि जननी मैं बालक तेरा। काहे न अवगुन बकसहु मेरा।।

   —कबीर ग्रन्थावली, पारसनाथ तिवारी, पद 17
9. हरि मोरा पिउ मैं हरि की बहुरिया। राम बड़े मैं तनक लहुरिया।।

   —तदैव,, पद 11
10. मेरा मुझ में किछु नहीं, जो किछु है सो तेरा। तेरा तुझकों सौंपना, क्या लागै मेरा।।

    —तदैव, पृ. 161, साखी 12

नारदभक्तिसूत्र में इन सभी आसक्तियों का उल्लेख है। वस्तुतः रागात्मक सम्बन्ध स्थापन से लेकर भवमूलक अद्वैतता की स्थिति तक पहुँचने के क्रम में ये आसक्तियाँ स्वभावतः लक्षित की जा सकती हैं। इसलिए इन्हें कबीर में भी लक्षित किया जा सकता है। कबीर ने इन्हें अपनी भक्ति-साधना में किसी प्रकार का शास्त्रीय अनुशासन मानकर स्थान नहीं दिया है। यहाँ यह स्मरण रखना होगा कि 'भक्ति' की व्याख्या करनेवाले सभी आचार्यों तथा भक्ति के स्वरूप को स्पष्ट करनेवाले महाभारत, गीता, भागवत पुराण आदि ग्रन्थों में भक्ति के तात्त्विक स्वरूप को व्याख्या में कोई मौलिक भेद नहीं है। सभी ने 'भक्ति' को अनुरक्तिमूला माना है। सभी सतगुरु की आवश्यकता स्वीकार करते हैं। सभी ने भक्त के लिए विषयों के त्याग और अनासक्तता को आवश्यक माना है। सभी भगवान् के नाम स्मरण पर बल देते हैं। सभी भगवान् का सामीप्य चाहते हैं और निष्काम भक्ति की श्रेष्ठता स्वीकार करते हैं। शास्त्रीय विधान इन्हीं मौलिक तथ्यों को ध्यान में रखकर किये गये हैं। इसलिए किसी प्रकार का शास्त्रीय अनुशासन न माननेवाले भक्तों में भी शास्त्रविहित स्थितियों एवं नियमों को लक्षित किया जा सकता है। देखा जाये तो कबीर की भक्ति में उपर्युक्त विधान भी किसी-न-किसी रूप में लक्षित हो जायेंगे। किन्तु सच्चाई यह है कि रामानन्द से कबीर ने राम के प्रति प्रेम का बीज भाव ही ग्रहण किया था। अतः कबीर की भक्ति का विश्लेषण करते हुए उन्हें वैष्णव परम्परा से प्रभावित, या नारदी भक्ति में मग्न या स्वामी रामानन्द से प्रेरित मानने का एक ही अर्थ है कि भक्ति-साधना के क्रम में उन्होंने इन सभी मूल संस्कारों को अपने व्यक्तित्व का अंग बना लिया था।

भक्ति : दुस्साध्य साधना :

कबीर भक्ति-साधना को दुस्साध्य मानते हैं। हरि का स्मरण करना आसान नहीं है। जितना कठिन शूली के ऊपर नटविद्या का प्रदर्शन करना है, उतना ही कठिन हरि का नाम स्मरण करना है। नट यदि अपने कौशल में सफल नहीं होता और ऊपर से फिसलता है तो शूली पर गिरने के सिवा उसके लिए कोई दूसरा विकल्प नहीं है उसी प्रकार हरि का स्मरण करनेवाला भक्त यदि साधना के उच्चस्तर से च्युत होता है तो भौतिक दुःखों और कष्टों की शूली पर गिरने के अतिरिक्त उसके लिए कोई दूसरा विकल्प नहीं है।[3] भक्ति का द्वार अत्यन्त सूक्ष्म है। उसमें सबका प्रवेश सम्भव नहीं। मन पर पूर्ण नियन्त्रण होने पर ही भक्ति के क्षेत्र में अग्रसर हुआ जा सकता है। यदि अहंकारवश मन मदमस्त हाथी हो रहा है तो भक्ति के

---

1. तूँ तूँ करता तूँ भया, मुझ में रही न हूँ।
   वारी तेरे नांउ परि, जित देखौं तित तूँ।। —कबीर ग्रन्थावली, पारसनाथ तिवारी, पृ. 149, साखी 6
2. बालम आउ हमारै गेह रे।
   तुम्ह बिन दुखिया देह रे।। टेक।।
   है कोई ऐसा पर उपगारी हरि सौं कहै सुनाइ रे।
   अब तौ बेहाल कबीर भए हैं, बिनु देखें जिउ जाइ रे।। —तदैव, पृ. 9, पद 38
3. कबीर कठिनाई खरी सुमिरतां हरिनाम।
   सूली ऊपर नट विद्या गिरौ त नाहीं ठाम।। ग्रन्थावली, साखी 29, पृ. 11

द्वार में उसका प्रवेश असम्भव है।[1] सांसारिक प्रलोभनों में पड़ा हुआ कायर व्यक्ति राम की भक्ति नहीं कर सकता। हरि का नाम लेना कोई हँसी-खेल नहीं है। सिर हथेली पर लेकर ही इस दुस्साध्य साधना के पथ पर आगे बढ़ा जा सकता हैं।[2] राम से प्रेम करना साधना के क्षेत्र की खरी कसौटी है। इस पर कोई खोटा (लोकैषणा में प्रवृत्त) व्यक्ति एक क्षण भी नहीं टिक सकता। इस पर वही खरा उतरेगा जो जीवनमृतक होगा।[3] हरि भक्ति करने का अन्तिम लक्ष्य हरिरूप हो जाना है। इसके लिए क्रमशः अभिमानरहित होकर (अहंकार की चट्टान को चूर्ण करके) अपने को मार्ग का कंकड़ (अत्यन्त तुच्छ) बनाना होगा, किन्तु तुच्छ रोड़ा होने पर भी पथिकों के कष्ट का कारण हुआ जा सकता है, इसलिए भक्त के लिए उचित होगा कि वह राह की धूल बन जाये किन्तु धूल बनने पर भी हवा के साथ उड़कर आने-जानेवालों के अंग को मैला करने की पूरी सम्भावना है। इसलिए भक्त को चाहिए कि वह जल रूप हो जाये किन्तु जल में भी एक बहुत बड़ा दोष है, वह कभी शीतल और कभी उष्ण होता रहता है। अतः भक्त को इस स्थिति से भी ऊपर उठकर सुख-दुख, रोग-द्वेष, शीत-उष्ण, आत्म-पर की भावना से परे समत्वबुद्धि प्राप्त करनी होगी क्योंकि हरिजन को हरिरूप ही होना चाहिए।[4] इस दुस्साध्य साधना के लिए कबीर को सारे संसार में मात्र दो प्रतीक उपयुक्त प्रतीत हुए। सती और शूर। शूरवीर युद्धभूमि में पीछे पैर नहीं रखता। प्राणों का उत्सर्ग करके लक्ष्य सिद्धि करता है। वह धीरबुद्धि और स्थिरचित्त होता है। उसका संकल्प अविचल होता है। कबीर को भक्ति-साधना के क्षेत्र में ऐसे ही दृढ़ निश्चयी और निर्भय व्यक्ति की आवश्यकता थी। काम, क्रोध, लोभ, विषय-वासना आदि को जय करके ही ईश्वरोन्मुख हुआ जा सकता है। साधना का क्षेत्र भी एक प्रकार का युद्ध क्षेत्र ही है। कबीर ने शूरवीर को सच्चे साधक का प्रतीक मानते हुए कहा है, कि वह कभी युद्धभूमि से विमुख नहीं होता। दोनों दलों में सबसे आगे बढ़कर युद्ध करता है। उसे मरने-जीने की चिन्ता नहीं होती।[5] उसके

---

1. कबीर भगति दुवारा संकुड़ा राई दसवै माइ।
   मन तो मैंगल ह्वै रह्या क्यूँ करि सकै समाइ।। —ग्रन्थावली, साखी 26, पृ. 53
2. कबीर भगति दुहेली राम की नाहिं कायर का काम।
   सीस उतारै हाथ करि सो लेसी हरि नाम।। —तदैव, साखी 24, पृ. 117
3. खरी कसौटी राम की, खोटा टिकै न कोय।
   राम कसौटी सो टिकै, जो जीवत मिरतक होइ।। —तदैव, पारसनाथ तिवारी, साखी 4, पृ. 206
4. रोड़ा होइ रहु बाट का, तजि पाखंड अभिमान।
   ऐसा जै जन होइ हरै ताहि मिलैं भगवान।।
   रोड़ा भया त क्या भया, पंथी कौ दुख देइ।
   हरिजन ऐसा चाहिए ज्यों धरनी की खेह।।
   खेह भई तौं क्या भया, उड़ि-उड़ि लागै अंग।
   हरिजन ऐसा चाहिए ज्यों पानी सरबंग।।
   पानी भया तो क्या भया, ताता सीरा होइ।
   हरिजन ऐसा चाहिए जैसा हरि ही होइ।। —तदैव, साखी 6, 7, 8, 9, पृ. 207
5. कबीर खेत न छाड़ैं सूरिवा, जूझं द्वैं दल माहिं।
   आसा जीवन-मरण की, मन में आनै नाहिं। —ग्रन्थावली, डॉ. माताप्रसाद गुप्त, साखी 10, पृ. 115

सामने उसका लक्ष्य होता है। जब शूरवत् आचरण करता हुआ भक्त अपने प्राणों का मोह छोड़कर प्रेमपथ पर अग्रसर होता है, तब उस पर प्रसन्न होकर भगवान् स्वयं आगे बढ़कर उसे स्वीकार करते हैं।[1] यही विशेषता सती में हैं। सती का मन अविचल होता है। वह संसार के सारे प्रलोभनों और आकर्षणों को त्यागकर मन में मात्र अपने प्रियतम के मिलन की भावना सँजोये चिता पर चढ़ जाती है। यह सात्त्विक उत्सर्ग उसे प्रेम-साधना के उच्चतम स्तर पर पहुँचा देता है। कबीर भक्ति-साधक से यही अपेक्षा करते हैं। वे कहते हैं कि सती चित्त में एक प्रियतम की भावना करते हुए चिता में प्रवेश करने के लिए आगे बढ़ती है। वह प्रियतम को तन-मन सब अर्पित कर देती है। इस मनःस्थिति में दोनों के बीच की सारी दूरी मिट जाती है। दोनों एक हो जाते हैं।[2]

अनन्यता :

इसके लिए अनन्य भाव की उपासना आवश्यक है। कबीर ने भक्ति-साधना के क्षेत्र में अनन्य भाव की उपासना पर बल दिया है। उन्होंने स्पष्ट कहा है कि यदि मैं याचना करता हूँ तो केवल राम से मुझे अन्य देवताओं से कोई प्रयोजन नहीं है।[3] वे साधक को अनन्य भाव से पतिव्रत साधनेवाली सती के रूप में देखना चाहते हैं। वे कहते हैं कि हे अनन्त गुणोंवाले प्रिय। मेरी प्रीति तुमसे है यदि मैं किसी अन्य से हँसूँ-बोलूँ (प्रेम-सम्बन्ध स्थापित करूँ) तो दाँतों में (मिस्सी न रँगकर) नील रँगाऊँ (अपने को कलंकित करूँ)[4] मेरे नेत्रों में तुम्हारे अनुराग की लाली सिन्दूर की रेखा बनकर छायी हुई है अब उनमें काजल नहीं लगाया जा सकता है।[5] जिस प्रकार सीप मात्र स्वाती की बूँद के लिए ही रटती है, और समुद्र के जल को तुच्छ समझती है, वैसे ही हमारी उत्कट प्रणयाकांक्षा मात्र आपको प्राप्त करने के लिए है, संसार के सारे विषय हमारे लिये तुच्छ हैं।

निष्कामता :

कबीर अपने आराध्य से किसी प्रकार की कामना नहीं करते। वे जानते हैं कि आराध्य स्वयं निष्काम है। अतः उसी भाव की साधना उसके निकट पहुँचा सकती है। यदि किसी लोकैषणा की पूर्ति के लिए आराध्य की सेवा की गयी तो वह निष्फल जायेगी।[6] वस्तुतः जो

---

1. कबीर सूरे सीस उतारिया, छाड़ैं तन की आस।
   आगैं थे हरि मुलकिया आवत देख्या दास।। —ग्रन्थावली डॉ. माताप्रसाद गुप्त, साखी 23, पृ. 117
2. कबीर सती जलन कूँ नीकली चितधरि एक विवेक।
   तन मन सौंप्या पीव कूँ, तब अंतर रही न रेख।। —तदैव, साखी 36, पृ. 119
3. जौ जाँचौ तौ केवल राम।
   आन देव सूँ नाहीं काम।। —कबीर ग्रन्थावली, पद 15, पृ. 348
4. कबीर प्रीतड़ी तौ तुझ सौं, बहु गुणियाले कंत।
   जे हँसि बोली और सूँ, तौ नील रँगाऊँ दंत।। —तदैव, (माताप्रसाद गुप्त) साखी 1, पृ. 35
5. कबीर रेख स्यंदूर की, काजल दिया न जाय।
   नैनों रमइया रमि रह्या, दूजा कहाँ समाय।। —तदैव, साखी 4, पृ. 36
6. कबीर सीप समंद की, रटैं पियास-पियास।
   समदहि तिनका बरिगिणौ स्वाति बूँद की आस।। —तदैव, साखी 5, पृ. 36

संसार के सारे द्वन्द्वों से ऊपर उठकर सहज भाव से समत्व बुद्धि प्राप्त करके हरि रूप होना चाहता था, उसके लिए 'सकाम भक्ति' की बात सोची भी नहीं जा सकती। यह ध्यान देने की बात है कि 'निष्कामता' ही वह तत्त्व है जो मध्यकालीन भक्ति-साधना को वैदिक भावना से अलग कर देता है। वैदिक आराधक अपनी तेजस्विता में भी अर्थार्थी है और मध्यकालीन भक्त अपने दैन्य में भी निष्काम है। नारदभक्तिसूत्र में भी भक्ति को निरोधरूपा मानकर निष्काम बताया गया है।[1] कहना न होगा यह निष्कामता भक्तिसाधक को साधना की उस मनोभूमि में पहुँचा देती है, जहाँ ज्ञानसाधक संन्यासी होकर निर्द्वन्द्व हो जाता है और योगी मन के समस्त विकारों से ऊपर उठकर समत्व दृष्टि प्राप्त करता है।

ज्ञानभक्ति और योग :

कबीर के सम्बन्ध में कभी-कभी यह प्रश्न उठता है कि वे मूलतः ज्ञानसाधक थे? भक्त थे? या योगी थे? इतिहासकारों ने कबीर को भक्तिकाल की ज्ञानाश्रयी शाखा के अन्तर्गत स्थान दिया है। कबीर के अध्येताओं ने उन्हें योगियों की किसी आश्रमभ्रष्ट जाति से सम्बद्ध बताया है और नाभादास ने उन्हें सच्चे भक्त के रूप में स्मरण किया है। वस्तुतः कबीर के लिए ज्ञान-साधना, योग-साधना और भक्ति-साधना मे कोई अन्तर नहीं था। उनके लिए ज्ञान-साधना, योग-साधना का अर्थ था माया से मुक्त होकर आतम 'राम' को पहचानना। ज्ञान, 'भ्रम', 'माया', 'दुबिधा', 'मोह', 'तृष्णा', ' दुर्बुद्धि' को समाप्त कर सत्य की प्रतीति करा देता है।[2] कबीर के लिए अभेद दृष्टि प्राप्त करना ही सत्य को उपलब्ध करना है। जब सारे संसार में एक ही तत्त्व व्याप्त है, तो सारा भेद-भाव व्यर्थ है। पण्डित और योगी, राजा और रंक, वैद्य और रोगी का भेद तो अज्ञान का परिणाम है। इसलिए कबीर को जब आत्मज्ञान प्राप्त हुआ तो उन्होंने काम-क्रोध आदि मनोविकारों को त्यागकर सबके प्रति निर्बैर भाव अपना लिया।[3] कबीर सच्चे भक्त के लिए भी इसी स्थिति की कामना करते हैं। वे कहते हैं कि हे प्रभु तुम्हारा भक्त होना आसान नहीं है। काम, क्रोध और लोभ को त्यागकर 'हरि-पद' के पहचाननेवाला कोई विरला ही आपका भक्त हो सकता है। सत्त्व, रज और तम—ये तीनों गुण तुम्हारी माया के हैं, जो इसके परे निस्त्रैगुण्यावस्था में पहुँच जाता है, वही परम पद प्राप्त करता है। जो स्तुति, निन्दा, आशा, मान, अभिमान आदि को त्यागकर लोहे और कंचन को

---

1. सा न काम्यमाना निरोधरूपत्वात्।
2. सन्तों भाई आई ग्यान की आँधी रे।
   भ्रम की टाटी सबैं उड़ानी माया रहै न बाँधी रे।।
   दुचिते की दोइ थूँनि गिरानी मोह बलेंडा टूटा।
   त्रिसना छांनि परी धर ऊपरि दुरमति भांडा फूटा।।

   —कबीर ग्रन्थावली (पारसनाथ तिवारी), पद 52, पृ. 30
3. जब थैं आतम तत्त बिचारा।
   तब निरबैर भया सबहिन थै कांम क्रोध गहि डारा।।
   व्यापक ब्रह्म सबनि मैं एकै को पंडित को जोगी।
   राणां रंक कवन सूँ कहिये, कवन बैद को रोगी।।

   —कबीर ग्रन्थावली (माताप्रसाद गुप्त) पद 20, पृ. 257

समदृष्टि से देखता है, यह साक्षात् तुम्हारा स्वरूप बन जाता है।[1] कहना न होगा कि योग-साधना का लक्ष्य भी समचित्तता प्राप्त करना ही है। शिवत्व या समतत्त्व को धारण करने के लिए मन का परिष्कार और समत्वबुद्धि प्राप्त करना पहली शर्त है। इसीलिए कबीर बार-बार मन का योग साधने की बात कहते हैं। इनके लिए योग का जागना, प्रेम का प्रकाशित होना (भक्तिभाव में लीन होना) संशय का छूटना (ज्ञान दशा प्राप्त करना) और प्रियतम का सामीप्य प्राप्त करना एक ही मनोभूमि की विभिन्न उपलब्धियाँ हैं।[2] वे भक्त से यह सब चाहते हैं जिसकी आशा एक सच्चे योगी और तत्त्वज्ञानी से की जा सकती है। यदि योग से प्रदर्शन और कृच्छ्र साधना को निकालकर उसे सहज बना दिया जाये, ज्ञान से मिथ्या दम्भ एवं अहंकार निकालकर उसे विनयशील बना दिया जाये और भक्ति से अन्धविश्वास, फलासक्ति एवं बाह्य पूजाविधान निकालकर उसे शुद्ध रागात्मक प्रक्रिया के रूप में देखा जाये तो सामंजस्य का वह बिन्दु प्राप्त हो सकता है, जहाँ खड़े होकर कबीर तथाकथित योगी, पण्डित और भक्त तीनों को चुनौती दे रहे थे।

●

---

1. तेरा जन एक आध है कोई।
   काम को अरु लोभ विवर्जित, हरिपद चीन्हैं सोई।
   राजस तामस सातिग तीन्यूँ, ये सब तेरी माया।
   चौथे पद कौ जैं जन चीन्हैं, तिनहिं परम पद पाया।।
   असतुति निंद्या आसा छाँड़ैं, तजैं मान अभिमाना।
   लोहा कंचन समि करि देखैं, ते मूरति भगवाना।। —क. ग्र., (माताप्रसाद गुप्त), पद 31, पृ. 256
2. कबीर पंजरि प्रेम प्रकासिया, जागा जोग अनंत।
   संसा खूटा सुख भया, मिल्या पियारा कंत।। —कबीर ग्रन्थावली, तदैव, साखी-1, 3, पृ. 25

निर्गुणोपासना की साध्यता और कबीर की भक्ति साधना

निर्गुणोपासना की साधना मध्यकालीन धर्म साधना का एक महत्त्वपूर्ण एवं जटिल प्रश्न है। मध्यकालीन आचार्यों ने इस प्रश्न पर गम्भीरता से विचार करते हुए मूल्यवान् तर्क प्रस्तुत किये हैं। आधुनिक युग में मनोवैज्ञानिक दृष्टि से भी इस प्रश्न पर विचार किया गया है। इस दीर्घकालीन विचार-विमर्श के परिणामस्वरूप मुख्यतः दो प्रकार की धारणाएँ बनी हैं। सामान्यतः यह समझा जाता है कि निर्गुण निराकार ब्रह्म ज्ञान का विषय है और सगुण साकार ब्रह्म उपासना का। उपसाना से अर्थात् सगुण ब्रह्म (ईश्वर) के भजन-पूजन से चित्त निर्विकार और शुद्ध होता है। यह साधना का प्रथम सोपान है। इस सोपान से आगे बढ़कर निर्विकार चित्त से ही निर्गुण-निराकार का ज्ञान प्राप्त किया जा सकता है। उपासना के लिए 'ध्यान' का महत्त्व सर्वमान्य है। ध्यान एक चयनात्मक क्रिया (Selective act) है। किसी वस्तु पर ध्यान केन्द्रित करने का अर्थ होता है अन्य वस्तुओं से चित्तवृत्ति को हटाकर इष्ट वस्तु पर उसे केन्द्रित करना। इसके लिए इष्ट वस्तु की उत्तेजक शक्ति भी एक कारण मानी जाती है। अर्थात् व्यक्ति की परिष्कृत रुचि और मानसिक तत्परता के बावजूद अमूर्त वस्तु का ध्यान मनोवैज्ञानिक दृष्टि से सम्भव नहीं है। मूर्त की ही संवेदना सम्भव है। चरम मानसिक तत्परता और पूर्ण एकाग्रता की स्थिति में भी हम मूर्त के सहारे ही अमूर्त की सूक्ष्म अवधरणा कर सकते हैं। दूसरी धारणा यह है कि निर्गुण-निराकार भी उपासना का विषय हो सकता है। अद्वैत वेदान्त के व्याख्याता विद्यारण्य स्वामी ने कहा है—"सगुण ब्रह्म की भाँति निर्गुण ब्रह्म की भी उपासना हो सकती है। यदि यह कहा जाये कि मन और वाणी से अगम्य होने के कारण निर्गुण ब्रह्म उपास्य नहीं हो सकता तो मन और वाणी से अगम्य उस तत्व का ज्ञान (वेदन) भी नहीं हो सकता और यदि यह कहो कि वागादि से अगोचर उस तत्त्व को जाना जा सकता है तो मैं कहूँगा कि वागादि से अगोचर रूप में ही उसकी उपासना भी हो सकती है। यदि यह कहो कि उपास्य होने से सगुणता की सम्भावना प्रतीत होती है तो यह सम्भावना तो वेद्य होने से भी हो सकती है और यदि तुम यह कहते हो कि वेद्य तो लक्षणा वृत्ति से होता है तो मैं कहूँगा कि उपासना भी उस लक्षित की ही कर डालो।[1] विद्यारण्य स्वामी के कथन का तात्पर्य यह

1. निर्गुण ब्रह्मतत्त्वस्य तद्युपास्तेरसंभवः।
सगुण ब्रह्मणीवात्र प्रत्ययावृत्तिसंभवात्।
अवाङ् मनसगम्यं तन्नोपास्यमिति चेत् तदा।
अवाङ्मन मनसगम्यस्य वेदनं न च संभवेत।।
वागाद्यगोचराकारमिलेवं यदि वेत्यसी।
वागाद्यगोचराकारामित्युपासीत नो कुतः।।
सगुणत्वमुपास्यत्वाद्यदि वेद्यत्वतोऽपि तत्।
वेद्यं चेल्लक्षणावृत्या लक्षितं समुपस्यताम्।। —पंचदशी, श्लोक 55-58, पृ. 386

है कि जो वेद्य है वह उपास्य भी हो सकता है। काश्मीरी शैवमत में भी ज्ञान और भक्ति अविरोधी माने गये हैं। यह मत 'ईश्वराद्वयवाद' के नाम से प्रख्यात है। 'ईश्वराद्वयवाद' में शिव और शक्ति की सामरस्य अवस्था ज्ञान और भक्ति की भी सामरस्य अवस्था मानी गयी है। शिव चिद्रूप है। शक्ति आनन्द रूप है। चिदंश ज्ञान है और आनन्द अंगंश शक्ति है। शिव और शक्ति की सामरस्य अवस्था ही पूर्ण अद्वैत की अवस्था है। इस अद्वैतावस्था में भक्ति के लिए भाव-द्वैत की लहरी उठती है, किन्तु वह कल्पित है, वास्तविक नहीं। वह कल्पित द्वैतभाव अद्वैत से भी सुन्दर है। ज्ञान उत्पन्न होने से पहले यह द्वैत मोह उत्पन्न करता है, किन्तु ज्ञान उत्पन्न होने पर बुद्धि के द्वारा कल्पित यही द्वैत अपूर्व आनन्ददायक होता है। जिस प्रकार भौतिक जगत् में दम्पति का मधुर मिलन उनमें पूर्ण सामरस्य स्थिति के कारण अपूर्व आनन्द की अनुभूति कराता है, उसी प्रकार जीवात्मा और परमात्मा का मधुर मिलन अमृतोपम आनन्द की अनुभूति कराता है।[1] इस समरसावस्था में ज्ञान और भक्ति भी समरस होते हैं।

मध्यकाल में हिन्दी के सगुण भक्तों पर रामानुजाचार्य (1037-1137 ई.) और वल्लभाचार्य (1479-1530 ई.) का विशेष प्रभाव है। रामभक्ति शाखा, रामानुजाचार्य से प्रेरित और प्रभावित है तथा कृष्णभक्ति शाखा वल्लाभाचार्य से। इन दोनों आचार्यों ने सगुण ब्रह्म को ही उपास्य माना है। ये भक्ति समर्थक आचार्य थे। वस्तुतः शंकराचार्य के अद्वैत दर्शन के अनुसार निर्गुण-निरुपाधि ब्रह्म ही सत्य है। जीव और ब्रह्म में अभेद है। ऐसी स्थिति में ब्रह्म और जीव के बीच उपास्य-उपासक सम्बन्ध स्थापित नहीं हो सकता। इसीलिए परवर्ती सभी आचार्यों ने आचार्य शंकर का विरोध किया। रामनुजाचार्य के अनुसार सविशेष या सगुण ब्रह्म (ईश्वर) का ग्रहण ही उचित है। ईश्वर चित् (जीव) और अचित् (जड़) इन दोनों का धारणकर्त्ता, आश्रयदाता और नियामक है। जीव ईश्वर के अधीन है। ईश्वर उसे कर्मानुसार फल देता है। अतः जीव, उपासक और ईश्वर उपास्य है। वल्लभाचार्य जी ने भी सगुण ब्रह्म की ही उपासना पर बल दिया है। उनके अनुसार ब्रह्म के निर्गुण और सगुण दोनों रूप श्रुति-सिद्ध हैं। निर्गुण ब्रह्म को सगुण होने के लिए माया का आधार नहीं लेना पड़ता। ब्रह्म सत्-चित् आनन्द रूप है। जीव सत्-चित् रूप हैं। उसमें आनन्द का रूप तिरोहित है। यह जगत् मात्र 'सत्' रूप है। यह माया-कल्पित नहीं है। आनन्द की प्राप्ति के लिए जीव को भगवान् का अनुग्रह प्राप्त करना आवश्यक है। जीवों पर अनुग्रह करने के लिए भगवान् अवतरित होते हैं। तात्पर्य यह कि परवर्ती आचार्यों ने सगुण ब्रह्म को ही उपास्य मानकर निर्गुणोपासना की दुस्साध्यता की पुष्टि की है। प्रो. राधाकृष्णन ने भी यह स्वीकार किया है कि आचार्य शंकर द्वारा प्रतिपादित प्रेरणा और प्रभाव गति और क्रियारहित निर्गुण ब्रह्म हमारी पूजा-आराधना का विषय नहीं हो सकता।[2]

---

1. द्वैतं मोहाय बोधात् प्राक् प्राप्ते बोधे मनीषया।
   भक्त्यर्थ कल्पितं द्वैतमद्वैतादपि सुन्दरम्।।
   जाते समरानन्दे द्वैतम्प्यमृतोपमम्।
   मित्रयोरिव दम्पत्योर्जीवात्म परमात्मनोः।।
2. **The absolute of Shankar rigid motionless and totally lacking in initiative or influence cannot all forth or worship.**

–Indian Philosophy, Vol. II. P. 659.

मध्यकाल के हमारे दो प्रमुख भक्त–सूर और तुलसी सगुणोपासना से ही सम्बद्ध हैं। सूरदास ने तो स्पष्ट ही कह दिया है कि रूप-रेखा, गुण-जाति आदि विशेषताओं से परे निर्गुण ब्रह्म हमारे मन को बाँध नहीं पाता। उसे मन और वाणी से परे समझकर ही मैं सगुण ब्रह्म के लीला-पदों का गान कर रहा हूँ।[1] तुलसीदास ने यों तो निर्गुण सगुण दोनों को महत्त्व दिया है और कहा है कि हृदय में निर्गुण का ध्यान करना, नेत्रों से सगुण को देखना और जिह्वा से राम शब्द का जप करना, ऐसा सुन्दर क्रम है मानो राम नाम रूपी रत्न को सोने के एक ऐसे मूल्यवान् पात्र में रख दिया गया हो जिसका नीचे का आधार हृदय में निर्गुण का ध्यान है और ऊपर का ढक्कन नेत्रों से सगुण साकार का दर्शन;[2] किन्तु उनकी कृतियों के अनुशीलन से उनका सगुण-तत्त्व की ओर झुकाव स्पष्ट है। मानस के उत्तरकाण्ड में लोमश मुनि द्वारा निर्गुण ब्रह्म निरूपण प्रसंग में काकभुशुण्डि का यह कहना है कि मुनि ने मुझे अनेक प्रकार से समझाया पर निर्गुण मत मेरी समझ में नही आया,[3] प्रकारान्तर से तुलसी के सगुणोपासना सम्बन्धी दृष्टिकोण को ही सूचित करता है। हिन्दी के प्रख्यात आलोचक आचार्य रामचन्द्र शुक्ल का तो स्पष्ट मत है, "अतः तत्त्व-दृष्टि से, मनोविज्ञान की दृष्टि से, साहित्य की दृष्टि से अज्ञात की लालसा कोई भाव ही नहीं है।"[4] भक्ति के सम्बन्ध में उनका निर्णय है–"व्यक्ताव्यक्त, मूर्तामूर्त ब्रह्म के इन दो रूपों या पक्षों–में से भारतीय भक्ति रस के भीतर व्यक्त और मूर्त पक्ष ही, जिसका हृदय के साथ सीधा लगाव है, लिया गया।"[5]

आचार्य शुक्ल का यह मत उन आचार्यों और भक्तों की मान्यताओं की पुष्टि करता है, जो उपास्य रूप में सगुण ब्रह्म को ही महत्त्व देते हैं। आचार्य शुक्ल के निर्णय हिन्दी-साहित्य-समीक्षा के क्षेत्र में अकाट्य माने जाते हैं। इसलिए आज भी सामान्यतः यह स्वीकार किया जाता है कि निर्गुण की भक्ति सम्भव नहीं है। आधुनिक मनोवैज्ञानिक दृष्टि भी इसी मत का समर्थन करती है कि ध्यान मूर्त और विशिष्ट का ही हो सकता है।

जहाँ तक कबीर का प्रश्न है, यह सर्वविदित है कि वे निर्गुण ब्रह्म की उपासना के समर्थक हैं। निर्गुण भक्ति की प्रेरणा उन्हें सम्भवतः महाराष्ट्र भक्तों–ज्ञानदेव और नामदेव से प्राप्त हुई थी। निर्गुण-सगुण से परे 'द्वैताद्वैत विलक्षण समतत्त्व' जिसे कबीर ने 'निर्गुण राम' कहा है, उपासना का भी विषय हो सकता है। यह बात नाथ योगियों की परम्परा में मान्य नहीं थी। महाराष्ट्र सन्त ज्ञानेश्वर रचित गीता की 'ज्ञानेश्वरी टीका' के सम्बन्ध में कहा जाता है कि 'सूक्ष्म रूप से देखने पर उपनिषद्, गीता, गौड़पादकारिका, योगवासिष्ठ, शंकराद्वैतमत, काश्मीरी शैव सम्प्रदाय और गुरु-परम्परा से प्राप्त नाथ-सम्प्रदाय का शैवाद्वैत तत्त्वज्ञान सम्मिलित रूप से ज्ञानेश्वरी के अद्वैत सागर में आकर मिल गये हैं।"[6] कबीरदास ने ज्ञानदेव

---

1. रूप-रेख गुन जाति जुगति बिनु निरालंब कित धावै।
   सब विधि अगम विचारहिं तातैं सूर सगुन पद गावै।। —सूरसागर, पद 2
2. हिय निर्गुन, नयनन्हि सगुन, रसना राम सुनाम।
   मनहुँ पुरट-संपुट लसत, तुलसी ललित सलाम।। —दोहावली, दोहा 7
3. विविध भाँति मोहिं मुनि समुझावा। निर्गुन मत मम हृदय न आवा।
   —रामचरितमानस, उत्तरकाण्ड, 111
4. चिन्तामणि, द्वितीय भाग, पृ. 78
5. तदैव, पृ. 128
6. हिन्दी और मराठी के वैष्णव साहित्य का तुलनात्मक अध्ययन, पृ. 219-20

और नामदेव को श्रद्धापूर्वक स्मरण किया है। ऐसी स्थिति में अद्वैतमूला भक्ति के लिए उनका महाराष्ट्र सन्तों का ऋणी होना सम्भाव्य है। महाराष्ट्र सन्तों में यह प्रवृत्ति कहाँ से आयी यह विचारणीय है। सन्त ज्ञानेश्वर पर कश्मीरी शैवमत के प्रभाव की बात स्वीकार की गयी है। इसके अतिरिक्त तमिल के शैव तथा कर्नाटक के वीरशैव भी निर्गुण शैव की उपासना करते थे।[1] बहुत सम्भव है महाराष्ट्र सन्तों पर उनका भी प्रभाव पड़ा हो। यह तो सम्भव नहीं है कि कबीरदास ने किसी भक्ति-सम्प्रदाय या दार्शनिक मत का प्रभाव उसके सैद्धान्तिक ग्रन्थों के अनुशीलन से ग्रहण किया होगा। अतः हमें यही मानकर चलना चाहिए कि कबीर-पूर्व-युग में निश्चय ही दक्षिण की यह अद्वैतमूला भक्ति रमते हुए सन्तों और भक्तों के द्वारा उत्तर भारत में आयी होगी। अद्वैतमूला भक्ति का विवेचन करते हुए गोपीनाथ कविराज ने बोपदेव के 'मुक्ताफल' नामक भक्ति-ग्रन्थ के आधार पर उसके दो भेद किये हैं—1. विहिता और 2. निषिद्धा। निषिद्धा के अन्तर्गत 'कामजा', द्वेषजा', 'भयजा' और 'स्नेहजा' की गणना की गयी है और विहिता के अन्तर्गत 'शुद्धा' और 'मिश्रा' की। 'मिश्रा' के भी तीन भेद हैं—ज्ञानमिश्रा-कर्मज्ञानमिश्रा और कर्ममिश्रा। शुद्धा भक्ति अहैतुकी अव्यवहिता या निरन्तरा मानी जाती है। यही सर्वश्रेष्ठ भक्ति है।[2] इसकी व्याख्या करते हुए कविराज जी ने कहा है—"शुद्धा भक्ति के उदय के लिए ज्ञान का विकास आवश्यक है। केवल ग्रन्थों के अध्ययन से जिस ज्ञान की प्राप्ति होती है, वह तो शुष्क ज्ञान है। यथार्थ ज्ञान का उद्भव चित्तशुद्धि हुए बिना नहीं होता और चित्तशुद्धि कर्मसापेक्ष्य है। अतएव यथाविधि सद्गुरु के आदेश को सिर माथे चढ़ाकर उनके दिखलाये हुए मार्ग से निष्ठा, संयम और श्रद्धा के साथ अपने चरित्र बल को पवित्र बनाये रखते हुए जो अग्रसर हो सकता है, उसको अवश्य ही असली ज्ञान प्राप्त होता है। इस कर्म को ही योगीगण योग कहते हैं। इसके विपरीत अन्य कर्मों को योग नहीं कहा जाता और वे चित्तशुद्धि में सहायक भी नहीं होते अतएव नीति और चरित्रशुद्धि की ओर लक्ष्य रखकर सद्गुरु के उपदिष्ट मार्ग से निरन्तर योगाभ्यास रूप दीर्घकालव्यापी कर्म कर सकने पर ही चित्तशुद्धि और आत्मज्ञान का विकास होता है। तब हृदय ग्रन्थि खुल जाती है, समस्त संशय छूट जाते हैं और जन्म-जन्मान्तर की संचित कर्मराशि का क्षय हो जाता है। इस अवस्था में अविद्या की आंशिक निवृत्ति के कारण उसी के अनुसार आत्मशक्ति का स्फुरण आरम्भ होता है। यही योग विभूति की सूचना है। इसके बाद परमात्मा के अहैतुक एवं नित्य आकर्षण के प्रभाव से विशुद्ध जीव क्रमशः आगे बढ़ता हुआ उनके निकट पहुँचता रहता है और परम मंगलमय ऐश्वरिक विभूति का आस्वादन प्राप्त करता है। ज्ञान का पारिपाक अथवा भक्ति का विकास इस एक ही भूमि के नामान्तर हैं।"[3] उपर्युक्त व्याख्या का विश्लेषण करने पर अद्वैतमूला या विशुद्धाभक्ति की निम्नलिखित विशेषताएँ लक्षित होती हैं—

1. विशुद्धा भक्ति के लिए यथार्थ ज्ञान का उद्भव आवश्यक है। यह ज्ञान शुद्ध चित्त होने के उपरान्त गुरु कृपा से प्राप्त होता है।

2. चित्त शुद्धि के लिए किया गया कर्म ही योग है। इसलिए शुद्धाभक्तियोग युक्त होती है।

---

1. सन्त वैष्णव काव्य पर तान्त्रिक प्रभाव, पृ. 276
2. तदैव, पृष्ठ 278 पर उद्धृत
3. कबीर ग्रन्थावली, पद 16, पृ. 93

3. शुद्धाभक्ति का उदय होने पर भी सभी प्रकार के संशय नष्ट हो जाते हैं।

4. शुद्धाभक्ति अहैतुकी होती है।

5. शुद्धाभक्ति प्राप्त साधक आराध्य का सामीप्य लाभ करता है।

6. ज्ञान के परिपाक और भक्ति के विकास में कोई तात्त्विक अन्तर नहीं है।

कहना न होगा कि कबीर की भक्ति में उपर्युक्त सभी विशेषताएँ प्राप्त होती हैं। उन्होंने ज्ञान की आँधी में सभी प्रकार के भ्रम तथा माया, मोह, तृष्णा तथा दुर्बुद्धि आदि के नष्ट होने पर ही ईश्वरीय प्रेम की वर्षा से हरि-भक्त के पूर्ण सिक्त होने की बात कही है–

सन्तो भाई आई ग्यान की आँधी रे।
भ्रम की टाटी सबै उड़ानी माया रहै न बाँधी रे।।

*　　　*　　　*

आँधी पीछे जो जल बूठा, प्रेम हरि जन भीना।
कहै कबीर भाव के प्रगटें, उदित भया तम बीना।।[1]

उन्होंने निष्काम भक्ति को महत्त्व दिया है–

जब लगि भगति सकामना तब लगि निस्फल सेव।
कहै कबीर वे क्यूं मिलै निहकामी निज देव।।[2]

भक्ति के क्षेत्र में गुरु-निष्ठा, संयम एवं मानसिक दृढ़ता को कबीर ने अनिवार्य माना है। वे अच्छी तरह जानते हैं कि मन की चंचलता समाप्त कर उसे उन्मनी अवस्था तक पहुँचाने में गुरु के मर्मभेदी शब्द-बाण ही मूल कारण हैं।[3] गुरु के महत्त्व का प्रतिपादन करते हुए वे उसे गोविन्द के समकक्ष स्थापित करते हैं।[4] भक्त के संयम और मानसिक स्थिरता को उन्होंने सती की मानसिक दृढ़ता से उपमित किया है। उन्होंने बार-बार मन के विकारों को समूल नष्ट करने की बात कही है और हरि का भक्त होने के लिए काम, क्रोध एवं लोभ को त्यागना आवश्यक माना है।[5] उनकी दृष्टि में हृदय में हरि के प्रति प्रेम का प्रकाशित होना मानो जगत् में योग विभूति का जगना और संशय का नष्ट होना (ज्ञानोदय होना) एक साथ चेतना के एक स्तर पर सम्भव है।[6] इस प्रकार कबीर की भक्ति-साधना तत्त्वतः कश्मीर के शैवमत में मान्य भक्ति-पद्धति से

1. कबीर ग्रन्थावली, पद 16, पृ. 93
2. कबीर ग्रन्थावली, साखी 10, पृ. 36
3. हँसै न बोलै उनमनी चंचल मेल्ह्या मारि।
   कहै कबीर भीतरि मिघा, सतगुरु कै हथयार।। —तदैव, साखी 9, पृ. 2
4. गुरु गोविन्द तौ एक है, दूजा यहु आकार। —तदैव, साखी 26, पृ. 3
5. तेरा जब एक आध है कोई। काम क्रोध अरु लोभ बिवर्जित, हरिपद चीन्हैं सोई।।
   —कबीर ग्रन्थावली (माताप्रसाद गुप्त), पद 31, पृ. 256
6. कबीर पंजरि प्रेम प्रकाशिया जागा जोग अनंत।
   संसा खुश सुख भया, मिल्या पियारा कंत।। —तदैव, साखी 13, पृ. 25

प्रभावित मानी जा सकती है। वस्तुतः यह प्रभाव रामानन्द की भक्ति साधना पर भी लक्षित किया जा सकता है। रामानन्द की हिन्दी रचनाओं को देखने से यह प्रतीत होता है कि वे भी निर्गुण राम की उपासना के महत्त्व को स्वीकार करते थे। उनका कहना है कि–

राम नैनो में रम रहे, मरम न जाने कोई।
जिसके मिलिया सतगुरु ताके, पूरा मरहम होई।।

उपर्युक्त पंक्तियाँ रामानन्द रचित 'योग चिन्तामणि' से उद्धृत की गयी हैं। यहाँ नैनों में रमनेवाला राम, जिसका मर्म कोई नहीं जानता, निश्चय ही निर्गुण राम ही है। बहुत सम्भव है महाराष्ट्र सन्तों की तरह स्वयं रामानन्द भी कश्मीर शैवमत से प्रभावित रहे हों या उन्होंने अपने समय में प्रचलित तान्त्रिक साधना के प्रभाव को ग्रहण कर लिया हो। वस्तुतः रामानन्द का समय भारतीय धार्मिक साधना के विकास का वह केन्द्र-बिन्दु है, जहाँ तन्त्र और योग का अवसान और निर्गुण एवं सगुण भक्तिधाराओं का उद्गम एक साथ लक्षित किये जा सकते हैं। ऐसी स्थिति में निर्गुण भक्ति में तन्त्र-साधना के तत्त्वों का अन्तर्भाव स्वाभाविक है। यह ध्यान देने की बात है कि कबीर ने जिस निर्गुण राम के मर्म को प्रकट करना चाहा है उसकी व्याख्या अभिनवगुप्त ने बहुत पहले ही 'तन्त्रालोक' में कर दी थी। उनके अनुसार "जड़ व अजड़ विश्व वैचित्र्य द्वारा क्रीड़ा करनेवाला तत्त्व राम है।" स्पष्ट ही राम से परमशिव या परमब्रह्म का तात्पर्य ग्रहण किया गया है। प्राण व अपान अथवा भाव व अभाव इन दोनों अवस्थाओं को छोड़कर 'मध्यदेशस्थ' होने से ही (सुषुम्ना मार्ग द्वारा) साधक रामस्थ होता है। यही स्थिति कबीर के 'राम' की है।"[1]

निष्कर्ष रूप से कहा जा सकता है कि निर्गुण ब्रह्म एवं सगुण ब्रह्म दोनों की उपासना की परम्परा भारतीय साधना-मार्ग में विहित है। निर्गुण तत्त्व की उपासना चाहे तर्क और मनोविज्ञानसम्मत न हो किन्तु कश्मीर एवं तमिल शैवों तथा कर्नाटक के वीरशैवों एवं महाराष्ट्र सन्तों में स्वीकृत होने के कारण उसकी एक सशक्त परम्परा लक्षित की जा सकती है। कबीर इस परम्परा के एक श्रेष्ठ साधक हैं।

उपसंहार :

कबीर की भक्ति यदि उच्चतम आध्यात्मिक स्थिति में भक्त को द्वन्द्वातीत मनोभूमि में ले जाकर हरि रूप बना देती है तो सामान्य व्यावहारिक क्षेत्र में उसे एक सहज नैतिक जीवन व्यतीत करने की प्रेरणा भी देती है। कबीर की दृष्टि में भक्त को अहंकाररहित और सांसारिक विषयों से उदासीन होना चाहिए। उसे बाह्याडम्बर पर ध्यान नहीं देना चाहिए। उसकी कथनी और करनी एक होनी चाहिए। उसे सभी जीवों के प्रति समान व्यवहार करनेवाला एवं उदार होना चाहिए। उसे सांसारिक वैभव-विलास से अनासक्त एवं आस्थावान् होना चाहिए। उसे तत्त्वदर्शी और नीर-क्षीर-विवेकी होना चाहिए। उसे जाति-पाँति, धनी, दरिद्र, ऊँच-नीच, स्पृश्य-अस्पृश्य के भेद-भाव को मिथ्या एवं निस्सार मानकर सबके समान समझना चाहिए।

---

1. सन्त वैष्णव काव्य पर तान्त्रिक प्रभाव, पृ. 223

उसे निर्भय, निश्शंक और निष्कपट होना चाहिए। कबीर की दृष्टि में संसार में केवल दो प्रकार के लोग हैं—भक्त और अभक्त। अभक्तों से डरना चाहिए। किसी केन्द्रीय निष्ठा से अनुशासित न होने के कारण ये कुछ भी कर सकते हैं। भक्त भगवान् के प्रति पूर्णतः समर्पित होता है। उसमें सती की दृढ़ता, शूर का उत्साह, चन्दन की शीतलता, हंस का विवेक और मृग की समर्पणशीलता होती है। ऐसे ही निर्मल चित्त सन्त को हरि का दीदार प्राप्त हो सकता था। कबीर अच्छी तरह जानते थे कि हरि तक पहुँचने का मार्ग लम्बा है। उनका निवास दूर है। उनका रास्ता विकट है। पथ में अनेक बाधाएँ हैं। किन्तु यात्रा तो करनी ही है।

●

रहस्यानुभूति के विविध आयाम और कबीर

मध्यकालीन सन्तों और भक्तों की परम्परा में कबीरदास एक शास्त्रीय तत्त्वज्ञान एवं वर्ण-आश्रम-व्यवस्था विरोधी निष्पक्ष और निर्भय भक्त के रूप में प्रसिद्ध रहे हैं। पाश्चात्य अध्येताओं—एच.एच. विल्सन से लेकर जार्ज ग्रियर्सन तक—की दृष्टि में कबीरदास मुख्यतः एक एकेश्वरवादी, समाज-सुधारक, भक्त के रूप में मान्य रहे हैं। कबीर के रहस्यवादी कवि-व्यक्तित्व की ओर सबसे पहले कवीन्द्र रवीन्द्र का ध्यान आकृष्ट हुआ था। सन् 1910-11 में आचार्य क्षितिमोहन सेन ने लिखित और मौखिक दोनों ही परम्पराओं का आधार लेकर कबीर-वाणी का एक वृहत् संग्रह प्रकाशित किया था। सन् 1915 में विश्वकवि रवीन्द्रनाथ टैगोर ने इसमें से चुनकर सौ कविताओं का एक संग्रह 'वन हण्ड्रेड पोयम्स ऑफ कबीर' नाम से प्रकाशित किया। कबीर के पदों का यह सुन्दर अंग्रेजी अनुवाद अत्यन्त लोकप्रिय हुआ। इससे 'कबीर' को अन्तराष्ट्रीय ख्याति प्राप्त हुई। कुमारी इवेलिन अण्डरहिल (Evelyn Underhill) ने इस संग्रह की भूमिका लिखी थी। उन्होंने कबीर के महान् धर्म-सुधारक व्यक्तित्व को स्वीकारते हुए भी उनके रहस्यवादी कवि-व्यक्तित्व को सर्वाधिक महत्त्व प्रदान किया था।[1] उन्होंने कबीर के पदों को उदाहृत करते हुए स्पष्ट किया कि कबीर में एक सच्चे रहस्यवादी कवि में लक्षित होनेवाली सभी भाव-दशाएँ—नैराश्य, आकुल-समर्पण, सौन्दर्यानुभूतिजनित-आह्लाद, समाधिदशा का आनन्द, दिव्यज्योति-दर्शन के क्षण, अद्वैतभावापन्नता के चरम क्षणों की अनुभूति प्राप्त होती है।[2] इसके बाद हिन्दी-आलोचना के क्षेत्र में कबीर के रहस्यवाद पर विचार करने की परम्परा चल पड़ी और आचार्य शुक्ल (जायसी ग्रन्थावली की भूमिका, 1924 ई.), बाबू श्यामसुन्दर दास (कबीर ग्रन्थावली, 1928 ई.) और डॉ. रामकुमार वर्मा (कबीर का रहस्यवाद, 1930 ई.) आदि ने कबीर के रहस्यवाद पर अपने विचार व्यक्त किये। बाबू श्यामसुन्दर दास और रामकुमार वर्मा ने कबीर को एक सच्चे रहस्यवादी कवि के रूप में देखा किन्तु आचार्य रामचन्द्र शुक्ल को कबीर का 'रहस्यवाद' एक भावुक कवि का रहस्यवाद प्रतीत नहीं हुआ। उन्होंने कहा—"कबीर में वाक्चातुर्य था, प्रतिभा थी, पर प्रकृति के प्रसार में भगवान् की कला का दर्शन करनेवाली भावुकता न थी। इससे रहस्यमयी परोक्ष सत्ता की ओर संकेत करने के लिए जिन दृश्यों को वे सामने करते हैं वे अधिकतर वेदान्त और हठयोग की बातों के खड़े किये हुए रूपक मात्र होते हैं। अतः कबीर में जो कुछ 'रहस्यवाद' है वह सर्वत्र एक भावुक या कवि का रहस्यवाद नही हैं।"[3] आचार्य हजारीप्रसाद द्विवेदी ने अपनी प्रसिद्ध

1. *वन हण्ड्रेड पोयम्स ऑफ कबीर*, भूमिका, पृ. 2
2. *तदैव*, भूमिका, पृ. 16
3. *जायसी ग्रन्थावली*, भूमिका, पृ. 164

पुस्तक 'कबीर' (संवत् 1998) में कबीर को मूलतः एक 'भक्त' स्वीकार किया है किन्तु यह भी कहा है—"वाणी द्वारा उन्होंने उस निगूढ़ अनुभवैकगम्य तत्त्व की ओर इशारा किया है, उसे 'ध्वनित' किया है। ऐसा करने के लिए उन्हें भाषा के द्वारा रूप खड़ा करना पड़ा है और अरूप को रूप के द्वारा अभिव्यक्त करने की साधना करनी पड़ी है। काव्यशास्त्र के आचार्य इसे ही कवि की सबसे बड़ी शक्ति बताते हैं। रूप के द्वारा अरूप की व्यंजना, कथन के जरिये अकथ्य का ध्वनन, काव्य-शक्ति का चरम निदर्शन नहीं तो क्या है।"[1] कहना न होगा कि रूप के द्वारा अरूप की व्यंजना एक सच्चा रहस्यवादी कवि ही कर सकता है। वस्तुतः कबीर को मूलतः भक्त मानते हुए भी आचार्य द्विवेदी ने "रूप और अरूप, सीमा और असीम" शीर्षक अध्याय में कबीर के रहस्यवादी व्यक्तित्व का ही विश्लेषण किया है। कबीर के असीम प्रियतम के प्रति अनन्य प्रेम की व्याख्या करते हुए वे कहते हैं—"कबीरदास का यह असीम प्रियतम का प्रेम साधना के साहित्य में अपूर्व है। हद्द के जीव वेहद्द के प्रिय से मिलन में एक ऐसा अलौकिक रस है जो अनुभव द्वारा ही जाना जा सकता है। असीम की सीमा के लिए व्याकुलता का प्रमाण यह सारा विश्व है। अगर असीम अपने-आप में ही सन्तुष्ट होता तो यह सीमा का सर्जन निरर्थक है। भक्त कबीर ने इस इतने बड़े विश्व-व्यापार को निरर्थक नहीं समझा। उन्होंने उसे इस असीम प्रियतम की लीला का उन्मेषयिता माना है। सीमा मानो उस असीम की ओर उठी हुई उँगली है। वह असीम का पथ बताती है पर स्वयं उसी को असीम नहीं माना जा सकता। इसीलिए प्रेम तो असीम का ही ठीक है सीमा के प्रति आसक्त जीव उस पीव को नहीं पा सकता।"[2] कबीर ने बार-बार 'अव्यक्त' 'अगोचर' और 'असीम' प्रियतम से मिलने और एकमेक होने की बात कही है। उन्होंने इस व्यक्त जगत् को हद्द का मैदान कहा है और परम प्रियतम के लोक को 'बेहद्दी मैदान' बताया है। इस 'बेहद्दी मैदान' में जाने पर कबीर को परम शान्ति का अनुभव होता है—हद्द छाँडि बेहद गया, रहा निरन्तर होय। बेहद के मैदान में रहा कबीरा सोय।।[3]

कबीर की इस रहस्यानुभूति की तुलना कवीन्द्र रवीन्द्र से करते हुए आचार्य द्विवेदी ने कहा है कि—"कविवर रवीन्द्रनाथ अपनी 'सब पा लिया है कि देश' वाली कविता में उल्लसित भाव से कहते हैं—"आहा, इस 'सब पा लिया है के देश' के रास्ते में ठेलमठेल और धक्का-मुक्की नहीं है और बाजार में यहाँ शोरगुल नहीं है। अरे ओ कवि, यहीं तू अपनी कुटी बना ले। रास्ते की धूल यहीं झाड़ दे, बोझा उतार दे, अपने सितार के तार ठीक कर ले और अपनी सारी खोज यहीं बन्द कर दे (क्योंकि तू अब अपने गन्तव्य पर पहुँच चुका है)"[4] कविवर रवीन्द्रनाथ का 'सब पा लिया है का देश' और कबीर का 'बेहद्दी मैदान' अनुभूति के स्तर पर एक ही हैं। अनुभूति साम्य के कारण ही रहस्यवादी रवीन्द्र को 'कबीर' की वाणी ने आकृष्ट किया था। कबीर और रवीन्द्र दोनों ही प्रेम-धर्मा रहस्यवादी कवि हैं। आचार्य द्विवेदी के 'कबीर' का 'भक्त', 'कवि'

1. *कबीर,* हजारीप्रसाद द्विवेदी, पृ. 220
2. *तदैव,* पृ. 213
3. *तदैव,* पृ. 213 पर उद्धृत
4. तदैव, पृ 213

और 'रहस्यवादी' व्यक्तित्व संश्लिष्ट है। रहस्यानुभूति के चरम क्षणों में ही भक्त कबीर असीम सत्ता से मिलकर एकमेक हुआ था और उसने उसे अकथ्य अनुभूति को वाणी के माध्यम से व्यक्त करके अपनी काव्य-शक्ति का निदर्शन किया था। तात्पर्य यह कि आचार्य द्विवेदी ने कबीर के जिस भक्त-रूप को केन्द्र में रखा है, वही उनका रहस्यवादी कवि-रूप भी है। 'कबीर' के इस रूप को समझने और इसे केन्द्र में रखने के कारण उनके व्यक्तित्व में लक्षित होनेवाले अन्तर्विरोधों को स्पष्ट करने के लिए रहस्यवाद के स्वरूप पर थोड़े विस्तार से विचार करना होगा।

रहस्यवाद का स्वरूप :

कबीर निस्सन्देह एक आस्तिक भक्त और विचारक थे। परमतत्त्व के निर्गुण निराकार तर्कातीत स्वरूप को महत्त्व देनेवाला कोई भी भक्त निश्चय ही रहस्यवादी होगा। 'रहस्यवाद' कोई दार्शनिक सिद्धान्त नहीं है। वह एक 'मनोदशा' या भावनामात्र है। मानवीय चेतना के विकास-क्रम में यह तथ्य बराबर लक्षित किया गया है कि जो कुछ प्रत्यक्ष दिखायी पड़ता है, जो इन्द्रियगोचर है या जो बुद्धिगम्य एवं तर्क्य है, उससे ही सन्तुष्ट न होकर मनुष्य अव्यक्त, अगोचर, अतर्क्य और अगम्य के प्रति भी जिज्ञासु होता है। उसके अस्तित्व को स्वीकार करता है। उसे प्रेरणा-स्रोत के रूप में देखता है। उससे व्यक्तिगत रागात्मक सम्बन्ध स्थापित करता है और अन्ततः उससे एकात्मभाव या अद्वैतता चाहता है। 'रहस्यवाद' शब्द का प्रयोग चाहे जितना नया हो, रहस्यमयी सत्ता की प्रतीति और उसे मानवीय अनुभव-परिधि में लाकर उसके मधुरतम व्यक्तित्व की कल्पना तथा उससे आत्मिक सम्बन्ध स्थापना की प्रवृत्ति विश्व के सभी धर्मों में किसी-न-किसी रूप में पायी जाती है। 'रहस्यवाद' को अनेक विद्वानों ने अपने-अपने ढंग से समझाने की चेष्टा की है। प्रोफेसर रानाडे के अनुसार "रहस्यवाद एक मनोदशा है, जिसमें हमें ईश्वर का सीधा, अव्यवहित, स्पष्ट एवं प्रत्यक्ष प्रातिभज्ञान हो जाता है।"[1] 'जी. एफ.ई. स्पर्जन के अनुसार "वस्तुतः 'रहस्यवाद' कोई दार्शनिक पद्धति या कोई सिद्धान्त न होकर एक प्रवृत्ति या एक मानसिक वातावरण है।"[2] डॉ. महेन्द्रनाथ सरकार के अनुसार "रहस्यवाद सत्य और वास्तविकता को समझने की एक पद्धति है जिसे हम निषेधात्मक रूप में कहना चाहें तो तर्करहित (प्रातिभ) पद्धति कह सकते है।"[3] डॉ. दासगुप्त ने रहस्यवाद की व्याख्या व्यापक दृष्टि से की है। उन्होंने सभी सच्चे धर्मों के मूल में इसकी स्थिति लक्षित की है। उनके अनुसार "रहस्यवाद कोई बौद्धिक सिद्धान्त नहीं है। अपने आधारभूत रूप में यह एक सक्रिय, रचनात्मक, उन्नयनकारी और उदात्त जीवन-दर्शन है। रहस्यवाद का अर्थ है—"जीवन के लक्ष्यों और समस्याओं का आध्यात्मिक समाधान, एक ऐसा समाधान जो बौद्धिक समाधान से अधिक सत्य और आत्यन्तिक है। विकासोन्मुख रहस्यवादी जीवन का

1. 'Mysticism denotes that attitude of mind which involves a direct, immediate, first-hand, intutive apprehension of God."–*Mysticism in Maharastra,* (Poona, 1939).
2. "Mysticism is in truth, a temper rather than a doctrine, an atmosphere rather than a system of Philosophy." —रहस्यवाद, परशुराम चतुर्वेदी, पृ. 16 पर उद्धृत
3. "Mysticism is an approach to Truth and Reality, which can be negatively indicated as non-logical." –*Mysticism in Bhagavad Gita,* Preface, p.I.

अर्थ है आध्यात्मिक मूल्यों, अनुभूतियों और आदर्शों की ओर क्रमशः बढ़ते जाना। इस प्रकार अपनी पूर्णता में रहस्यवाद बहुआयामी है और उतना ही समृद्ध और पूर्ण है जितना स्वयं मानव-जीवन। इस दृष्टि से यह सभी धर्मों का आधारभूत तत्त्व है।"[1] वस्तुतः मानव-चेतना, भावना, विचार और क्रिया-इन तीनों रूपों में व्यक्त होती है। इसलिए प्रायः प्रत्येक धर्म-विधान में भावमूलक प्रतीतियों, बौद्धिक विचारात्मक सिद्धान्तों तथा औपचारिक कार्यकलापों की स्थिति एक साथ देखी जा सकती है। इनमें 'रहस्यवाद' का सम्बन्ध भावमूलक प्रतीतियों एवं विश्वासों तक ही सीमित होता है। धर्म के क्षेत्र में रहस्यवाद कोरी बौद्धिकता और औपचारिक कर्मकाण्ड दोनों पर नियन्त्रण स्थापित करके अपनी सार्थकता प्रमाणित करता है।[2] तात्पर्य यह कि जब तक परोक्ष सत्ता का अस्तित्व मान्य होगा जब तक जीवन के रहस्यों को प्रातिभ ज्ञान के बल पर सुलझाने का प्रयत्न चलता रहेगा। जब तक मनुष्य रहस्यमयी सत्ता के मोहक व्यक्तित्व पर रीझकर उससे एकात्मभाव स्थापित करने का प्रयत्न करता रहेगा। जब तक "मानव आत्मा में दिव्य एवं अलौकिक शक्ति (परमात्मा) से शान्त और निश्छल सम्बन्ध स्थापित करने की प्रवृत्ति" अन्तर्निहित रहेगी,[3] अर्थात् जब तक आध्यात्मिक चेतना विद्यमान रहेगी तब तक 'रहस्यवाद' का अस्तित्व किसी-न-किसी रूप में बना रहेगा।

'रहस्यवाद' के नये और पुराने दोनों ही रूपों का हिन्दी-आलोचकों में सबसे प्रबल और तर्कपूर्ण विरोध आचार्य शुक्ल ने किया। हम देख चुके हैं कि 'रहस्यवाद' मूलतः एक मानसिक वातावरण है। जीवन की समस्याओं को सुलझाने का एक आध्यात्मिक प्रयत्न है। उसका आधार प्रातिभ या स्वसंवेद्य-ज्ञान है। वह तर्क और बौद्धिक विश्लेषण में विश्वास नहीं करता। वह विश्वास और मानसिक प्रतीति पर आधृत है। आचार्य शुक्ल एक मनोवैज्ञानिक एवं बुद्धिवादी विचारक की हैसियत से उस पर आक्रमण करते हैं। वे अव्यक्त, अगोचर और अज्ञात सत्ता के प्रति जिज्ञासा-वृत्ति का होना तो स्वीकार करते हैं किन्तु उसके प्रति 'लालसा', या 'प्रेम का होना स्वीकार नहीं करते। वे कहते हैं "अतः तत्त्वदृष्टि से, मनोविज्ञान की दृष्टि

---

1. 'Mysticism is not an intellectual theory: it is fundamentally an active, formative, creative and ennobling principle of life.....Mysticism means a spiritual grasp of the aims and problems of life in a much more real and ultimate manner than is possible to mere reason. A developing life of mysticism means a gradual ascent in the scale of spiritual values, experience and spiritual ideals. As such it is manysided in its developoment and as rich and complete as life itself. Regarded from this point of view, mysticism is the basis of all religion-particularly of religion as it appears in the lives of truly religious men". —रहस्यवाद, परशुराम चतुर्वेदी, पृ. 24 पर उद्धृत
2. "The mystic craves for immediate contact with Divine Reality through the intiutions and emotions of the heart. But valuable as mysticism is as a protest against barren intellectualism on the one hand and ritualistic formalism on the other, the pure mystical state is without form or content."

   –*The philosophy of Religion, p. 82*
3. *'कबीर का रहस्यवाद'*, डॉ. रामकुमार वर्मा, ग्यारहवाँ संस्करण (1972), पृ. 34

से, साहित्य की दृष्टि से अज्ञात की लालसा कोई भाव ही नहीं है। यह केवल 'ज्ञात की लालसा' है जो भाषा की छिपानेवाली वृत्ति के सहारे 'अज्ञात की लालसा' कही जाती है।''[1] आचार्य शुक्ल के अनुसार सबसे पहले सूफियों ने अपने सुख-सौन्दर्य की भावना को पूर्णता पर पहुँचाने के लिए परोक्ष और अव्यक्त सत्ता के प्रति-भाव व्यक्त किया किन्तु उनकी अभिव्यक्ति इसलिए अस्वाभाविक नहीं प्रतीत होती कि उन्होंने गोचर जगत् के सौन्दर्य को परमात्मा का प्रतिबिम्ब मानकर उसके माध्यम से अपनी सौन्दर्य एवं प्रेम-भावना को अव्यक्त और अगोचर के प्रति व्यक्त किया। वे कहते हैं—''सूफी कविता इस मृत काया के बीच में ही इस दृश्य-जगत् के भीतर ही—उस प्रियतम की झलक देखने-दिखाने में प्रवृत्त रही है। अव्यक्त के क्षेत्र में सौन्दर्य का अनन्त सागर, आनन्द की अपरिमित राशि, प्रेम-वासना की असीम तृप्ति का विवरण देने बहुत ही कम गयी है।''[2] इसीलिए आचार्य शुक्ल ने जायसी के 'रहस्यवाद' को 'रमणीय और सुन्दर अद्वैतीरहस्यवाद' कहा है। आचार्य शुक्ल योगियों में भी 'रहस्यवाद' की स्थिति लक्षित करते हैं और उनके 'रहस्यवाद' को 'साधनात्मक' मानते हैं। योगियों से प्रभावित होने के कारण ही वे 'कबीर' के 'रहस्यवाद' को भी 'साधनात्मक' कोटि का ही मानते हैं। जायसी के 'रहस्यवाद' का विवेचन करते हुए उन्होंने 'रहस्यवाद' के दो भेद किये हैं—साधनात्मक रहस्यवाद और भावात्मक रहस्यवाद। उनकी दृष्टि में भारतीय योगमार्ग साधनात्मक 'रहस्यवाद' है क्योंकि यह अनेक अप्राकृत और जटिल अभ्यासों द्वारा मन के अव्यक्त तथ्यों का साक्षात्कार कराने तथा साधक को अनेक अलौकिक सिद्धियाँ प्राप्त कराने की आशा देता है।[3] योग-साधना से सम्बद्ध होने के कारण ही आचार्य शुक्ल ने कबीर के 'रहस्यवाद' को साधनात्मक रहस्यवाद माना है। वस्तुतः आचार्य शुक्ल का यह वर्गीकरण बहुत उचित नहीं है। कबीर में साधनात्मक रहस्यवाद के साथ ही भावात्मक रहस्यवाद की स्थिति भी लक्षित होती है। वे परमसत्ता का साक्षात्कार चित्तवृत्ति को अन्तर्मुख करके मात्र हठयोगी के रूप में ही नहीं करते वरन् उसके गुणों पर रीझकर भावात्मक मनोदशा में भी उससे रागात्मक सम्बद्ध स्थापित करते हैं। वे कहते हैं—

'कबीर' प्रीतड़ी तौ तुझ सौं, बहु गुणियाले कंत।
जे हँसि बोली और सूँ, तौ नील रँगाऊँ दंत।।[4]

इसके अतिरिक्त विचारपूर्वक देखा जाय तो भावात्मक रहस्यवाद भी एकनिष्ठ होने के कारण एक प्रकार की मानसिक साधना ही है। अतः साधनात्मक और भावात्मक रहस्यवाद का भेद किसी तात्त्विक आधार पर नही प्रतीत होता है। इसी प्रकार कुछ विद्वानों ने (1) दार्शनिक रहस्यवाद (Philosophical mysticism), (2) प्रेममूलक रहस्यवाद (Love mysticism), (3) सौन्दर्यमूलक रहस्यवाद (Beauty mysticism), (4) भक्तिमूलक रहस्यवाद

---

1. *चिन्तामणि,* भाग 2, पृ. 78
2. *चिन्तामणि,* भाग-2, पृ. 79
3. *जायसी ग्रंथावली,* भूमिका, पृ. 159
4. *कबीर ग्रन्थावली,* डॉ. माताप्रसाद गुप्त, पृ. 35, साखी-1

(Devotional mysticism), (5) प्रकृति सम्बन्धी रहस्यवाद (Nature mysticism) आदि 'रहस्यवाद' के कई प्रकारों का उल्लेख किया है। यह वर्गीकरण रहस्यानुभूति की अभिव्यक्ति के माध्यमों एवं रहस्य-साधक की मनोदशाओं को दृष्टि में रखकर किया गया है। रहस्यवादी कभी तो प्रकृति के क्रिया-कलापों में रहस्यमयी सत्ता का आभास पाता है और इस प्रकार प्रकृति के व्यक्त सौन्दर्य में उसे एक अलौकिक परोक्ष सौन्दर्य लक्षित होता है। कभी वह मानवीय प्रेम और सौन्दर्य में अलौकिक प्रेम की झलक पाता है। कभी वह एक दार्शनिक की मुद्रा में परोक्ष सत्ता के स्वरूप की चर्चा करता है। कभी उसके प्रति श्रद्धा एवं निष्ठापूर्वक अपनी भावनाएँ अर्पित करता हुआ सच्चे भक्त की भूमिका में दिखायी पड़ता है। अतः इन स्थितियों, माध्यमों तथा मनोदशाओं के आधार पर भी 'रहस्यवाद' के भेद करना बहुत उचित नहीं प्रतीत होता। जब रहस्यानुभूति एक ऐसी मनःस्थिति है, जिसमें हम परोक्ष रहस्यमयी सत्ता का प्रातिभज्ञान प्राप्त करते हैं तो इस मनःस्थिति में जितनी भी प्रकार की अनुभूतियाँ होंगी वे सभी 'रहस्यानुभूति' के अन्तर्गत ही आयेंगी क्योंकि प्रत्येक अनुभूति में अन्ततः परोक्ष के स्वरूप की ही झलक मिलती है, चाहे माध्यम प्रकृति हो या मानवीय जीवन। रहस्य-साधक की मुद्रा चाहे भक्त की हो या दार्शनिक की। इस मनोदशा में उसकी प्रातिभ-चेतना ही क्रियाशील होती है। वह कहीं भी तर्क या बौद्धिक विश्लेषण का सहारा नहीं लेता।

अन्तर्यात्रा :

रहस्यवादी साधक जिस क्षण परोक्ष सत्ता के अस्तित्व को स्वीकार कर उससे सम्बन्ध स्थापित करने के लिए उसके प्रति उन्मुख होता है, उसी क्षण उसमें एक प्रकार की 'आध्यात्मिक जागरण' की स्थिति परिलक्षित होने लगती है। यह उन्मुखता कभी गुरु-प्रदत्त ज्ञान से, कभी भौतिक जगत् की किसी महत्त्वपूर्ण घटना के प्रभाव से, और कभी सहसा संस्कारों के जगने से, सम्भव होती है। इस अध्यात्मिक जागरण की स्थिति से लेकर परोक्ष सत्ता से पूर्ण एकात्मभाव स्थापित करने की स्थिति तक, साधक अनेक मानसिक स्थितियों से गुजरता है। रहस्य-साधना के अध्येताओं ने इन मानसिक स्थितियों को लक्षित करते हुए इन्हें क्रमशः 'जागरण की स्थिति' (State of Awakening), 'आत्मशुद्धि की स्थिति' (State of Purification), 'प्रकाशानुभव की स्थिति' (State of Illumination), 'आत्म-संघर्ष एवं विघ्न-बाधाओं की स्थिति' (State of Darknight) और पूर्ण ऐक्य की स्थिति (Unitive State) के रूप में स्वीकार किया है। 'आध्यात्मिक जागरण' प्रथम स्थिति है। इसके बाद साधक अपने को शुद्ध और परिष्कृत करता है। साधकों द्वारा अपनायी जानेवाली सारी विधि-निषेधमूलक शारीरिक एवं मानसिक साधनाएँ आत्म-परिष्कार के लिए ही मान्य हैं। आत्मा के शुद्ध होने पर परोक्ष सत्ता के प्रकाश का अनुभव होने लगता है। इस प्रकाशानुभव के बाद भी एक बार पुनः वासनाएँ साधक के मन को अभिभूत करके अनेक विघ्न उपस्थित करती हैं। इस स्थिति (विघ्न की स्थिति) को पार करने के बाद साधक परोक्ष सत्ता से एकात्मक भाव स्थापित करने में समर्थ हो जाता है। इन स्थितियों को पाँच अन्य रूपों में भी वलक्षित किया गया है। कुमारी अण्डरहिल के अनुसार ये स्थितियाँ क्रमशः (1) परिवर्तन (Conversion), (2) आत्म-ज्ञान (Self-Knowledge), (3) उद्भासन (Illumination), (4) आत्मसमर्पण (Surrender) और (5) संयोग (Union) के रूप में मान्य हो सकती हैं। परिवर्तन से तात्पर्य है—लोकोन्मुख चित्त का सहसा ईश्वरोन्मुख होना। यह भी एक प्रकार का जागरण ही है। 'आत्मज्ञान' का अर्थ है अपने स्वरूप का बोध। यह बोध होने पर ही साधक अपने मार्ग की कठिनाइयों को समझता और उन पर जय प्राप्त करने के लिए अपने को परिष्कृत करता है। इसलिए इसे शुद्धीकरण (Purgation) भी कहा जा सकता है। 'उद्भासन' तो ईश्वरीय प्रकाश का अनुभव ही है। इस स्थिति में ईश्वर की ज्योति का आभास होने लगता है। इस आभास के बाद साधक अपने को ईश्वर से विविक्त (Desolated) अनुभव करता है और उनके प्रति समर्पित हो जाता है। इस समर्पण (Surrender) के बाद ही वह संयोग (Union) की स्थिति का अनुभव करता है। स्पष्ट है कि ये पाँच स्थितियाँ भी पूर्वकथित स्थितियों से भिन्न नहीं हैं। इन दोनों का सामंजस्य इस रूप में किया जा सकता है कि विघ्नों को देखकर ही साधक अपने अहं का विसर्जन करके परोक्ष सत्ता के प्रति पूर्ण समर्पण करता होगा। अतः यह दोनों स्थितियाँ लगभग साथ ही आती होंगी। वस्तुतः ईश्वरोन्मुख होने की स्थिति से लेकर परोक्ष सत्ता से पूर्ण संयोग होने की स्थिति तक, साधक का मन जिन स्थितियों से होकर क्रमशः चेतना के विभिन्न पटलों को पार करता हुआ परमतत्त्व (शुद्ध चेतना) के साथ एकात्मक होता होगा, उसका पूरा लेखा-जोखा सम्भव नहीं है। यह साधक की अन्तर्यात्रा होती है। जिन स्थितियों को अध्येताओं ने लक्षित किया है, वे सामान्यतः रहस्य-साधकों की जीवन-पद्धति के अध्ययन के आधार पर निर्धारित कर ली गयी हैं। अतः इनकी संख्या अधिक भी हो सकती है। अन्तर्मुखी साधना का वस्तुनिष्ठ (Objective) विवेचन सम्भव नहीं है।

कबीर एक सच्चे रहस्य-साधक :

इसमें सन्देह नहीं है कि 'रहस्यवाद' के स्वरूप को दृष्टि में रखकर विचार करने पर कबीरदास एक सच्चे रहस्य-साधक मान्य हो सकते हैं। वे प्रत्यक्ष संसार से परे रहस्यमयी परमसत्ता के प्रति पूर्ण आस्था व्यक्त करते हैं। उस सत्ता का स्वरूप चाहे जैसा हो, उसे चाहे जो भी नाम दिया जाय, किन्तु उसके अस्तित्व पर सन्देह नहीं किया जा सकता। कबीरदास ने कहा है कि "जो न जन्म लेता है, न मरता है, न संकट (भौतिक दुःख) में आता है, जो अविनाशी है, सन्त उसी का यशोगान करते हैं।"[1] कहीं वे कहते हैं कि प्रभु जैसे हो ठीक उसी रूप में तुम्हें कोई नहीं जनता। लोग तुम्हारे स्वरूप से अपरिचित होने के कारण कुछ और ही कहा करते हैं।[2] वे यह भी कहते हैं कि अपरम्पार के अनेक नाम है। 'विष्णु', 'कृष्ण', 'गोविन्द', 'राम', 'करीम', 'गोरख' तथा 'महादेव'—सब उसी के नाम हैं, जो इन अनन्त नामों से अभिहित किया जाता है, वही भगवान् है।[3] वे यह भी जानते हैं कि उस एक भगवान् राम

---

1. जामैं मरै न संकुटि आवै, नाँव निरंजन जाकौ। अविनासी उपजै नहिं बिनसै, सन्त सुजस कहै ताको।।

—कबीर ग्रन्थावली, माताप्रसाद गुप्त, पृ. 174

2. जस तूं तस तोहिं कोई न जांन। लोग कहैं सब आंनहिं आंन।।

—कबीर ग्रन्थावली, माताप्रसाद गुप्त, पृ. 173

3. अपरंपार का नाउ अनंत। कहै कबीर सोई भगवंत।

—तदैव पृ. 340

के बिना यह सारा संसार कुहरे का धुन्ध है।[1] इसी 'राम' के प्रति वे पूर्ण विश्वास रखते हैं।[2] उन्होंने यह कहीं नही कहा है कि संसार के मूल में कोई सत्ता है ही नहीं। कबीर के आस्तिक-भाव ने ही उनके स्वर को प्रखर किया है, उनकी वाणी को बल दिया है और उन्हें अकेले सारे संसार का विरोध करने की शक्ति प्रदान की है। ईश्वर के स्वरूप का जो बोध उन्हें था वह तर्क एवं बौद्धिक विश्लेषण का परिणाम न होकर प्रतीतिमूलक एवं प्रातिभ ही था। इसलिए कबीर की जीवन-दृष्टि मूलतः एक 'रहस्यवादी' की ही जीवन-दृष्टि है।

यदि ध्यान से देखा जाय तो रहस्य-साधक की सभी मनःस्थितियाँ कबीर की अन्तर्यात्रा के क्रम में लक्षित की जा सकती हैं। पहली स्थिति 'जागरण' की है। कबीर में यह परिवर्तन गुरु की कृपा से आया था। वे कहते हैं कि मैं तो सामान्य सांसारिक व्यक्ति की भाँति 'लोक और वेद' के मार्ग पर (परम्परागत धारणाओं एवं मान्यताओं का अनुसरण करते हुए) चला जा रहा था किन्तु मार्ग में सतगुरु से भेंट हुई और उन्होंने 'ज्ञान का दीपक' देकर मेरे पथ को प्रकाशित कर दिया।[3] वे स्वीकार करते हैं कि अच्छा हुआ जो गुरु मिल गया नहीं तो हानि हुई होती।[4] मैं तो संसार-सागर में डूब ही गया था, किन्तु गुरु ने हमारे मन में ज्ञानज्योति का प्रकाश कौंधा दिया। उस प्रकाश में मैंने देखा कि जिस बेड़े का सहारा लेकर मैं संसार-सागर से पार उतरना चाहता हूँ वह तो अत्यन्त जर्जर है, बस मैं तुरन्त उतरकर अलग हो गया।[5] इन सारी उक्तियों का तात्पर्य यही है कि कबीर को जो आत्मबोध हुआ वह गुरु-प्रदत्त ज्ञान के आधार पर ही। गुरु से ज्ञान प्राप्त करने के बाद कबीर का मन संसार से विमुख होकर ईश्वरोन्मुख हुआ। इसे 'जागरण' की स्थिति कह सकते हैं। इस स्थिति को प्राप्त करने के लिए उन्हें अपने मन का पूर्ण परिष्कार करना पड़ा। कबीर ने मन को नियन्त्रित करने, परमात्मा के नाम का स्मरण करने, आचरण को शुद्ध रखने, विचार और आचरण में एकता लाने, सांसारिक प्रलोभनों से अलग रहने, सत्य को ग्रहण करने, अहिंसात्मक दृष्टिकोण अपनाने, अहंकार को त्यागने और जीवन्मुक्त होने की आवश्यकता पर जो बार-बार बल दिया है, वह मन के परिष्कार के लिए ही। 'आत्म-शुद्धि' के बाद परमात्मा की ज्योति का आभास मिलना स्वाभाविक है। कबीर ने परमात्मा के 'प्रकाश', 'तेज' और 'ज्योति' का अनेक रूपों

---

1. राम बिनां संसार धुंध कुहेरा।

   —*कबीर ग्रन्थावली*, माताप्रसाद गुप्त, पृ. 334

2. अब मोहि राम भरोसा तोरौ।

   —तदैव, पृ. 211

3. कबीर पीछैं लागा जाइ था, लोक बेद के साथि।।
   आगै थैं सतगुर मिल्या, दीपक दीया हाथि।।

   —*तदैव*, पृ. 22

4. कबीर भली भई जु गुर मिल्या, नहीं तर होती हांणि।

   —*तदैव*, पृ. 4

5. कबीर बूड़े थे परि ऊबरे, 'गुरु' की लहरि चमंकि।
   भेरा देख्या जरजरा, तब ऊतरि पड्या फरंकि।।

   —तदैव, पृ. 5

में वर्णन किया है। वे कहते हैं कि "अनन्त का तेज इतना प्रखर है कि प्रतीत होता है कि सूर्यों की एक श्रृंखला ही उदय हो गयी है।"[1] कभी वे उसके अलौकिक तेज के वर्णन में अपने को असमर्थ अनुभव करते हुए कहते हैं कि "उसका अलौकिक तेज अवर्णनीय है, उसे देखकर ही प्रमाणित रूप में जाना जा सकता है।"[2] कभी वे घोषित करते हैं कि "जहाँ सामान्य मानव का इन्द्रिय-बोध नहीं पहुँच सकता वहाँ उसकी ज्योति जगमगा रही है।"[3] ईश्वरोन्मुख होने पर भी माया ने कबीर पर प्रभाव डालने की चेष्टा की थी। संसार के सारे आकर्षणों को सामने रखकर उसने कबीर को विचलित करना चाहा था। उसने कहा था कि कबीर जितना जी चाहो 'कनक' ले लो, मन को मुग्ध करनेवाली 'कामिनी' ले लो, विद्या का अधिकारी 'पुत्र' ले लो, सारी पृथ्वी का 'राज्य' ल लो, 'आठों सिद्धियाँ' ले लो, 'नवों निधियाँ' तुम्हारे आगे हैं। इन्हें देवता, मनुष्य और समस्त भुवनों के भूपति भी नहीं प्राप्त कर पाते। यह सब-कुछ तुम्हारे लिये हैं। कबीर ने उत्तर दिया था कि "री पापिनी तुमने सबका संहार किया है। जिसने तुम्हारा विश्वास किया वही प्रवंचित हुआ। तुमने किसका कार्य सँवारा है? कबीर राम की शरण में हैं। उसने माया के मिथ्यात्व को समझकर उसे छोड़ दिया है।"[4] प्रकट है कि जिस समय संसार के सारे आकर्षण माया के रूप में सामने आकर साधक के चित्त में द्वन्द्व उत्पन्न करना चाहते हैं, उस समय परमात्मा की शरण में जाने के अतिरिक्त उसके सामने कोई दूसरा विकल्प नहीं होता। अपने अहंभाव को त्यागकर परमात्मा के प्रति पूर्ण समर्पित साधक का चित्त शीतल, द्विधारहित और समदृष्टि-सम्पन्न हो जाता है। उसकी सारी आतुरता समाप्त हो जाती है। वह सत्य-प्रिय, सन्तोषी और धैर्यशील हो जाता है। उसे काम-क्रोध प्रभावित नहीं करते। उसे तृष्णा सन्तप्त नहीं करती। वह आनन्द में मग्न होकर प्रभु के गुणों का गान करता रहता है।[5]

परमात्मा के साथ पूर्ण एकात्मभाव की अभिव्यक्ति के लिए दाम्पत्य-प्रेम के प्रतीकों का ही सहारा लेना पड़ता है। कबीर ने परोक्ष सत्ता को अपना प्रियतम मानकर अपने को उसकी प्रिया के रूप में कल्पित किया है। तन और मन की पूर्ण एकता दाम्पत्य-प्रेम के अन्तर्गत

---

1. कबीर तेज अनन्त का, मानौं ऊगी सूरज सेणि। —कबीर ग्रन्थावली, माताप्रसाद गुप्त, पृ. 23
2. कबीर पारब्रह्म के तेज का, कैसा है उनमांन।
   कहिबे कौं सोभा नहीं, देख्या ही परवांन।। —*तदैव*, पृ. 23
3. अगम अगोचर गमि नहीं, तहाँ जगमगै जोति। —*तदैव*, पृ. 23
4. कनक लेहु जेता मनि भावै, कामिनि लेहु मन हरनीं।
   पुत्र लेहु विद्या अधिकारी, राज लेहु सब धरनीं।
   अठि सिधि लेहु तुम्ह हरि के जना, नव निधि तुम्हे आगैं।
   सुर नर सकल भुवन के भूपति, तेऊ लहै न मांगैं।
   तैं पांपनी सबै संघारे, काकौ काज संवार्यौ।
   जिनि-जिनि संग कियौ है तेरौ, को बेसासि न मार्यौ।
   दास कबीर रांम कै सरनै, छाड़ी झूठी माया।
   गुरु प्रसाद साध की संगति, तहां परम पद पाया।। —*तदैव*, पृ. 308
5. *वही*, पद-2, पृ. 362

ही सम्भव है। कबीर ने दाम्पत्य-प्रेम के चित्रों को प्रस्तुत करते हुए अपने सौभाग्य सुख का वर्णन किया है। वे कहते हैं—"बहुत दिनों के बाद मैंने अपने प्रियतम को पाया है। मेरा बहुत बड़ा भाग्य है कि घर बैठे ही मेरे प्रिय ने कृपापूर्वक पधारकर हमें गौरव दिया है। मेरा मन मंगलाचार में लगा है और आज मैं राम-रसायन का स्वाद चक्खूँगी। मेरा घर आज आलोकित है। मैं अपने प्रिय के साथ सोयी हूँ। मैं तो निराश थी कि यह निधि (प्रियतम का प्रेम) मुझे मिल गयी। हे सखियो! मैंने तो कुछ नहीं किया। यह सौभाग्य मुझे मेरे प्रिय राम ने ही दिया है।"[1] कबीर का यह एकात्मभाव क्षणिक भावावेश की स्थिति का द्योतक नहीं है। वे एकरस प्रेम का निर्वाह करनेवाले एकनिष्ठ साधक हैं। उनके अनुसार प्रियतम से सच्चा प्यार करनेवाली सुन्दरी अन्यों की आशा त्यागकर अनन्यभाव से अपने स्वामी का स्मरण करती है। उससे कभी अलग नहीं होती और एक पल के लिए भी उसका सामीप्य नहीं छोड़ती।[2]

कबीरदास ने मिलन के क्षण के साथ ही वियोग की व्यथा का भी बड़ा मर्मस्पर्शी वर्णन किया है। वस्तुतः विरह प्रेमोत्कर्ष की कसौटी है। वियोग के क्षण जितने ही मर्मान्तक होंगे संयोग के उतने ही आह्लादक। वियोग मन के सारे विकारों को दूर कर उसका पूर्ण परिष्कार कर देता है। वियोगी का चित्त निरन्तर प्रिय के ध्यान में मग्न रहता है, इसलिए वियोग सहज ही साधक को एकचित्तता प्रदान कर देता है। इसीलिए भक्ति-साधना में परमविरहासक्ति को अत्यधिक महत्त्व दिया गया है। कबीरदास एक सच्चे रहस्यसाधक हैं। उनके व्यक्तित्व में रहस्यसाधना की सारी भूमिकाएँ लक्षित की जा सकती हैं।

प्रकार :

जहाँ तक रहस्यवाद के विविध प्रकारों का प्रश्न है, कबीर में 'दार्शनिक', 'भक्तिमूलक' और 'प्रेममूलक' रहस्यवाद की स्थितियाँ तो स्पष्ट हैं। जब कबीर कहते हैं कि 'गोव्यंदे तू निरंजन तू निरंजन तू निरंजन राया। तेरे रूप नहीं रेख नाही, मुद्रा नाही माया।'[3] या जब वे पण्डित को चुनौती देते हुए कहते हैं कि 'सो कुछ विचारहु पंडित लोई। जाकै रूप न रेष वरण नहिं कोई।'[4] तो उनकी मुद्रा एक दार्शनिक की होती है। इसी प्रकार जब वे कहते हैं—'गोकुल नाइक बठुला मेरौ मन लागौ तोहि रे'[5] या 'अब मोहि राम भरोसा तोरौ'[6] या 'है हरि जन थैं चूक परी'[7] या 'भजि नारदादि सुकादि बंदित चरन-पंकज भामिनी।'[8] तो वे एक सच्चे भक्त

---

1. बहुत दिनन थैं मैं प्रियतम पाये। भाग बड़े घरि बैठें आये।।
   मंगलाचार माँहि मन राखौ। राम रसांइन रसना चाखौं।।
   मंदिर मांहि भया उजियारा। ले सूती अपनां पीव पियारा।
   मैं र निरासी जे निधि पाई। हमहिं कहा यहु तुमहिं बड़ाई।।
   कहै कबीर मैं कछू न कीन्हां। सखी सुहाग राम मोंहि दीन्हां।।
   —*कबीर ग्रन्थावली*, माताप्रसाद गुप्त, पद-2, पृ. 141
2. कबीर जे सुंदरि सांई भजै, तजै आंन की आस।
   ताहि न कबहूँ परिहरै, पलक न छाड़ै पास।। —तदैव, साखी-3, पृ.130
3. *तदैव*, पद-17, पृ. 276
4. *तदैव*, पद-37, पृ. 168
5. *तदैव*, पद-5, पृ. 143
6. *तदैव*, पद-113, पृ. 211
7. *तदैव*, पद-145, पृ. 228
8. *तदैव*, पद-3 (374) 377

की भूमिका में दिखायी पड़ते हैं। प्रेम-केन्द्रित दाम्पत्य सम्बन्धों की सारी व्यंजना उन्हें एक प्रेममूलक रहस्यवादी का गौरव प्रदान करती है। 'सौन्दर्यमूलक रहस्यवाद' की स्थिति भी कबीर में सौन्दर्य की एक अलौकिक चेतना के स्तर पर लक्षित होती है। जब वे प्रिय के परिचय (परचा) की अनुभूति को व्यक्त करते हुए कहते हैं कि 'कहिबे कौ सोभा नहीं, देख्या ही परवान'[1] तो उनके मन में परोक्ष सत्ता के सौन्दर्य का कोई-न-कोई रूप अवश्य विद्यमान रहता है। इस सौन्दर्य को कभी वे 'जगमग' करती हुई ज्योति' के रूप में, कभी आकाररहित कमल की विमलता के रूप में और कभी शून्य-शिखरगढ़ में बिना सीप और बिना स्वाति की बूँद के उत्पन्न होनेवाले मोती की दिव्य शुभ्र तरल आभा के रूप में कल्पित करते हैं। यह अवश्य है कि प्रकृति के विराट् रूप के मोहक सौन्दर्य का चित्रण कबीर ने नहीं किया है और न उसके विभिन्न उपकरणों में रहस्यमयी सत्ता के सौन्दर्य की भावना ही वे कर सके हैं। आचार्य शुक्ल का यह कथन बहुत-कुछ सत्य है कि "उनमें वाक्चातुर्य था, प्रतिभा थी, पर प्रकृति के प्रसार में भगवान् की कला का दर्शन करनेवाली भावुकता न थी।"[2] इसलिए कहना चाहें तो कह सकते हैं कि कबीर में प्रकृतिमूलक रहस्यवाद नहीं है। वे जहाँ देखते हैं, वहाँ अपने लाल की लाली के अतिरिक्त और कुछ नहीं पाते।[3] उनके लिए संसार मिथ्या था। इसलिए व्यक्त-जगत् के सौन्दर्य को माध्यम बनाकर वे परम-सत्ता के सौन्दर्य का चित्रण नहीं करते। गोचर-जगत् का सारा प्रसार ससीम है। अतः यह असीम की सत्ता का द्योतक भले ही हो, उसे असीम के दिव्य-सौन्दर्य के साक्षात्कार का माध्यम बनाना कबीर को स्वीकार नहीं था। जो स्वयं 'हद्द' को छोड़कर 'बेहद्द' की सीमा में प्रवेश करके 'शून्य' में स्नान करता था[4] वह प्रकृति के व्यक्त गोचर प्रसार में अपनी भावना को कैसे लीन कर सकता था? तात्पर्य यह कि सूफी रहस्यवादी कवियों की भाँति कबीर भौतिक सौन्दर्य या प्राकृतिक सौन्दर्य में दिव्य सौन्दर्य की भावना नहीं करते। यह होने पर भी कबीर के रहस्यवादी होने में सन्देह नहीं किया जा सकता। 'रहस्यवाद' एक मनःस्थिति होने के साथ ही एक जीवन-दृष्टि और एक जीवन-पद्धति भी है। आचार्य शुक्ल ने 'रहस्यवाद' के सम्बन्ध में जो कुछ कहा है, वह मूलतः उनकी काव्य-दृष्टि से प्रेरित है। वे कवि की भावना का प्रसार जगत् के नाना रूपों, व्यापारों और मानवीय सम्बन्धों के भीतर ही देखना चाहते थे। आध्यात्मिक अन्तर्मुखता उनके लिए काव्य-क्षेत्र के बाहर की चीज थी। इसीलिए उन्होंने कबीर के 'रहस्यवाद' को काव्यानुकूल नहीं माना। वस्तुतः कबीर को परोक्ष सत्ता पर अखण्ड विश्वास था। उन्होंने उसे

---

1. कबीर ग्रन्थावली, पारसनाथ तिवारी, साखी 2, (परचा कौ अंग), पृ. 167
2. *जायसी* ग्रन्थावली, भूमिका, पृ. 164
3. *कबीर वचनावली,* साखी-48, पृ. 98
   नोट–(कबीर ग्रन्थावली, सं. पारसनाथ तिवारी, में यह साखी नहीं है)
4. कबीर ग्रन्थावली, साखी-6, पृ. 209

'दुःखहर्ता'[1], 'पुत्रवत्सल'[2], 'प्रतिपालक'[3], 'दुःखभंजक', 'दुरितनिकन्दन'[4], 'दाता'[5] तथा 'करुणामय'[6] आदि विशेषणों से सम्बोधित भी किया है। ऐसी स्थिति में उसके प्रेम का विषय होने में कबीर को कभी कोई सन्देह नहीं हुआ। अतः उस परम प्रियतम के प्रति व्यक्त कबीर की प्रेमपरक उक्तियों को उनके निश्छल हृदय के सच्चे भावोद्गार के रूप में स्वीकार करना चाहिए। कबीर ने एक सच्चे रहस्यवादी साधक के रूप में योग-साधना के द्वारा अपने मन का पूर्ण परिष्कार किया था। उनके इस परिष्कृत और शुद्ध मानस में ही परमतत्त्व का प्रेम प्रकाशित हुआ था। उनका संशय मिट गया था। उन्हें प्रिय का सान्निध्य प्राप्त हुआ था और संशय-रहित होकर उन्होंने परम शान्ति का अनुभव किया था–

कबीर पंजरि प्रेम प्रकासिया, जाग्या जोग अनन्त।
संसा खूटा सुख भया, मिल्या पियारा कन्त।।[7]

परम प्रियतम से पूर्ण, मानसिक तादात्म्य होने पर उन्हें अमरता की अनुभूति हुई थी और वे सुख के सागर में मग्न हो गये थे–

कहै कबीर मन मनहि मिलावा।
अमर भये सुखसागर पावा।।[8]

संश्लिष्ट व्यक्तित्व : रहस्यवादी और क्रान्तिकारी कबीर में अन्तर्विरोध नहीं

पिछले पृष्ठों में जो कुछ कहा गया है उससे यह स्पष्ट हो जाता है कि रहस्यानुभूति के जितने आयाम हो सकते हैं कबीर में वे सभी लक्षित होते हैं। चाहे अन्तर्यात्रा की मनोभूमियों की दृष्टि से देखा जाय, चाहे अभिव्यक्ति की मुद्रा और शैली की दृष्टि से, चाहे उनकी जीवन-पद्धति या 'रहनी' पर विचार किया जाये, चाहे एकात्मभाव की सघन अनुभूति की दृष्टि से, 'कबीर' एक सच्चे और खरे रहस्यवादी के रूप में हमारे सामने आते हैं। किन्तु आज विडम्बना यह है कि हम उनके उस व्यक्तित्व को ही सर्वाधिक महत्त्व दे रहे हैं जो तत्कालीन धार्मिक-सामाजिक रूढ़ियों के खण्डन और बह्याचारों के प्रखर विरोध के क्षणों में व्यक्त हुआ है। कबीर का यह रूप क्रान्तिकारी माना जा रहा है। निस्सन्देह 'कबीर' सारे सामाजिक भेद-प्रभेदों और धार्मिक सीमाओं का अतिक्रमण करके मनुष्य-सत्य के सच्चे संस्थापक हैं।

---

1. दान एक माँगौ कवलाकन्त। कबीर के दुःख हरन अनन्त।।
   –*कबीर ग्रन्थावली,* माताप्रसाद गुप्त, पद-109, पृ. 209
2. हरि जननी मैं बालक तोरा। –*तदैव,* पद-110, पृ. 209
3. जा सिरि तिनि लोक कौ भारा। सो क्यूँ न करै जन कौं प्रतिपारा।। –*तदैव,* पद-113, पृ. 211
4. कहैं कबीर दुखभंजनां। करौ दया दुरित निकन्दनां।। –*तदैव,* पद-115, पृ. 212
5. तुम्ह समानि दाता नहीं, हमसे नहिं पापी। –*तदैव,* पद-26, पृ. 252
6. कहैं कबीर करुणांमय आगै। तुम्हारी क्रिपा बिना यहु विपति न भागै।। –*तदैव,* पद-21, पृ. 279
7. *तदैव,* साखी-13, पद पृ. 25
8. *कबीर ग्रन्थावली,* सं. पारसनाथ तिवारी, पद- 106, पद पृ. 62

वे निर्भय हैं। उनमें अखण्ड आत्म-विश्वास है। उनका वश चलता तो वे सारे भेदों और आडम्बरों को मिटाकर मनुष्यमात्र के लिए जीवन व्यतीत करने का एक सहज मार्ग प्रशस्त कर देते। इस दृष्टि से निश्चय ही उनका व्यक्तित्व क्रान्तिकारी है किन्तु कबीर कुल इतने ही नहीं हैं। देखना यह है कि उनको इस सहज-सत्य को पहचानने की शक्ति, अखण्ड आत्मविश्वास और चट्टान की दृढ़ता मिली कहाँ से थी। इस शक्ति का स्रोत ईश्वर में उनका एकान्त विश्वास है। उनका यह कहना है—"हम न मरै मरिहैं संसारा। हमकौ मिला जियावन हारा।।" यह इस बात का प्रमाण है कि ईश्वर में पूर्ण आस्था के बल पर ही उन्होंने सारे संसार को चुनौती देने की शक्ति प्राप्त की थी। उन्होंने अपने को ईश्वर से इस सीमा तक जोड़ लिया था कि उन्हें यह पूरा विश्वास था कि "हरि मरि है तो हमहू मरि है। हंरि न मरै हम काहे कौ मरि है।" यह विश्वास, आत्मा की अमरता और परमात्मा से उसकी अभिन्नता का ही विश्वास है। इसलिए कबीर के रहस्यवादी व्यक्तित्व और उनकी क्रान्तिकारी चेतना में अन्तर्विरोध देखना संकुचित दृष्टि का परिणाम है। ऐसा करना उनके संश्लिष्ट व्यक्तित्व को खण्डित करना होगा। भक्ति-आन्दोलन का चरित्र अखिल भारतीय है। इस आन्दोलन ने सदियों से उपेक्षित निचली जातियों में स्वाभिमान और आत्म-विश्वास का भाव जगाया था। इस आन्दोलन का मूल मन्त्र था—"एकहि जोति सकल घट व्यापक दूजा तत्त न कोई" जब सारे संसार की सृष्टि एक ही तत्त्व से हुई है, तो छोटे-बड़े, ब्राह्मण-शूद्र तथा ऊँच-नीच का भेद कहाँ से आ गया है। निश्चय ही यह भेद मनुष्य-कृत है। कृत्रिम है। भ्रान्त दृष्टि की उपज है। यह चेतना 'नामदेव' में भी है। 'नानक' में भी है, और 'रैदास' तथा अन्य सन्तों में भी है। इनमें से किसी के व्यक्तित्व को खण्डित करके देखना उचित नहीं है। जिस समय मनुष्य जाति, वर्ण, धर्म, सम्प्रदाय, आस्था तथा इष्टदेव आदि स्तरों पर विविध प्रकार के भेदों से ग्रस्त हो, उस समय एकता के आधार-तत्त्व की तलाश और भेद के मूल केन्द्र पर प्रहार ही क्रान्ति है। कबीर—रहस्य-साधक और भक्त-कबीर—ने यही दो कार्य किये हैं। एकता का आधारतत्त्व है—"एक ही ज्योति से सब ज्योतित हैं और सबका कर्त्ता एक है।" कबीर ने बार-बार यही कहा है। भेद का मूल केन्द्र है—'अहंकार'। जाति का अहंकार, धन का, बल का, ज्ञान का, और बुद्धि का अहंकार। कबीर ने इसी 'अहंकार' पर प्रहार किया है। अहंकार-विगलित होकर ही 'अहंकार' पर प्रहार किया जा सकता है और जिस ज्योति से सब ज्योतित है उससे एकात्म होकर ही एकता का प्रतिपादन करना संगत है। भक्त और रहस्य-साधक कबीर का व्यक्तित्व परमतत्त्व से, एक ज्योति से और अनादिकर्त्ता से अभिन्न है। यही व्यक्तित्व अहंकार-विगलित है। इसलिए कबीर के व्यक्तिंत्व में अन्तर्विरोध नहीं है। जिस समय कुमारी अण्डरहिल (Evelyn Underhill) ने रवीन्द्रनाथ टैगोर द्वारा अनूदित कबीर के सौ पदों की भूमिका लिखी थी और उनके रहस्यवादी व्यक्तित्व की महत्ता का प्रतिपादन किया था उस समय उन्हें यह अहसास था कि परम्परावादी धार्मिक नेताओं—हिन्दू और मुसलमान दोनों—की दृष्टि में कबीर एक खतरनाक व्यक्ति थे[1] किन्तु उन्होंने रहस्यवादी

कबीर और परम्परावादियों के लिए खतरनाक कबीर में अन्तर्विरोध नहीं देखा। कबीर-वाणी का तीन-चौथाई भाग उनके भक्त और रहस्य-साधक व्यक्तित्व का साक्षी है। इसलिए उचित यही होगा कि हम कबीर के मर्मी, भक्त और रहस्यवादी व्यक्तित्व को ठीक से समझें और मध्यकालीन सामाजिक-धार्मिक मनोभूमि के सन्दर्भ को ध्यान में रखकर उनके व्यक्तित्व का आकलन करें। ध्यान रखना होगा कि 'कर्मफल' और 'पुनर्जन्म' इन दोनों में कबीर का विश्वास था। इस विश्वास के चलते वे उस अर्थ में क्रान्तिकारी हो ही नहीं सकते जिस अर्थ में आज उन्हें प्रमाणित किया जा रहा है। उनका निश्चित विश्वास था--

जाकौं जेता निरमया, ताकौं तेता होइ।
राई घटै न तिल बढ़ै, जौ सिर कूटै कोइ।।[2]

जो भक्त यह मानकर चल रहा है कि ईश्वर की इच्छा के अभाव में लाख प्रयत्न करने पर भी अपने प्राप्य को न तो हम 'राईभर' घटा सकते हैं, न 'तिलभर' बढ़ा सकते हैं, वह आधुनिक अर्थ में क्रान्तिकारी कैसे हो सकता है? वस्तुतः कबीर की आस्तिक भाव-सम्पन्न अभेद-दृष्टि ही उनके क्रान्तिकारी व्यक्तित्व का आधार है। मध्यकाल की सीमाओं में ही कबीर के व्यक्तित्व का मूल्यांकन समीचीन हैं। कबीर भक्त हैं। ईश्वर में उनका अखण्ड विश्वास है। वे मनुष्यमात्र की एकता के समर्थक है। वे अहंकार को अज्ञान का परिणाम मानते हैं। व्यर्थ का बाह्याचार उन्हें खलता है। वे सहज-साधना पर बल देते हैं। 'प्रेम' को जीवन का सार-तत्त्व मानते हैं। पाण्डित्य की जटिलता और कर्मकाण्ड का प्रसार उनके लिए व्यर्थ है। वर्ण-व्यवस्था के वे प्रबल विरोधी हैं। ऊँच-नीच और ब्राह्मण-शूद्र के भेद से उन्हें चिढ़ है। 'प्रेम' के बल पर वे अपने परम प्रियतम से अद्वैतता स्थापित करने में समर्थ हैं। वे सच्चे रहस्य-साधक हैं। पुस्तक-ज्ञान से अधिक उन्हें स्वसंवेद्य-ज्ञान पर विश्वास है। वे गुरु की महिमा को जाननेवाले सच्चे गुरु-भक्त हैं। सभी प्रकार के भेदों से ऊपर उठकर वे मनुष्य-सत्य में विश्वास करते हैं। अपने समय के भेद-प्रभेद-जर्जर समाज से वे असन्तुष्ट हैं। परम्परावादियों के लिए वे खतरनाक हैं। अपनी इन्हीं विशेषताओं के कारण वे एक सच्चे भक्त, रहस्य-साधक और क्रान्तिकारी हैं। उनके इस संश्लिष्ट व्यक्तित्व का मूल्यांकन ही सर्वथा उचित और काम्य है।

●

---

1. "From the point of view of orthodox sanctity, whether Hindu or Mohammedan, Kabir was mainly a heretic; and his frank dislike of all institutional religion, all external observance-completed, so far as ecclesiastical opinion was concerned, his reputation as a dangerous man."

—वन हण्ड्रेड पोयम्स ऑफ कबीर, भूमिका, पृ. 5

2. कबीर ग्रन्थावली, सं. डॉ. पारसनाथ तिवारी, साखी-15, पृ. 241

कबीर के दार्शनिक विचार

कबीर मुख्यतः एक साधक थे। 'सत्' के स्वरूप का जो उद्घाटन उन्होंने किया है, वह अपने आध्यात्मिक अनुभव के बल पर किया है। वह उनका अनुभूत सत्य है। उनका प्रातिभ ज्ञान है। उन्होंने तर्क एवं बौद्धिक विश्लेषण के आधार पर तत्त्व-निर्णय की चेष्टा नहीं की है। इसलिए 'दर्शन' शब्द के मूल अर्थ को ध्यान में रखकर विचार किया जाये तो कबीर को दार्शनिक नहीं कहा जा सकता। दार्शनिक वस्तु के तात्त्विक स्वरूप का निर्णय बुद्धि से करता है। उसके निर्णय सामान्य, तर्काश्रित एवं सर्वमान्य होते हैं। उसके चिन्तन में पूर्ण संगति एवं विचारों में तारतम्य होता है। दार्शनिक के लिए यह आवश्यक नहीं कि वह धार्मिक और नैतिक भी हो किन्तु साधक और भक्त के लिए चरित्रवान्, धार्मिक और नैतिक होना आवश्यक है। पूर्ण दार्शनिक मान लेने पर उन्हें रहस्यवादी कहना असंगत होगा। इसलिए कबीर को दार्शनिक मानकर उनके विचारों में भारतीय दर्शनों में से किसी एक की पूर्ण चरितार्थता ढूँढ़ना बुद्धिसंगत नहीं होगा। यह अवश्य है कि कबीर ने 'परमतत्त्व', 'जीव', 'माया', 'सृष्टि' आदि के विषय में अपने उद्गार व्यक्त किये हैं। तत्त्वों की व्याख्या का कार्य दार्शनिकों एवं तत्त्वदर्शियों का ही है। इसलिए कबीर के दार्शनिक विचारों के अध्ययन की एक रूढ़ि बन गयी है। इस रूढ़ि-निर्वाह के लिए ही हम यहाँ कबीर के दार्शनिक विचारों की चर्चा करेंगे।

कबीर के दार्शनिक व्यक्तित्व के विषय में निर्णयात्मक रूप से कुछ कहना आसान नहीं है। अकबरकालीन प्रसिद्ध इतिहासकार मोहसिन फानी ने अपने प्रसिद्ध इतिहास ग्रन्थ 'दबिस्तान' में कबीर को 'मुवाहिद' (एकेश्वरवादी) कहा है।[1] उनके लिए इसी शब्द का प्रयोग 'आईन-ए-अकबरी' में भी किया गया है। रेवरेण्ड जी. एच. वेस्टकाट ने इस शब्द पर टिप्पणी करते हुए कहा है कि कोई मुसलमान कभी भी किसी मूर्तिपूजक को 'मुवाहिद' नहीं कह सकता। इससे यह प्रमाणिता होता है कि कबीर 'ईश्वरवादी' (Theist), थे, सर्वेश्वरवादी (Pantheist) नहीं।[2] कबीर के पाश्चात्य अध्येताओं और उनसे प्रभावित भारतीय विद्वानों ने निर्गुण भक्ति आन्दोलनों को इस्लामी विचारधारा के प्रभाव का परिणाम मान लिया है। बाबू श्यामसुन्दर दास ने कबीरदास को 'ब्रह्मवादी' या 'अद्वैतवादी' माना है। उनका कथन है—"यह शंकर का अद्वैत है, जिसमें आत्मा और परमात्मा परमार्थतः एक माने जाते हैं, परन्तु बीच में अज्ञान के आ पड़ने से आत्मा अपनी पारमार्थिकता को भूल जाती है। ज्ञान प्राप्त हो जाने पर अज्ञानकृत भेद मिट जाता है और आत्मा को अपनी पारमार्थिकता की अनुभूति हो जाती

---

1. In the Dabistan, a Persian history, said to have been written by Mohsin Fani of Kashmir in the reign of Akbar it is stated that Kabir was a weaver and a, 'Muwahid' *i.e.,* a believer in one God." –Kabir and the Kabir Panth. p. 23.
2. "The term 'Muwahid' was not, so far as I can learn, ever applied by Muhammdans to those whom they regarded as idolaters." –Kabir and Kabir Panth, page 23.

है। यही बात हम कबीर में भी देख चुके हैं।"[1] डॉ. पीताम्बरदत्त बड़थ्वाल ने पूरी सन्त-परम्परा में 'अद्वैत', 'भेदाभेद' और 'विशिष्टाद्वैत' की स्थिति लक्षित करते हुए कबीर को अद्वैत विचारधारा माननेवाले सन्तों में प्रमुख स्थान प्रदान किया है।[2] डॉ. रामकुमार वर्मा के अनुसार–"अद्वैतवाद और सूफीमत में ईश्वर की जो भावना है, वही उन्होंने अपने दर्शन में रखी है। उनका ईश्वर सर्वोपरि है, वह नासूत होकर भी लाहूत है–संसार के कण-कण में विद्यमान होते हुए भी संसार से परे है।"[3] इस क्रम में पं. हजारीप्रसाद द्विवेदी ने एक नवीन स्थापना करते हुए कबीर के 'निर्गुन राम' को नाथपन्थी योगियों के 'द्वैताद्वैतविलक्षण समतत्त्व' के रूप में देखा। उन्होंने कहा "इसी त्रिगुणातीत, द्वैताद्वैत विलक्षण', 'भावाभाव-विनिर्मुक्त', 'अलख', 'अगोचर', 'अगम्य', प्रेम-पारावार' भगवान् को कबीरदास ने निर्गुण राम कहकर सम्बोधित किया है।"[4] रेवरेण्ड अहमद शाह ने 'बीजक' के आधार पर कबीर के उपदेशों के सम्बन्ध में अपना मत प्रकट करते हुए कहा है कि कबीर के उपदेश न तो वेदान्त पर आधृत हैं न सांख्य पर, न वे न्याय के अनुगामी हैं न मीमांसा के, उनके विचार उनके मौखिक चिन्तन पर आधृत हैं।[5] आपने यह विचार किया है कि कबीर के उपदेशों से मिलते-जुलते विचार हिन्दू दार्शनिकों और मुख्यतः मुसलिम सूफियों द्वारा भी व्यक्त किये गये है, किन्तु कबीर ने जिस ढंग से उन्हें प्रस्तुत किया है, वह उनका सर्वदा अपना है।[6] श्री अयोध्यासिंह उपाध्याय 'हरिऔध' ने कबीर को वैष्णव भक्ति से प्रभावित मानते हुए 'स्वाधीन चिन्ता का पुरुष' कहा है।[7] परशुराम चतुर्वेदी ने स्वयं कबीर की पंक्तियों को उद्धृत करके यह प्रमाणित करना चाहा है कि कबीर के मत में जो तत्त्व प्रकाशित हुआ था, वह उनके स्वाधीन चिन्तन का ही परिणाम था।[8] इस तत्त्व के स्वरूप के सम्बन्ध में आप कहते हैं–"यह परमतत्त्व निर्गुण एवं सगुण इन दोनों से परे की वस्तु है और वह अनुभव में आने पर भी अनिर्वचनीय है।"[9]

उपर्युक्त विवेचन को दृष्टि में रखकर कबीर के दार्शनिक व्यक्तित्व के विषय में निम्नलिखित मत व्यक्त किये जा सकते हैं–

1. कबीरदास मुवाहिद या एकेश्वरवादी थे।
2. कबीरदास ब्रह्मवादी या अद्वैतवादी थे।
3. कबीरदास नाथ-योग से प्रभावित और 'द्वैताद्वैत विलक्षण समतत्त्ववादी' थे।

---

1. कबीर ग्रन्थावली, भूमिका, पृ. 47, बाबू श्यामसुन्दर दास, 1928 ई.
2. 'हिन्दी काव्य में निर्गुण सम्प्रदाय', पृ. 114
3. 'कबीर का रहस्यवाद' पृ. 19, सन् 1972 (ग्यारहवाँ संस्करण)
4. 'कबीर' डॉ. हजारीप्रसाद द्विवेदी, पृ. 126, संवत् 1998 (1941 ई.)
5. "His teaching is neither Vedanta nor Sankhya, neither Nyaya nor Mimansa, but is based on original thinking of his own."
6. "While it cannot be denied that thoughts resembling his are to be found in the writing of Hindu philosophers, and especially in the Muslem Sufis of all ages. Yet the presentation of them is peculiarly his own."

   –दी बीजक ऑफ कबीर, रेवरेण्ड अहमद शाह, पृ. 35 (1917)
7. 'कबीर वचनावली' पृ. 64
8. कबीर साहित्य की परख, पृ. 89 (सं. 2011)
9. तदैव, पृ. 92

4. कबीरदास स्वतन्त्र विचारक थे और उनके द्वारा प्रतिपादित परमतत्त्व निर्गुण-सगुण से परे अनिर्वचनीय है।

वास्तविकता यह है कि कबीर के दार्शनिक विचारों के सम्बन्ध में निर्णय करते समय प्रत्येक विचारक किसी-न-किसी पूर्वाग्रह से प्रेरित रहा है। मोहसिन फानी ने जब कबीर को 'मुवाहिद' कहा था तो उसका निर्णय इस्लाम की धर्म-भावना से प्रभावित था। बाबू श्यामसुन्दर दास ने जब कबीर को 'ब्रह्मवादी' या 'अद्वैतवादी' कहा था तो वे यह मानकर चल रहे थे कि निर्गुण सन्त धारा शंकराचार्य के अद्वैतवाद से किसी-न-किसी रूप मे प्ररित और प्रभावित है। डॉ. बड़थ्वाल ने जब कबीर को अद्वैतवादी कहा था तो वे पूरी निर्गुण सन्त-परम्परा में व्याप्त विचारों को वेदान्त के पुराने मतों के अन्तर्गत व्यवस्थित करना चाहते थे। आचार्य हजारीप्रसाद द्विवेदी ने जब कबीर को 'द्वैताद्वैत विलक्षण समतत्त्ववादी' कहा तो वे नाथपन्थी योगियों के सिद्धान्तों को पृष्ठभूमि में रखकर उनसे कबीर की तुलना कर रहे थे। इस प्रकार जिन विद्वानों ने कबीर को स्वतन्त्र विचारक माना है, वे कबीर की प्रतिभा से प्रभावित होने के साथ ही यह मानकर चले हैं कि कबीर परम्परागत शास्त्रीय चिन्तन के कायल नहीं थे। उपर्युक्त सभी विद्वानों के निर्णयों में सत्य का अंश अवश्य है किन्तु पूर्ण सत्य का साक्षात्कार वे इसलिए नहीं कर सके हैं कि उन्होंने आग्रह-मुक्त होकर कबीर के कथनों को ही केन्द्र में रखकर निर्णय नहीं दिया है।

कबीर के निर्गुण राम :

कबीर के निर्गुण 'राम' के स्वरूप की व्याख्या करने के पहले हमें कबीर की सीमाओं पर विचार लेना चाहिए। कबीर की सबसे बड़ी सीमा यह है कि जिस भाषा के माध्यम से वे अपने अनुभूत सत्य को व्यक्त करना चाहते थे वह उन्हें परम्परा से, समाज से, तत्कालीन धर्मचेतना के वाहक योगियों, वैष्णवों, सूफियों, पण्डितों, सिद्धों तथा मुल्ला-मौलवियों से प्राप्त हुई थी। वे उसे नया स्वर, नया तेवर, नयी भंगिमा, नयी प्रखरता, नया विश्वास दे सकते थे, किन्तु उसमे निहित अर्थ-संस्कार को सहसा बदलना उनके वश की बात नहीं थी। उन्होंने परमतत्त्व के लिए 'राम', 'हरि', 'गोविन्द', 'निरंजन', 'केशव', 'नारायण', 'जगजीवन', 'माधव', मुकुन्द', 'महादेव', 'गोपाल', 'शालिग्राम', 'रघुनाथ', 'सहज', 'शून्य', 'विश्वम्भर', 'नरहरि', 'बीठुला', 'मुरारि', 'करीम', 'रहीम' तथा 'अल्लाह' आदि जितने शब्दों का प्रयोग किया है, उन शब्दों के पीछे सैकड़ों वर्षों से चले आ रहे धार्मिक-दार्शनिक चिन्तन के संस्कार थे। आज भी हम इन शब्दों का अर्थ ग्रहण करते समय संस्कार-मुक्त नहीं हो पाते। हमारी भाषा लौकिक उपादानों से ही बनी है। लौकिक उपादान स्थूल हैं। विषम हैं। नानात्वयुक्त हैं। वैविध्यपूर्ण हैं। इस भाषा के सहारे आध्यात्मिक अनुभूति को ठीक-ठीक व्यक्त करना सम्भव नहीं है। कबीर की दूसरी सीमा थी लोक में सत्य के स्वरूप को लेकर फैला हुआ भ्रमजाल। इस भ्रमजाल को काटने के प्रयत्न में उनके कथन सापेक्ष हो गये हैं। इसलिए उनके विचारों में अन्तर्विरोध प्रतीत होता है। समाज में विश्वासों, विचारों, मान्यताओं, संस्कारों के अनेक स्तर हैं। अनेक दायरे और सीमाएँ हैं। अनेक रूढ़ियाँ हैं। इनसे मुक्त होने के लिए किया गया संघर्ष भी स्वयं एक दायरा बनकर रह जाता है। इसीलिए कबीर जब किसी सीमा को तोड़ते हैं, किसी अन्धविश्वास को खण्डित करते हैं, किसी रूढ़ि का विरोध करते हैं तो उन्हें यह आशंका बनी रहती है कि उनके विचारों की भी एक सीमा बन जाय। उनके कथनों की भी रूढ़ि न बन

जाय। इसीलिए सन्दर्भ के अनुकूल उसकी दूसरी व्याख्या देते हैं। कबीर की तीसरी सीमा यह है कि वे जब जिस धर्म नेता को सम्बोधित करते हैं, तब बहुत दूर तक उसकी परिचित शब्दावली का प्रयोग करते हुए उसे उसी की भाषा में समझाने की चेष्टा करते हैं। इसलिए कबीर की निजी मान्यताओं को समझने के लिए यह सतर्कता आवश्यक है कि उन्होंने कितना दूसरों को समझाने के लिए, यह दिखाने के लिए कि मैं तुम्हारे मर्म से परिचित हूँ, कहा है और कितना अपनी मान्यताओं को स्पष्ट करने के लिए। कबीर के 'निर्गुण राम' सम्बन्धी विचारों का अध्ययन करते समय भी हमें उनकी सीमाओं का ध्यान रखना होगा।

कबीर ने जिस परमतत्त्व को 'निर्गुण राम' कहा है वह अज्ञेय है। उसकी गति लक्षित नहीं की जा सकती। चारों वेद, स्मृतियाँ, पुराण तथा व्याकरण आदि कोई भी उसका मर्म नहीं जानते।[1] वह निरंजन (मायारहित) है। न वह जन्म लेता है, न विनष्ट होता है।[2] न उसकी कोई रूपरेखा है, न उसका कोई वर्ण है।[3] उस निर्भय, निराकार, अलख-निरंजन को कोई ठीक से नहीं जानता।

वह 'वर्ण-अवर्ण' से मुक्त 'आदि मध्य, अन्त-रहित,' 'सृष्टि और लय से परे' एवं अकथ्य है।[4] जब न पवन था न पानी, जब न धरणी थी न आकाश, जब न पिण्ड था न प्राणियों का आवास, जब न गर्भ था न मूल, जब न कली थी न फूल, जब न शब्द था न उसका आस्वाद, न विद्या थी न वाद, जब न गुरु था न शिष्य, जब सृष्टि ही नहीं थी, उस समय भी गम्य और अगम्य दोनों ही स्थितियों से परे जो अविगत तत्त्व विद्यमान था, उसकी व्याख्या कैसे हो सकती है।[5] इस अविगत निराधार तत्त्व का वार-पार नहीं जाना जा सकता। वह लोक और वेद दोनों से परे है। वह सारे संसार से अलग है। न उसका कोई गाँव है, न ठाँव। न उसका कोई रूप है न रेखा न गुण न वेश। न वह बालक है न युवा न वृद्ध। ऐसा साहब

---

1. निरगुण राम निरगुण राम जपहु रे भाई।
   अविगति की गति लखी न जाई।
   चारि वेद जाके सुमृत पुरांना, नौ व्याकरणां मरण न जाना।। —क.ग्र., पद 49, पृ. 175
2. 'जांये मरै न संकुटि आवै, नाम निरंजन जाकी।
   अनिर्नवासी उपजै नहिं विनसै, संत सुजन कहँ ताकी।। —तदैव, पृ. 174, पद 48
3. सो कुछ विचारहु पंडित लोई। जाके रूप न रेख वरण नहिं कोई।। —तदैव, पद 37, पृ. 168
4. अलख निरंजन लखै न कोई। निरभै निराकार है सोई। बारन अबरन कथ्यौ नहिं जाई। सकल अतीत घट रह्यौ समाई। आदि अंति ताहि नहीं मधै। कथ्यौ न जाई आहि अकथे। अपरंपार उपजै नहिं विनसै। जुगति न जानिये कथिये कैसे।। —कबीर ग्रन्थावली, अष्टपदी रमैणी—387
5. जब नहिं होते पवन न पानी। जब नहिं होती सृष्टि उपांनी।
   जब नहिं होते प्यंड न वासा। तब नहिं होते धरनि अकासा।।
   जब नहिं होते गरभ न मूला। तब नहिं होते कली न फूला।।
   जब नहिं होते सबद न स्वादं। तब नहिं होते विद्यां न वादं।।
   जब नहिं होते गुरु न चेला। गम अगमैं पंथ अकेला।
   अविगति की गति का कहूँ, जाकर गाँव न नाउं।
   गुन विहून का पेषिये, काकर धरिये नाउं।।
   —क. ग्रं., लहुड़ी अष्टपदी रमैणी, पृ. 394

कुलरहित है। वह अपने-आप ही अपने को मुक्त कर लेता है।[1] उसका रूप स्वरूप कुछ कहते नहीं बनता। उसका हल्कापन या भारीपन भी नहीं तौला जा सकता। वह भूख-तृष्णा, धूप-छाँह, सुख-दुःख—सभी से रहित है। वह अविगत अपरम्पार ब्रह्म ज्ञानरूप और सर्वत्र विद्यमान है। उसके समान दूसरा कोई नहीं है।[2] कबीरदास इस 'नेति-नेति' शैली को बहुत दूर तक ले गये हैं। वे बार-बार उस परम तत्त्व को सभी प्रकार के स्थूल तत्त्वों से अलग करना चाहते हैं। वे कहते हैं कि राम नाम की चर्चा तो बहुत हुई है। पर उसका मर्म कोई नहीं जानता। वस्तुतः वह वेदों की सीमा से परे हैं। सभी प्रकार के भेदों से अलग है। वह पाप और पुण्य, ज्ञान और ध्यान, स्थूल और शून्य सभी से परे है।[3] यहाँ हम साफ देख रहे हैं कि भाषा कबीर का साथ नहीं दे रही है। भाषा के सारे शब्द विषमताबोधक और सापेक्ष्य अर्थ देनेवाले हैं। सामान्य जन जिस भाषा से परिचित हैं वह भेदमूलक है। हमारी भाषा के रूप है, अरूप है; वर्ण है, अवर्ण है; लोक है, वेद है; निर्गुण है, सगुण है; पिण्ड है, ब्रह्माण्ड है; सुख है, दुःख है, स्थूल है, सूक्ष्म है; हल्का है, भारी है; जन्म है, मरण है; आदि है, अन्त है; पाप है; पुण्य है; परमतत्त्व इन सभी विषमताबोधक स्थितियों से परे है। इसलिए कहना चाहे तो उसे 'समतत्त्व' कह सकते हैं। किन्तु समतत्त्व भी एक सापेक्ष स्थिति का ही बोधक है। 'सम' भी 'विषम' की सापेक्षता में पहचाना जाता है। इसीलिए कबीर बार-बार यह भी कहते हैं कि वह जैसा है उसे ठीक वैसा ही समझना और समझाना दोनों ही असम्भव है। पहली कठिनाई तो स्वरूप के वास्तविक बोध की है, क्योंकि—

जस तूँ तस तोहि कोइ न जान।
लोग कहें सब आनहिं आन।।[4]

दूसरी कठिनाई भाषा और अभिव्यक्ति की है। क्योंकि—

जस कथिये तस होत नहीं, जस है तैसा सोइ[5]

उसे व्यक्त करने के लिए हम जितना ही बोलते हैं, उतना ही तत्त्व से दूर होते जाते हैं—

1. अरचित अविगत है निरधारा। जाण्यां जाइ न वार न पारा।।
लोक वेद थे अछे नियारा। छाड़ि रह्यौ सबही संसारा।।
जसकर गाँउं न ठाँउं न खेरा। कैसे गुन बरनूँ मैं तेरा।
नहीं तहाँ रूप रेख गुन बानां। ऐसा साहिब है अकुलांना।।
नहीं सो ज्यान न विरध न वारा। आपै आप अपनपौ तारा।। —क. ग्रं. बारह पदी रमैणी, पृ. 396
2. रूप स्वरूप न आवे बोला। हरु गरु कछु जाइ न तोला।
भूख न त्रिषा धूप नहीं छाँहीं। सुख-दुख रहित रहै सब माहीं।।
अविगत अपरंपार ब्रह्म, ग्यांन रूप सब ठाँम।
बहु विचार करि देखिया (कबीर), कोई न सारिख राम।। —क. ग्रं. बारहपदी रमैणी, पृ. 389
3. राम के नाइ नीसांण बागा, ताका मरम न जानै कोई।
भूख त्रिषा गुण वाकै नाहीं, घट-घट अंतर सोई।।
वेद विवर्जित भेद विवर्जित विवर्जित पाप अरु पुन्यं।
ग्यान विवर्जित ध्यान विवर्जित, विवर्जित अस्थूल सून्यं।। —क. ग्रं., पद-18, पृ. 277
4. तदैव, पद 47, पृ. 173
5. कबीर ग्रन्थावली, अष्टपद रमैणी, पृ. 387

बोलना का कहिये रे भाई।
बोलत बोलत तत्व नसाई।।[1]

यह जानते हुए भी कि बोलने से विकार बढ़ता है, बोलते इसलिए हैं कि बिना बोले विचार हो ही नहीं सकताः—

बोलत बोलत बढ़ै विकार।
बिन बोल्याँ क्यूँ होइ विचार।।[2]

कबीर का यह निर्गुण राम (परमतत्त्व) सर्व-निरपेक्ष होते हुए भी 'एक' है। वे बार-बार कहते हैं कि मैंने तो उस एक तत्त्व को 'एक ही' करके समझा है।[3] जो 'दो' कहते हैं, उन्होंने उसे ठीक से पहचाना नहीं है। ऐसे ही लोगों को दोजख में जाना पड़ता है। वे कभी-कभी भेद-दृष्टि वालों की जड़ता पर खीझ जाते हैं और कहते हैं—अरे भाई, क्यों व्यर्थ में बीच में भेद पैदा करते हो? तत्त्व 'दो' कैसे हो सकता है।[4] उन्हें सबसे अधिक दुःख हिन्दुओं और तुर्कों की संकीर्णता और अज्ञान पर होता है। वे बलपूर्वक कहते है कि हिन्दुओं और तुर्कों का कर्त्ता एक ही है। 'राम' और 'रहीम', 'केशव और करीम', 'बिसमिल' और 'विश्वम्भर' में भेद नहीं करना चाहिए।[5] अपना मत स्पष्ट करते हुए कहते हैं कि मेरा सारा भ्रम दूर हो गया है और मेरा मन एक निरंजन में लग गया है। मेरा अल्लाह एक और निरंजन है।[6]

परमतत्त्व एक है, किन्तु यह सब में व्याप्त है। कौन राजा है कौन रंक? कौन वैद्य है, कौन रोगी? किसे पण्डित कहा जाय और किसे योगी? इन सबमें वही एक विद्यमान है। संसार के सारे पदार्थों में उस एक ने ही अपने को स्थापित किया है।[7] जो रूप-रंगरहित है, वही घट-घट में (प्रत्येक शरीर में) समाया हुआ है।[8] वह सबमें और सब उसमें विद्यमान है। उसके अतिरिक्त दूसरा कोई नहीं है। अन्यत्र मुसलमानों के एक खुदा से अपने स्वामी को अलग करते हुए वे कहते हैं कि मुसलमान एक खुदा की बात करता है; किन्तु मेरा स्वामी तो घट-घट में समाया है।[9] वह परमतत्त्व एक होने पर भी सबमें किस प्रकार समाया हुआ है? इसका उत्तर देते हुए

---

1. कबीर ग्रन्थावली, पद 67, पृ. 184
2. तदैव, पद 67, पृ. 184
3. हम तो एक-एक करि जानाँ।
   दोइ कहै तिनहीं कौं दोजग, नाहिंन पहिचाना।। —तदैव, पद-55, पृ. 178
4. अरे भाई दोइ कहाँ सो मोहि बतावो। बीच ही भरम का भेद लगावो। —तदैव, पद 56, पृ. 179
5. हमारे राम रहीम करीमां केसो अलह राम सति सोई।
   विसमिल मेटि बिसंभर एकै, और न दूजा कोई।। —तदैव, पद 58 पृ. 180
6. एक निरंजन अलह मेरा। कहै कबीर भरम सब भागा। एक निरंजन सूँ मन लागा।।
   —कबीर ग्रन्थावली, पद 13, पृ. 347
7. व्यापक ब्रह्म सबनि में एकै, को पंडित को जोगी।
   राणां रंक कवन सूँ कहिये, कवन वैद को रोगी।।
   इनमैं आप आप सबहिन में, आप आपसूँ खेलै।
   नाना भाँति घड़े सब भांडे, रूपधरे धरि मेलै।। —तदैव, पद 33, पृ. 257
8. नां तिस रूप बरन नहिं जाके घटि-घटि रह्या समाई। —तदैव, पद 28, पृ. 254
9. हम सब मांहि सकल हम मांही। हम थै और दूसरा नांही।। —तदैव, पद 8, पृ. 344

वे कहते हैं कि जैसे एक सूर्य का प्रतिबिम्ब प्रत्येक प्रकार के जल (नदी, समुद्र, कुआँ, घड़ा आदि) में पड़ता है, उसी प्रकार एक ही राम सभी पदार्थों में प्रतिबिम्बित है।[1] जो परमात्मा सारी सृष्टि में समाया हुआ है, जो अखिल ब्रह्माण्ड में व्याप्त है, वही हमारे हृदय में भी विद्यमान है। उसे प्राप्त करने के लिए इधर-उधर भटकने की आवश्यकता नहीं। इसलिए कबीर मन को समझाते हुए कहते हैं कि रे मन! कहीं जाने की आवश्यकता नहीं है। वह अविनाशी तो हृदय-सरोवर में विद्यमान है।[2] उसे दुनिया में ढूँढ़ना तो भ्रम में पड़ना है। हरि तो हृदय में ही है।[3] इसीलिए वह आत्माराम है। कबीर कहते हैं कि भोले मनुष्यो! तुम किस विचार से पूजा करते हो? 'आत्माराम' के अतिरिक्त और कोई नहीं है।[4] नंगा रहने या चर्म लपेटने से कुछ नहीं होगा। आत्माराम को पहचानने से ही कुछ हो सकता है।[5]

कबीर का यह सर्वनिरपेक्ष, सर्वव्यापी, एक, आत्माराम शंकराचार्य के 'ब्रह्म' की भाँति निष्क्रिय नहीं है। वह अखिल सृष्टि का कर्त्ता भी है। बीजक की छबीसवीं रमैनी में कबीर कहते हैं कि परमात्मा ने स्वयं कुम्भकार की भाँति सृष्टि की रचना की है। जिस प्रकार कुम्भकार बड़े यत्न से अनेक प्रकार के बर्तनों की सृष्टि करता है, उसी प्रकार कुम्भकार रूप परमात्मा ने अनेक नाम-रूपात्मक संसार की रचना की है।[6] इसी प्रकार उन्नीसवीं रमैनी में वे कहते हैं कि परमात्मा क्षण भर में वज्र से तिनका और तिनका से वज्र कर सकता है।[7] 'गुरु ग्रन्थ साहिब' में संगृहीत कबीर के पदों में से एक में परमतत्त्व को बाजीगर के रूप में कल्पित किया गया है। कबीर कहते हैं कि जिस प्रकार बाजीगर डंका बजाकर अपना खेल दिखाता है और लोगों के देखते-देखते अपना स्वाँग फैला देता है, और फिर स्वयं ही कुछ पलों में पूरे स्वाँग को समेट लेता है उसी प्रकार बाजीगर रूप परमात्मा ने सृष्टि के रूप में अपना स्वाँग फैला रखा है। यह स्वाँगरूप संसार सत्य नहीं है। वह जब चाहता है, इसी प्रकार इसे फैला लेता है, और फिर अपनी इच्छा से ही इसे समेटकर स्वयं अपने में रमण करने लगता है।[8] एक स्थान पर उन्होंने कहा है कि परमात्मा संहार, निर्माण और पोषण तीनों समर्थ है, इसलिए वह जिस स्थिति में

---

1. मुसलमान कहै एक खुदाई। कबीर कौ स्वामी घटि-घटि रह्यौ समाई।। —तदैव, पद 6, पृ. 343।
   ज्यूँ जल में प्रतिबिम्ब त्यूं सकल राम जाणिजे। —तदैव, छन्द 9, पृ. 95
2. रे मन बैठि किते जिनि जासी।
   हिरदै सरोवर है अविनासी।। —कबीर ग्रन्थावली, पद 19, पृ. 247
3. हरि हिरदै रे अनत कत चाहौ।
   भूले भ्रम दूनी कत वाहौ।। —तदैव, पद 18, पृ. 246
4. कौन विचार करत हौ पूजा।
   आतम राम अवर नहिं दूजा।। —तदैव, पद 134, पृ. 223
5. का नांगे का बांधे चाम। जो नहिं चीन्हसि आतमराम।। —तदैव, पद 130, पृ. 221
6. आपुहिं करता भया कुलाला। बहुविधि बासन गढ़ैं कुंभारा।
   विधिना सबैं कीन्ह यक ठाऊँ। जतन अनेक के बने बनाऊँ।। —कबीर वाङ्मय, खण्ड 1, रमैनी, पृ. 48
7. वज्रहु ते त्रिन खिन में होई। त्रिन से वज्र करै पुनि सोई।। —तदैव, रमैनी 29, पृ. 53
8. बाजीगर डंक बजाईः सब खलक तमासे आई।
   बाजीगर स्वांग सकेला। अपने रंग रवै अकेला।। —सन्त कबीर, रागु सोरठ, पद 4, पृ. 133

रखे उसी से रहना चाहिए।[1] परमात्मा में कर्तृत्व मानने के कारण ही कबीर ने उसे 'कर्त्ता' शब्द से सम्बोधित किया है। वे अपनी साखियों में कहीं कहते हैं कि 'कर्त्ता की गति अगम्य है[2] और कहीं कहते हैं कि 'कर्त्ता में अनेक गुण हैं। अवगुण एक भी नहीं है।'

परमतत्त्व को बार-बार 'निर्गुण', 'निरंजन' तथा 'निराकार' कहते हुए भी कबीर उसमें उन गुणों की स्थिति मानते हैं जो सामान्यतः सभी भक्त अपने आराध्य में स्वीकार करते हैं। कबीर के निर्गुण राम 'कृपालु' है। उन्हीं की कृपा से कबीर जरा-मरण से मुक्त हो सके हैं।[3] वे 'दाता' भी हैं। कबीर कहते हैं कि हे प्रभु न तुम्हारे समान कोई दाता है न हमारे समान कोई पापी।[4] यही नहीं वे भक्तों के त्राता भी हैं। दास कबीर जानते हैं कि शरण में आने पर उन्होंने अम्बरीष की रक्षा की और अपने सुदर्शन चक्र से दुर्वासा को सन्त्रस्त कर दिया।[5] वे 'दुरति-निकन्दन' और 'दुःख-भंजन' भी हैं।[6] इसी प्रकार कबीर ने अपने राम के लिए 'प्रतिपालक', 'भक्तवत्सल' तथा 'तरन-तारन' आदि विशेषणों का भी प्रयोग किया है। इससे प्रकट है कि कबीर जब परमतत्त्व को 'निर्गुण' कहते हैं, तब उनका तात्पर्य यह होता है कि परमतत्त्व 'सत्त्व', 'रज', 'तम' से परे है। अर्थात् वह माया के गुणों से रहित है किन्तु उसमें वे सभी गुण हैं जो उसे भक्तों का उपास्य बना सकते हैं। 'पांचरात्र' दर्शन में भी भगवान् को निर्गुण मानने के साथ ही उनमें छह गुणों—ज्ञान, शक्ति, ऐश्वर्य, बल, वीर्य तथा तेज की स्थिति मानी गयी है। **'ज्ञान'** से तात्पर्य उनके अजड़, स्व-प्रकाश, नित्य तथा सर्वावग्राही गुण से है। **'शक्ति'** का अर्थ है जगत का उपादान कारण। 'ऐश्वर्य' स्वातन्त्र्यपरिवृहितं जगत्-कर्त्तृत्व को कहते हैं। जगत् के निर्माण में भगवान् को आयास नहीं करना पड़ता। इस श्रमाभाव को **'बल'** कहते हैं। जगत् का उपादान कारण होने पर भी भगवान् अविकृत रहता है। इस विकार-राहित्य को 'वीर्य' कहते हैं। जगत् की सृष्टि करने में भगवान् को किसी की सहायता की आवश्यकता नहीं पड़ती। यह उनकी स्वयं रचना शक्ति ही उनका **'तेज'** है।[7] तात्पर्य यह कि भक्तों में भगवान् को अव्यक्त और माया से परे मानने के साथ ही उनमें अप्राकृत गुणों की स्थिति मानने की परम्परा रही है। जो भगवान् इच्छा मात्र से इस विराट् विश्व की रचना कर सकता है, उसे भक्तों की रक्षा करने या उनका उद्धार करने के लिए साकार होने की क्या आवश्यकता है?

कबीरदास यह भी मानते है कि आकाररहित अव्यक्त होते हुए भी अर्थात् हाथ, पैर, मुख, नेत्र, कान तथा जिह्वा आदि के न होने पर वह भी परमात्मा संसार की सारी संवेदनाएँ ग्रहण

---

1. भानड़, घड़ण, सँवारण संम्रथ ज्यूँ राखैं त्यूँ रहिये।
—कबीर ग्रन्थावली, माताप्रसाद गुप्त, पद 34, पृ. 167
2. कर्त्ता की गति अगम है, तूं चलि अपने उनमान।
—कबीर ग्रन्थावली, पारसनाथ तिवारी, साखी 12, पृ. 374
3. करता केरे बहुत गुनू औगुन कोई नाहिं। —तदैव, साखी 5, पृ. 161
4. जरा मरण थैं भये थीर। राम कृपा भई कहि कबीर। —कबीर ग्रन्थावली, माताप्रसाद गुप्त, पद 9, पृ. 374
तुम्ह समानि दाता नहीं, हमसे नहीं पापी। —तदैव, पृ. 258, पद 26
5. राजा अंबरीक के कारणि चक्र सुदरसन जारैं।
दास कबीर को ठाकुर ऐसो भगत की सरणि उबारैं।। —तदैव, पद 121, पृ. 216
6. कहै कबीर दुख भंजना। करौ दया दुरत निकंदना।। —ग्रन्थावली, पद 126, पृ. 266
7. भारतीय दर्शन, पं. बलदेव उपाध्याय, पृ. 555-56

करने में समर्थ है। वह बिना मुख के खाता है, बिना पैरों के चलता है, बिना जिह्वा के गुण-गान करता है और अपने स्थान पर स्थिर रहते हुए भी दशों दिशाओं में गतिशील रहता है।[1]

उपर्युक्त समस्त विवेचन को दृष्टि में रखकर कबीर के निर्गुण राम (ब्रह्म) के विषय में अग्रलिखित बातें कही जा सकती हैं—

(1) कबीर के राम सर्व-निरपेक्ष परम तत्त्व हैं।

(2) वे एक होते हुए भी अखिल विश्वव्यापी हैं।

(3) वे इच्छामात्र से सृष्टि रचना में समर्थ हैं।

(4) वे अव्यक्त अगोचर होते हुए भी करुणा, दया, कृपा, उदारता आदि गुणों से युक्त हैं।

(5) वे इन्द्रियों के अभाव में भी संसार की सारी संवेदनाओं को ग्रहण करने में समर्थ हैं।

(6) वे हमारे हृदय में भी विद्यमान हैं।

(7) वे जैसे हैं उन्हें ठीक उसी रूप में न कोई जान सकता है न व्यक्त कर सकता है।

परमतत्त्व के सम्बन्ध में कबीर की उपर्युक्त मान्यताएँ उनके निजी चिन्तन का परिणाम भी हैं और उनके युग में व्याप्त आध्यात्मिक चेतना से प्रेरित भी। परमतत्त्व को निर्गुण-सगुण या द्वैत-अद्वैत से परे 'समतत्त्व' के रूप में लक्षित करने की बात नाथ-योगियों के दर्शन में मान्य है। कबीरदास का नाथ-योग-परम्परा से सीधा सम्बन्ध था। इसलिए यह असम्भव नहीं कि यह तत्त्व उन्होंने उन्हीं से ग्रहण किया हो किन्तु, यहाँ यह भी ध्यान देने की बात है कि उनके युग में परमतत्त्व के स्वरूप के सम्बन्ध में होनेवाले सारे वाद-विवाद 'निर्गुण', 'सगुण' या 'द्वैत-अद्वैत' को लेकर ही चलते थे। परमतत्त्व को द्वैत-अद्वैत से परे निर्दिष्ट करने का अर्थ था सारे विवादों से ऊपर उठ जाना। यह कबीर का अभीष्ट था।

जिस प्रकार तत्त्वदर्शियों और पण्डितों के विवाद से ऊपर उठने के लिए कबीर ने परमतत्त्व को द्वैत-अद्वैत से परे बताया उसी प्रकार हिन्दुओं और मुसलमानों के धार्मिक-साम्प्रदायिक विवादों को मिटाने के लिए उन्होंने एक जगदीश का नारा दिया। जहाँ कहीं उन्होंने एक ईश्वर की बात कही है वहाँ प्रायः उनके सामने हिन्दुओं और मुसलमानों के अज्ञानजनित विवाद को मिटाने का भी लक्ष्य रहा है। जब उन्हें यह आशंका होती है कि एक जगदीश कहने से कहीं लोगों में परमतत्व के सम्बन्ध में मुसलमानों की कट्टर एकेश्वरवादी धारणा न रूढ़िबद्ध हो जाय तो वे अपने स्वामी को घट-घट व्यापी कहकर मुसलमानों के 'अल्लाह' से अलग कर लेते हैं। उनकी समझ में यह नहीं आता कि परमतत्त्व को सृष्टि-रचना के लिए माया-विशिष्ट होने की क्या आवश्यकता है? इसलिए वे कहते हैं कि 'आपुहि कर्ता भया कुलाला।' ऐसा भगवान् जो सब-कुछ बना-बिगाड़ सकता है, वह भक्तों पर कृपा भी कर सकता है। उनकी रक्षा भी कर सकता है। उनके दुःखों को दूर कर सकता है, और उन्हें भव-सागर से पार भी लगा सकता है। इसलिए उसे करुणामय, दयालु, दुःखहरण, तरन-तारन जैसे विशेषणों से सम्बोधित भी किया जा सकता है। ऐसे भगवान् को ढूँढ़ने के लिए

1. पंडित होइ सु पदहिं विचारै, मूरखि नाहिंन बूझै।
बिन हाथन पाइन बिन कांननि बिन लोचन जग सूझै।।
बिन मुख खाइ चरन बिन चालैं, बिन जिभ्या गुण गावै।
आछैं रहे ठौर छाड़े दहँ दिसिहीं फिरि आवै।। —कबीर ग्रन्थावली, पद 7, पृ. 238

इधर-उधर भटकने की क्या आवश्यकता है? जो सर्वव्यापी है मानव के हृदय में भी तो विद्यमान है। आवश्यकता मात्र उसे (आतमराम को) पहचानने की है। अखिल-भुवन-व्यापी और विराट् सृष्टि-रचना में समर्थ परमात्मा को जागतिक संवेदनाओं के बोध के लिए इन्द्रियों की क्या आवश्यकता है? वह सर्वनिरपेक्ष रहकर भी सर्वज्ञ हो सकता है। किन्तु सौ बात की एक बात है कि वह जैसा है उसे ठीक उसी रूप में जाना नहीं जा सकता। स्पष्ट है कि कबीर के तर्क एक आस्तिक भक्त के तर्क हैं। उनके तर्कों के पीछे सारे द्वन्द्वों, विवादों, रूढ़ियों और संकीर्णताओं से ऊपर उठने की प्रवृत्ति कार्य कर रही है।

जीवतत्त्व :

शंकराचार्य के वेदान्त दर्शन के अनुसार ''शरीर तथा इन्द्रिय समूह के अध्यक्ष और कर्मफल के भोक्ता आत्मा को ही जीव कहते हैं।[1] दूसरे शब्दों में कहा गया है कि 'परब्रह्म ही उपाधि सम्पर्क से जीव भाव में विद्यमान रहता है।''[2] तात्पर्य यह कि परब्रह्म, आत्मा और जीव में तात्त्विक भेद नहीं है। आत्मा और ब्रह्म तो एक ही हैं। जब आत्मा उपाधि-सम्पर्क के कारण अन्तःकरणवाच्छिन्न होकर कर्म-फल का भोक्ता हो जाता है तो वह 'जीव' कहलाता है और जब वह उपाधि-सम्पर्क-रहित शुद्ध चैतन्य की स्थिति में होता है तब वह 'ब्रह्म' कहलाता है। कबीरदास ने श्रुतिवाक्यों का अध्ययन करके अपने विचार स्थिर किये होंगे यह तो नहीं कहा जा सकता किन्तु उन्होंने 'जीव' और 'ब्रह्म' के सम्बन्ध में जो विचार व्यक्त किये हैं, वे उपर्युक्त व्याख्या से मिलते-जुलते हैं। वे कहते हैं कि रात्रि के समय स्वप्नावस्था में 'पारस' (पारस रूप शुद्ध चैतन्य=ब्रह्म) और 'जीव' में भेद रहता है। जब तक मैं सोता रहता हूँ तब तक द्वैतभाव बना रहता है, जब जागता हूँ तो अभेद हो जाता है।[3] यहाँ रात्रि अज्ञान-दशा का सूचक है और जागरण ज्ञान-दशा का। ज्ञान-दशा में जीव और ब्रह्म की पूर्ण एकता कबीर को मान्य है। कबीरदास ने जीव के शुद्ध चेतन रूप की ओर संकेत करते हूए एक स्थान पर उसे राम का अंश भी कहा है।[4] वे भी जानते हैं कि जीव कर्मबद्ध है, किन्तु उनका तर्क यह है कि आखिर जीव को कर्म-बन्धन में डालनेवाला भी तो वही है। वे कहते हैं कि जिन पंचतत्त्वों में शरीर बना है, उन तत्त्वों का आदि कारण भी वही है। उसी ने जीव को कर्म-बन्धन में डाला है। वही सब में विद्यमान है।[5] जीव और ब्रह्म की तात्त्विक एकता स्वीकार करते हुए भी कबीर यह मानते हैं कि जीव अपने शुद्ध चेतन रूप को भूलकर विषयों में अनुरक्त है। ऐसे जीव को वे 'हद का जीव' कहते हैं। 'हद' का जीवन अर्थात् देश-काल की सीमा में बँधा हुआ विषयोन्मुख जीव। ऐसे जीव से वे मुख भर बोलना भी नहीं चाहते किन्तु जो 'बेहद' के जीव हैं, जो असीम तत्त्व मे अनुरक्त हैं, उनसे वे अपने हृदय की बात प्रकट करने में

---

1. भारतीय दर्शन, पृ. 456
2. तदैव, पृ. 457
3. कबीर सुपिनै रैणि कै पारस जीय में छेक।
   जे सोऊँ तो दोइ जणाँ, जे जागूँ तो एक। —कबीर ग्रन्थावली, साखी 24, पृ. 42
4. कहु कबीर इहु राम कौ अंसु।
   जस कागद पर मिटै न मंसु।। —सन्त कबीर, राग गौड़, पद 5, पृ. 168
5. पंच ततु मिलि काइआ कीनी ततु कहा ते कीन रे।
   करम बंध तु जीउ कहत हौ करमहि किनि जीउ दीनु रे।
   हरि महि तनु है तन महि हरि है सरब निरंतर सोइ रे।। —सन्त कबीर, राग गौड़, पद 3, पृ. 16

संकोच नहीं करते।[1] यह 'हद' का जीव भी भ्रम में पड़कर नाना प्रकार के वेश धारण करता है।[2] यह अलक्ष्य को लक्षित करने में असमर्थ होकर अन्य संसारी जीवों का ही आश्रय ग्रहण करता है। परिणाम यह है कि न गोविन्द मिलते हैं न इनकी ज्वाला बुझती है।[3] यही संसारी जीव निरन्तर सुप्तावस्था में रहता है। कबीर इसे उद्‌बुद्ध करते हुए कहते हैं कि हे जीव! जागो! इस संसार में सोने से काम नहीं चलेगा। यहाँ अनेक विषय-विकार चोरी करने के लिए तत्पर हैं। निरन्तर जाग्रत रहकर पहरा देने से ही इनसे बचा जा सकता है।[4] यदि जाग्रत न रह गया तो काल रूपी अहेरी पाप-पुण्य के जाल में फँसाकर सभी जीवों को अपना शिकार बना लेगा।[5] जीव के लिए बचने का एक ही उपाय है कि वह राम की भक्ति में लीन रहे।

माया :

अद्वैत वेदान्त की एक अद्‌भुत कल्पना माया है। यह न 'सत्' है न 'असत्'। 'सत्' इसलिए नहीं कि ब्रह्म का ज्ञान होने पर इसका ज्ञान बाधिक हो जाता है। किन्तु यह 'असत्' भी नहीं है क्योंकि 'असत्' वस्तु की प्रतीति नहीं होती जबकि माया की प्रतीति होती है। शंकराचार्य के अनुसार 'माया' भगवान् की अव्यक्त शक्ति है, जिसके आदि का पता नहीं चलता। यह गुणत्रय (सत्त्व, रज, तम) से युक्त से अविद्या रूपिणी है।[6] यह जगत् को उत्पन्न करती है। इसकी दो शक्तियाँ हैं, 'आवरण' और 'विक्षेप'। 'आवरण' शक्ति से यह वस्तु के वास्तविक स्वरूप को छिपा देती है और 'विक्षेप' शक्ति से उनके नवीन वस्तु का आरोप कर लेती है। अपनी इन्हीं शक्तियों से माया, 'ब्रह्म के वास्तविक स्वरूप को ढँककर उसमें आकाश, जल अग्नि तथा पृथ्वी आदि के होने का भ्रम उत्पन्न कर देती है। कबीरदास ने 'माया' के सम्बन्ध में विचार करते हुए उपर्युक्त पारिभाषिक शब्दों का प्रयोग तो नहीं किया है, किन्तु इनके सारे कथनों पर सामूहिक रूप से दृष्टिपात करने से यह स्पष्ट हो जाता है कि उन्हें माया के स्वरूप का पूरा ज्ञान है। वे अच्छी तरह जानते हैं कि माया त्रिगुणात्मिका है।[7] वे यह भी जानते हैं कि यह माया भगवान् की ही शक्ति है जो सारे संसार के जीवों को अपना शिकार बनाने के लिए निकल पड़ी है।[8] वे सन्तों को समझाते हुए कहते हैं कि यह सब आवागमन का चक्र माया ही है। अर्थात् जो कुछ उत्पन्न और विनष्ट होता है, वह सब माया से प्रभावित है।[9] एक साखी में रूपक अलंकार का सहारा लेते हुए वे कहते हैं कि माया

---

1. कबीर हद के जीव सूँ हित करि मुखाँ न बोलि।
   जे लागे बेहद सूँ तित सूँ अंतरि खोलि।। —कबीर ग्रन्थावली, साखी 50, पृ. 46
2. कबीर भर्म न भागा जीव का अनंतहि धरिया भेष। —तदैव, साखी 19, पृ. 78
3. कबीर जीव बिलंव्या जीव सौ, अलष न लषिया जाइ।
   गोव्यंद मिलै न झल बुझै, रही बुझाइ बुझाइ।। —तदैव, चाणक कौ अंग, साखी 1, पृ. 40
4. जागि रे जीव जागि रे।
   चोरन कौ डर बहुत कहत हैं, उठि-उठि पहरें, लागि रे।। —क. ग्रं., राग भैरूँ पद 25, पृ. 355
5. तीन लोक भौं पींजरा, पाप-पुण्य भे जाल।
   सकल जीव सावज भये, एक अहेरी काल।। —बीजक, पृ. 150, सं. सुकदेव सिंह
6. भारतीय दर्शन, पृ. 450
7. सत रज तम थैं कीन्हीं माया। चारि खानि विस्तार उपाया।। —ग्रन्थावली, अष्टपदी रमैनी, पृ. 386
8. ई माया रघुनाथ की बौरी खेलन चली अहेरा हो। —बीजक, सं. शुकदेव सिंह, पृ. 181
9. संतो आवै जाय सो माया। —वही, सबद 27, पृ. 113

सत्त्व, रज, तम से उत्पन्न एक वृक्ष है। दुःख और सन्ताप इसकी शाखाएँ हैं। इसका आश्रय लेनेवाले को स्वप्न में भी मानसिक शान्ति प्राप्त नहीं होती। इसका फल भी अत्यन्त फीका और दुख देनेवाला होता है।[1] बीजक की एक रमैनी में कबीर ने माया द्वारा विषय-सुख रूपी संसार वृक्ष के रचे जाने की बात कही है। वे कहते हैं कि परमात्मा की माया का स्वरूप समझ नहीं आता। इसी माया ने संसार में सुखद लगनेवाले विषय-सुख रूपी वृक्ष की रचना की है। एक पद में कबीर ने संसार के प्रति आसक्ति उत्पन्न करनेवाले सारे बन्धनों को 'माया' बताया है। वे कहते हैं कि 'आदर', 'मान', सांसारिक विषयों के प्रति होनेवाली आसक्ति (रस) 'जप', 'तप', 'योग', 'माता', 'पिता', 'स्त्री', 'पुत्र' यह सब-कुछ माया ही है। यह माया जल, थल, आकाश और हमारे आस-पास चारों ओर व्याप्त है। सभी लोग माया के बन्धन में पड़े हैं। माया के कारण ही लोग अपने प्राण दे देते हैं। ऐसी माया को त्यागने का बार-बार प्रयत्न करता हूँ किन्तु, यह छोड़ी नहीं जाती। जहाँ ब्रह्म ज्ञान है, वहाँ माया नहीं है।[2] कबीर ने माया की सबसे अधिक भर्त्सना की है। उसकी उपमा वेश्या से दी है। उसे 'पापणी', 'मोहिणी', 'डाकणी' और 'विश्वासघातिनी' कहा है। उसे रामभक्ति में सबसे बड़ी बाधा माना है।[3] किन्तु अपने आत्मविश्वास का परिचय देते हुए कहा है कि यदि यह दुष्टा सन्तों के निकट जाय तो मैं इसके दाँत उखाड़ लूँ।[4] उन्हें यह भी विश्वास है कि परमात्मा का स्मरण करनेवाले सन्त इसे भोगकर इसकी उपेक्षा कर देते हैं। यह उनकी दासी बन जाती है।[5] तात्पर्य यह है कि कबीरदास को 'माया' के स्वरूप उसकी शक्ति, व्याप्ति, प्रभाव और सीमा का पूरा-पूरा ज्ञान था। उन्होंने सामान्यतः अविद्या के स्वरूप का ही वर्णन किया है।

संसार : सृष्टि

संसार की सृष्टि के सम्बन्ध में कबीरदास के विचारों पर सांख्य, अद्वैतवेदान्त तथा शैव, तन्त्र एवं योग दर्शनों का संस्कारगत प्रभाव लक्षित होता है। कहीं-कहीं, उन्होंने इस सन्दर्भ

1. कबीर माया तरवर त्रिविध का साखा दुःख संताप।
   सीतलता सुपिनै नहीं, फल फीका तन पाप।। —ग्रन्थावली, माया को अंग, साखी 20, पृ. 58
2. माया तजूं तजी नहिं जाई।
   फिरि फिरि माया मोहि लपटाई।
   माया आदर माया मान। माया नहीं तहाँ ब्रह्म गियान।।
   माया रस माया कर जांन। माया कारनि तजैं परान।।
   माया जप तप माया जोग। माय बांधे सबहीं लोग।।
   माया जल थलि माया आकासि। माया व्यापी रही चहूँ पासि।।
   माया माता माया पिता। अति माया इस्त्री सुता।।
   माया मारि करैं ब्यौहार। कहै कबीर मेरे राम अधार।। —कबीर ग्रन्थावली, पद 84
3. कबीर माया पापणीं, हरि सूं करैं हराम।
   मुखि कड़ियाली कुमति की, कहन न देई राम।। —तदैव, माया को अंग, साखी 1, पृ. 56
4. कबीर माया डाकणी सब किसही कूँ खाइ।
   दांत उपाड़ौं पापणीं जे संतौ नेड़ी जाइ।। —तदैव, साखी 21, पृ. 58
5. कबीर माया दासी संत की, ऊभी देइ असीस।
   विलसी अरु लातौं छड़ी, सुमरि सुमरि जगदीश।। —तदैव, साखी 10, पृ. 54

में अल्लाह द्वारा एक नूर के उत्पन्न किये जाने और उस नूर से सारे संसार की सृष्टि होने की बात कहकर इस्लाम की मान्यताओं से परिचित होने का संकेत भी दिया है।[1] कबीर पर सांख्य के प्रभाव की चर्चा करते हुए डॉ. बड़थ्वाल ने कहा है—"अतएव शंकराचार्य के अनुयायियों की भाँति कबीर आदि निर्गुणियों ने भी सांख्य सिद्धान्त का उपयोग किया, परन्तु उस पर अद्वैत की छाप लगाकर प्रकृति और पुरुष को भी उन्होंने व्यावहारिक सत्य के रूप में ग्रहण किया और उनके संयुक्त रूप को ब्रह्मा का व्यावहारिक व्यक्त स्वरूप माना जिसके परे अव्यक्त पूर्ण ब्रह्मा का स्थान था।"[2] इसमें सन्देह नहीं कि जगत् की रचना में कबीर उन तत्त्वों का योग स्वीकार करते हैं, जिनका उल्लेख सांख्य दर्शन में हुआ है। उन्होंने बार-बार, सत्त्व, रज, तम—इन तीन गुणों और 'आकाश', 'वायु', 'अग्नि', 'जल' एवं पृथ्वी—इन पाँच तत्त्वों से संसार के रचे जाने की बात कही है, किन्तु इन तत्त्वों से संघटित ब्रह्माण्ड और पिण्ड को वे नश्वर मानते हैं, जबकि सांख्य इनका नाश नहीं मानता। कबीर ने कहा है कि ब्रह्माण्ड भी नहीं है, पिण्ड भी नहीं है और पंचतत्त्व भी नहीं है।[3] यह तन, यह मन और सत्त्व, रज, तम ये तीनों गुण भी मिथ्या हैं।[4] यह स्पष्ट है कि सांख्य की शब्दावली का प्रयोग करते हुए भी कबीर ने सांख्य की दृष्टि से संसार को नहीं देखा है। इसी प्रकार शाक्त, तन्त्र तथा योग—इन तीनों दर्शनों में स्वीकृत 'नाद' और 'बिन्दु' की चर्चा भी कबीर ने की है। उन्होंने कहा है कि 'नाद' और 'बिन्दु' से रचित यह शरीर नौका रूप है और राम का नाम ही इसे भवसागर से तारने के लिए कर्णधार है।[5] अन्यत्र उन्होंने यह भी कहा है कि मेरा 'खसम' वही है, जो 'नाद-बिन्दु' से परे है।[6] तान्त्रिक ग्रन्थों में 'नाद' और 'बिन्दु' की विस्तृत व्याख्या दी गयी है। संक्षेप में कहा जा सकता है कि 'ब्रह्माण्ड' और 'पिण्ड' दोनों शिव-शक्ति तत्त्व के ही व्यक्त रूप हैं। मानव पिण्ड में शक्ति कुण्डलिनी रूप में सुप्त रहती है। ब्रह्माण्ड में इसे महाकुण्डलिनी के रूप में सुप्त माना जाता है। योगी जब साधना करता है तो उसकी कुण्डलिनी शक्ति ऊर्ध्वमुखी होकर शिवतत्त्व से मिलने के लिए आगे बढ़ती है। कुण्डलिनी के उद्बुद्ध होकर शिवोन्मुख होने से स्फोट होता है, उसे 'नाद' कहते हैं। नाद से प्रकाश होता है और प्रकाश का ही व्यक्त रूप महाबिन्दु है।[7] तन्त्रशास्त्र के प्रसिद्ध ग्रन्थ 'शारदा तिलक' में कहा गया है कि प्रकृति सम्पृक्त सच्चिदानन्द रूप परमेश्वर से 'शक्ति' उत्पन्न हुई। शक्ति से 'नाद' और नाद से 'बिन्दु' उत्पन्न हुआ। यह 'बिन्दु' तत्त्व अपनी इच्छा शक्ति से तीन रूपों—बिन्दु,

---

1. अला एकै नूर निपाया, ताकी कैसी निंदा।
   वा नूर थैं सब जग कीया, कौन भला कौन मंदा।। —कबीर ग्रन्थावली, पद 56, पृ. 176
2. हिन्दी काव्य में निर्गुण सम्प्रदाय, पृ. 131।
3. नहीं ब्रह्माण्डि पिण्डि पुनि नाहीं पंचतत्त्व भी नाहीं।।
   —कबीर ग्रन्थावली (माताप्रसाद गुप्त) पद 32, पृ. 164
4. जौ पैं बीज रूप भगवाना।
   तौ पंडित का कथिसि गिआना।
   नहीं तन नहीं मन नहीं अहंकार। नहीं सत रज तम तीनि प्रकार।। —तदैव, पद 38, पृ. 168
5. नाद व्यन्द की नावरी, राम नाम कनिहार। —तदैव, (माताप्रसाद गुप्त) पद 18, पृ. 155
6. साधौ करता करम तैं न्यारा।
   नाद बिन्दु तैं रहित है सोई खसम हमारा।। —कबीर ग्रन्थावली, डॉ. तिवारी, पद 158, पृ. 92
7. कबीर, पण्डित हजारीप्रसाद द्विवेदी, पृ. 46

नाद और बीज—में विभक्त हो गया। बिन्दु शिवात्मक है, बीज शक्तिरूप है और 'नाद' इन दोनों के समवाय सम्बन्ध से उत्पन्न है।[1] सर जॉन वुडराफ (Sir John Woodroffe) ने 'षट्चक्र निरूपण' ग्रन्थ पर श्री राघवभट्ट की टीका का हवाला देते हुए बताया है कि 'नाद' में सत्त्व, रज और तम, प्रकृति के ये तीनों गुण विद्यमान होते हैं। इनमें से कभी किसी एक की और कभी किसी दूसरे की प्रधानता होती है। जब तमोगुण प्रधान होता है तो 'नाद' अव्यक्त रहता है (ध्वन्यात्मकोऽव्यक्त नादः) इस अव्यक्तावस्था में इसे 'निबोधिका' या 'बोधिनी' कहते हैं। जब रजोगुण प्रधान होता है, तब इसे 'नाद' कहते हैं। इस अवस्था में किञ्चित वर्णबोधन्यासात्मक ध्वनि होती है। जब सत्त्वगुण का प्राधान्य होता है, तब नाद बिन्दु रूप हो जाता है।[2] 'बिन्दु को प्रणव (ॐ) का अव्यक्त स्वरूप और 'नाद' को इसका व्यक्त स्वरूप भी माना जाता है। कुछ भी हो कबीरदास 'नाद' और 'बिन्दु' को परम चैतन्य की स्थूल अभिव्यक्ति मानते हैं और इनसे होनेवाली रचना (सृष्टि) को भी नश्वर ही समझते हैं। जिस प्रकार उनके विचारों पर सांख्य दर्शनों में वर्णित सृष्टि-रचना का संस्कारगत प्रभाव लक्षित होता है, उसी प्रकार शाक्त और तन्त्र दर्शनों में वर्णित सृष्टि-रचना क्रम की पारिभाषिक जटिलता का ज्ञान न होने पर भी इनकी मूलभूत मान्यताओं से वे परिचित प्रतीत होते हैं। उन्होंने 'ओउंकार आदि है मूला'[3] कहकर प्रणवतत्त्व से भी परिचित होने की सूचना दी है। यह परिचय दार्शनिक जटिलताओं के प्रति कबीर की निष्ठा का द्योतक नहीं है, क्योंकि इनकी चर्चामात्र करके वे आगे बढ़ जाते हैं। निष्कर्ष रूप में वे यही कहना चाहते हैं कि परम चैतन्य सर्वनिरपेक्ष हैं और शेष सारा प्रपंच मिथ्या है।

संसार की असारता :

जगत् की मिथ्यात्व पर कबीर ने बहुत बल दिया है। इसकी उपमा उन्होंने 'सेमर के फूल'[4]

---

1. सच्चिदानन्द विभवात्सकलात्परमेश्वरात्।
आसीच्छक्तिस्ततोनादो नादाद्बिन्दुसमुद्भवः।
परशक्तिमयः साक्षात्त्रिधासौ भिद्यते पुनः
बिन्दुर्नादो बीजमिति तस्य भेदाः समीरिताः
बिन्दुः शिवात्मको बीजं शक्तिर्नादस्तयोर्मिथः
समवायः समाख्यातः सर्वागमविशारदैः —शारदा तिलकम्, प्रथम पटल, श्लोक 7-8-9

2. **"In Nada are the guna (सत्त्व, रजस्, तमस्) which form the substance of Prakriti, which wth Siva it is. When *tamoguna* predominates. *Nada* is merely an indistinct or unmanifested (dhvanyatmakavyakta nadah) sound is the nature of dhvani. In this state, in which it is a phase of Avyaktanada, it is called Nibodhika or Bodhini. It is Nada where *rajoguna* is in the ascendant, when there is a sound in which there is something like a connected or combined disposition of the letters when the Sattvaguna preponderates Nada assumes the form of Bindu."**
—Introduction to Tantra Sastra, Sir John Woodroffe, page 8.

3. 'ओउंकार आदि है मूला'—कबीर ग्रन्थावली, चौपदी रमैणी, पृ. 398

4. यहु ऐसा संसार है, जैसा सैंवल फूल।
दिन दस के ब्यौहार को, झूठै रंगि न भूलि।। —तदैव, साखी 13, पृ. 33

और 'धुआँ के धौरहर'[1] से दी है। कभी इसे 'कुहरा का धुन्ध'[2] और कभी कागद की पुड़िया[3] कहा है। कभी वेदान्त की शब्दावली में वे इसे स्वप्नवत् कहते हैं।[4] इस मिथ्यात्व के अतिरिक्त भी कबीर के मन में संसार को लेकर कई चित्र थे। कभी उन्हें लगता था कि सारा संसार एक हाट है और सब लोग यहाँ वाणिज्य करने आये हैं।[5] कभी वे सोचते हैं कि संसार वासनाओं से भरा है। संसार के प्रत्येक प्राणी इन वासनाओं के विष से पीड़ित है। इससे बचने का कोई उपाय नहीं है। तब उन्हें यह विषधर नाग के समान प्रतीत होता है।[6] जब कभी वे यह सोचते हैं कि अन्ततः जीवात्मा को इस भौतिक संसार से परे साध्य परमतत्त्व के अमरलोक में जाकर नित्य आनन्द में मग्न होना है तब उन्हें यह 'नैहर' जैसा लगता है।[7] प्रत्येक स्थिति में इसकी नश्वरता, निस्सारता, और दुःखमयता प्रमाणित करना चाहते हैं। वस्तुतः कबीर की जीवनदृष्टि निवृत्तिमूलक है। इसलिए वे बार-बार सांसारिक सम्बन्धों और इनके आकर्षणों को क्षणिक कहकर एकमात्र 'राम' की सत्यता पर बल देते हैं।

काल

दार्शनिकों की दृष्टि में 'काल' भी एक द्रव्य है। यह एक और अखण्ड है। 'लव', 'निमेष', 'प्रहर', 'दिन', 'रात', 'पक्ष', 'मास', 'वर्ष' आदि भेद लोक-व्यवहार की सिद्धि के लिए माने गये काल भी विभु (व्यापक) और अव्यक्त हैं। जो कुछ व्यक्त और सीमित है वह अन्ततोगत्वा विराट् और अनन्त में ही विलीन हो जाता है, इसलिए यह धारणा बन गयी है कि काल सभी को ग्रस लेता है। गीता में भगवान् कृष्ण ने कहा है कि लोकपक्ष के लिए मैं ही प्रज्वलित काल हूँ।[8] कबीरदास को भगवान् के 'सुमिरन' के अतिरिक्त शेष सब-कुछ काल ही प्रतीत होता है।[9] वे अनुभव करते हैं कि सारा संसार काल का शिकार है। काल अहेरी है।[10] इसलिए वे संसार के लोगों को चेतावनी देते हुए कहते हैं कि काल ने सबका केश अपनी मुट्ठी में पकड़ रखा है। वह पता नहीं कब हमें मार डालेगा। इसलिए राम का सुमिरन कर लेना चाहिए।[11] राम की कृपा से ही काल के प्रभाव से बचा जा सकता है। इस प्रकार कबीर की

---

1. कबीर हरि की भगति बिन, धिग्र जीमण संसार।
   धूवां केरा धौलहर, जात न लागैं वार।। —वही, चितावणी कौ अंग, साखी 27, पृ. 92
2. राम बिना संसार धुंध कुहेरा। —वही, राग केदारौं, पद 38, पृ. 333
3. 'विनसि जाय कागद की पुड़िया' —कबीर ग्रन्थावली, पद 91, पृ. 199
4. 'संसार ऐसा सुपिन जैसा, जीवन सुपिन समान।' —कबीर वाणी, राग आसावरी, पद 39, पृ. 291
5. ''यहु संसार हाट करि जानूँ सबको वाणिज्य आया'
   —कबीर ग्रन्थावली, राग आसावरी, पद 33, पृ. 285
6. संसार भवंगम डसिले काया। अरु दुःख दारुन व्यापै तेरी माया। —तदैव, पृ. 195, पृ. 83
7. 'दिन दस नैहर खेलि ले, सासुर निज भरना' —कबीर वाणी, डॉ. द्विवेदी, पद 145, पृ. 316
8. 'कालोऽस्मि लोकक्षयकृत्प्रवृद्धो लोकान्समाहर्तुमिह प्रवृत्तः' —गीता, 11 अ. 32 श्लोक
9. कबीर सुमिरण सार है, और सकल जंजाल। आदि अंति सब सोधिया, दूजा देखौं काल।।
   —ग्रन्थावली, साखी 5, पृ. 7
10. 'काल अहेरी सांझ सकारा। सावज ससा सकल संसारा'
    —कबीर ग्रन्थावली, (पारसनाथ तिवारी), रमैनी 12, पृ. 123
11. सुमिरन करहू राम का, काल गहे कर केस।
    ना जानौ कब मारिहै, कै घर कै परदेस।। —तदैव, रमैनी 12, पृ. 124

दृष्टि में 'काल' संसार के सभी प्राणियों की मृत्यु का कारण है। जो राम के भक्त हैं, उनका स्मरण करते हैं, वे काल के प्रभाव से मुक्त हैं। शेष सभी उसके पाश में बँधे हैं। कहना न होगा कि कबीर ने 'काल' के सम्बन्ध में भी एक भक्त की दृष्टि से ही विचार किया है।

मोक्ष :

भारतीय जीवन-दृष्टि मोक्ष को चरम पुरुषार्थ मानती है। 'मोक्ष' का अर्थ है—जीवन-मरण के चक्र से छुटकारा। तत्त्वज्ञान होने से मनुष्य आसक्तिरहित होता है, उसकी कर्म में प्रवृत्ति नहीं होती। कर्म में प्रवत्ति न होने से उसका फल भोगने का प्रश्न नहीं उठता। अतः जन्म-मरण का क्रम समाप्त जाता है। जीवात्मा संसार से मुक्त हो जाती है और परमतत्त्व से मिलकर एकाकार हो जाती है। मध्यकालीन भक्तों और सन्तों ने संसार को भवसागर माना है और इससे मुक्त होने (जन्म-मरण के बन्धन से मुक्त होने) को 'तरना' (पार हो जाना) कहा है। सामान्य धारणा यह है कि संसार से छुटकारा पाकर जीव वैकुण्ठ लोक में पहुँच जाता है। कबीरदास किसी वैकुण्ठ लोक में विश्वास नहीं करते। वे कहते हैं कि वे भगवान्! हमको तारकर कहाँ ले जाओगे? वह वैकुण्ठ कहाँ और कैसा है? जिसे कृपा करके आप हमें देंगे। मुक्ति का प्रश्न तो तब उठता है जब आपने हमको अपने से दूर कर दिया हो। जब आप सबमें रम रहे हैं तो हमें क्या भ्रमाते हैं। तारने और तरने का प्रश्न तभी तक है जब तक तत्त्वज्ञान नहीं होता। कबीर ने सभी में एक राम की सत्ता लक्षित कर ली है। अब उसे पूर्ण मानसिक शान्ति प्राप्त है।[1] प्रकट है कि कबीर की दृष्टि में राम से 'एकमेक' होना ही मुक्ति है। इसके लिए राम की सर्वव्यापकता एवं नित्यता का ज्ञान आवश्यक है। कबीर ने 'जीवन्मुक्तता' की भी बार-बार चर्चा की है। योगमत में भी योगियों के जीवन्मुक्त होने की बात मान्य है। शरीर रहते हुए जो माया के सारे बन्धनों को काट लेता है, भेदभाव से ऊपर उठ जाता है, विषयासक्त नहीं होता, उसे जीवन्मुक्त कहा जा सकता है। कबीर के अनुसार जगत् की समस्त आशाओं को त्याग देना ही 'जीवन्मृतक' (जीवन्मुक्त) होना है।[2] एक अन्य स्थान पर वे कहते हैं कि मेरा मन सांसारिक विषयों से विमुख होकर अपनी सनातन स्थिति (शुद्ध, निर्विकार एवं निर्द्वन्द्व स्थिति) में पहुँच गया है और अब मैं 'जीवन्मृतक' (जीवन्मुक्त) स्थिति का अनुभव कर रहा हूँ।[3] इस कथनों से प्रकट है कि 'मोक्ष' के सम्बन्ध में कबीर के विचार स्पष्ट और भारतीय दर्शनों में मान्य धारणाओं के सर्वथा अनुकूल हैं।

●

---

1. राम मोहि तारि कहाँ लै जइहौ।
   सो वैकुंठ कहाँ धौं कैसा करि पसाउ मोहि दइहौ।
   जउ तुम मोकौ दूरि करत हौं तौ मोहि मुकुति बतावहु।
   एकमेक रमि रह्यौ सभनि मैं तो काहे भरमावहु।
   तारन तरनु तबै लगि कहिए जब लगि तत्त न जाना।
   एक राम देखा सबहिन मैं कहै कबीर मन माना।।

   —कबीर ग्रन्थावली, (पारसनाथ तिवारी), पद 54, पृ. 31
2. कबीर जीवन मृतक है रहै, तजै जगत की आस।
   तब हरि सेवा आपण करै, मति दुख पावै दास।।

   —कबीर ग्रन्थावली, (माताप्रसाद गुप्त), साखी 1, पृ. 107
3. अब मन उलटि सनातन हुआ। तब हम जाना जीवन मूआ।

   —तदैव, पद 15, पृ. 153

कबीर का समाज-दर्शन

आधुनिक अर्थ में कबीर को समाज-सुधारक या समाज-द्रष्टा नहीं कह सकते। उनकी चेतना मूलतः आध्यात्मिक थी। वे समाज-रचना के लिए किसी प्रकार के सुधारवादी आन्दोलन के पुरस्कर्त्ता न होकर मानव आत्मा की मुक्ति के लिए आध्यात्मिक संघर्ष करनेवाले साधक थे। उनका सारा संघर्ष आसक्ति एवं तृष्णा के विरुद्ध था। वे 'मन' को जीतने के लिए सन्तों और भक्तों को प्रेरित करते रहते थे। वे जब संसार में अनादि काल से व्याप्त दुःख के मूल कारण पर विचार करते थे तो उन्हें लगता था कि आसक्तियों पर जय प्राप्त न कर सकने के कारण सारा संसार दुःखी है। उन्होंने कहा कि क्या गृही, क्या वैरागी सभी दुःखी हैं। 'जोगी', 'जंगम', 'तपसी', 'अवधू' तथा सभी दुःखी हैं। सभी 'आसा', 'त्रिसना' से ग्रस्त हैं। राजा हो या रंक दुःख की परिधि से बाहर कोई नहीं है। मनुष्यों की कौन कहे 'ब्रह्मा', 'विष्णु' और 'महेश' भी—जिन्होंने सृष्टि के उद्‌भव और विकास का क्रम चलाया है—दुःखी हैं। आचार्य शुकदेव संसार के दुःख का अनुमान करके ही गर्भ से ही विरक्त होकर तपश्चर्या में लीन हो गये थे। इस संसार में मन को जीतनेवाले सन्त ही सुखी हैं।[1] इस प्रकार कबीर की दृष्टि में मनुष्य को सुखी होने के लिए अपने से ही संघर्ष करना है। अपने मन को ही जीतना है। मन के विकारों का ही शसन करना है। इसके लिए व्यक्ति को ही अपनी चिन्मय प्रवृत्तियों को परमचैतन्य की ओर उन्मुख करना होगा।

कबीर के अनुसार यह सारा व्यक्त जगत् एक ही तत्त्व से उत्पन्न है। इसलिए सभी प्रकार की भेद-दृष्टि मिथ्या है। मानव-मानव में भेद तो परम अज्ञान का द्योतक है। इसी तत्त्व-दृष्टि से प्रेरित कबीर ने जाति-पाँति, छूआ-छूत, ऊँच-नीच और ब्राह्मण-शूद्र के भेद का विरोध किया है। इसी आधार पर उन्हें समाज-सुधारक समझा जाता है। इसमें सन्देह नहीं कि इन भेदों को दूर कर देने पर एक सुन्दर समाज की रचना हो सकती है। ऐसा समाज जिसमें ब्राह्मण, शूद्र का भेद न हो, छूआ-छूत न हो, जाति-पाँति न हो और मनुष्य मात्र समान समझे जायँ आज भी स्थापित नहीं हो सका है। किन्तु इस स्तर पर भी कबीर के विरोध का प्रेरणा-स्रोत आध्यात्मिक सत्य ही है। वे भेद-भाव का विरोध इसलिए करते हैं कि तत्त्वतः ये मिथ्या हैं। वे कहते हैं कि एक ही ज्योति सब में व्याप्त है, दूसरा कोई तत्त्व है ही नहीं।[2] परमात्मा ने

---

1. उदै अस्त की बात कहतु हौं सब का किया विवेका हो।
घाटै-बाटै सब जग दुखिया क्या गिराही वैरागी हो।
सुकदेव अचारज दुख कै कारनि गरभ सौं माया त्यागी हो।
जोगी दुखिया जंगम दुखिया तपसी कौं दुख दूनां हो।
आसा त्रिसनां सबकौ व्यापै कोई महल न सूना हो।
सांच कहौं तौ कोई न मानै झूठ कहा नहिं जाई हो।
ब्रह्म बिस्नु महेसुर दुखिया जिनु यहु राज चलाई हो।
कहै कबीर सकल जग दुखिया संत सुखी मन जीती हो।—कबीर ग्रन्थावली (डॉ. तिवारी), पद 90, पृ. 53

2. एकहि जोति सकल घट व्यापक दूजा तत्त न कोई।
कहै कबीर सुनौ रे संतौ भटकि मरै जनि कोई।। —कबीर ग्रन्थावली, (डॉ. तिवारी), पद 105, पृ. 61

एक ही बूँद से ही सारी सृष्टि रची है, फिर ब्राह्मण और शूद्र का भेद क्यों।[1] यदि हिन्दू और तुर्क दो होते तो जन्म से ही इनमें अन्तर होता। जिस प्रक्रिया से अन्य जातियों के लोग उत्पन्न होते हैं, ठीक उसी प्रक्रिया से ब्राह्मण भी उत्पन्न होते हैं।[2] इसी प्रकार यदि तुर्क अन्य मनुष्यों से अलग होते तो माता के गर्भ में ही उनका 'खतना' हो गया होता।[3] एक ही 'नूर' से सारा संसार रचा गया है न कोई भूला है और कोई मन्द।[4] छूआ-छूत का विरोध भी कबीर ने इसी स्तर पर किया है। वे कहते हैं कि पण्डित तुम कहते हो कि पवित्र स्थान पर भोजन करना चाहिए। बताओ कौन-सा स्थान पवित्र है? विचार करने पर तो माता-पिता भी जूठे हैं और वृक्षों में लगने वाले सारे फल भी जूठे हैं। अग्नि और जल भी जूठे हैं। गोबर और चौका भी जूठा है और जूठी कलछी से ही अन्न परोसा जाता है। वस्तुतः पवित्र और शुद्ध तो वे ही लोग हैं जिन्होंने हरि की भक्ति करके अपने मन के विकारों को दूर कर लिया है।[5] प्रकट है कि कबीर मन की पवित्रता या आन्तरिक शुद्धता पर बल देते हैं। यह मन की पवित्रता भी एक आध्यात्मिक सत्य है।

कबीर ने साधना के सभी क्षेत्रों में बाह्याचार का विरोध किया है। वे सारे औपचारिक कर्म-विधान जिनके मूल में कोई तत्त्व नहीं है, कबीर के लिए, व्यर्थ है। जिन नाथ-योगियों से कबीर का सीधा सम्बन्ध जोड़ा जाता है उनके बाह्याचार का भी उन्होंने विरोध किया है। उन्होंने ऐसे योगियों की निन्दा की है जो हाट-बाजार में प्रदर्शन के लिए (ध्यान) लगाते हैं। प्रदर्शन करनेवाले ये योगी कबीर की दृष्टि में कच्चे सिद्ध हैं, जो माया के बन्धन में पड़े हैं।[6] वे अच्छी तरह जानते हैं कि लोग शरीर का योग साधते हैं, मन का योग बिरला की कोई साधता है।[7] कबीर ने सामान्यतः वैष्णवों की प्रशंसा की है किन्तु विवेक-रहित छापा तिलक लगानेवाले वैष्णवों को भी उन्होंने आडम्बरी ही माना है।[8] वे स्पष्ट देख रहे थे कि जिन साधकों के पास लोग मुक्ति की कामना से जाते हैं वे स्वयं अनेक प्रकार के बन्धनों में जकड़े हुए हैं। योगी कहते हैं कि

---

1. एक बूंद तैं सृष्टि रची है कौन ब्राह्मण कौन सूदा। —तदैव, पद 182, पृ. 106
2. जो तूं बाभन बभनी जाया। तौ आन बाट होइ काहे न आया। —तदैव, पद 182, पृ. 106
3. जे तूं तुरक तुरुकिनी जाया तौ भीतरि खतना क्यूं न कराया।। —तदैव, पद 182, पृ. 106
4. एक नूर तैं सब जग कीआ कौन भले कौन मंदे। —तदैव, पद 185, पृ. 108
5. कहु पंडित सूचा कवन ठाउ।
   जहाँ बैसि हउं भोजन खाउ।
   माता जूठा पिता भी जूठा जूठे ही फल लागे।
   आवहिं जूठे जाहिं जाहि भी जूठै मरहिं अभागे।
   अगिनि भी जूठी पानी जूठा जूठै बैसि पकाया।।
   जूठी करछी अन्न परोसा जूठै जूठा खाया।।
   गोबरु जूठा चउका जूठा जूठै दीनी कारा।
   कहै कबीर तेई जन सूजे हरि भजि तजहिं विकारा।। —कबीर ग्रन्थावली, डॉ. तिवारी, पद 192, पृ. 112
6. हाट बजारै लावै तारी। कच्चा सिद्धहि माया पारी। —बीजक रमैनी 69, सं. शुकदेव सिंह, पृ. 103
7. कबीर तन कौं जोगी सब करै मन कौ बिरला कोइ।
   सब सिधि सहजै पाइये, जे मन जोगी होइ।। —कबीर ग्रन्थावली, (डॉ. गुप्त), साखी 17, पृ. 78
8. कबीर वैश्नो भय तो भया बुझ्या नहीं बमेक।
   छापा तिलक बनाई करि, दगध्या लोक अनेक।। —कबीर ग्रन्थावली, (डॉ. गुप्त), साखी 16, पृ. 78

योग के अतिरिक्त सिद्धि का कोई दूसरा मार्ग नहीं है। लुंचित (केशों को नोचकर निकाल देनेवाले), 'मुण्डित' (बाल मुँड़ा देनेवाले), 'मौनी' (मौन धारण करनेवाले), 'जटाधर' (जटा धारण करनेवाले), ये सभी कहते हैं कि इसी पद्धति से सिद्धि प्राप्त की जाती हैं 'पण्डित', 'गुणी', 'शूर', 'कवि', 'दाता' ये सभी अहंकारवश अपने को ही सबसे बड़ा धर्म मानते हैं। सच्चाई यह है कि यह सभी बाह्याडम्बर के बन्धन में बँधे हैं। अहंकार में पड़कर सत्य से विमुख हैं। हरि के स्मरण के अभाव में ये जिस प्रकार उत्पन्न हुए हैं उसी प्रकार नष्ट हो जायेंगे।[1] इसी प्रकार कबीर को 'पीर', 'मुरीद', 'काजी', 'मुल्ला', दरवेश आदि सभी भ्रान्ति में पड़े हुए प्रतीत होते हैं। इन सभी को सम्बोधित करते हुए उन्होंने कहा है कि 'कुरान' और 'कतेब' पढ़ने से 'फिक्र' से छुटकारा नहीं मिलेगा। मन को स्थिर करने से ही 'खुदा' को प्राप्त करने का आनन्द मिल सकता है।[2] कबीरदास पूजा-अर्चा, तीर्थ-व्रत तथा रोजा-नमाज को भी ब्राह्माचार ही समझते थे। उन्होंने कहा कि तीर्थ और व्रत विष की बेलि हैं जो सारे संसार पर छायी हुई है। मैंने इसकी जड़ को ही नष्ट कर दिया है। अन्यथा इससे उत्पन्न होनेवाले विष फल को खाना पड़ता।[3] उनका कहना था लोग मूर्ति को कर्त्ता मानकर पूजते हैं वे मृत्यु की काली धारा में डूब जाते हैं।[4] जप-तप, रोजा-नमाज यह सब मन को परिष्कृत करने के साधन हैं। यदि दिल साफ नहीं है तो 'ऊजू' करने से क्या लाभ? जप-मंजन से क्या होगा? मसजिद में जाकर सिर नवाने से क्या बनेगा। नमाज गुजारना या हज और काबे जाना तभी सार्थक है जब दिल में कपट नहीं है।[5] तात्पर्य यह कि कबीरदास ने जहाँ कहीं ढोंग, दिखावा, कपट, धोखा, फरेब, आडम्बर, स्वाँग, प्रपंच, छल, छद्म, देखा वहीं निर्भय होकर प्रहार किया। पण्डित हो चाहे मौलवी, गुरु हो चाहे पीर, योगी हो चाहे फकीर, हिन्दू हो चाहे मुसलमान, यदि वह सच्चाई के मार्ग से अलग है, तो कबीर ने उसको चेतावनी दी है। टोका है। खिल्ली उड़ायी है। व्यंग्य और उपहास किया है। उन्होंने सहज सात्त्विक जीवन-पद्धति को महत्त्व दिया है।

---

1. हरि बिनु भरमि बिगूते गंदा।
   जापै जाऊं आपणपौ छुड़ावण ते बीधे बहु फंदा।
   जोगी कहै जोग सिधि नीकी और न दूजा भाई।
   लुंचित मुंडित मोनि जटाधर, ए जु कहैं सिधि पाई।
   जहाँ का उपज्या तहाँ बिलाना, हरि पद विसर्‌या जबहीं।
   पंडित गुनी सूर कवि दाता ए जु कहैं बड़ हमहीं। —कबीर ग्रन्थावली (डॉ. गुप्त), पद 132, पृ. 222
2. पीरां मुरीदां काजियां मुलां अरु दरवेस।
   कहां थे तुम्ह किनि कीये अकलि है सब नेस।
   कुरांला कतेबां अस पढ़ि पढ़ि फिकरि या नहीं जाइ।
   टुक दम करारी जे करै हाजिरां सूर खुदाइ। —तदैव, राग आसावरी, पद 50, पृ. 298
3. तीरथ ब्रत बिख बेलड़ी सब जग मेल्हा छाइ।
   कबीर मूल निकंदिया, कौन हलाहल खाइ।। —कबीर ग्रन्थावली। (डॉ. तिवारी), साखी 5, पृ. 225
4. पाहन केरा पूतरा करि पूजै करतार।
   इही भरोसे जे रहे ते बूड़े काली धार।। —क. ग्रं. (डॉ. तिवारी), साखी 1, पृ. 221
5. क्या अजू जप मंजन कीएँ क्या मसीति सिरु नाएं।
   दिल महिं कपट निवाज गुजारै क्या हज कावै जाएं।। —तदैव, पद 177, पृ. 103

कबीरदास का ध्यान आर्थिक भेदभाव की ओर न गया हो, ऐसी बात नहीं है। उन्होंने कहा है जो निर्धन हैं, उनका आदर कोई नहीं करता। जब निर्धन, धनी के यहाँ जाता है, तो वह मुँह फेर लेता है, किन्तु जब धनी निर्धन के यहाँ आता है, तो वह उसका आदर करता है। वस्तुतः धनी और निर्धन-दोनों भाई-भाई हैं। यह तो प्रभु की कला है जो दोनों दो स्थितियों में पड़ गये हैं। वास्तविक निर्धन तो वह है जिसके हृदय में भगवान् का नाम नहीं है।[1] कबीर को जितना आक्रोश सामाजिक और धार्मिक असमानता के प्रति है, उसका शतांश भी आर्थिक विषमता के प्रति नहीं है। एक आस्तिक भारतीय की भाँति वे धनी या निर्धन होना ईश्वर की कला का परिणाम मानते थे। आर्थिक विषमता भी मनुष्यों की ही स्वार्थवृत्ति का परिणाम है, यह उनकी समझ में नहीं आया था। वे यह मानते थे कि भगवान् ने जिसके लिए जितना निश्चित किया है, उसे उतना ही प्राप्त होगा। चाहे जितना सिर खपाया जाय उसमें न एक राई कम हो सकता है न एक तिल बढ़ सकता है।[2] जीवन की सुविधाएँ अच्छे कर्मों का और असुविधाएँ बुरे कर्मों का परिणाम हैं। सुख-दुःख अपने ही कर्मों का भोग है। यह कर्म-फल का सिद्धान्त उन्हें भी मान्य था। वे यह तो मानते थे कि हिन्दू, मुसलमान, ब्राह्मण, शूद्र, ऊँच-नीच, सुजाति-कुजाति तथा पवित्र-अपवित्र का भेद अज्ञान-जनित एवं मिथ्या है किन्तु धनी और दरिद्र या सम्पन्न और विपिन्न के भेद ने भी मानव जाति का अपकार किया है और यह भेद ईश्वर-कृत नहीं है, यह वे नहीं मानते थे। वस्तुतः भौतिक वैभव को वे महत्त्व ही नहीं देते थे। संसार का सारा वैभव उनके लिए व्यर्थ था। उनकी दृष्टि में वैभव के सूचक हाथी-घोड़े और शक्ति के सूचक छत्र-ध्वजा ये सब व्यर्थ हैं। इस वैभव के सुख से तो भिक्षा वृत्ति अच्छी है, क्योंकि भिक्षा माँगकर जीवन यापन करनेवाले सन्तों का समय हरि के सुमिरन में व्यतीत होता है।[3]

मूलतः आध्यात्मिक-नैतिक चेतना से प्रेरित होने के कारण ही कबीर के मन में जिस आदर्श मानव की मूर्ति विराजमान थी वह एक सहज, नैतिक, सात्त्विक ईश्वर भक्त के अतिरिक्त और कुछ नहीं था। उनकी दृष्टि में आदर्श मानव को ईश्वर में विश्वास करनेवाला, संसार के आकर्षकों से विरक्त, समस्त भेद-भाव से परे, सत्यनिष्ठ तथा मन, वाणी और कर्म से एक होना चाहिए। मन की विषयोन्मुखता आदर्श मानव के मार्ग की सबसे बड़ी बाधा है। इसलिए उसे मन को नियन्त्रित रखना चाहिए।[4] आदर्श मानव को अहंकाररहित, तत्त्वदर्शी, हंस की तरह नीर-क्षीर विवेकी, चन्दन की तरह शीतल और दुर्जनों को भी सज्जन बनानेवाला समत्वबुद्धि

---

1. निर्धन आदर कोई न देई। लाख जतन करै ओहु चित न धरेई।
   जौ निरधन सरधन कै जाई। आगे बैठा पीठ फिराई।
   जौं सरधन दोनों भाई। दीया आदर लिया बुलाई।
   निर्धन सरधन दोनों भाई। प्रभु की कला न मेटी जाई।
   कहि कबीर निर्धन है सोई। जाकै हिरदै नाम न होई।।

   —कबीर ग्रन्थावली (ना. प्र. स.), परिशिष्ट, पृ. 302
2. जाकों जेता निरमया, ताकों तेता होइ।
   राई घटै न तिल बढ़ै जौ सिर कूटै कोइ।। —कबीर ग्रन्थावली (डॉ. तिवारी), साखी 15, पृ. 241
3. कबीर हय गय गैबर सघन धन, छत्र धजा फहराइ।
   ता सुख थैं भिष्या भली, हरि सुमिरन दिन जाइ।। —कबीर ग्रन्थावली (डॉ. गुप्त) साखी 4, पृ. 89
4. कबीर मारौं मन कूं टूक-टूक है जाइ।
   विष की क्यारी बोइ करि, लुणत कहा पछिताइ।। —कबीर ग्रन्थावली (डॉ. गुप्त) साखी 5, पृ. 49

सम्पन्न होना चाहिए। कबीरदास ने वैष्णवों की बार-बार इसीलिए प्रशंसा की है कि वे दयालु, अहिंसक और हरि का सुमिरन करनेवाले थे। कबीर के लिए सदाचार का सर्वाधिक महत्त्व था। उन्होंने शाक्तों की जो निन्दा की है, उसका प्रधान कारण यही था कि शाक्त उस समय सर्वाधिक आचारहीन थे। वे साधना के नाम पर ऐसी प्रवृत्तियों का पोषण कर रहे थे, जो कबीर की सहज-साधना के प्रतिकूल थीं।

कबीरदास ने भेद-भाव की समस्त सीमाओं को तोड़कर भक्त के रूप में जिस आदर्श मानव को सामने रखा है, वह मानव-व्यक्तित्व के विकास की सम्पूर्ण सम्भावना को समाप्त करके उसे ईश्वरत्व के स्तर तक पहुँचा देनेवाला है। नर का नारायणत्व प्राप्त कर लेना ही सच्चा मानव-धर्म है। कबीरदास ने कहा है कि हे प्रभु! निरन्तर तुम्हारा ध्यान करते हुए मैं तुममें लीन हो गया। अब मेरी अहन्ता समाप्त हो गयी। मैं तुम्हारे नाम पर निछावर जाता हूँ जिसे रटने से मुझे यह स्थिति प्राप्त हुई है। अब मैं जहाँ देखता हूँ वहाँ आप ही दिखायी पड़ते हैं।[1] कबीरदास मनुष्य को इसी ऊँचाई पर देखना चाहते थे। मानव आत्म जब विश्वात्मा से अपना तादात्म्य कर लेती है तब मनुष्य सच्चे अर्थों में मानव-धर्मा हो जाता है। विज्ञान अपने ज्ञान का विस्तार ग्रह-मण्डल या उससे भी परे स्थित लोकों तक कर सकता है। दर्शन किसी ऐसे सार्वभौम सिद्धान्त का अन्वेषण कर सकता है जो सभी पदार्थों के मूल में स्थित हो किन्तु धर्म अनिवार्यतः मानवता को ही केन्द्र में रखकर चलता है। वह मनुष्य को ही उदात्त बनाता है। यह धर्म प्रेरित मानवता हमारी तार्किक चेतना को प्रदीप्त करती है, हमारे विवेक को प्रेरित करती है, हमारी प्रेम-भावना को स्फूर्ति देती है और हमारे जीवन को बौद्धिक मर्यादा प्रदान करती है।[2] कबीरदास का यदि कोई समाज-दर्शन है तो वह मनुष्य के बाह्य जीवन को नैतिक आचरण की मर्यादा में बाँधनेवाला, उसके मन का परिष्कार करनेवाला और उसकी आत्मा को विश्वासत्मा में लय करके उसे सच्चे मानवधर्म की ऊँचाई तक पहुँचानेवाला है। कबीर का लक्ष्य व्यक्ति ही है। उन्होंने व्यक्ति को ही अध्यात्म-चेतना से मण्डित करना चाहा था। यह दूसरी बात है कि जिस समाज में व्यक्ति आचरणशील, सहज नैतिक जीवन व्यतीत करनेवाले और भेदभाव की संकीर्णताओं से ऊपर उठकर विश्वात्मा से तादात्म्य करनेवाले होंगे वह समाज स्वयं ही एक आदर्श समाज बन जायेगा। इसी अर्थ में कबीर को समाज-सुधारक कहा जा सकता है। वास्तविकता तो यह है कि उन्होंने मनुष्यमात्र में एक ही दिव्य ईश्वरीय ज्योति के दर्शन किये थे और इसी आधार पर मानवमात्र की एकता का प्रतिपादन किया था। वे सच्चे अर्थों में मानवतावादी या मानवधर्मा कहे जा सकते हैं।

●

---

1. तू तू करता तूं भया, मुझमें रही न हूँ।
   वारी तेरे नाउं परि, जित देखौ तित तूं।। —कबीर ग्रन्थावली, डॉ. तिवारी, साखी 6, पृ. 149
2. "This is the infinite perspective of human personality where man finds his religion. Science may include in its field of knowledge the starry world and the world beyond it. Philosophy may try to find some universal principal which is at the root of all things, But religion inevitably concntrates itself on humanity, which illumines our reason, inspires our wisdom, stimulates our love, claims our intelligent service."
   [The Religion of man] –by Rabindra Nath Tagore, Page 114.

जो कबिरा काशी मरै...

भारतीय सन्त-परम्परा के शिरोमणि सन्त कबीर का व्यक्तित्व पारदर्शी और लोकोत्तर है। वे अद्वैत भाव की भूमि पर पहुँचे हुए ऐसे सिद्ध पुरुष थे, जहाँ सभी तरह के भेद समाप्त हो जाते हैं। जहाँ न कोई द्विज है, न कोई शूद्र। न हिन्दू न मुसलमान। जहाँ जाति, धर्म, वर्ण सम्प्रदाय, ऊँच-नीच के सारे भेद मिट जाते हैं। उनका तर्क सीधा और स्पष्ट है- जब सारी सृष्टि एक ज्योति से हुई है, तो तरह-तरह के भेद कहाँ से आ गये? जब कण-कण में एक ही राम रम रहा है, जब कोई स्थान ऐसा नहीं है, जहाँ राम न हो, तब क्यों किसी एक स्थान को पवित्र तीर्थ मान लिया जाता है, और किसी को अपवित्र और त्याज्य समझा जाता है। किस तर्क से अयोध्या, मथुरा, काशी, कांची, अवन्तिका, जगन्नाथपुरी और द्वारकापुरी को मोक्ष-दायिनी मान लिया गया है, और मगध को अपवित्र मानकर तिरस्कृत किया जाता है? क्या मगध क्षेत्र किसी और की सृष्टि है? क्या वहाँ ईश्वर का निवास नहीं है? निश्चय ही सारा भेद-भाव अज्ञानजनित है। जहाँ ज्ञान का प्रकाश है, वहाँ भेद नहीं है। सच्चा सन्त और साधक वही है, जो सभी को समान दृष्टि से देखता है। मात्र स्थान-विशेष में प्राण त्यागने से मोक्ष-प्राप्ति नहीं होती। नदी-विशेष में स्नान करने मात्र से मन के मल प्रक्षालित नहीं होते। तीर्थयात्रा मात्र से पाप नहीं कटते। श्रेष्ठ आचार-विचार ही सिद्धिदायक होते हैं। निश्चय ही लोभवश, अज्ञानवश, स्वार्थवश और अहंकारवश लोगों ने भेदमूलक सारे प्रपंच खड़े किये हैं। राग-द्वेष, आत्मा पर पवित्र-अपवित्र, भला-मन्दा, छूत-अछूत, छोड़ा-बड़ा ये सारे भेद भ्रममूलक अज्ञानजनित हैं। भेद-दृष्टि मायाजनित है। माया ही सारे बन्धनों का कारण है। माया के बन्धन को काटे बिना, द्वैत बुद्धि से ऊपर उठे बिना मुक्ति की बात सोचना भ्रम है, अज्ञान है। कबीर के अनुसार लोग इतने भोले हैं, कि उन्हें तथाकथित पोथी-पत्राधारी पण्डितों ने जो समझा दिया है, उसे बिना सोचे-समझे मान लिया है। यदि यह प्रचारित कर दिया गया कि काशी में शरीर-त्याग करने से मोक्ष-प्राप्ति होती है, तो उस पर विश्वास करके भोले-भाले लोग देश के कोने-कोने से चलकर मरने के लिए काशी आने लगे। सोचने की बात है कि काशी में किसी के शरीर त्यागने से राम को क्या लेना-देना है? जिन्दगीभर लोगों को ठगते रहे, पाप की कमाई खाते रहे, हिंसा-वृत्ति में लीन रहे, कभी भूलकर भी सच्चे मन से राम का स्मरण नहीं किया तो क्या काशी में आकर प्राण त्याग देने मात्र से सारे पाप नष्ट हो जायेंगे? मूल बात है- अपने 'राम' को हृदय में धारण करना। यदि मन 'राम' में लीन हो गया, यदि यह बोध हो गया कि मेरे हृदय में प्रभु का निवास है तो फिर किसी प्रकार का दिखावा करने की कोई आवश्यकता नहीं है।

कबीर के शब्द ह–

लोका मति के भोरा रे।
जौ कासी तन तजै कबीरा, तौ रामहि कहा निहोरा रे ।। टेक।।
कहै कबीर सनहु रे संतौ, भ्रमि परै जिनि कोई।
जस कासी तस मगहर ऊसर, हिरदै राम सति होई।।

–कबीर ग्रन्थावली, पद 402

यहाँ यह ध्यान देने की बात है कि 'कबीर' ने काशी और मगहर को बराबरी का दर्जा तो दिया है किन्तु उसके साथ एक शर्त भी लगा दी है। काशी और मगहर में भेद तब समाप्त हो जाता है, जब सच्चे मन से हृदय में राम को स्थान दिया जाय। यह शर्त आसान नहीं है। इस पर बाद को विचार करेंगे। पहले हम देखना चाहेंगे कि क्या काशी को मुक्तिक्षेत्र माननेवाली भोली-भाली बहकावे में आनेवाली अन्धविश्वासी जनता ही है। पढ़े-लिखे शास्त्रज्ञ ऐसा नहीं मानते? हमें यह देखकर आश्चर्य होता है कि तुलसी जैसा 'नाना-पुराण निगमागम' सम्मत रामकथा लिखनेवाला मर्मज्ञ भी काशी को मुक्तिक्षेत्र मानता है। तुलसीदास जी ने लिखा है–

मुकुत जनम महि जानि, ज्ञान खानि अघ हानि कर।
जहँ बस संभु भवानि, सो कासी सेइय कस न ।।

अर्थात् जो काशी मुक्ति की जन्मभूमि, ज्ञान की खान और पापों का नाश करनेवाली है और जहाँ शिव-पार्वती निवास करते हैं, उसका सेवन क्यों न किया जाये? यही नहीं, तुलसीदास जी ने काशी और मगध को एक-दूसरे का ठीक उसी प्रकार विरोधी माना है, जिस प्रकार सुख-दुःख, पाप-पुण्य, दिन-रात, साधु-असाधु, सुजाति-कुजाति, देवता-दानव, ऊँच-नीच, अमृत-विष, जीवन-मृत्यु, ब्रह्म-माया, ईश्वर-जीव, धनी-दरिद्र, राजा-रंक, गंगा-कर्मनाशा, मालवा-मरवाड़, ब्राह्मण-कसाई, स्वर्ग-नरक और अनुराग-वैराग्य एक-दूसरे के विरोधी माने जाते हैं। वे यह भी कहते हैं, कि इनके गुण-दोषों का विभाजन वेद-शास्त्रों ने किया है। उनके शब्द हैं–

दुख सुख पाप पुन्य दिन राती। साधु असाधु सुजाति कुजाती।।
दानव देव ऊँच अरु नीचू। अमिअ सुजीवनु माहुरु मीचू।।
माया ब्रह्म जीव जगदीसा। लच्छि अलच्छि रंक अवनीसा।।
कासी मग सुरसरि क्रमनासा। मरु मारव महिदेव गवासा।।
सरग नरक अनुराग बिरागा। निगमागम गुन दोष बिभागा।।

–मानस, बालकाण्ड, चौ. 3, 4, 5 दोहा-6

इस प्रकार तुलसी की दृष्टि में काशी और मगध का भेद अविवेक या अज्ञानजनित न होकर शास्त्र-सिद्ध और विवेक-पुष्ट है। यहाँ यह कहा जा सकता है कि तुलसी ने काशी के बरक्स 'मगध' को प्रस्तुत किया है, 'मगहर' को नहीं। प्रश्न यह है कि 'मगध' ही सही, आखिर वह काशी का विलोम क्यों बना दिया गया है? ऐतिहासिक दृष्टि से मगध का महत्त्व कम नहीं है। वह देश का एक महत्त्वपूर्ण राज्य रहा है। महाभारत-काल से लेकर हर्ष के समय तक

मगध का महत्त्व मान्य रहा है। ऐसी स्थिति में 'काशी' और 'मगध' में वही सम्बन्ध बताना जो अमृत और विष में है, कहाँ का न्याय है? क्या इस स्तर पर तुलसी का विवेक विभ्रमित हो गया है? शायद ऐसा नहीं है। वास्तविकता यह है कि मगध और उससे जुड़े विस्तृत भू-भाग पर बहुत दिनों तक बौद्धों का प्रभाव रहा है। वैदिक परम्परा को महत्त्व देनेवाले, बौद्धधर्म के प्रति अनुदार रहे हैं। बुद्ध, वेद-विरोधी माने जाते हैं। कालान्तर में उनके अहिंसक नैतिक आचरण के व्यापक प्रभाव को देखकर उन्हें अवतारों में शामिल कर लिया गया किन्तु लोक में उनकी वेद-विरोधी छवि बनी रही। तुलसी ने स्वयं अनुभव किया–

अतुलित महिमा बेद की तुलसी किएँ बिचार।
जेहि निंदत निंदित भयो बिदित बुद्ध अवतार।।

–दोहावली, दोहा 464

यही कारण था कि हिन्दू-मानस में देश के उस भू-भाग के प्रति एक प्रकार, का विरोध-भाव बना रहा जो दीर्घ काल तक बौद्धधर्म के प्रभाव में रहा। 'मगहर' भी बौद्धधर्म-प्रभावित क्षेत्र था। भगवान् बुद्ध का परिनिर्वाण ही गोरखपुर के समीप कुशीनगर में हुआ था। कबीर का सम्बन्ध बौद्ध-सिद्धों और नाथ-योगियों की परम्परा से सिद्ध, प्रमाणित और मान्य है। दक्षिण के (महराष्ट्र के) प्रसिद्ध सन्त नामदेव के प्रति भी उनके मन में आदर-भाव है। बौद्ध-सिद्धों की धारा से जुड़े होने के कारण ही तुलसी बिना नाम लिये कबीर की भी आलोचना करते हैं। यों यदि गम्भीरतापूर्वक दोनों की तुलना की जाय तो बहुत-सी बातें दोनों में एक जैसी हैं। मूल अन्तर दोनों में यह है कि कबीर तत्त्व दृष्टि को ध्यान में रखकर उसे आच्छादित करनेवाली रूढ़ियों का विरोध करते हैं जबकि तुलसी लोक-प्रचलित आचारों का विरोध न करते हुए अन्ततः उनके मूल में विदित तत्त्व दृष्टि को ही महत्त्व देते हैं। कुछ भी हो, कबीर का काशी और मगहर को समभाव से देखना इस बात का प्रमाण है कि बौद्ध-क्षेत्र प्रभाबित होने के कारण कबीर के समय में आस्तिक वैदिक परम्परा से जुड़े लोगों के मन में काशी की तुलना में 'मगहर' तुच्छ और हेय था। तुलसी 'मगहर' की बात नहीं कहते। वे बराबर 'मगहर' (मगध) शब्द का प्रयोग करते हैं, जिसका सीधा सम्बन्ध वेद-विरोधी माने जानेवाले बौद्धधर्म प्रवर्तक गौतम बुद्ध से था।

अब थोड़ा विचार कबीर की उस शर्त पर भी करना होगा जो उन्होंने काशी और मगहर को समान मानने के लिए रखी है। कबीर की शर्त है- 'जस कासी तस मगहर ऊसर, हिरदै राम सति होई।' स्मरणीय है कि कबीर की दृष्टि में काशी का महत्त्व कम नहीं था। वे अपने को काशी का जुलाहा कहने में गर्व का अनुभव करते थे। लेकिन उनकी सम दृष्टि का आधार का वह राम-तत्त्व था जो कण-कण में समान रूप से व्याप्त है। शुद्ध मन से उसी राम तत्व को हृदय में धारण करने से ही 'काशी' और 'मगहर' में अभेद का बोध हो सकता है। यह अभेद-दृष्टि तिलक लगाने, माला जपने, तीर्थों में भटकने, मठों में रहकर सुखमय जीवन व्यतीत करने, दिन में तीन बार स्नान करने, सर मुँड़ाने या रामनामी ओढ़ने से नहीं प्राप्त होती। यह अपने को पूर्णतः उस राम में लय कर देने से प्राप्त होती है जो एक है, अद्वितीय है,

सबमें और सर्वत्र है। प्रश्न किया जा सकता है कि क्या 'काशी' और 'मगह' में भेद करनेवाले तुलसी की दृष्टि संकीर्ण थी। उनके विचारों का अध्ययन करने से तो ऐसा नहीं लगता। वे भी सारे संसार को निज प्रभुमय देखते थे। वे भी सारे सांसारिक दुःखों को द्वैतजनित ही मानते थे। फिर उन्होंने 'काशी' और 'मगध' में भेद क्यों किया? यहाँ हमें पुनः लौटकर तुलसी की 'काशी' पर विचार करना होगा। तुलसी के लिए वह काशी, मगध से श्रेष्ठ नहीं है, जिसमें एक-एक से बढ़कर ढोंगी, ठग, धूर्त, अज्ञानी और मूढ़ रहते हैं। वे उस काशी को महत्त्व देते हैं जो ज्ञान की खानि है। जहाँ अज्ञान की रात्रि नहीं, ज्ञान का प्रकाश है। जहाँ 'शिव' और 'पार्वती' शाश्वत रूप से निवास करते हैं। यह वस्तुतः कोई भौतिक अस्तित्व रखनेवाली सामान्य नगरी नहीं है। यह योगियों की, सन्तों और सिद्धों की वह आध्यात्मिक मनोभूमि है जहाँ शक्ति, समरस भाव से शिव में नित्य लीन है। यह काशी शंकर के 'त्रिशूल' के ऊपर है। सत्त्व, रज और तम ये तीन गुण ही सारे भौतिक दुःखों के कारण हैं। इसलिए ये 'त्रिशूल' हैं। काशी इन तीनों गुणों से परे है। 'त्रिशूल' के ऊपर है। यही काशी मुक्ति की जननी है। पाप-हारिणी और ज्ञान की खानि है। तो क्या यह मान लिया जाय कि तुलसी गंगा के तट वर वरुणा और अस्सी के बीच बसी हुई काशी नगरी के भौतिक अस्तित्व को स्वीकार नहीं करते है? नहीं, ऐसा मानना तुलसी की जीवन-दृष्टि के विरुद्ध होगा। तुलसी निश्चय ही काशी नगरी के भौतिक अस्तित्व को स्वीकारते और महत्त्व देते हैं। वस्तुतः तुलसी का तर्क यह है कि अज्ञान के बिना ज्ञान, सगुण के बिना निर्गुण और भौतिक के बिना आध्यात्मिक सत्ता का अस्तित्व नहीं है। जब हम निर्गुण की बात करते हैं तो प्रकारान्तर से सगुण का अस्तित्व स्वीकार कर लेते हैं। इसी प्रकार जब ज्ञान की बात करते हैं तो अज्ञान को स्वीकार कर लेते हैं। उनका प्रसिद्ध दोहा है–

ग्यान कहै अग्यान बिनु तम बिनु कहै प्रकास।
निरगुन कहै जो सगुन बिनु सो गुरु तुलसीदास।।

–दोहावली, दोहा 251

तात्पर्य यह कि जो बिना यह समझाये कि अज्ञान क्या है? ज्ञान का स्वरूप समझाने लगता है, बिना अन्धकार का ज्ञान कराये, प्रकाश का बोध कराने लगता है और बिना सगुण ईश्वर का ज्ञान कराये, निर्गुण ईश्वर की व्याख्या करने लगता है, 'वह मेरा गुरु है'। मैं उसका शिष्य होने को तैयार हूँ। तुलसी कहना यह चाहते हैं कि 'सगुण' को समझे बिना 'निर्गुण' का बोध हो ही नहीं सकता। यहीं कबीर और तुलसी का दृष्टि-भेद सामने आता है। कबीर का मानना है कि जब अन्ततः निर्गुण, निराकार, अजन्मा, अविकारी और अविनश्वर परम तत्त्व को ही शाश्वत सत्य स्वीकार करना है तो 'माया' जनित सारे दृश्य प्रपंच को महत्त्व क्यों दिया जाय? यदि एक बार इसे महत्त्व दिया गया तो उन सारी रूढ़ियों और आडम्बरों में फँसना पड़ सकता है, जो इसे स्वीकार करने के कारण धीरे-धीरे जीवन का अंग बन जाती हैं। तुलसी का मानना है कि इस दृश्य-प्रपंच को समझे बिना उस परम तत्त्व को समझा ही नहीं जा सकता। इस

प्रपंच से होकर ही हम उस अव्यक्त, अगोचर, गुणातीत परम तत्त्व तक पहुँच सकते है। सगुण और निर्गुण दोनों ही उस परम तत्त्व के ही रूप हैं। परलोक का रास्ता इसी लोक से होकर गया है। कबीर जब 'काशी' और 'मगहर' को समान मानतो हैं तो वे अपनी अभेदमूलक तत्त्व-दृष्टि का परिचय देते हैं। तुलसी जब दोनों में भेद करते हैं तो वे पारम्परिक लोक-दृष्टि का प्रतिनिधित्व करते हैं। तत्त्व-दृष्टि से तो वे भी यही मानते हैं कि सारा संसार प्रभुमय है, इसलिए शत्रु-मित्र या ग्राह्य-त्याज्य का प्रश्न नहीं उठता। वस्तुतः इन दोनों महान् विभूतियों में जितना भेद समझा जाता है, उतना है नहीं। दोनों भक्ति-प्रवाह की एक ही धारा के दो ऐसे स्रोत हैं जो अन्ततः एक ही लक्ष्य तक पहुँचते हैं। आखिर कबीर भी तो वैष्णव और शाक्त, भक्त और अभक्त, हंस और बगुला तथा माया और ब्रह्म में भेद मानते ही हैं। हाँ, कबीर का यह कहना सही है कि यदि हृदय में राम हों, यदि हमारा व्यक्तित्व राममय हो गया हो, यदि हमने तत्त्व-दृष्टि प्राप्त कर ली हो, तो काशी (भौतिक अस्तित्ववाली नगरी) और मगहर में भेद नहीं कर सकते। 'राम' की दृष्टि से देखने पर काशी मगहर समान हैं। फिर आप चाहे काशी में शरीर त्यागें, चाहे मगहर में, कोई अन्तर नहीं पड़ता। निश्चय ही यह कबीर का अपना सत्य नहीं।

●

प्रगतिवादी 'कबीर'

प्रगति और रूढ़ि भाषा के ये दो शब्द अपने पृथक् अस्तित्वों के लिए एक-दूसरे की इयत्ता की अपेक्षा करते हैं। स्वयं साधन का साध्य बन जाना ही रूढ़ि है। साधना-पद्धति के इस प्रकार रूढ़िग्रस्त होने पर नवीन साधनों का फूट निकलना ही प्रगति है। मानवता का इतिहास इस प्रकार की रूढ़ियों और प्रगतियों से भरा है। कबीर ने रूढ़िग्रस्त भारतीय साधना-पद्धति को रूढ़िमुक्त किया था। उन्होंने उसे एक नवीन दिशा दी थी। हम इसी अर्थ में कबीर को प्रगतिवादी मानते हैं।

भारतीय साधना-पद्धतियाँ समय-समय पर रूढ़िग्रस्त होती रही हैं। रूढ़िग्रस्त होने का कारण स्पष्ट है। विचार, धारणाएँ एवं मान्यताएँ मूलतः व्यक्तिगत हुआ करती हैं। व्यक्ति से समष्टि तक आते-आते उनके मूलतत्त्वों में विकार हो जाना सहज सम्भाव्य है। प्रथम परिवर्तन या विकार तो स्वतः आदि विचारक ही उपस्थित कर देता है। जब वह सूक्ष्म तत्त्वों को स्थूल वाणी एवं चेष्टाओं के द्वारा व्यक्त करना चाहता है। निश्चित है कि जिस रूप में उसे तत्त्व-बोध हुआ था, वाणी के माध्यम से ठीक उन्ही अर्थों, उन्हीं रूपों में वह उसे व्यक्त नहीं कर सकता। ग्रहण करनेवाले जिज्ञासु तक आते-आते उसको तीसरा रूप मिल जाता है क्योंकि वह ठीक उन्ही अर्थों में उसे ग्रहण नहीं कर सका था। कालान्तर में सभी साधना-मार्गों के रूढ़िग्रस्त होने का यही संक्षिप्त रहस्य है।

भारतीय साधना-पद्धतियों को रूढ़ि-मुक्त करनेवाले सुधारक एवं विचारक मोटे तौर पर दो विभिन्न प्रवृत्तियों को लेकर चले हैं। एक प्रकार के सुधारक वे रहे हैं जिन्होंने समस्त रूढ़ियों को स्वीकार करते हुए भी युगानुकूल उनकी जीवन व्याख्या कर दी है। उनके जीवन- दर्शन में प्राचीनता से कहीं विरोध या वैषम्य नहीं लक्षित होता, फिर भी वह नया है। व्यास, शंकराचार्य, रामानन्द तथा तुलसीदास आदि इसी प्रवृत्ति को लेकर चलनेवाले साधक हैं।

दूसरे प्रकार के वे व्यक्तित्व हैं जिन्होंने समस्त रूढ़ियों को अस्वीकार कर दिया है। वे पुनः मूल तत्त्वों की ओर संकेत करते हैं। रूढ़िग्रस्तता के व्यावहारिक कारणों को भी वे स्वीकार नहीं करते। बुद्ध, अश्वघोष, नागार्जुन, गोरख और कबीर की यही दूसरी परम्परा है।

कबीर के प्रगतिवादी व्यक्तित्व को समझने के लिए आवश्यक है कि हम उनके युग तक विकसित समस्त साधना-पद्धतियों के तद्‌युगीन स्वरूप से सम्यक् परिचय प्राप्त कर लें।

भारतीय चिन्ताधारा के प्रथम विकास-युग में ही भारतीय मनीषा ने अखिल परिवर्तनशील ब्रह्माण्ड के मूल में एक अपरिवर्तनशील सात्वत सत्ता का भावन किया था। कालान्तर में इस सत्ता को ब्रह्मसंज्ञा प्राप्त हुई थी और वह हमारी जिज्ञासा का बिषय बना था। इस परमतत्त्व की अनुभूति एवं बोध हमारा साध्य हुआ था। इस साध्य परमतत्त्व की प्राप्ति के लिए कर्म, ज्ञान और भक्ति के तीन साधना-मार्गों की उद्‌भूति हुई।

संहिताओं, ब्राह्मण-ग्रन्थों तथा आरण्यकों में कर्म का विवेचन है। ज्ञान का चरम विकास उपनिषदों की तत्त्व-मीमांसा में देखने को मिलता है। भक्ति की भागीरथी 'एकायत' पाञ्चरात्र, सात्वत आदि संज्ञाओं से अभिहित होती हुई भागवत पुराण में आकर पूर्ण प्रतिष्ठा प्राप्त करती है।

सर्वप्रसिद्ध इन तीन मार्गों के अतिरिक्त योग-मार्ग की महत्ता भी अस्वीकार नहीं की जा सकती। अपनी तात्त्विक विशेषताओं के कारण यह योगसाधना उपर्युक्त तीनों साधनाओं के साथ सम्बद्ध है। योग मूलतः चित्तवृत्ति निरोध की ओर निर्देश करता है। चित्तवृत्ति निरोध संसार के आवागमन से मुक्ति दिला देता है। फलतः सभी प्रकार के साधकों के लिए योग-मार्ग की व्यावहारिक उपादेयता निर्विवाद है।[1]

कहना न होगा कि ये सभी साधना-मार्ग रूढ़िग्रस्त होते रहे हैं। रूढ़िग्रस्त होने पर कर्म पाखण्ड एवं बह्माचारों की ओर; ज्ञान अहंवादिता एवं गुह्य रहस्यात्मकता की ओर तथा भक्ति विलासिता की ओर ले जाती है। कर्म को प्राधान्य देनेवाले वैदिक याज्ञिक क्रियाओं का पर्यवसान घोर हिंसात्मक बलिदानों में हुआ। उपनिषदों का ज्ञानमूलक-तत्त्ववाद आत्मतत्त्व की सर्वव्यापकता एवं ब्रह्म से उसकी अभिन्नता सिद्ध करके भी उसके बोध का उपाय प्रस्तुत न कर सका। जीवन की विभीषिकाएँ आशान्वित न हुईं। सामान्य जनसमुदाय में 'मैं ही ब्रह्म हूँ' की एक अहंभावना का उदय अवश्य हो गया। हृदय के समस्त अनुराग को ईश्वरार्पित करते हुए हमने अनुराग के आधार नारी को भी देवार्पित करना प्रारम्भ किया। फलस्वरूप हमारी प्रगाढ़ श्रद्धा का चरम विकास देवदासियों की परम्परा को जन्म दे बैठा। भक्ति के आधार देव-मन्दिर अलस विलास की मादकता मे अँगड़ाई लेने लगे। इसी प्रकार चित्तवृति निरोधार्थ यौगिक क्रियाएँ ही कालान्तर में हमारी साध्य हो गयीं और काया साधना पर ही बल दिया जाने लगा।

समय-समय पर इन साधना-धाराओं को रूढ़िमुक्त भी किया जाता रहा। कर्म मार्ग की रूढ़िग्रस्तता ने ही भारतीय मनीषा को तत्त्वमीमांसा की ओर प्रेरित किया था। उपनिषदों की तत्त्व-मीमांसा के फलस्वरूप अखण्ड तर्क परम्परा के समुदय होने पर भी 'ब्रह्म का साक्षात्कार कैसे किया जाय?' प्रश्न की यह जटिलता ज्यों-की-त्यों बनी ही रही और इसी के उत्तर में अभिनव प्रगतिमूलक बौद्धधर्म का उदय हुआ। इसी के उत्तरस्वरूप गौतम का कहना था—"इस विषम संसार के आवागमन की जननी तृष्णा के उच्छेद करने से; अखिल स्वार्थ परायणता तथा जन्म-मरण के प्रदान कारण भूत-आत्मा के अस्तित्व में विश्वास न करने से; तथा सुन्दर सात्त्विक जीवन व्यतीत करने से।"[2]

---

1. Religion according to Yoga consists in the final arrest of the states and processes of the mind and the final arrest of the mind means the final arrest of the flux of coming and going. It is for this reason that in practical. Sadhana element of Yoga have been adopted in almost all the practical system of Indian religions, even Vaisnavism with all its love theories is no exception.
2. भारतीय दर्शन, बलदेव उपाध्याय।

ऋते ज्ञानान्न मुक्तिः अर्थात् ज्ञान को बिना मुक्ति नहीं हो सकती; उपनिषदों के इस सिद्धान्त से गौतम का विरोध न था परन्तु आचार की सहायता से शरीर की शुद्धि बिना मनुष्य ज्ञान की उपलब्धि का अधिकारी नहीं होता। यह उनका विश्वास था। इसीलिए उन्होंने आचार पर अधिक बल दिया और मौलिक तत्त्वों के अनुसन्धान को समय का दुरुपयोग बतलाया। अतः अपनिषदों से बुद्ध की तात्त्विक विभिन्नता न होने पर भी प्रयोगगत वैषम्य मानना ही होगा। आत्मा का सम्यक् ज्ञान ही उपनिषदों का प्रतिपाद्य था। बुद्ध ने इसे अखिल स्वार्थ-परायणता तथा जन्म-मरण का मूल कारण मानकर इसके अस्तित्व को ही अस्वीकार कर दिया। रूढ़ियों को गति देने का यह एक स्वरूप था। दूसरा स्वरूप गीताकार के प्रयत्नों में देखने को मिलता है। गीता में कर्म, ज्ञान, योग और भक्ति सभी को मान्यता दी गयी है। गीताकार को किसी से विरोध नहीं; किन्तु उसने युगानुकूल इनकी नवीन व्याख्या कर दी है। कर्म से अभिप्राय यज्ञ से है। देवतोद्देशेन द्रव्य त्याग ही यज्ञ है। निःस्वार्थ बुद्धि से किये गये परमात्मा की ओर ले जानेवाले समस्त कर्मों की संज्ञा यज्ञ है। इस प्रकार कर्म की साधनात्मक महत्ता स्वीकार कर उसका व्यापक अर्थ में प्रयोग करके गीताकार ने उसे परिष्कृत कर दिया। बुद्ध की भाँति वह यज्ञों का विरोध न कर उसकी नवीन व्याख्या समुपस्थित कर देता है।

गीता की ज्ञान व्याख्या भी उपनिषदों से भिन्न है। उपनिषदों का अभीष्ट आत्मा एवं परमात्मा का विवेक तथा उसकी तात्त्विक एकता का प्रतिपादन है। गीता-प्रतिपादित ज्ञान वस्तुतः आत्मैकत्व का सम्पूर्ण अनुभव है। सभी भूतों में अपने को तथा अपने में सभी भूतों को देखना ही गीता के ज्ञान का रहस्य है। इस प्रकार आत्म-परिष्कार के पश्चात् स्वार्थ-परायणता का प्रश्न नहीं रह जाता।

गीता का योग भी विशिष्ट है। कर्म का कौशल ही योग है। फलाकांक्षा तथा आसक्तिरहित होकर कर्म-सम्पादन ही कर्म-कौशल है। इसी प्रकार ध्यान योग को अपनाते हुए भी गीता उसकी शुष्कता का परिष्कार कर देती है। गीता की दृष्टि में ध्यान योग का उपयोग एकाग्रचित्त होकर सर्वत्र वर्तमान घट-घट में व्यापक भगवान् के भजन करने में है।

इन सबको स्वीकार करते हुए भी गीता ने भक्ति को प्राधान्य दिया है। गीता की भक्ति अनन्या भक्ति है जिसका पर्यवसान शरणागति में होता है। भक्तिमार्ग की सर्वश्रेष्ठता का प्रथम दर्शन यहीं होता है। भक्तिमार्ग के रूढ़िग्रस्त होने का प्रश्न अभी नहीं उठता। गतिमयता के इस दूसरे स्वरूप की समुचित संज्ञा समन्वय है।

कबीर के प्रादुर्भाव-काल में साधना की यह धाराएँ विभिन्न स्रोतों में परिच्छिन्न होकर पुनः रूढ़िग्रस्त हो गयी थीं। यही नहीं, उनके सम्मुख एक नवीन समस्या भी उपस्थित थी। समस्या का कारण था भारत भूमि में मुस्लिम-आगमन। मुसलमान विजेता के रूप में आये थे। हम विजित थे। यह राजनीतिक पराजय हमारे लिये समस्या नहीं थी। हमने हूणों, सिथियन, कुशन, ग्रीक, शक, हूण, आभीर अनेक जातियों की राजनीतिक विजयों को देखा था। हमने अपने संस्कृति की समन्वयात्मक प्रवृत्ति के कारण इन सभी को आत्मसात् कर लिया था। मुसलमानों को आत्मसात् करने में हम अपने को असमर्थ पाते थे। यही हमारी समस्या

थी। कारण स्पष्ट है। उपर्युल्लिखित समस्त जातियाँ सांस्कृतिक दृष्टि से हीन थीं। उनको पचा लेना सरल था। मुसलमान अपने साथ एक विकसित संस्कृति भी लाये थे। सबसे विचित्र, साथ ही चिन्तनीय बात थी उनकी अनुशासित धर्मभावना। उनके साथ आया हुआ एकेश्वरवाद कट्टरता का पुछल्ला लेकर आया था। एकेश्वरवादिता हमारे लिये नयी नहीं थी किन्तु इसके साथ लगी हुई कट्टरता की हमारे पास कोई दवा न थी। धार्मिक भूमि में हमने कट्टरता सीखी ही न थी।

सौभाग्यवश यह एकेश्वरवादिता अपने साथ अपनी प्रतिक्रिया भी लायी थी। वस्तुतः परसियन साम्राज्य की स्थापना के साथ ही इस्लाम, कुरान से पृथक् हो गया था। कुरान के सात्त्विक जीवन में वैभव के लिए स्थान न था। साम्राज्य स्थापना के साथ वैभवागम अनिवार्य था। फलतः इस्लाम की व्यावहारिक सत्ता अपने प्राचीन मूल रूप को खो चुकी थी। ऐसी परिस्थिति में धार्मिक मुसलमानों के सामने दो ही रास्ते थे। या तो वे शाहों का साथ छोड़ देते या उनसे समझौता करके इस्लाम के मूल तत्त्वों को खो देते। फलतः मुसलमानी धार्मिक समुदाय में दो वर्ग हो गये। उल्माओं ने शाहों का साथ दिया और सूफियों तथा अन्य धार्मिक प्रवृत्तिवाले मुसलमान उनसे विरक्त हुए।[1] भारतवर्ष में मुसलिम विजेताओं के साथ मुसलमानों के इन दोनों वर्गों ने भी प्रवेश पाया।

इस प्रकार कबीर के प्रादुर्भाव-काल में भारतीय साधना-भूमि में भारतीय तथा मुस्लिम दोनों साधना-धाराएँ प्रवाहित हो रही थीं। भारतीय साधना के विभिन्न स्रोतों में निम्न का प्राधान्य विद्वानों ने माना है–

भारतीय
1. भक्तिमार्ग–(क) वैष्णव, (ख) शैव, (ग) शाक्त, भक्तिधाराएँ
2. बौद्धों की सहजयानी शाखा
3. नाथपन्थी योगधारा

मुसलिम साधना-धारा के दो प्रवाह थे–

1. एकेश्वरवादी कट्टर मुसलमान-वर्ग
2. सूफीमतवाद

हम कह आये हैं कि साधना के यह सभी स्रोत पूर्णतः या अंशतः रूढ़िग्रस्त थे। इनके इस रूढ़िग्रस्त स्वरूप को समझने में इनका संक्षिप्त इतिहास हमारी सहायता करेगा। साथ ही हम कबीर-प्रदत्त गतिमयता की सार्थकता का अनुभव भी तभी कर सकेंगे जब हम इनके रूढ़ि-रूपों से परिचित होंगे।

(1) भक्तिमार्ग–भारतीय साधना-पद्धति में भक्तिमार्ग कोई नवीन वस्तु नहीं। समस्त

1- When the Muslim state developed, it incorpoarated many non-Islamic features apart from the power... The division between the practical politics and the religious ideals of Islam became as clear as can be imagined. There were only two course left for the religious minded people to follow : either to leave the Sultan severely alone in his undisputed possession or to come to terms with him. The Extreme Suffis and the ascetics adopted one course, the *Ulma* or the theologians the other.

–Life and Condition of People of Hindustan, p. 137-138

आगम साहित्य भक्ति को ही प्राधान्य देता आया है। कर्म, उपासना और ज्ञान के स्वरूप को निगम (वेद) बतलाता है तथा इनके साधनभूत उपायों को आगम स्पष्ट करता है। इष्टदेवता के भेद के कारण आगमों के तीन प्रकार माने गये हैं। वैष्णवागम, शैवागम और शाक्तागम।

(क) वैष्णव भक्ति—पाञ्चरात्र भागवत या सात्वत् वैष्णवागम के अन्तर्गत हैं।

पाञ्चरात्र का सम्बन्ध वेद की एकायन शाखा ही है। छान्दोग्य उपनिषद् में एकायन नाम के भक्तिप्रधान सम्प्रदाय का उल्लेख किया गया है। भगवान् की शरणागति तत्त्व पर आग्रह दिखाने के कारण इसके एकायन संज्ञा की सार्थकता स्पष्ट है। पाञ्चरात्र का ही दूसरा नाम भागवत सात्वत है। सात्वत का प्रयोग यादव क्षत्रियों के लिए किया गया है। यादवों में अधिक प्रचलित होने के कारण ही इसकी सात्वत संज्ञा हुई।

पाञ्चरात्रों को विष्णु-भागवत भी कहा गया है। उनकी भी विष्णुभक्ति मानी गयी है। वेदों के इन्द्र-सम्बन्धित विष्णु किस प्रकार कालान्तर में त्रिदेवों में शीर्ष स्थान प्राप्त कर सके इसका विवेचन हमारा अभीष्ट नहीं। हम केवल यहाँ विष्णु-भक्ति को लेकर चलनेवाले सम्प्रदाय-विशेष के संक्षिप्त विकास को सम्मुख रखना चाहते हैं। जिस सात्वत सम्प्रदाय का उल्लेख हमने ऊपर किया है महाभारत में इसे नारायणी सम्प्रदाय भी कहा गया है। विष्णु को नारायण वासुदेव और भागवत नामों से सम्बन्धित किया[1] गया है। गीता में प्रतिभासित भक्तिमार्ग की संज्ञा भी वासुदेव धर्म है। बुद्धदेव की आविर्भाव-काल के पश्चात् इसी भक्तिप्रधान सम्प्रदाय की संज्ञा भागवत धर्म हुई है। शाण्डिल्य और नारद के भक्तिसूत्र, पाञ्चरात्र संहिताएँ आदि इसी काल में बनी हैं। यहीं से विशुद्ध शरणागति—भक्ति-भावना जो एकान्तिक कार्य एवं गीता का प्रतिपाद्य है, रूढ़िग्रस्त होती दीखती है। मन्दिरों के निर्माण की अनेक विधियाँ, पूजा के अनेक विधान विस्तृत रूप से उल्लिखित हैं। जनसाधारण निश्चित रूप से इन्हीं बाह्य विधि-विधानों को भक्ति धर्म का मूलरूप मान बैठा।

विद्वानों के अनुसार ईसा की पाँचवी या छठी शती में दक्षिण के तमिल प्रदेश में विष्णु-भक्तों की एक शाखा पूर्ण प्रतिष्ठित थी। इन भक्तों को आलवार कहा गया है। इनकी यह शाखा 12वीं शती तक चली आयी[2] है। आठवीं शती में शंकराचार्य ने एक बार पुनः वेदान्त-ज्ञान की प्रतिष्ठा करनी चाही। उन्होंने इन भक्तों की खूब आलोचना की है। बाद को रामानुजाचार्य ने इसकी वेदमूलकता सिद्ध करके समर्थन किया है। इस प्रकार 11वीं शती में

---

1. (It may be traced back through the Great Epic when it forms the theme of a late edition to book XII, know as the Narayaniya section. There Vishnu is identified with the supreme Piety nuder the names of Narayan, Bhagwat and Vasudeva.

   –*Theism in Medieval India Carpente, p. 225*

2. The cult of Vishnu-Vasudeva established itself in the south and a series of Tamil Saints known as Alvars from the fifth of sixth century to the twelfth, provided it with hymans of praise and are some times designated 'a Vaisnawa Veda' severely criticised by Carkara it was depended by Ramanuja who incorporated it into his exposition of the Vedanta.

इसे पुनः नवजीवन प्राप्त हुआ। नवजीवन-संचार के साथ ही इसका प्रवेश उत्तर भारत में भी हुआ।[1]

वैष्णव धर्म को सुदूर दक्षिण से उत्तर भारत में प्रचारित करने में विशेषतया चार महान् आचार्यों ने प्रयत्न किया। रामानुजाचार्य, मध्वाचार्य, विष्णुस्वामी और निम्बार्क। आगे चलकर रामानन्द, चैतन्य और वल्लभाचार्य ने इसको अत्यधिक जनप्रिय बनाया। वैष्णव धर्म के उत्तर भारत में इस प्रकार प्रसार पाने के पूर्व ही विष्णु के दो अवतारों कृष्ण और राम की कल्पना जन्म पा चुकी थी। विष्णु के इन दो रूपों के विकास का इतिहास मनोरञ्जक होने पर भी हमें अभीष्ट विषय से दूर ले जायगा। अतः हम इतना ही कहकर सन्तोष करेंगे कि भागवत पुराण (11वीं शती) तक इन दोनों अवतारों की मान्यता का न केवल पूर्ण विकास ही हुआ था वरन् इनमें, विष्णु से आगे बढ़कर ब्रह्म की भावना का समावेश भी हो चुका था।

इस प्रकार कबीर के युग तक वैष्णव भक्ति की दो धाराएँ प्रवाहित थीं। रामभक्तिधारा और कृष्णभक्तिधारा। ये वैष्णव भक्त ज्ञान और कर्म-मार्गों का समावेश भक्ति के अन्तर्गत कर चुके थे। इसीलिए रामानुज, मध्वाचार्य, विष्णुस्वामी और निम्बार्क सभी ने इसकी वेदान्तमूलकता सिद्ध की थी। शंकर के वेदान्त में भक्ति के लिए स्थान न होने के कारण ही इन लोगों ने उसकी आलोचना की थी और क्रमशः विशिष्टाद्वैत, शुद्धाद्वैत और द्वैताद्वैत वेदान्त का प्रतिपादन किया था।

(ख) शैवभक्ति सम्प्रदाय—वेदों के रूढ़ अपनी सम्पूर्ण भयंकरता के साथ कब 'शिव' बन बैठे इससे हमारा सीधा सम्बन्ध नहीं। बहुत सम्भव है भयंकर बात-विक्षोभ के अनन्तर शान्तिमय वातावरण के आगमन के कारण मरुतदेव रुद्र का शिवत्व में पर्यवसान हो गया हो।[2] शिवभक्ति का सम्प्रदाय रूप में प्रचलन हमें पाशुपत-धर्म में सर्वप्रथम देखने को मिलता है। पाशुपत लोग 'महेश्वर' की पूजा करते थे। ये महेश्वर शिव ही थे। इनका दर्शन सांख्य दर्शन के सन्निकट था। ईसा की द्वितीय शती में पतञ्जलि ने एक प्रकार के शैव-भागवतों की चर्चा की है।[3] बहुत सम्भव है वैष्णव भागवतों की भक्ति से प्रभावित होकर इन लोगों ने विष्णु की भाँति शिव को सर्वप्रभुत्व मानकर भक्ति की हो और भक्ति-रूपों में साम्य किन्तु इष्टदेव के

---

1. In the early middle ages a remarkable sect of Bhagwatas comes into view (about A.D. 1100) with important scriptures of their own, who developed what was know as the Bhakti Marga, the 'Path of Devotion' over against the ritual cults known as the Karm-marg or 'Path of Works' and the disciplines of philosophy as the Jnana-marg or 'Path of Knowledge'. p. 245
2. On the other hand as the storm clears the air, and fresh breezes revive drooping energies, he is implored to bestow blessings for man and beast; he grants-remedies for disease; from his hands come restoration and healing. This secures for him the enphemistic epithet 'siva.' p. 226.
3. Already in the second century the grammarian *Patangali* mention a sect of Shaiv-Bhagavatas, p. 227.

असाम्य के कारण ये शैव भागवत कहे गये हों। यानच्वाँग को अपनी भारत-यात्रा में पाशुपत धर्मावलम्बी मिले थे जो शिव की पूजा ही नहीं करते थे वरन् शिव-मन्दिरों में रहते[1] भी थे। तमिल प्रदेश में ईसा की पाँचवीं या छठी शती में ऐसे शैवों का उल्लेख मिलता है जिनका वैष्णवों से संघर्ष भी होता था।[2]

इन तमिल-शैवभक्तों के अतिरिक्त कश्मीर में प्रचलित वेदान्तूलक शैव-साधना का महत्त्व हमारा ध्यान बरबस खींच लेता है। शंकराचार्य ने इनके सिद्धान्तों का भी खण्डन किया है। विद्वानों की राय है कि तमिल शैवों एवं कश्मीरी शैवों की साधना-पद्धति में पर्याप्त साम्य है। जिस प्रकार शंकर अद्वैत से अन्य वैष्णव धर्माचार्यों ने भक्ति को अनिवार्य मानकर अपने को अलग कर लिया है उसी प्रकार भक्तिप्रधान होने के कारण वेदान्तमूलक होने पर भी शैव-सिद्धान्त शंकराद्वैत से भिन्न है। शंकर के ब्रह्मवाद में विश्वोत्तीर्ण, सत्य निर्मक निर्विकार ब्रह्म में कर्तृत्व नहीं है किन्तु शैवों के *ईश्वराद्वयवाद* में परमेश्वर में स्वतन्त्र शक्ति, सम्पन्नता अतएव कर्तृता है।[3]

निश्चित है कि शैव भक्तों की यह परम्परा भी मध्ययुग में अन्तर्भारतीय रूप धारण कर चुकी थी। वैष्णवों एवं शैवों में संघर्ष भी होता रहता था और यह इनकी रूढ़िग्रस्तता का द्योतक था।

(ग) शाक्त सम्प्रदाय–शक्ति की भावना का अभ्युदय सम्भवतः सांख्य दर्शन में निरूपित प्रकृति के स्वरूप के स्थूलता प्राप्त करने पर हुआ। सांख्य दर्शन के अनुसार प्रकृति स्वभावतः कर्तृत्व एवं चेष्टारहित है। पुरुष से सम्बन्ध होने पर प्रकृति में कर्तृत्व शक्ति आती है।[4] पुराणों में पुरुष को ईश्वर और प्रकृति को उसकी शक्ति मान लिया गया है।[5] कालान्तर में प्रकृति और पुरुष की कल्पना सामान्य स्त्री और पुरुष रूप में कर ली गयी है। प्राणों में प्रकृति के शक्तिरूप में गृहीत होने पर शक्ति-उपासना का भी प्रचार प्रचलन हुआ। यद्यपि यह सम्प्रदाय वैष्णवों एवं शैवों की भाँति अत्यधिक प्रचार न पा सका। पौराणिक युग में सभी देवताओं के लीला गुण धाम की कल्पना के साथ उनकी शक्तियों की कल्पना भी की गयी। सम्भवतः

---

1. Yuan Chwang encountered Pashupatas upon his travels, sometimes worshipping and even living is Siva temples, p. 222.
2. Their real age appears to be contemporary with the शैव poets between the sixth and twelfth centuries A.D. They show the same hostility to the Buddhists and Jains, and after regard the शैव themselves as enemies rather than allies, p. 379.
3. भारतीय दर्शन, बलदेव उपाध्याय
4. Through the association or the contact of Purusha with Prakriti the character of the one is infused in the other and the creative process follow as a result of the process of infusion. From this philosophical idea of the association of Purusha and Prakriti– followed the popular tendency to conceive of Purusha as the male and of Prakriti as the female., p. 380
5. In the Puranic literature we find Prakriti from the creative impulse of the Lord as his Shakti. *-Obscure Religious Cults, S.B.Dasgupta*

इसीलिए शाक्त मत का विशेष प्रचार न हुआ फिर भी वैष्णवों, शैवों के साथ उनका संघर्ष भी होता अवश्य था। शाक्त मत में अनेक वाम आचारों के प्रवेश के कारण इसकी जनप्रियता को और भी धक्का लगा।

कबीर-पूर्व-युग में मूलसाधना से सर्वाधिक पार्थक्य रखनेवाले शाक्त ही थे। कौलाचार की सूक्ष्म व्याख्या स्थूल होकर उन्हें जर्जर विलासिता एवं जुगुति विधि-विधानों की ओर ले गयी थी। इसका विवेचन हम यथास्थान आगे चलकर करेंगे।

कहना न होगा कि मध्ययुग में विचार-शैथिल्य के साथ भक्ति-साधना के ये सभी स्रोत रूढ़िग्रस्त हो चुके थे। मन्दिर विलास के स्थल हो चुके थे। उनमें प्रचुर धन संग्रह किया जाने लगा था। भक्ति के तात्त्विक स्वरूप को भूलकर हम अपने भौतिक सुखों की वृद्धि के लिए देव-पूजा करते थे और उसी को भक्ति-साधना मान बैठते थे। उपर्युक्त वर्णित भक्ति-सम्प्रदायों के अतिरिक्त अनेक देवी-देवताओं की पूजा का प्रचलन हो गया था। पुजारी और महन्त साधक न होकर विलास के पुतले हो रहे थे। भक्ति-साधना के अन्तर्गत अनेक विधि-विधानों का समावेश तो बहुत पहले हो चुका था। इसका निर्देश हम कर आये हैं। आगम साहित्य के अनेक पृष्ठ मन्दिर-निर्माण की शत-शत विधियों से भरे हैं। कबीर को अपने आविर्भाव-काल में भक्ति के इसी स्वरूप को देखने का सुअवसर प्राप्त हुआ था।

भारतीय साधना-भूमि में दो अन्य कार्यों की पर्याप्त चर्चा भी उस युग में थी। ये थे बुद्ध सहजिया तथा नाथपन्थी योगी। विद्वानों ने कबीर का इनसे सीधा सम्बन्ध बताया है। अतः इन दो साधना-मार्गों का परिचय प्राप्त करते समय हमें अधिक सतर्कता की अपेक्षा होगी।

(2) बौद्धों की सहजयानी शाखा—भगवान् बुद्ध की मृत्यु के पश्चात् ही उनके विचारों, मान्यताओं एवं अवधारणाओं की वास्तविक व्याख्या को लेकर उनके अनुयायियों में विवाद उठ खड़ा हुआ। इन विवादों को समाप्त करने के लिए बौद्धों का विराट् सम्मलेन आयोजित हुआ। वैशाली के द्वितीय सम्मेलन में इन्हीं प्रश्नों को लेकर उनकी दो शाखाएँ हो गयीं। इन दोनों सम्प्रदायों को हीनयान और महायान कहा गया। हीनयान रूढ़िप्रिय था तथा महायान प्रगतिमय। इनमें तात्त्विक भेद भी था।

महायान का अन्तिम लक्ष्य बुद्धत्व-प्राप्ति था, जो वस्तुतः विशुद्ध ज्ञानावस्था है। ज्ञान की इस अवस्था में आत्म और अनात्म का भेद मिट जाता है। हीनयान का अन्तिम लक्ष्य अर्हत् की दशा का अनुभव था। यह एक प्रकार की मुक्तावस्था है जिसकी प्राप्ति ध्यानादि से सम्भव है।

महायान अपने व्यापक दृष्टिकोण के कारण अधिक जनप्रिय हुआ। कालान्तर में जैसा कि स्वाभाविक था, महायान भी रूढ़िग्रस्त हुआ। नव प्रगति के साथ वज्रयान आया। वज्रयान वस्तुतः तान्त्रिक बुद्ध धर्म की सामान्य संज्ञा है। महायान की शून्य भावना इसमें वज्र शब्द से अभिहित की गयी। अद्वयवज्र के अनुसार अभेद्य, अदाह्य और अछेद्य होने के कारण शून्यता, वज्र शब्द के द्वारा अभिहित की जाती है। 'वज्रयान' के साथ तथागत के करुणामूलक धर्म में शक्ति-पूजा का प्रवेश हुआ। पञ्चध्यानी बुद्धों तथा उनकी शक्तियों की कल्पनों की

गयी। वज्रयान के परम सिद्धाचार्य अनंग वज्र का कथन है कि मुक्तिकाम पुरुषों को 'प्रज्ञापारमिता' की सेवा करनी चाहिए। यह पारमिता उच्चकुलोत्पन्न ललनारूप में सर्वत्र प्रतिष्ठित है। अतः तात्त्विक दृष्टि से ललना की कामना करने से साधक चरम सिद्धि को प्राप्त कर लेता है परन्तु पूजा के अवसर पर उसके चित्त का विकारग्रस्त होना उसके पतन का आमन्त्रण है। बौद्धधर्म में तान्त्रिक साधना का प्रवेश रहस्य की वस्तु है। इतना निश्चित है कि इन पर ब्राह्मण तन्त्रों का प्रभाव अवश्य है।

अनेक बह्याचारों, पूजा-विधानों एवं जटिल नियमों के समावेश के साथ वज्रयान भी अपनी गतिमयता खो बैठा। और सहजयान इसकी प्रतिक्रिया रूप में आया। इसने सहज मार्ग से सहजानुभूति का निर्देश किया। सहजियों की यह सहज भावना उपनिषदों के ब्रह्म के समकक्ष है। इसका विवेचन आगे यथास्थान किया जायगा। यहाँ हम इतना ही कहना चाहेंगे कि कालान्तर में सहजयान भी अनेक गुह्य रहस्यात्मक साधना-पद्धतियों को समेटकर रूढ़िग्रस्त हुआ। बंगाल में इसका पर्यवसान वैष्णव सहजियों में हुआ।

कहना न होगा कि कबीर के प्रादुर्भाव-काल में बौद्धों का यह ध्वंसावशेष अपनी रूढ़ियों को ही निभा रहा था। बंगाल में सेनवंशी राजाओं के नाश तथा पाल वंश की स्थापना के पश्चात् वैष्णव मत के प्रचार के साथ इसने अपने रूढ़ि जर्जर अस्तित्व को खो देना ही श्रेयस्कर समझा।

(३) नाथपन्थी योगी—नाथपन्थी सम्प्रदाय के समुद्भव का इतिहास यद्यपि विद्वानों की अनुसन्धित्सा शक्ति को चुनौती दे रहा है। इस प्रश्न को लेकर आज भी हम किसी निश्चय पर नहीं पहुँच पाये हैं। कुछ विद्वान् इसे मूलतः बौद्ध सम्प्रदाय मानते हैं जो कालान्तर में शैवों से प्रभावित हुआ। अन्य इसे मूलतः शैवमत मानते हैं जो समय की गति के साथ बौद्धों से प्रभावित हुआ। कुछ अन्य ऐसे विद्वान् भी हैं जो इसकी समुद्भूति के लिए अत्यन्त प्राचीनकाल में प्रचलित सिद्धों के एक सम्प्रदाय की ओर संकेत करते हैं जो रसायन मत से सम्बन्धित था। उनके अनुसार नाथ सम्प्रदाय इन्हीं प्राचीन सिद्धों के विकास का एक क्रम है।[1]

डॉक्टर रामकुमार वर्मा ने इसे बुद्ध सहजियों का ही परिष्कृत रूप माना है।[2] जो भी हो, इतना अवश्य है कि नाथपन्थी योगियों की साधना-पद्धति में शैवों, बौद्धों एवं प्राचीन रसायनियों सभी के तत्त्व सन्निहित हैं। इस सम्प्रदाय ने विशुद्ध छाया साधना द्वारा जीवन्मुक्ति

---

1. Some take it to be essentially a crypto–Buddhist Cult, which later receded from the Buddhist fold and transformed itself into a Saiviti Cult, Others are of opinion that Nath Cult is essentially a Saiviti Cult which in course or its evolution, was assimilated within esoteric Buddhism, the Nath Cult see us to represent a particular phase of the Sidha Cult of India. This Sidha School seems to be closely associated with the Indian School of Rasayan–*Obscure Religious Cults. S.B. Dasgupta, p. 221.*
2. *हिन्दी साहित्य का आलोचनात्मक इतिहास,* पृ 143

प्राप्त करने की ओर लक्ष्य किया था। इन्द्रिय-निग्रह पर अधिक ध्यान दिया गया है। इन्द्रिय-निग्रह का कारण विद्वानों ने सिद्धों की प्रतिक्रिया माना है।

कबीर के प्रादुर्भाव-काल में नाथपन्थी योगी भी यह भूल बैठे थे कि उनकी समस्त काया-साधना साधन है साध्य नहीं। 'जीवन्मुक्ति' की प्राप्ति को भूलकर उन्होंने काया-साधना को काया-यातना में परिवर्तित कर दिया था। इसी हेतु कबीर की वक्र-दृष्टि इनके ऊपर भी पड़ी। अन्यथा इनकी इन्द्रियनिग्रहता एवं नारी-पार्थक्य से कबीर प्रभावित अवश्य थे।

(1) मुसलमानी एकेश्वरवाद—पैगम्बरी एकेश्वरवाद स्थूल देववाद है। अनेक देवताओं को न मानकर एक महान् देवता को मान्यता देना ही एकेश्वरवादिता है। तात्त्विक दृष्टि से यह भी देववाद ही है। भावनामूलक अन्तर नहीं है।[1] मुसलमानों के ईश्वर-सम्बन्धी विश्वास का निचोड़ है—

"ला इलाहे इल्लिल्लाह मुहम्मदरसूलिल्लाह"—अल्लाह का कोई अल्लाह नहीं। वह एकमात्र परमेश्वर है और मुहम्मद उसका रसूल या पैगम्बर है।[2] कुरान का यह अल्लाह भय से प्रीति मानता है। इस्लाम में प्रेरक भाव परमात्मा का प्रेम नहीं, अल्लाह का भय है।[3]

भारत में प्रवेश पाने के पहले ही मुसलमानी धर्म रूढ़िग्रस्त हो चुका था। इसका संकेत हम कर आये हैं। भारत में आने पर कालान्तर में उल्मा लोग पाखण्ड एवं रूढ़ियों के गट्ठर मात्र हो गये थे। सुल्तानों की इच्छानुसार धर्म की व्याख्या उनका प्रधान कार्य था। "जो सुल्तान की आज्ञा मानता है वह ईश्वर का भी आज्ञाकारी है।"[4] यह उनका धर्म के ठेकेदार की हैसियत से नारा था। उनकी यह रूढ़िवादिता कबीर को प्रिय न थी। तात्त्विक दृष्टि से भी कबीर का उनसे विरोध था जिसे हम यथास्थान देखेंगे।

(2) सूफी साधक—सूफीमतवाद कट्टर एकेश्वरवाद की प्रतिक्रिया रूप में आया था। भारत-प्रवेश के पहले ही यह धारा पूर्ण विकसित थी। विद्वानों ने प्रत्यक्ष या अप्रत्यक्ष रूप से सूफियों को भारतीय वेदान्त से प्रभावित माना है। कहा जाता है कि इनको अपने मतवाद के बीज कुरान से ही मिले थे। ये भी कुरान की अपने ढंग से व्याख्या करते थे। हम यों भी कह सकते हैं कि कुरान के रूढ़िग्रस्त धर्म को इन्होंने गतिमयता दी थी। भारतवर्ष में आने पर ये लोग अल्माओं का साथ न दे सके। इनके साथ अन्य सात्त्विक वृत्तिवाले मुसलमान भी मिल गये। इस प्रकार कबीर के युग तक उत्तरी भारत में सूफियों के अनेक सम्प्रदाय फैल गये थे। 15वीं शती के उत्तरार्द्ध तक इन सम्प्रदायों की संख्या चौदह तक पहुँच चुकी थी। इनमें चिश्ती सम्प्रदाय, सुहरावर्दी सम्प्रदाय, कादरी सम्प्रदाय और नक्शबन्दी सम्प्रदाय, सम्प्रदाय, प्रधान माने गये हैं।

---

1. *जायसी ग्रन्थावली की भूमिका,* पृ. 130
2. *नागरी प्रचारिणी पत्रिका, भाग 9*
3. "The fear rather than the love of God is the spen to Islam."

   –*Dictionary of Islam,* p. 401
4. "In short the Ulma subscribed to the proposition. He who obeys the Sultan, obeys the Lord Merciful." –*Life and Condition of People of Hindustan,* p. 141

कालान्तर में कबीर-पूर्व-युग तक सूफियों की साधना भी रूढ़िग्रस्त होने लगी थी। योगियों की देखा-देखी हठयोग की क्रियाओं की ओर उनका आकर्षण बढ़ने लगा था। चमत्कार-प्रदर्शन की प्रवृत्ति इनमें भी पनपने लगी थी। कादरी सम्प्रदाय के सूफियों के बारे में अनेक चमत्कारपूर्ण कथाएँ प्रसिद्ध हैं। सुहरावर्दी सम्प्रदाय ने बंगाल में प्रवेश पाने पर राजाओं को भी दीक्षित करना प्रारम्भ कर दिया था और इस सम्प्रदाय में होनेवाले सन्त राजगुरु का सम्मान पाने लगे। संक्षेपतः इनकी साधना-सम्बन्धी उदारता, जिसमें व्यक्तित्व के विकास के लिए स्थान था, क्रमशः सम्प्रदाय-भावना में विकसित होने लगी। फलतः इन्हें भी कबीर का प्रगतिवादी सन्देश सुनना पड़ा।

अभी तक हमने केवल कबीर-पूर्व-युग की भारतीय एवं अभारतीय साधना-मार्गों के रूढ़ि जर्जर-स्वरूप की संक्षिप्त झाँकी प्रस्तुत की है। इन धार्मिक मान्यताओं को लेकर चलनेवाले साधकों की इतनी चर्चा कनने का तात्पर्य यह नहीं कि समस्त भारत साधकों के रूप में ही परिवर्तित हो गया था। जनसाधारण अपनी सामाजिक व्यवस्थाओं को निभाता हुआ इन सभी को अपनी श्रद्धा अर्पित करता रहा। सामाजिक व्यवस्था का स्वरूप तो और भी शोचनीय था। प्रसंगवश उससे परिचय प्राप्त करना आवश्यक है।

सामाजिक रूढ़ियाँ—भारतीय सामाजिक व्यवस्था के दो स्तम्भ रहे हैं। 'वर्ण-व्यवस्था' और 'आश्रम धर्म विधान'। उनका आदि रूप बड़ा ही गतिशील रहा। आश्रम धर्म व्यक्तित्व के पूर्ण-विकास की भूमिका प्रस्तुत करता था। वर्णव्यवस्था सामाजिक समुत्थान का सुलझा हुआ समाधान था जो सब प्रकार के संघर्षों का सरलतम साधन भी था। कहना न होगा कि अनेक कारणों से बुद्ध-पूर्व-युग में भी भारतीय सामाजिक व्यवस्था के ये दोनों रूप अपने मूल-स्वरूप से दूर हो चुके थे। वर्ण-व्यवस्था ऊँच-नीच की भावना से आपूरित था। आश्रम धर्म-विधान अपना प्राणरहित शरीर पुष्ट कर रहा था। गौतम ने इन रूढ़िग्रस्त रूपों को गतिमयता देने का प्रयत्न किया था।

गौतम के प्रयत्न की सीमाएँ समस्या को सुलझाने के बजाय स्वयं एक नवीन जाति छोड़कर विलीन हो गयीं। कारण क्या था? वर्ण-व्यवस्था और आश्रम धर्म की जड़ें इतनी दृढ़ थीं, समाज की मानसिक स्थिति में उनकी रेखाएँ इतनी गहरी हो गयी थीं कि उनका मिटना असम्भव था। इसके अतिरिक्त समय-समय पर आर्य-सुधारकों ने उन्हें परिष्कृत करने का प्रयत्न भी किया था। बुद्धदेव के प्रयत्नों की असफलता का सबसे प्रधान कारण स्वयं उनके धर्म का स्वरूप था। बौद्धधर्म एक प्रकार का भिक्षुओं का धर्म था। बौद्ध लोगों ने लोक-जीवन में रहकर जाति-भेद की व्यर्थता का उदाहरण नहीं प्रस्तुत किया था। ऐसा करने के लिए उन्हें श्रमण होना पड़ा था। यही विडम्बना थी। इस प्रकार तो जाति-बन्धन का त्याग हमारे यहाँ भी था। लोक-जीवन से पृथक् व्यक्तित्व का विकास करनेवाले संन्यासी किसी भी जाति को नहीं मानते थे। जाति-भेद को मिटाने के अन्य प्रयत्न-कर्त्ताओं के साथ भी यही विडम्बना थी। इसे हम आगे देखेंगे। यहाँ हम इतना कहना चाहते हैं कि कबीर-पूर्व-युग में वर्ण-व्यवस्था और आश्रम धर्म दोनों ही रूढ़ि रूपों में अवस्थित थे। मुसलिम आगमन ने उनको और भी

धक्का पहुँचाया था। ऊँच-नीच की भावना अधिक बढ़ने लगी थी। जातियों के व्यक्तिगत नियम कठोर होने लगे थे। हिन्दू राजाओं के ध्वंस के साथ ब्राह्मणों का प्रभाव कम होने लगा था। नयी जातियाँ भी बनने लगी थीं। विद्वानों ने तत्कालीन चौरासी ऐसी जातियों का उल्लेख किया है जिनमें परस्पर खान-पान नहीं होता था। इन जातियों के अतिरिक्त अनेक अछूत जातियाँ भी बन गयी थीं। इन निम्नवर्गीय जातियों के लिए इस्लाम की जातिगत भ्रातृ-भावना तथा उनकी राजनीतिक विजय गत उच्चाभिमान आकर्षण की वस्तु बन गये थे। वे सामूहिक धर्म-परिवर्तन भी करने लगी थीं।[1]

मुसलिम जनता—भारतवर्ष में प्रवेश करने पर मुसलमानों की एक जातीय भावना भी रूढ़िग्रस्त हुई। संघर्ष और सम्पर्क के पश्चात् समन्वय अवश्यम्भावी था। इस समन्वय के फलस्वरूप मुसलमानों में भी ऊँच-नीच का विचार प्रवेश कर गया। जिस प्रकार हिन्दुओं में ब्राह्मणों की उच्चता विवाद से परे थी उसी प्रकार मुसलमानों में, अरब, फारस, अफगानिस्तान आदि से सीधे आये हुए मुसलमान उच्च बन गये। मुहम्मद साहब के दुहितृ पुत्र-परम्परा में होने के कारण सैयदों को शीर्ष स्थान दिया गया। उन्हें अन्य सभी मुसलिम जातियों में विवाह करने का अधिकार था किन्तु सैयदों की बेटियाँ अन्य मुसलमानों के साथ नहीं ब्याही जाती थीं।[2]

जीवन की आर्थिक अवस्था भी चिन्तनीय थी। विशेषकर भारतीय ग्रामीण जनता की आर्थिक अवस्थिति में निश्चय जैसे कोई वस्तु नहीं थी। बाबर को आश्चर्य हुआ था जब उसने देखा कि ग्रामीण जनता की आवश्यकताएँ अत्यन्त सीमित हैं। उसका आश्चर्य कुतूहल एवं विस्मय की सीमा को भी पार कर गया था जब उसने देखा कि वर्षों से बसे हुए गाँवों को दिन भर के भीतर रिक्त करके कूच कर जाना ग्रामवासियों के लिए साधारण घटना थी।[3] सुख और समृद्धि केवल

1. "The essentially proselytizing nature of the faith of Islam and the professions of social equality and fraternity among its followers, opened its door wide to receive the lower caste of Hindu society. Its offer had on additional force because it issued from those who ruled the destinies of India and possessed unllimited resources."

   Life and Condition of People of Hindustan, p. 194

2. "As the twice born Aryan is to the Mass of Hindus so is the Mohanmmedan of alleged Arab, Persian, Afghan or Mughal origin to the rank and file of his coreligionists. And just as in the traditional Hindu system men of the higher groups could marry women of the lower, while the converse process was vigourously condemned so within the higher ranks of the Mohammedans, a Syyad will marry a Sheikh's daughter, but will not give his own daughter in return."

   –*Imprial Gazetteer of India, Oxford,* p. 1908, Vol. II, p. 329

3. The Mughal Emperor Babar was particularly struck with the meagre requirements of the Indian Rural population. The colonization or the devastation of peasant village according to him, took an amazingly short time as so few things were required to give shape to a rural habitation. People disappear complitely from a place where they have been living for many years in about a day and a half says Babar.

   –*Life and Condition of People of Hindustan,* p. 263

सामन्तों, शाहों एवं उनकी कृपा के अधिकारी समाज के कतिपय अन्य सज्जनों तक ही सीमित थी। निश्चय और स्थायित्व इनके जीवन में भी नहीं था। कोई भी साहसिक सामन्त अन्य सामन्तशाही को ध्वंस कर विजय और विभूति का आलिंगन कर सकता था। दूसरा अपनी पराजय के साथ इन दोनों से देखते-देखते हाथ धो बैठता था। इसी धार्मिक अगति, सामाजिक अव्यवस्था एवं आर्थिक अनिश्चय की विप्लव बेला में कबीर अपनी पदचापों में प्रगति की गति लेकर आये थे। आगे के पृष्ठों में हम यह देखने का प्रयास करेंगे कि कबीर-पूर्व-युग की इन रूढ़िग्रस्त धार्मिक मान्यताओं के विविध विश्रृंखलित स्रोतों एवं सामाजिक जीवन की अन्य रुद्ध धाराओं तथा कबीर के गतिशील जीवन-दर्शन में क्या विभेद था। उन्होंने कहाँ तक इन्हें गति दी थी।

पौराणिक भक्ति और कबीर—सभी वैष्णव भक्तों ने ब्रह्म के निर्गुण और सगुण दोनों रूपों को स्वीकार किया था। निर्गुण अकल, अनीह, अव्यक्त तथा अगोचर होने के कारण उनके अनुराग का आधार नहीं था। इसीलिए उसके सगुण रूप की उपासना पर पुराणों ने बल दिया। अद्वैत वेदान्त के ब्रह्म से इनका विरोध नहीं था। उपसना के लिए ही उसमें गुणों का आरोप किया गया था। सगुण भक्ति की रूढ़िग्रस्तता की चर्चा हम कर आये हैं। कबीर ने वेदान्त के निर्गुण ब्रह्म की भक्ति को अपनाया। अद्वौत वेदान्त मे आत्मा और परमात्मा की एकता मान लेने पर भक्ति के लिए स्थान नहीं रह गया था। उसी परम्परा को कबीर ने उपास्य कैसे बना दिया यह विद्वानों के लिए एक समस्या की वस्तु रही है। सामान्य धारणा निर्गुण की उपासना स्वीकार नहीं करती। उसकी दृष्टि में यह असम्भव है। अतः यहाँ पर कबीर के उपास्य राम और वेदान्त के ब्रह्म का अन्तर समझ लेना आवश्यक है।

अद्वैत का ब्रह्म : कबीर के राम—ब्रह्माण्ड के भीतर अपरिवर्तनशील सत्ता का नाम है ब्रह्म। यह निर्विकल्प, निरुपाधि तथा निर्विकार है। 'सत्यं ज्ञानम् अनन्तं ब्रह्म' जो कहा जाता है वह ब्रह्म का विशेषण नहीं, लक्षण है। इनके लगाने से ब्रह्म विशिष्ट नहीं हो सकता। यही ब्रह्म मायावच्छिन्न होने पर 'सगुण ब्रह्म', 'अपर ब्रह्म' या ईश्वर कहलाता है, जो इस जगत् की उत्पत्ति, स्थिति और लय का कारण होता है।

कबीर के राम इससे भिन्न हैं। वस्तुतः कबीर परमतत्त्व को किसी भी रूप में प्रकट करने के प्रयत्न के ही खिलाफ थे। रूप नाम आदि, सभी स्थूल है। बह्म सूक्ष्म है व्यक्त करने के प्रयत्न में वह स्थूल हो ही जायेगा। पिण्ड और ब्रह्माण्ड सभी स्थूल हैं। सभी देश और काल में सीमित हैं। इनमें व्याप्त कर देना भी पमरतत्त्व को स्थूल कर देना हुआ। इससे उसका यथार्थ परिचय नहीं होता। इसीलिए उन्होंने कहा है—

प्यंड-ब्रह्मांड कथै सब कोई बाकै आदि अस अन्त न होई।
प्यंड ब्रह्मांड छाँडि जे कहिए कहै कबीर हरि सोई।

—कबीर ग्रन्थावली, पद 180

इसी प्रकार द्वैत, अद्वैत आदि नामों से अभिहित करना भी उसके यथार्थ रूप को न जानना है। द्वैत और अद्वैत निरूपण के प्रयत्नों के प्रतिफल हैं। जो निरूपित हो ही नहीं सकता उसका निरूपण कैसा? दो व्यक्तियों के निरूपण में भेद हो ही जायगा। भेद होने पर पक्ष या वर्ग बनेंगे फिर हम निष्पक्ष भाव से ग्रहण कैसे कर सकेंगे। कबीर के अनुसार उसके जानने का एक ही उपाय है— एकमेक हो जाना। अर्थात् प्रीति भरे मन को प्रीति के आश्रय भगवान्

में लगा देना। उसके स्वरूप का केवल अनुभव किया जा सकता है। किसी प्रकार समझाया नहीं जा सकता। इसीलिए वह गूँगे का गुड़ है।

उस परम तत्त्व को निर्गुण और सगुण कहना भी उसकी विडम्बना है। निषेधात्मक विशेषण भी तो विशेषण ही है। निर्गुण कहने से गुण अभाव का ही तो बोध होता है। फिर यह क्या उसका उपहास नहीं हुआ। इसीलिए कबीर गुण ही में निर्गुण और निर्गुण में ही गुण की बात सन्तों को समझाते हैं।

गुनमैं निरगुण, निंरगुण मैं गुन, वाटछाँड़ि क्यूँ बहिरे।
अजरा-अमर कथै सब कोई अलख न कथरगाँ जाई।

अपने राम को निर्गुण और सगुण से परे बताने का भी कबीर का यह तात्पर्य नहीं था कि वे उसे परात्पर रूप देकर किसी अपेक्षतः सूक्ष्म सीमा में बाँध देना चाहते हैं। उनका अभीष्ट यह था कि 'निर्गुण' और 'सगुण' कहकर हम उसका पूर्ण बोध नहीं करा सकते।

इसी विलक्षणता के कारण कबीर दशरथ-सुत राम को स्वीकार न कर सके। जिसे किसी भी प्रकार समझाया नहीं जा सकता। जिसे एकमेक होकर ही जाना जा सकता है उसके पीछे कथाओं, गुणों एवं निरूपणों की इतनी विशाल परम्परा को कबीर कैसे स्वीकार कर सकते। इसीलिए पुराणों का अवतारवाद कबीर को मान्य नहीं। न उसकी भक्ति ही उनके लिए कोई आकर्षण रखती है। विशेषकर उस दशा में जब वह अपने रूढ़ि में चल रही थी।

कश्मीर : शैव सिद्धान्त और कबीर—शैव सिद्धान्त के अनुसार शिव, शक्ति और बिन्दु ये तीन रत्न माने जाते हैं। 'शिव' शुद्ध तत्त्वमय जगत् के कर्त्ता, 'शक्ति' करण तथा 'बिन्दु' उपादान है। दार्शनिक दृष्टि से शैव सिद्धान्त को ईश्वराद्वयवाद कहा जाता है। अद्वैतवाद और ईश्वराद्वयवाद में संक्षिप्त अन्तर हम देख आये हैं। यहाँ हम कबीर के एकेश्वरवाद और इस ईश्वराद्वयवाद में वैभिन्य देखने का प्रयत्न करेंगे।

कबीर जब एकेश्वर की बात कहते हैं तो उनका अभिप्राय किसी दार्शनिक मतवाद से नहीं होता। अनेक देवी-देवताओं के भ्रम में भटकती हुई सामान्य जनता को यह समझाने के लिए कि सर्वव्यापक परमतत्त्व जो घट-घट में रम रहा है उसे प्राप्त करने के लिए उसके अनेक कल्पित प्रतीकों की ओर क्यों दौड़ रहे हो। उन्होंने एकेश्वर का निर्देश किया है।

शैव मतवाद के अनुसार परमेश्वर ही केवल तत्त्व है। नट के समान अपनी इच्छा से वह नाना प्रकार की भूमिकाएँ ग्रहण करता है। वह स्वतन्त्र है।

दोनों कथाओं में सूक्ष्म अन्तर स्पष्ट है। ''सर्वत्र, सब जीवों में, सर्व लोग में एक ही तत्त्व विद्यमान है'' कहना और बात है और परमेश्वर ही केवल मात्र तत्त्व है यह मानना और।

शैव सिद्धान्त मत के साथ ही शाक्त मत का नाम लिया जाता है। शैव सिद्धान्त के अनुसार शक्ति, शुद्ध जगत् की कारण मानी गयी है। शिव की दो शक्तियाँ होती हैं—'समवायिनी' और 'परिग्रहरूपा'। समवायिनी शक्ति चिद्रूपा और निर्विकार है। इसे शक्तितत्त्व कहते हैं। यह परम शिव में नित्य समवेत भाव से रहती है। परिग्रहशक्ति अचेतन है। यही बिन्दु कहलाती

है। 'महामाया' और 'माया' इसी के दो भेद हैं। 'महामाया' सात्त्विक जगत् का उपादान कारण है और 'माया' प्राकृत जगत् का।[1] 'शाक्त' लोग शिव की समवायिनी शक्ति की ही उपासना करते हैं। पीछे हम सांख्य-दर्शन के प्रकृति को शक्ति रूप में ग्रहण करने की बात कह आये हैं। सांख्य दर्शन की प्रकृति किस प्रकार शिव की शक्ति बन बैठी, यह रहस्य है। बहुत सम्भव है शिव को परम पुरुष रूप में ग्रहण करने पर प्रकृति या शक्ति का सम्बन्ध उनसे हो गया हो।

जो भी हो, शाक्तों की साधना का जो रूप कबीर-युग में था वह निश्चित ही रूढ़िग्रस्त था। अन्यथा सामान्य जनता में उन्हें घोर वामाचारी माने जाने की परम्परा का प्रचलन न होता। वैष्णव भक्त निश्चय ही शाक्तों से अधिक सात्त्विक रहे होंगे नहीं तो कबीर को वैष्णव की कुटिया शाक्तों के गाँव से अच्छी न लगती। यहाँ पर यह जान लेना अनुचित न होगा कि कबीर का प्रहार साधनाओं के सिद्धन्त पक्ष की अपेक्षा व्यवहार पक्ष पर तीव्रतर है। वे 'पण्डित' को चुनौती देते हैं। 'तुसक' को गुमराह बनाते हैं। 'मुरशिद' से 'नैनों' के बीच में नबी के साक्षात् की बातें करते हैं, मुल्ला से खुदा के बहरा होने की बात पूछते हैं। पीर, औलिया के हिंसात्मक कृत्यों की निन्दा करते हैं। अवध से उसी की भाषा मे रहस्यात्मक प्रश्न पूछते हैं। इस प्रकार हम देखते हैं कि कबीर का विरोध व्यक्तियों के व्यावहारिक आचार पक्ष से विशेष है। सिद्धान्तों को लेकर उनमें कबीर का पार्थक्य केवल इसलिए दिखाया गया है कि कबीर के सिद्धान्त किसी भी मतवाद की सीमाओं में नहीं बाँधे जा सकते।

मुसलमानी एकेश्वरवाद और कबीर—कबीर ने मुसलमानों के एकेश्वर से अपने स्वामी का पार्थक्य स्वतः प्रकट कर दिया है। वे कहते हैं—

मुसलमान का एक खुदाई। कबीर का स्वामी घटि घटि रह्यो[2] समाई।

जैसा हम पीछे देख आये हैं, मुसलमानों का एकेश्वर सब देवताओं से बड़ा एक स्थूल देवता है। किन्तु कबीर का स्वामी घट-घटव्यापी परमतत्त्व है। कोई भी वस्तु अनेक के सापेक्ष्य में एक हो सकती है। इसीलिए कबीर उसे एक नहीं कहते—

एक कहूँ तो है नहीं दोय कहूँ तो गारि
है जैसा तैसा रहै कहै कबीर बिचारि।[3]

वह परमतत्त्व जैसा है वैसा ही रहे। इसे एक और दो की संख्याओं में नहीं बाँधा जा सकता।

सूफी साधना और कबीर—सूफियों की चिन्तन-पद्धति का विकास मुहम्मद साहब की मृत्यु के लगभग दो सौ पचास वर्ष पश्चात् पूर्णता प्राप्त कर चुका था। ये लोग मुसलिम एकेश्वरवाद से चलकर 'तौहीद' (अद्वैतवाद) तक जा पहुँचे। इनका अद्वैतवाद वेदान्त अद्वैत से थोड़ा भिन्न है। इनके अनुसार 'ईश्वरत्व' (लाहूत) 'मनुष्यत्व' (नासूत) में उसी प्रकार मिल

1. *भारतीय दर्शन*, बलदेव उपाध्याय
2. कबीर ग्रन्थावली, डॉ. माताप्रसाद गुप्त, पद 330
3. नागरी प्रचारिणी पत्रिका, भाग 9, डॉ. बड़थ्वाल का लेख

जाता है जिस प्रकार शराब में पानी। ईश्वरत्व का इस प्रकार मनुष्यत्व में हल हो जाना 'हुलूल' कहलाता है। इस 'हुलूल' में मुल्लाओं को अवतारवाद की गन्ध आती थी। इसी से इनका विरोध करते थे। सूफियों को 'लाहूत' और 'नासूत' की एकता का अनुभव हाल की अवस्था में होता था। हाल की अवस्था के पूर्व साधना को चार अन्य अवस्थाएँ पार करनी पड़ती थीं। 'शरीअत', 'तरीकत', 'हकीकत' और 'मारफत'।

कबीर का अपने साध्य से मिलन-सम्बन्ध चिरन्तन है। उनकी भक्ति एकरस है। उनका प्रेम शाश्वत है। उसे वे हाल की अवस्था में क्षणिक आवेश में नहीं प्राप्त करते। वह सतत साधना का प्रतिफल है। इनका निर्वाह दुष्कर है। अग्नि की ज्वाला सही जा सकती है। खड्ग की धार पर भी चला जा सकता है। किन्तु नेह का एकरस निर्वाह सहज साध्य नहीं—

आगि औच सहना सुगम, सुगम खड्ग की धार।
नेह निवाहन एकरस महा कठिन व्यवहार।।

इसीलिए कबीर ने अपने प्रेम का आदर्श सती और शूर को माना है, जो उन्मत्त भावावेश प्रेमी को हत-चेतन बना देता है। वह कबीर का अभीष्ट नहीं है।

बौद्ध सहजिया : नाथपन्थ और कबीर—अब हम भारतीय साधना-मार्ग की उस धारा से कबीर का पार्थक्य स्पष्ट करने का प्रयत्न करेंगे जिनसे विद्वानों ने उनका सीधा सम्बन्ध बताया है। स्थूल दृष्टि से देखने पर वस्तुतः बौद्ध-सिद्धों और नाथपन्थी-योगियों की अनेक बातें ज्यों-का-त्यों कबीर द्वारा प्रयुक्त प्रतीत होती हैं। किन्तु बात यह नहीं है। कबीर ने ग्रहण किया है, पर ज्यों-का-त्यों नहीं। ऐसा वे कैसे कर सकते थे? उपर्युक्त दोनों साधना-मार्ग रूढ़िग्रस्त हो चुके थे। उनका साधन ही साध्य बन चुका था। ऐसी दशा में कबीर का उनसे विरोध स्वाभाविक था।

सामान्यतः जिन साम्यों की ओर विद्वानों ने हमारा ध्यान आकर्षित किया है वे निम्नलिखित हैं—

(अ) उच्चवर्गीय या ब्राह्मणों द्वारा अनुमोदित व्यवस्था का विरोध
(ब) गुरु का महत्त्व
(स) पिण्ड-ब्रह्माण्ड की एकता
(द) 'सहज' की भावना
(य) भाषा एवं काव्यरूप

इसमें सन्देह नहीं कि उपर्युक्त सभी बातों को कबीर ने सिद्धों और नाथों से ग्रहण किया था किन्तु विचारपूर्वक देखा जाय तो इनमें से प्रत्येक को कबीर ने अपने स्वतन्त्र व्यक्तित्व की छाप लगाकर नयी अर्थवत्ता प्रदान कर दी है।

(अ) उच्चवर्गीय व्यवस्था के प्रति विद्रोह की भावना कबीर को परम्परा रूप से प्राप्त हुई। बौद्ध-सिद्धों एवं नाथपन्थियों दोनों में इसका प्राधान्य देखने को मिलता है किन्तु सिद्धों और नाथों के विद्रोह में एक प्रकार की हीन भावना स्पष्ट लक्षित होती है। समाज में गौरव न प्राप्त कर, जातिच्युत होकर अपनी खीझ प्रकट करने के लिए दोषों का प्रकटीकरण उन्होंने किया

है। कबीर में यह बात नहीं है। कबीर आत्मविश्वास के साथ प्रहार करते हैं। उनके व्यंग्यों में मस्ती है। वे खीझते नहीं, लापरवाह हैं। इस लापरवाही और मस्ती का कारण स्वयं उनका व्यक्तित्व है। जो अखण्ड विश्वास एवं अतुल सूक्ष्मदर्शिता लेकर विकसित हुआ था। वे जानते थे कि जिस व्यवस्था का वे विरोध कर रहे हैं वह रूढ़िजर्जर है। हिन्दुओं की वर्ण-व्यवस्था तथा आश्रमधर्म और साथ ही मुसलमानों की जातिगत भातृ-भावना दोनों ही ऊँच-नीच, छूआछूत आदि संकीर्ण एवं बुद्धि-अग्राह्य विचारों को लेकर चल रही थी। इसका उल्लेख हम कर आये हैं। सरल और सरस होते हुए भी तीव्र और चुभनेवाले व्यंग्य कबीर ही कर सकते हैं[1]—

गुरु का महत्त्व—मध्ययुग के सगुण और निर्गुण सभी उपासकों ने गुरु-महत्त्व एक स्वर से स्वीकार किया है। सूफियों ने भी गुरु को गौरव प्रदान किया है। सन्त भी इसके अपवाद नहीं हैं। गुरु का यह महत्त्व सिद्धों और नाथपन्थियों तक ही सीमित नहीं वरन् भारतीय संस्कृति के विशेषता है। यहाँ हमें नाथ-योगियों और बौद्ध-सिद्धों तथा कबीर के गुरु-महत्त्व का पार्थक्य स्पष्ट करना है।

कहना न होगा कि तन्त्र साधना से प्रभावित होने के कारण 'नाथ' और 'सिद्ध' दोनों गुह्यातिगुह्य शारीरिक क्रियाओं का समावेश अपनी साधना में कर चुके थे। उनकी इस साधना-पद्धति में गुरु की आवश्यकता पद-पद पर पड़ती थी। जरा-सी चूक साधक की समस्त साधना को मिट्टी में मिला सकती थी। अतः गुरु का महत्त्व इन सम्प्रदायों में काया-साधना के महत्त्व के कारण था। काया-साधना साध्य नहीं थी। वह केवल साधन मात्र थी। इस प्रकार नाथपन्थी-योगियों और बौद्ध-सिद्धों ने गुरु को साधना का साधन बनाकर उसकी स्थूल उपादेयता स्वीकार की थी।

कबीर गुरु को इसलिए महत्त्व देते हैं कि वह उन्हें गोविन्द की ओर उन्मुख करता है। गोविन्द को लखाता है। स्वामी के स्वरूप को परिलक्षित करता है।

---

1. न जाने तेरा साहब कैसा है।
महजिद भीतर मुल्ला पुकारें, क्या साहब तेरा बहिरा है?
चिउँटी के पग नेवर बाजे, सो भी साहब सुनता है।
पण्डित होय के आसन मारैं, लम्बी माला जपता है।
अन्तर तेरे कपट कतरनी सो भी साहब लखता है।

* * *

सतवंती को गंजी मिलै नहीं वेश्या पहिरै खासा है।
जेहि घर साधू भीख न पावै, भँडुवा खात बतासा है।
हीरा पाय परख नहि जानै, कौड़ी परखन करता है।
कहत कबीर सुनो भाई साधो, हरि जैसे को तैसा है।

पिण्ड-ब्रह्माण्ड की एकता—नाथपन्थी-योगी और बौद्धसिद्ध जब 'पिण्ड में सभी-कुछ सन्निहित है' कहते हैं तो वे तान्त्रिक साधना से पूर्णतया सहमत हैं। वे सूर्य, चन्द्र, गंगा, यमुना, त्रिवेणी, काशी आदि को पिण्डान्तर्गत मानकर ब्रह्माण्ड की समस्त वस्तुओं का सन्निवेश कर देते हैं। कबीर ने तान्त्रिक साधना को कभी श्रेयस्कर नहीं बताया। जब वे सभी-कुछ घट में बताते हैं तो उसका सीधा अर्थ यह होता है कि व्यर्थ में संसार सत्य की खोज में यहाँ-वहाँ दौड़ लगाता है। यदि अन्तःकरण शुद्ध है तो सत्य के लिए भटकना नहीं पड़ेगा। मथुरा, द्वारिका और काशी दौड़ने से परमतत्त्व का बोध नहीं हो सकता। कबीर का तो मन ही मथुरा है, दिल ही द्वारिका है और काया ही काशी है।

मन मथुरा दिल द्वारिका काया काशी जानि।
दसवाँ हारा देहरा तामें ज्योति की छानि।

—कबीर ग्रन्थावली, पृ. 44

कबीर की आत्मा का स्पन्दन कहाँ है? उनकी बिखरी हुई जीवनानुभूतियों में यह प्राप्त करना सरल नहीं है। यदि हम केवल बाह्य शब्दावली पर ध्यान देंगे तो कबीर को न पायेंगे।

नाथपन्थियों और बौद्ध-सिद्धों एवं कबीर की सहजानुभूति—वस्तुतः नाथों-सिद्धों और कबीर की न केवल सहजानुभूतियों में अन्तर है वरन् साधना-प्रणाली और अन्तिम लक्ष्य में भी तात्त्विक भेद है। बौद्ध-सिद्धों का अन्तिम लक्ष्य 'महासुख' की प्राप्ति है। नाथों का लक्ष्य 'महेश्वरत्व' प्राप्ति है किन्तु कबीर भगवान् के भक्त हैं। वे उनकी लीला में भाग लेना चाहते हैं। यही उनका अन्तिम लक्ष्य है।

नाथों की साधना काया-साधना है। कबीर के युग तक यह साधना रूढ़िरूप में चल रही थी। काया को सब कष्ट देकर ही योगी अपने कर्त्तव्य एवं साधना की इतिश्री समझ लेते थे। हठयोग की क्लिष्ट साधना ही उनका अन्तिम पुरुषार्थ था। कबीर की आत्मा इसे स्वीकार न कर सकी। उन्होंने बार-बार स्पष्ट घोषणा की है कि साधुओ, सहज समाधि लगाओ। नाना प्रकार के प्राणायाम, आसन और मुद्राएँ परमतत्त्व का उपलब्धि के साधन हैं, साध्य नहीं। अगर सहज समधि से ही परमतत्त्व मिल जाता है तो व्यर्थ ही काया-क्लेश बढ़ाने से क्या फायदा?[1]

डंडा मुडा खिंथा अधारी, भ्रम कै भाइ भवै भेषधारी।
आसन पवन दूरि करि वौरे, छाड़ि कपट नित हरि भज बौरे।।

बौद्ध-सिद्धों की गुह्यात्मक साधना तो कभी कबीर को मान्य हो नहीं सकती थी। उनकी समाधि सहज सात्त्विक जीवनयापन करने में ही थी। जिसका समस्त जीवन-दर्शन अनुभूतियों के बल पर खड़ा है जो केवल आँखों की देखी पर विश्वास करता है। उसके लिए गुह्यात्मकता का मूल्य ही क्या है। इसीलिए कबीर को सदा सहज समाधि भली लगती है।

साधो सहज समाधि भली।
गुरु प्रताप जा दिनतैं उपजी दिन दिन अधिक चली।

---

1. हिन्दी साहित्य की भूमिका, पृ. 67

जहँ जहँ डोलौं सोइ परिकरमा जो कछु करौं सो सेवा।
जब सोवौं तब करो डण्डवत् पूजों और न देवा।
कहौं सो नाम सुनों सो सुमिरन खाँन पियों सो पूजा।
गिरह उजाड़ एक सम लेखों भख न राखों दूजा।
आँख न मूदों कान सूँघों तनिक कष्ट नहिं धारों।
खुले नैन पहिचानों हँसि हँसि सुन्दर रूप निहारों।

सभी धार्मिक रूढ़िग्रस्त बाह्याचारों से अलग सात्त्विक एवं सरल जीवन की इससे सुन्दर व्याख्या नहीं हो सकती। कबीर की यही साधना थी। उनके पदों में आये हुए हठयोग के शब्दों के आधार पर उन्हें योगियों की साधना से सहमत मानना उनके साथ अन्याय होगा।

कबीर की सहजानुभूति नाथों और सिद्धों दोनों से भिन्न है। ये अनुभूतियाँ स्वयं बौद्ध-सिद्धों, नाथपन्थी-योगियों की भी भिन्नता रखती हैं।

नाथयोगी जीवन और मृत्यु की सत्यता में विश्वास करके उससे मुक्ति पाने के लिए शरीर को ही साधनात्मक प्रक्रियाओं द्वारा दिव्य बनाने में प्रयत्नशील थे।[1] बौद्ध-सिद्ध जीवन और मरण के बन्धन से छुटकारा प्राप्त करने के लिए महासुख की अनुभूति आवश्यक समझते थे। वस्तुतः महात्मा गौतम बुद्ध ने संसार को दुःखमय मानकर 'दुःख निरोध' को सबका अन्तिम ध्येय निश्चित किया था। इसके लिए सभी संस्कारों का शमन, चित्तमलों का त्याग एवं तृष्णा का क्षय परमावश्यक बताया था। इस निरोध या विरागमयी पूर्ण शान्ति की अवस्था को ही निर्वाण का नाम दिया गया था। कालान्तर में यही निर्वाण की अवस्था एक अनिर्वचनीय धर्म के रूप में समझी जाने लगी। आगे चलकर इसे ही 'शून्य', 'धर्म', 'तथता' या 'भूत तथता' के भी नाम दिये गये। यही शून्य बौद्ध-सिद्धों का 'महासुह' (महासुख) है।[2]

नाथपन्थी योगी काया को दिव्य बनाने के पश्चात् महेश्वरत्व प्राप्त करते थे। यह महेश्वरत्व की अनुभूति उनको उसी शून्यावस्था में होती थी जिसमें बौद्ध-सिद्धों को महासुख की। शून्यावस्था में आत्मा सभी द्वन्द्वों में से केवल रूप में विराजता है। उसे किसी प्रकार की अनुभूति नहीं होती न सुख की, न दुःख की न, न राग की और न द्वेष की। इस अवस्था में नाथपन्थी योगी की आत्मोपलब्धि होती है और वह महेश्वरत्व को प्राप्त करता है।

बौद्ध-सिद्धों की समाधि की अवस्था में आत्मा के अनुभव या अपने को जानने की स्थिति का भी अनुभव नहीं रह जाता। वह एक ऐसी अवस्था में पहुँच जाता है जो अनिर्वचनीय है। यही उनके महासुख की अवस्था है। इसी को स्पष्ट करते हुए सरहपाद ने कहा है—

इन्दिअ जत्थ विलअ गउ, णिइउ अप्प सहावा।
सोहले सहज न तनु फुड़, पुच्छहि गुरु पावा।।

—कबीर, पृ.73

---

1. Nath Yogis employed all the Yogic practices for the attainment of immortality and Mahe'shvarhood thereby.
Obscure Cults –p. 263
2. कल्याण-साधनांक।

नाथपन्थी-योगियों और बौद्ध-सिद्धों की सहजानुभूति में यही अन्तर है। एक आत्मोपलब्धि के पश्चात् महेश्वरत्व प्राप्त करता है और दूसरा आत्मोपलब्धि की अवस्था को भी खोकर एक अनिर्वचनीय महासुख की अनुभूति करता है।

कबीर की सहजानुभूति इन दोनों से भिन्न है। उनकी सहजानुभूति उन्हें राम से मिलाती है। राम के प्रेम का रस चखना ही उनकी साधना का अन्तिम लक्ष्य है। सहज समाधि को सुरति योग भी कहा जाता है। सुरति-स्रोत प्रवाह संसरण इस प्रकार संसार की गति का पर्याय है। मन चंचल है। वह इसी सुरति के साथ लगा रहता है। अर्थात् सांसारिक बन्धनों में उलझा रहता है।

मन मतंग मानै नहीं चलै सुरति के साथ
दीन महावत का करे अंकुश नाहीं हाथ

—बीजक

चंचल मन का निरोध ही संसार की निवृत्ति है। संसार की निवृत्ति के पश्चात् हरिजी की ओर उसको उन्मुख या प्रवृत्त कर देना ही सहज साधना है। इसके लिए मुद्राविशेष की आवश्यकता नहीं है—इसके लिए जिस सहज समाधि की आवश्यकता कबीर ने बतायी है वह हम देख चुके हैं। सहज भाव से संसार के बन्धन सुत, वित्त, कामिनी और काम को त्यागकर राम से एकमेक होना ही कबीर की सहज भावना है।

सहजैं सहजैं सब गए, सुत-वित कामिनी-काँम।
एक मेक ह्वै मिलि रह्यौ, दासि कबीरा राम।
सहज सहज सब कोइ कहै सहज न चीन्है कोइ।
जिन्ह सहजैं हरिजी मिलैं, सहज कहीजै सोइ।

—कबीर ग्रन्थावली, पृ. 48

—इस प्रकार स्पष्ट है कि नाथपन्थी योगियों की क्लिष्ट काया-साधना एवं बौद्ध सहजियों की गुह्यातिगुह्य सहज साधना दोनों ही अपने लक्ष्य से दूर रूढ़ि रूपों में चलनेवाली साधनाएँ थीं। हम देख चुके हैं कि बुद्धदेव ने दुःख-निरोध के लिए केवल चित्त की पवित्रता और मन को संयत करने का उपदेश किया था। गुह्यात्मक साधना इस सरल और सात्त्विक लक्ष्य से दूर हो चुकी थी। कबीर ने सहज सात्त्विक जीवन-यापन को ही साधना बनाकर इन दोनों के रूढ़ि रूपों को प्रगति प्रदान की।

भाषा और शैली साम्य—बौद्ध-सिद्धों और नाथपन्थी योगियों तथा कबीर की भाषा और शैली में विद्वानों ने पर्याप्त साम्य देखा है। निश्चय ही कबीर ने उसी प्रकार के शब्दों एवं पदावलियों का प्रयोग किया है जिस प्रकार का नाथों और सिद्धों ने। फिर भी दोनों में अन्तर है। यह अन्तर स्वरूप का नहीं, सजीवता का है। कबीर की भाषा में सरलता के साथ सजीवता और चुभनेवाला व्यंग्य है। आत्मविश्वास की झलक है। वह कबीर के व्यक्तित्व को पूर्णतया प्रकट करती है। नाथों और सिद्धों ने जन-भाषा का प्रयोग भले ही किया हो किन्तु विश्वास के साथ यह व्यवस्था देना कि—

संसकीरत है रूप जल, भाषा बहता नीर

कबीर का ही काम है। और वह भी उस प्रदेश में जहाँ संस्कृत का प्रयोग न करने के कारण लगभग एक सौ पचास वर्षों बाद तुलसी को भी अपनी मति को भोरी कहना पड़ता था। इस प्रकार भाषा और शैली की दृष्टि से भी कबीर हिन्दी प्रदेश में प्रगति के पथ को खोलनेवाले हैं।

सामाजिक रूढ़ियाँ और कबीर—कबीर-पूर्व-युग की समस्त साधना-पद्धतियों एवं उनके रूढ़िगत रूपों को अस्वीकारकर किस प्रकार कबीर ने अपनी भक्ति का मार्ग प्रशस्त किया यह हम संक्षेप में देख आये हैं। कबीर का सर्वाधिक विरोध सामाजिक रूढ़ियों से था। कबीर के प्रादुर्भाव-काल में हिन्दू और मुसलिम दोनों सामाजिक व्यवस्था में रूढ़िग्रस्त थीं, इसका उल्लेख हम कर आये हैं। इन रूढ़ियों को स्वयं अपने स्वार्थ के लिए दूसरों पर लादनेवाली प्रायः समाज की उच्च कही जानेवाली जातियाँ थीं। इन जातियों के मुखिया पण्डित, मुल्ला, पीर, औलिया आदि थे। इसलिए कबीर का सारा व्यंग्य इन्हीं के ऊपर पड़ा। उनका विरोध जाति-विशेष, व्यक्ति-विशेष, सम्प्रदाय-विशेष या धर्म-विशेष से नहीं था। यदि किसी से शत्रुता थी तो रूढ़ि से। जहाँ कहीं जीवन के जिस क्षेत्र में, धर्म के जिस अंग में, मान्यताओं के जिस स्वरूप में उन्हें रूढ़ि की गन्ध आती थी वहीं से उनका विरोध प्रारम्भ हो जाता था।

कभी वे योगी से कहते हैं—

ऐसा जोग न देखा भाई। भूला फिरै लिए गफिलाई।
महादेव को पन्थ चलावै। ऐसो बड़ो महंत कहावै।
हाट-बजार लावैं तारी। कच्चे सिद्धन माया प्यारी।
कब दत्ते भावासी तोरी। कब सुखदेव तोपची जोरी।
नारद कब बंदूक चलाया। व्यासदेव कब वेन बजाया।
करहिं लड़ाई मति कै मन्दा। ई अतीत की तरकस बन्दा।

—बीजक 69वीं (रमैनी) 129 कबीर

कभी वे पण्डितों की छूआछूत से ऊब उठते हैं। बहुत तर्क-वितर्क, माथापच्ची के पश्चात् भी जब उसका कारण समझ में नहीं आता तो आखिर पण्डित से पूछ बैठते हैं—

पण्डित देखहु मन मँह जानी।
कहुधों धूति कहाँ ते उपजी तबहिं छूत तुम मानी।
बादे बंधे रुधिर के संगे घट ही मह घट ऊपचै।
अस्ट कँवल होय पुहुमी आया छूति कहाँ ते उपजै।

—बीजक, सबद 41

काजियों द्वारा मुसलमान बनाने के लिए किया गया संस्कार भी उनकी समझ में नहीं आता था—

काजी कौन कतेव बखानै।
पढ़त पढ़त केते दिन बीते गति एकै नहिं जानै।

सकति से नेह पकरि करि सूनति यह न वदूँ रे भाई।
और खुदाइ तुरक मोहि करता तौ आवै कटि किन जाई।

—कबीर ग्रन्थावली, पृ. 59

इसी प्रकार राम, रहीम की द्वैतता भी उनकी समझ के बाहर की वस्तु थी। हिन्दू जनता राम का जप करती थी और मुसलमान रहीम का। इसीलिए वे दो कैसे हो गये?

अरे भाइ दोइ कहाँ से मोही बतावो।
बिचही भरम का भेद लगावो।

*　　*　　*

राम-रहीम जपत सुधि गई, उनि माला उनि तरुवी लई
कहै कबीर चेत रे भोंदू बोलनिहारा तुरुक न हिन्दू

—कबीर ग्रन्थावली, पृ. 56

यहाँ राम और रहीम की एकता प्रतिपादित करने का तात्पर्य यह नहीं कि वैष्णवों के अद्वैत-मूलक ब्रह्म 'राम' और इस्लाम के एकेश्वर 'रहीम' एक ही हैं। कबीर का तात्पर्य सामान्य हिन्दू और मुसलिम जनता के बीच राम और रहीम की भावना से है। हम पहले भी कह आये हैं कि कबीर किसी तात्त्विक या सैद्धान्तिक मतवाद के विद्रोही नहीं थे। सामान्य-जन समाज में उन सिद्धान्तों को लेकर जो अनेक रूढ़ियाँ चल रही थीं उन्हीं के विरोधी थे। इसीलिए उनकी बानियों एवं पदावलियों में परस्पर-विरोधी बातें देखने को मिलती हैं। उनका प्रत्येक कथन किसी-न-किसी रूढ़ि के विरोध में है। जब वे एक ईश्वर की बात कहते हैं तो अनेक ईश्वर के कल्पित रूपों से ऊबकर, जब वे सगुण और निर्गुण से परे अपने स्वामी को रखते हैं तो इन दोनों शब्दों को लेकर चलनेवाले विवाद से बचने के लिए। इसी प्रकार जब वे घट ही में सब-कुछ बताते हैं तो अन्धविश्वास में पड़ी जनता की सत्य की प्राप्ति के लिए की गयी व्यर्थ की दौड़-धूप को देखकर ही।

संक्षेप में हम यही कहेंगे कि समाज में दृष्टिगत होनेवाली सरल सात्त्विक आचारप्रधान जीवन से अलग व्यर्थ का आडम्बर उन्हें जहाँ भी दिखायी पड़ा, उन्होंने उसका विरोध किया। अधिक उदाहरणों से प्रस्तुत प्रसंग को बढ़ाना यहाँ आवश्यक नहीं प्रतीत होता। हमें विश्वास है कि कबीर को प्रगतिवादी कहने का हमारा अभिप्राय स्पष्ट है।

प्रस्तुत प्रसंग को समाप्त करते हुए हम दो शब्द और कहना चाहेंगे। भारतीय चिन्ताधारा के इस सन्धि-युग में समस्त साधना-पद्धतियों के व्यावहारिक रूढ़िरूपों से पार्थक्य एवं विरोध प्रकटकर कबीर ने जिस भक्ति-साधना का सरल मार्ग प्रशस्त किया उसे निर्गुण भक्ति कहा गया है। यद्यपि इस संज्ञा के औचित्य पर आज तक विचार नहीं किया गया। मैं समझता हूँ कि ऐसा करने की आवश्यकता भी नहीं। किसी भी सूक्ष्म विचारधारा को स्थूल संज्ञा देकर उसका औचित्य नहीं सिद्ध किया जा सकता। अतः जब हम कवि की भक्ति-साधना को निर्गुण भक्ति कहते हैं तो हमारा अभिप्राय यही होता है कि वह सगुण भक्ति नहीं। डॉ. बड़थ्वाल ने इस लाचारी को स्पष्ट शब्दों में स्वीकार किया है—

"पन्द्रहवीं शताब्दी में इस धारा ने जो रूप धारण किया वह किसी उपयुक्त नाम के अभाव में 'निर्गुण सन्त सम्प्रदाय' कहलाता है।"[1]

इस 'निर्गुण सन्त सम्प्रदाय' के प्रादुर्भाव को लेकर विद्वानों की दो रायें देखने को मिलती हैं। एक इसे परिस्थिति-प्रसूत मानती है दूसरी भारतीय चिन्ताधारा के स्वाभाविक विकास के रूप में ग्रहण करती है। वस्तुतः दोनों मान्यताओं में तात्त्विक भेद नहीं है। हमारी चिन्ताधारा परिस्थितियों की अपेक्षा करके नहीं प्रवाहित होती। जब कभी वह ऐसा करने का प्रयत्न करती भी है तो भी उसके दोनों कूल परिस्थितियों के कगारों को ही चूमते रहते हैं। इस निर्गुण सन्त सम्प्रदाय की स्थिति भी कुछ ऐसी ही है। कबीर ने जो कुछ कहा है उसकी एक परम्परागत धारा अवश्य है। न केवल बौद्ध-सिद्धों एवं नाथपन्थियों वरन् दक्षिण के शैव सन्तों की कुछ बातें भी उनकी उक्तियों से साम्य रखती हैं। जातिभेद-विरोधी भावनाएँ हमें दक्षिण के शैव सन्त नम्मालवार में भी मिलती हैं। उसने स्पष्ट शब्दों में कहा है कि परमात्मा का ज्ञान ही हमारी सामाजिक स्थिति को ऊँच या नीच बना सकता है।[2] फिर भी कबीर के जिस रूप से हम परिचित हैं उसके निर्माण में परिस्थितियों ने पर्याप्त सहायता पहुँचायी है। यदि कबीर-पूर्व-युग धार्मिक अगति, सामाजिक अव्यवस्था एवं आर्थिक अनिश्चय से ग्रसित न होता तो कबीर और चाहे जो कुछ होते, उन्हें प्रगतिवादी कहने का दुस्साहस न किया जाता। प्रगति के पहले रूढ़ि की स्थिति अनिवार्य है।

कबीर के विषय में इतनी चर्चा करके यदि हमने उनके तात्त्विक सिद्धान्तों में कुछ विकार ला दिया हो तो इसके लिए वे मुझे क्षमा करेंगे। क्योंकि–

"बोलना का कहिये रे भाई। बोलत बोलत तत्त नसाई"[3] के सिद्धान्त को मानने पर भी यह गलती वे स्वयं कर चुके हैं।

●

---

1. नागरी प्रचारिणी पत्रिका, भाग 9
2. "The anti-caste feeling already noted in the Gaiva Rhymns was growing stronger; only the knowledge of God Said Nammalvar could make a man high or low in the Social Scale." –Cerpenter–*Theism in Medieval India,* Page 382
3. कबीर ग्रन्थावली, पृ. 109

आज तथाकथित प्रगतिवादी अपने संकीर्ण क्षेत्र में ही प्रगतिवाद को बाँधकर रखना चाहते हैं। वास्तव में कबीर को प्रगतिवादी सिद्ध करने में लेखक का प्रयास स्तुत्य है। रूढ़ि का खण्डन करना ही 'प्रगति' है, कबीर उसमें पूर्ण रूप से सफल हुए हैं।

–सम्पादक

कबीर और बंगाल के बाउल सन्त

ईसा की पन्द्रहवीं शती में पूरा भारत वैष्णव भक्ति-आन्दोलन की प्रेमगर्भित उदार मानवतावादी जीवन-दृष्टि से प्रभावित होकर भावात्मक एकता सूत्र में बँध गया था। उत्तर भारत में निर्गुण भक्ति-आन्दोलन के पुरोधा कबीर की भक्ति भी प्रेमगर्भित और मानवधर्मा थी। उन्होंने जाति, धर्म एवं सम्प्रदाय की सीमाओं से ऊपर उठकर मनुष्यमात्र की एकता का प्रतिपादन किया था। उनका सीधा तर्क था—जब सभी एक ही ज्योति से उत्पन्न हुए हैं तो ब्राह्मण और शूद्र का भेद कैसे पैदा हो गया? सारा भेद-भाव ईश्वरीय नहीं, मनुष्यकृत है। सभी के हृदय में प्रेम-ज्योति प्रज्वलित है। यह 'प्रेम' तत्त्व सभी प्रकार के विधि-विधानों से ऊपर है। इसके बल पर सभी तरह के भेद-भावों को मिटाकर सबको समान स्तर पर प्रतिष्ठित किया जा सकता है। अपनी इसी उदार मानवधर्मा सहज भक्ति-साधना के बल पर कबीर ने अपने समकालीन तथा परवर्ती सन्तों को बहुत गहरे जाकर प्रभावित किया था। उनका प्रभाव भारत-व्यापी था। बंगाल के 'बाउल' सन्तों पर भी कबीर का प्रभाव लक्षित किया जा सकता है। यह प्रभाव प्रेरणा-स्रोत के रूप में नहीं, एक समानधर्मा द्वारा प्रदत्त समर्थन और शक्ति-सवंर्द्धन के रूप में है। इस प्रभाव का विवेचन करने के पूर्व बाउलों के इतिहास और उनकी साधना के स्वरूप का परिचय आवश्यक है।

पश्चिम बंगाल के बाउल, महाप्रभु चैतन्यदेव के समकालीन नित्यानन्द के पुत्र वीरभद्र को अपने सम्प्रदाय का आदि प्रवर्तक मानते हैं।[1] इनके सम्बन्ध में कहा जाता है कि इन्होंने 'माधव बीबी' नामक किसी मुसलिम महिला से धर्म की दीक्षा ली थी।[2] चैतन्यदेव का समय ई. सन् 1485 से 1533 तक माना जाता है। यही समय नित्यानन्द का रहा होगा। उनके पुत्र द्वारा धर्म-प्रवर्तन किये जाने का अर्थ यह हुआ कि उनके जन्म से लगभग 60 वर्ष बाद अर्थात् सोलहवीं शती के अन्तिम चरण में इसका प्रवर्तन हुआ होगा। कुछ लोगों का मानना है कि चौदहवीं शती ईस्वी के अन्त या पन्द्रहवीं शती के प्रथम चरण से ही बाउलों का परिचय मिलने लगता है। कुछ भी हो, सामान्यतः यह सर्वमान्य है कि सोलहवीं, सत्रहवीं एवं अट्ठारहवीं शती में इनका प्रचार बंगाल के प्रायः सभी भागों में हो गया था।

'बाउल' शब्द को स्पष्ट करते हुए क्षितिमोहन सेन ने कहा है—"अनेक शताब्दी से जाति-पाँति से बहिर्भूत निरक्षर एक दल साधक शास्त्रभार-मुक्त मानव-धर्म की ही साधना करता चला आ रहा है। वे मुक्त पुरुष हैं, इसलिए समाज का कोई बन्धन नहीं मानते, फिर भी समाज उनको क्यों छोड़ेगा? तब उन लोगों ने कहा था—"हम लोग पागल हैं, हमारी बात छोड़ दो। पागल का तो कोई दायित्व नहीं।" बाउल का अर्थ 'वायुग्रस्त' अर्थात् 'पागल'

1. मध्यकालीन प्रेम साधना, परशुराम चतुर्वेदी, पृ. 95
2. तदैव, पृ. 95

है।"[1] जिन अन्य शब्दों से इसकी व्युत्पत्ति बतायी गयी है, उनका अर्थ भी घूम-फिरकर 'पागल' ही होता है। उदाहरण के लिए 'बातुल' (संस्कृत) व्याकुल (संस्कृत), आउल (अरबी), बाउर (हिन्दी) आदि शब्दों से भी इसका सम्बन्ध जोड़ा गया है। ये सभी शब्द असामान्य मानसिक स्थितिवाला या पागल का ही बोध कराते हैं। तात्पर्य यह कि साधकों का ऐसा दल जो सभी सामाजिक नियमों, बन्धनों और चिह्नों को त्यागकर निरन्तर ईश्वर-प्रेम में पागल होकर जी रहा हो और इसे ही स्वधर्म मानता हो, 'बाउल' कहा जाता है।

ऐसा समझा जाता है कि बाउल धर्म-साधना पर शैवतन्त्र-साधना, बौद्धतन्त्र-साधना, सूफी-साधना तथा वैष्णव-सहजिया धर्म-साधना इन सभी का प्रभाव पड़ा है। बहुत सम्भव है, बाउल सन्तों ने इन धर्म-साधनाओं से उत्तेजना प्राप्त की हो क्योंकि इन सभी साधनाओं में प्रेम-तत्त्व को महत्त्व दिया गया है, किन्तु बाउल सन्तों की धर्म-साधना की मूल प्रकृति इनसे भिन्न है। उपर्युक्त जिन साधनाओं से बाउलों को प्रभावित माना जाता है, वे सभी कर्म-विधान से मुक्त नहीं हैं। उन सभी की सुनिश्चित कर्म-प्रणाली और चर्या-नीति है। 'बाउल' तो प्रेम-मग्न और सभी प्रकार के नियमों-विधानों से सर्वथा मुक्त 'मनेर मानुष' का चिर अन्वेषी है। हो सकता है लोक की कर्म धारा से जुड़ने पर कालान्तर में इनकी साधना में भी तान्त्रिक साधना की कर्म-पद्धति समाविष्ट हो गयी हो किन्तु तत्त्वतः इनकी सहज-साधना में उसकी गुंजाइश नहीं है। इस सन्दर्भ में प्रो. सोमेन्द्रनाथ भट्टाचार्य का निम्नलिखित कथन ध्यान देने योग्य है। वे कहते हैं—"कोई-कोई बाउल सम्प्रदाय के साथ तान्त्रिक सम्प्रदाय के मेल की कल्पना करते हैं। बाउल तन्त्र-साधक भी उसी मत का पोषण करते हैं। हमें लगता है कि यह धारणा भ्रान्तिमूलक है। इस अनुमान के पीछे कोई युक्ति नहीं है। कारण कि 'तन्त्र' और 'बाउल' दोनों का धर्म पृथक् और स्वरूप स्वतन्त्र है। दोनों को समगोत्री नहीं समझा जा सकता। तन्त्र की आलोचना करके देखते हैं कि क्रिया-विशेष के विशिष्ट अनुष्ठान द्वारा विशेष फल-लाभ करना ही उसका उद्देश्य है। कर्म द्वारा फल-प्रप्ति ही तान्त्रिक प्रवृत्ति है। इस प्रवृत्ति के पीछे अहंकार है। वस्तुतः संसार के फल-लाभ में वासना की उपस्थिति अहंकार की उपस्थिति को ही रक्षित करती है। ...दूसरी तरफ 'बाउल' कर्मकाण्ड के गुरुत्व को इस प्रकार स्वीकृति नहीं देते हैं। वे जानते हैं कि जीव की मुक्ति अंहकार-भित्तिक प्रयास-सापेक्ष नहीं है। इसलिए कर्म के प्रति अनासक्ति ही बाउल धर्म का सार है।"[2] कवीन्द्र रवीन्द्र टैगोर के एक निजी संस्मरण से भी इस तथ्य की पुष्टि होती है। वे कहते हैं—"एक बार विक्रमपुर में मैं नदी के किनारे एक बाउल की बगल में बैठा था। मैने उससे पूछा—"पिता जी, आप अपने वंशजों की जानकारी के लिए अपना इतिहास सुरक्षित क्यों नहीं रखते?" उसने उत्तर दिया—"हम लोग सहज पथ के राही हैं इसलिए अपने पीछे अपना कोई चिह्न नहीं छोड़ते।" उस समय ज्वार उतर गया था और नदी में कीचड़ रह गया था। कुछ थोड़े से नाविक अपनी नावें प्रयासपूर्वक उसी कीचड़ में खींच रहे थे। बाउल ने आगे कहा—"क्या जल से भरी नदी में जो नावें चलती हैं, अपनी कोई लीक छोड़ जाती है? क्या कीचड़ में लीक पर प्रयासपूर्वक अपनी नावें खींचने वाले ये नाविक सहज पथ के विषय में जानते हैं? सच्चा पुरुषार्थ,

1. बंगाल के बाउल और उनका काव्य, (भाग-1), डॉ. हरिश्चन्द्र मिश्र, पृ. 12 पर उद्धृत
2. तदैव, पृ. 52-53 पर उद्धृत

प्रेमी-साधकों की जीवन-साधना के प्रेम-प्रवाह में प्रवाहित होने और अपने सत्त्व को उसमें निमज्जित कर देने में है। बाउलों में अनेक वर्गों और श्रेणियों के लोग हैं, लेकिन वे सब बाउल हैं। उनका और कोई इतिहास या उपलब्धि नहीं है। वे सभी जलधाराएँ जो गंगा में गिरती हैं, गंगा बन जाती हैं। इसी प्रकार हम लोगों को जीवन के सामान्य प्रवाह में अपने को विलीन कर देना चाहिए, अन्यथा हमारा अस्तित्व ही समाप्त हो जायगा।''[1]

उपर्युक्त संस्मरण से स्पष्ट है कि सच्चा 'बाउल' किसी भी लीक पर नहीं चलता, चाहे वह शास्त्र की हो या किसी अन्य धर्म-साधना की। यहाँ तक कि गुरु और मुरशिद की स्थिति भी उसे एक प्रकार का अवरोध ही प्रतीत होती है। एक बाउल साधक कहता है—

तोमार पथ ढाकायचे मन्दिरे मसजिदे
(तोमार) डाक शुने आमी चले ना पाइ
रुकिया डांडाय गुरुते मुरशिदे[2]

अर्थात् हे प्रभु! मन्दिरों और मसजिदों ने तुम तक पहुँचने के रास्ते को ढँक रखा है। मैं आपकी पुकार सुन लेता हूँ किन्तु गुरु और मुरशिद बीच में आकर खड़े हो जाते हैं। वे मुझे एक पग भी आगे नहीं बढ़ने देते।

रवीन्द्रनाथ टैगोर ने 'बाउल' साधकों के मूल सिद्धान्त को स्पष्ट करने के लिए 'नरहरि' नामक बाउल के एक गीत का निम्नलिखित अंग्रेजी अनुवाद प्रस्तुत किया है—

"That is why, brother, I became a mad cap Baul.
No master I obey, not injunctions, canons or custom.
Now no man-made distinctions have any hold on me
And I revel only in the gladness of my own welling love
In love there's no seperation, but commingling always.
So I rejoice in song and dance with each and all."[3]

अर्थात् ''अरे भाई! मैं तो इसलिए बाउल (पागल) कहलाता हूँ कि न तो मैं किसी को अपना स्वामी मानकर उसकी आज्ञा का पालन करता हूँ न किसी का किसी प्रकार का शासन मानता हूँ और न किसी प्रकार के विधि-निषेध या पारम्परिक सामाजिक आचार-व्यवहार का पाबन्द हूँ। मनुष्य-कृत सामाजिक भेद-भाव भी मुझे मान्य नहीं है। मैं तो निरन्तर अपनी आन्तरिक प्रेमधारा में मग्न रहता हूँ। प्रेम के क्षेत्र में किसी प्रकार का भेद-भाव सम्भव नहीं। सदैव एकता का भाव बना रहता है। इसीलिए मैं सभी के साथ प्रेम और आनन्द के गीत गाने और नाचने में मस्त रहता हूँ।''

उपर्युक्त साक्ष्यों से यह तो स्पष्ट है कि सच्चा बाउल किसी भी प्रकार के कर्मकाण्ड या विधि-निषेध में विश्वास नहीं करता किन्तु लोक का अपना न्याय विचित्र है। लोक में ऐसा

1. दी रेलिजन ऑफ मैन, पृ. 213
2. डॉ. दास गुप्त : आब्स्योर रेलिजस कल्ट्स, पृ. 197, पाद टिप्पणी में उद्धृत
3. दी रेलिजन ऑफ मैन, रवीन्द्रनाथ टैगोर, पृ. 209

देखा जाता है कि जब कोई मानव-समूह किसी निश्चित लक्ष्य को दृष्टि में रखकर आगे बढ़ता है तो धीरे-धीरे उसकी निजी पहचान बनने लगती है। कहा जा सकता है कि सभी प्रकार की पहचानों का निषेध भी एक तरह की पहचान ही है। इस लोक-न्याय से बाउलों की भी निश्चित पहचान बन गयी है। इस पहचान को निम्नलिखित पाँच सूत्रों में बाँधा जा सकता है—

1. बाउल धर्म-साधना वेद-बाह्य धर्म-साधना है।
2. बाउल गुरु का महत्त्व स्वीकार करते हैं।
3. बाउल स्थूल मानवदेह को देव-मन्दिर का गौरव प्रदान करते हैं।
4. बाउल अन्तरतम में स्थित पूर्ण एवं शाश्वत मानव में विश्वास करते हैं और निरन्तर उसके अन्वेषण में लीन रहते हैं।
5. बाउल 'रूप' से चलकर 'स्वरूप' तक की यात्रा को अपनी साधना-यात्रा का लक्ष्य मानते हैं।

यद्यपि उपर्युक्त सूत्रों में ऐसा कुछ नहीं है जो बाउल साधकों को किसी पूर्व साधना-परम्परा से निश्चित रूप से प्रभावित प्रमाणित करे किन्तु इन्हीं सूत्रों में कुछ को दृष्टि में रखकर उन्हें शैव एवं बौद्ध-तान्त्रिकों, सूफियों तथा वैष्णव सहजियों से प्रभावित माना जाता है। यहाँ हम संक्षेप में उपर्युक्त सूत्रों पर विचार करना चाहेंगे।

पूरे भारत में अनेक मध्यकालीन लोकाश्रयी धर्म-साधनाएँ अवैदिक मानी जाती हैं। यहाँ तक कि दक्षिण में तमिल भक्तों की परम्परा भी ग्यारहवीं शती में आकर रामानुजाचार्य द्वारा वैदिक स्वीकार की गयी। हिन्दी की निर्गुण सन्तधारा और सूफी प्रेमधारा भी प्रस्थानत्रयी—ब्रह्मसूत्र, उपनिषद् और गीता—को प्रमाण नहीं मानतीं। ये वेदान्त प्रभावित हो सकती हैं किन्तु प्रस्थानत्रयी इनका उपजीव्य या प्रेरणा-स्रोत नहीं है। बंगाल की बाउल सन्तधारा भी इसी कोटि में आती है। गुरु-प्रदत्त और स्वसंवेद्य-ज्ञान ही इनका मार्ग-दर्शक है। कुछ बाउल तो गुरु को भी अपने और अपने प्रभु के बीच एक अवरोध ही मानते हैं। हो सकता है, प्रेम-साधना की उच्चतर मनोभूमि में 'गुरु' की आवश्यकता समाप्त हो जाती हो क्योंकि पूर्ण भावाद्वैतता तो प्रेमी और प्रिय के बीच ही सम्भव है, किन्तु साधना के प्रथम चरण में गुरु का होना आवश्यक है। इसीलिए उन सभी धर्म-साधनाओं में गुरु का महत्त्व मान्य है जो शास्त्रों को प्रमाण नहीं मानतीं। बाउल सन्त भी गुरु या मुरशिद को भगवान् या खुदा के रूप में देखते हैं। लालन साईं कहते हैं—

मुरशिदेर चरण-सुधा
पान करिले हरे क्षुधा
करो ना देले द्विधा
जेहि मुरशिद सेहि खोदा[1]

बाउल सन्त मन्दिर-मस्जिद या तीर्थ-व्रत में विश्वास नहीं करते। उनके लिए मानव-शरीर ही पवित्रतम देव-मन्दिर है। इसी में उनका चिर-उपास्य 'मनेरमानुष' विद्यमान है। इसी प्रकार

1. बंगाल के बाउल और उनका काव्य, पृ. 58 पर उद्धृत

को आश्रय करके प्रेम-साधना के पथ पर अग्रसर होना सम्भव है। यह 'शरीर' ब्रह्माण्ड का लघु संस्करण है। इसी में सारे समुद्र, पर्वत, तीर्थ और सभी पवित्र नदियाँ स्थित हैं। बाउल मानव-शरीर से अधिक पवित्र किसी दूसरे देव-मन्दिर की कल्पना नहीं करते। उनके लिए देह की साधना ही सर्वश्रेष्ठ साधना है। गुरु के महत्त्व की स्वीकृति, मानव-शरीर को देव-मन्दिर मानना और देह-साधना को सर्वश्रेष्ठ साधना मानना आदि ऐसे तत्त्व हैं जो बाउल साधना को तन्त्र-साधना से जोड़ते हैं। इस सन्दर्भ में अध्येताओं में मतभेद है। श्री उपेन्द्रनाथ भट्टाचार्य बाउल धर्म-साधना को तन्त्र-प्रभावित मानते हैं जबकि सोमेन्द्र बन्धोपध्याय इसे कर्म के प्रति अनासक्त शुद्ध प्रेम-साधना मानते हैं। डॉ. हरिश्चन्द्र मिश्र बाउलों के काव्य पर विस्तृत विचार-विमर्श करते हुए उनकी साधना का विश्लेषण करते हैं और अपना निष्कर्ष निम्नलिखित शब्दों में प्रस्तुत करते हैं—"प्रोफेसर सोमेन्द्रनाथ जितना भी कहें कि यह धर्म अनासक्त धर्म है। किन्तु बौद्ध-तन्त्र, हिन्दू-तन्त्र, शैव, शाक्त, सहजिया वैष्णव-भक्ति, सूफी-धर्म एवं तत्त्व के समन्वय या प्रभाव की प्रक्रिया में ही बाउल धर्म का उद्भव हुआ। तान्त्रिक योग क्रियात्मक धर्म के रूप में बाउल प्रेम को भी सूक्ष्म एवं स्थूल देह की सत्ता से जोड़ता है। यह एक वैष्णव की तरह पूर्णतः आनुभूतिक अनुमानाश्रित प्रेम नहीं है; है प्रत्यक्ष क्रियात्मक योगपरक साधना।"[1] डॉ. मिश्र ने अपने कथन को प्रमाणित करते हुए बाउल सन्तों की साधना, साधना का समय, साधना का स्वरूप, महायोग, योग-मिलन क्रिया-पद्धति, गुरु-मन्त्र, गुरु-गायत्री, दीक्षा-मन्त्र, काम बीज-मन्त्र तथा काम गायत्री आदि का विस्तृत उल्लेख किया है। ऐसा लगता है कि बाउल साधना का प्रकृत रूप तो शुद्ध प्रेम-साधना ही है। प्रेम के प्रवाह में सहज भाव से सन्तरण ही है किन्तु कालान्तर में अन्य साधनाओं से जुड़े हुए लोगों ने इसमें सम्मिलित होकर इसे प्रभावित किया और धीरे-धीरे यह साधन योग और तन्त्र के रंग में रँग गयी।

बाउलों की सबसे बड़ी विशेषता उनकी 'मनेरमानुष' की अवधारणा है। इस सम्बन्ध में रवीन्द्रनाथ टैगोर कहते हैं—"हमारे ऋषियों ने 'ब्रह्म' के रूप में 'तत्' ("That"–the ultimate substance) अर्थात् 'परमतत्त्व' का अन्वेषण किया। 'बाउल' पण्डित नहीं हैं। वे इस तत्त्वदर्शन के भ्रमजाल में नहीं पड़ते। उन्हें तो एक 'व्यक्ति' या 'पुरुष' से मतलब है। इसलिए उनके हृदय में विद्यमान 'पुरुष' (मनेरमानुष) ही उनका ईश्वर है। यह शाश्वत और प्रत्यक्ष है। सांसारिक प्रपंच में पड़कर वे उसे भूल गये हैं। जब यह उनके अन्तस् में प्रकट हो जाता है तो उन्हें जिस आनन्द की अनुभूति होती है उसकी तुलना किसी लौकिक सुख से नहीं की जा सकती।"[2] परशुराम चतुर्वेदी इस 'मनेरमानुष' की व्याख्या करते हुए कहते हैं—"यह उनके सर्वोत्कृष्ट आदर्श का प्रतीक है। अनुपम सौन्दर्य की राशि है और उनके प्रेम का सहज एवं सर्वप्रमुख आधार है। यह उनके अनुसार वह 'ब्रह्म-कमल' है जो तत्त्वतः पूर्ण है, किन्तु जो

1. बंगाल के बाउल और उनका काव्य, भाग 1, पृ. 53
2. दी रेलिजन ऑफ मैन, पृ. 216

फिर भी सदा अपने दलों को विकसित और प्रफुल्लित करता रहता है।" उसके विषय में आतुर होकर बाउल गाता है—

कोथाय पायतारे
आमार मनेर मानुष जे रे!
हाराये सेइ मानुषे तार उद्देशे
देश विदेश बेढ़ाई घूरे।[1]

इस 'मनेरमानुष' को बाउल अनेक नामों से अभिहित करते हैं। वे इसे 'अधरमानुष', 'अटलमानुष', 'सहजमानुष', 'रसेरमानुष', 'सोनारमानुष', 'आलोक-मानुष' और 'भावेरमानुष' भी कहते हैं। यही 'मनेरमानुष' उनका परम प्रियतम है।

बाउलों की साधना 'रूप' से चलकर 'स्वरूप' तक पहुँचने की साधना है। लगता है वैष्णव-सहजियों से प्रभावित होकर बाउलों ने इस साधना को स्वीकार किया होगा। बाउलों के अनुसार प्रत्येक व्यक्ति का जो बाहरी आकार है, वह उसका 'रूप' है और इसी रूप को आश्रय करके उसके अन्तरतम में जो उसका निजस्व है, वह उसका 'स्वरूप' है। 'रूप' के माध्यम से 'स्वरूप' की उपलब्धि ही साधना का लक्ष्य है। वैष्णव-सहजियों के अनुसार—"प्रत्येक नारी राधिका—सहज का आस्वाद्य-रूप 'रति'—और प्रत्येक पुरुष श्री कृष्ण—सहज का आस्वादक रूप 'रस'—है। यह जड़-देह ही परमतत्त्व है और इस जड़-देह और प्राकृत प्रेम के आस्वादन द्वारा ही सच्चे प्रेम की प्राप्ति होती है। नर-नारी के मिलन का जो आनन्द है उसी आनन्द द्वारा परम आनन्द का आस्वाद मिलता है।"[2] 'रूप' के माध्यम से 'स्वरूप' की उपलब्धि या 'जड़-देह' और 'प्राकृत प्रेम' के आस्वादन द्वारा अलौकिक प्रेम का आस्वादन, सभी तान्त्रिक साधनाओं का आधार है। 'बाउल' भी जड़-देह के माध्यम से ही 'मनेरमानुष' की प्राप्ति से लब्ध अलौकिक आनन्द की अनुभूति का होना स्वीकार करते हैं। उनके लिए संसार का प्रत्येक पुरुष 'रूप' में पुरुष किन्तु 'स्वरूप' में 'कृष्ण' है। इसी प्रकार प्रत्येक नारी 'रूप' में नारी किन्तु 'स्वरूप' में 'राधा' है। इस प्रकार जड़-देहधारी लौकिक पुरुष और नारी के मिलन के माध्यम से कृष्ण और राधा के नित्य एवं दिव्य मिलन के आनन्द की अनुभूति की जा सकती है। तात्पर्य यह कि प्रत्येक बाउल का भौतिक शरीर उसका रूप है और उसके अन्तरम में विद्यमान 'मनेरमानुष' या 'सहज मानुष' ही उसका स्वरूप। अपने इसी स्वरूप के अन्वेषण में बाउल सन्त कस्तूरी-मृग की तरह पागल बना घूमता है। यही 'रूप' से चलकर 'स्वरूप' तक पहुँचने की यात्रा का रहस्य है।

बाउल सन्तों की उपर्युक्त विशेषताओं पर ध्यान दें तो हम पायेंगे कि वे हिन्दी के निर्गुण सन्तों की विचारधारा के बहुत निकट हैं। हिन्दी के निर्गुण सन्त भी पुस्तक या शास्त्रज्ञान में विश्वास नहीं करते। वे प्रस्थानत्रयी को प्रमाण नहीं मानते। कबीर तो यहाँ तक कह देते हैं कि पण्डित लोग राम नाम का मर्म नहीं जानते। वे संसार-सागर के पार कैसे जायँगे? वेद-पुराण

---

1. मध्यकालीन प्रेम साधना, परशुराम चतुर्वेदी, पृ. 29 पर उद्धृत
2. ब्रजभाषा और ब्रज बुलि साहित्य, डॉ. कणिका तोमर, पृ. 456

पढ़ने की क्या सार्थकता? जब उसके मर्म का बोध ही नहीं हुआ। यह तो ऐसा ही है जैसे गधे की पीठ पर चन्दन लाद दिया जाय।[1] इसी प्रकार अन्यत्र वे कहते हैं–''पण्डित लोग वेद पढ़-सुनकर भी भूले हुए हैं। वे आत्मतत्त्व का मर्म नहीं जानते। यह लोग सन्ध्या, तर्पण और नैत्यिक षट्कर्म (स्नान, सन्ध्या, पूजा, तर्पण, जप और होम) में लगे रहते हैं। चारों युगों से गायत्री का जाप करते आ रहे हैं। इनसे जाकर पूछो कि यह सब करने से कितने लोगों को मुक्ति मिली।''[2] तात्पर्य यह कि कबीर न तो पण्डितों के शास्त्र-ज्ञान को महत्त्व देते हैं, न उनके कर्मकाण्ड को।

गुरु को महत्त्व देने की बात भी दोनों में समान रूप से लक्षित होती है। बाउल सन्त जिस प्रकार 'मुरशिद' और 'खुदा' को एक मानते हैं, वैसे ही कबीर भी 'गुरु' और 'गोविन्द' में अभेद देखते हैं वे कहते हैं–''तत्त्वतः गुरु और गोविन तो एक ही हैं। उनमें किसी प्रकार का भेद नहीं है। भेद तो अज्ञान जनित है। उनके अतिरिक्त जो कुछ दिखायी पड़ता है, वह रूपाकार है। मिथ्या है। अपने अहंकार को मिटाकर जो हरि का स्मरण करते हैं उन्हें ही प्रभु की प्रत्यक्षानुभूति होती है।''[3] 'गुरुदेव कौ अंग' में उन्होंने अनेक प्रकार से गुरु का महत्त्व प्रतिपादित किया है। वे अनुभव करते हैं कि 'गुरु' ने जो उपकार किया है, उसकी कोई सीमा नहीं है। उसने हमारे ज्ञान-नेत्र खोल दिये हैं। अज्ञान का अन्धकार दूर कर दिया है और ब्रह्माण्डव्यापी असीम-अनन्त सत्ता के वास्तविक स्वरूप का बोध करा दिया है।[4] गुरु का महत्त्व उत्तर भारत के सभी सन्तों और भक्तों ने समान रूप से स्वीकार किया है।

मानव-शरीर को देव-मन्दिर मानने की बात कबीर के सम्बन्ध में पूर्णतः लागू नहीं होती। जब वे संसार की नश्वरता की बात करते हैं तब मानव-शरीर को 'मिट्टी की पुड़िया' के रूप में देखते हैं और कहते हैं कि इस शरीर पर गर्व करना व्यर्थ है। यह तो धूल इकट्ठी करके एक पुड़िया बाँध दी गयी है। इसका सारा आकर्षण मात्र दो-चार दिन का है, अन्ततः तो इस मिट्टी के शरीर को मिट्टी में ही मिल जाना है।[5] किन्तु जब वे तीर्थयात्रा या मन्दिर-मस्जिद की व्यर्थता प्रमाणित करते हैं तब शरीर के भीतर ही करोड़ों तीर्थों, पवित्र नगरी काशी तथा कमलापति वैकुण्ठवासी भगवान् विष्णु के होने की बात कहते हैं।[6] इसी क्रम में जब वे 'रोजा', 'नमाज' और 'कलमा' की व्यर्थता सिद्ध करते हैं तब कहते हैं कि रोजा रखने, नमाज गुजारने और कलमा पढ़ने से विहिस्त नहीं प्राप्त होता। विवेक के नेत्रों से देखा जाय तो इसी मानव-शरीर के भीतर सत्तर काबा स्थित हैं।[7] अपने परम प्रियतम 'राजाराम' से विवाह का

1. कबीर ग्रन्थावली, सम्पादक डॉ. पारसनाथ तिवारी, पद 191, पृ. 111
2. तदैव, रमैनी 7, पृ. 120
3. तदैव, साखी 28, पृ. 139
4. तदैव, साखी 13, पृ. 137
5. कबीर ग्रन्थावली, सम्पादक बाबू श्यामसुन्दर दास, साखी 20, पृ. 22
6. तदैव, पद 171, पृ. 145
7. कबीर ग्रन्थावली, डॉ. पारसनाथ तिवारी, पद 184, पृ. 107

रूपक बाँधते हुए भी कबीर मानव-शरीर को ही इस आध्यात्मिक विवाह की दिव्य वेदी के रूप में कल्पित करते हैं। इसी पवित्र वेदी की परिक्रमा करके उनके परम प्रियतम राम उन्हें सौभाग्य प्रदान करते हैं। तात्पर्य यह कि कबीर जब यह अनुभव करते हैं कि मानव-शरीर परम प्रियतम से जुड़ने या मिलने का साधन है, इसमें परम प्रियतम का निवास है, तब वे इसे मन्दिर की तरह पवित्र मानते हैं किन्तु जब वे देखते हैं कि संसारी लोग ईश्वर को भूलकर इस मर्त्यकाया के क्षणिक सौन्दर्य को ही सब-कुछ मान बैठे हैं, तब इसकी नश्वरता को उभारकर सामने लाते हैं। जाहिर है कि तन्त्र-साधना का जितना प्रभाव बंगाल के परवर्ती धर्म-साधकों पर पड़ा था उतना उत्तर भारत के निर्गुण सन्तों पर नहीं था। कबीर ने तो सभी तरह के शास्त्रों से दूर रहना ही बेहतर समझा था।

कबीर के 'राम' को ही उनका 'मनेर मानुष' या 'सहज मानुष' कहा जा सकता है। कबीर के यह राम प्रत्येक के अन्तस् में विद्यमान हैं। किसी हृदय की सेज सूनी नहीं है। यह हमारा अज्ञान है कि हम उनकी उपस्थिति का अनुभव नहीं कर पाते। वे भाग्यशाली हैं जिन्हें उनकी प्रत्यक्ष अनुभूति होती है।[1] जिस प्रकार बाउल सन्त अपने मनेरमानुष की खोज में पागल होकर भटकते हैं, वैसे ही कबीर भी अपने राम को प्राप्त करने के लिए वन-वन घूमते हैं। इस खोज में उन्हें राम जैसे ही उनके भक्त मिलते हैं जो उनके (कबीर के) सारे कार्य पूरे करते हैं।[2] बाउल सन्त अपनी धुन में 'बाउर' या 'पागल' प्रतीत होते हैं। कबीर भी अनुभव करते हैं कि जब उनके गुरु ने उन्हें शब्द-वाण मारकर (सच्चा ज्ञान देकर) जगा दिया तो उनकी विषयोन्मुख सारी इन्द्रियाँ सहसा कर्म-विरत हो गयीं। उनकी वाणी मौन हो गयी। कान बहरे हो गये। पैर पंगुल हो गये और उनकी दशा पागलों जैसी हो गयी।[3] बाउल सन्त अपनी प्रेम-साधना को सर्वोपरि मानते हुए लोक और शास्त्र के विधि-निषेध की चिन्ता नहीं करते। यही स्थिति कबीर की है। वे कहते हैं—"मैं तो लोक और वेद का अनुसरण करते हुए इनके पीछे-पीछे चला जा रहा था। रास्ते में सच्चे गुरु से भेंट हो गयी। उन्होंने हमें ज्ञान का दीपक देकर हमारे मार्ग को प्रकाशित कर दिया। हमें सच्चा ज्ञान प्राप्त हुआ और मैंने लोक और वेद की लीक छोड़कर विवेक का मार्ग अपना लिया।"[4] कहा जा सकता है कि कबीर का साधना-पथ भी बाउलों जैसा है और उनके परम प्रियतम 'राम' ही उनके 'मनेर मानुष' या 'सहज मानुष' हैं।

बाउल सन्तों की साधना-यात्रा 'रूप' से 'स्वरूप' तक पहुँचने की है। उनकी दृष्टि में संसार का प्रत्येक पुरुष 'रूप' में 'पुरुष' किन्तु 'स्वरूप' में 'कृष्ण' है। इसी प्रकार प्रत्येक नारी 'रूप' में नारी किन्तु 'स्वरूप' में 'राधा' है। कृष्ण और राधा की नित्य प्रणयलीला की अनुभूति ही स्वरूप-तत्त्व की उपलब्धि है। कबीर की प्रेम-साधना इससे भिन्न है। उनकी दृष्टि में परम

---

1. कबीर ग्रन्थावली, डॉ. पारसनाथ तिवारी, साखी 35, पृ. 157
2. तदैव, साखी 43, पृ. 159
3. तदैव, साखी 12, पृ. 137
4. तदैव, साखी 14, पृ. 137

प्रियतम 'राम' ही एकमात्र 'पुरुष' हैं। संसार की सारी जीवात्माएँ--पुरुष हों या स्त्री—नारी-रूप हैं। 'राम' ही सबके स्वामी हैं। सच्चे प्रेम के बल पर राम के साथ 'एकमेक' हो जाना ही साधना का चरम लक्ष्य है। अपने एक पद में वे कहते हैं—"हे प्रिय! हमारे घर आओ। तुम्हारे बिना हमारा यह शरीर बेचैन और दुःखी है। सभी लोग हमको तुम्हारी स्त्री कहते हैं। हमें इसी बात का दुःख है क्योंकि जब तक एक शय्या पर एकमेक होकर शयन नहीं किया तब तक कैसा प्रेम?"[1] कबीर के कई पदों में विरह और मिलन की इस आध्यात्मिक प्रेम-लीला का वर्णन मिलता है। उनकी साखियों में विरह की अनेक सघन अनुभूतियों के चित्र अंकित हैं। किन्तु 'बाउलों' की भाँति प्रत्येक 'पुरुष' को 'कृष्ण' और प्रत्येक 'नारी' को 'राधा' के रूप में नहीं देखा गया है। जो कुछ घटित हुआ है, वह कबीर और उनके स्वामी 'राम' के बीच ही घटित हुआ है। कबीर सभी जीवात्माओं के प्रतीक हो सकते हैं किन्तु पुरुष तो एकमात्र 'राम' ही हैं। वे ही सभी सन्तों के प्रतिपाल अविनाशी दुलहा हैं। कबीर कहते हैं—

अविनासी दुलहा कब मिलिहौ सभ सन्तन के प्रतिपाल।[2]

हम कह आये हैं कि हिन्दी की निर्गुण सन्त-परम्परा पर तन्त्र-साधना का वैसा प्रभाव नहीं पड़ा है, जैसा बंगाल के 'बाउल' या अन्य साधकों पर। इसीलिए कबीर की प्रेम-साधना बाउलों की 'रूप-स्वरूप-साधना' से भिन्न है।

बाउलों की साधना धर्म और जाति-भेद नहीं मानती। यह इसी से स्पष्ट है कि उनमें हिन्दू-मुसलमान सभी हैं। इस बिन्दु पर बाउल सन्त कबीर के बहुत निकट हैं। अट्ठारहवीं शती ईस्वी के अन्तिम चरण में लालन साईं नाम का एक बाउल सन्त हुआ था। उसने अपने कई गानों में कबीर को याद किया है। लालन जाति-भेद का प्रबल विरोधी था। जिन पदों में उसने भक्ति का महत्त्व प्रतिपादित किया है और जाति-भेद का खण्डन किया है उनमें उसने प्रायः कबीर का उल्लेख किया है। अपने एक गान में तो उसने 'कबीर' और 'रैदास' दोनों का उल्लेख किया है। गान इस प्रकार है—

भक्तिर द्वारे बाँधा आछेन साईं,
हिन्दू कि यवन बले
तार काछे जातेर विचार नाई।
भक्त कबीर जेते जोलो
प्रेम भक्ति ते मातोयाला,
धरेछे सेई ब्रजेर काला
दिये सर्वस्व धन तार
रायदास मुचि इए भवेर परे
पेलो रतन भक्तिर जोरे,
तार स्वर्गे सदाइ घंटा पड़े
साधुर मुखे शुनते पाइ।।

---

1. कबीर ग्रन्थावली, डॉ. पारसनाथ तिवारी, पद 13, पृ. 9
2. तदैव, पद 15, पृ. 10

एक चाँद हय जगत आलो
एक बीजे सब जन्म हलो
फकिर लालन कय, मिछे कल
केन करिस सदाई।[1]

अर्थात् स्वामी तो भक्ति के वश में हैं। हिन्दू हो या मुसलमान, उनके निकट जाति का कोई विचार नहीं है। भक्त कबीर जाति के जुलाहा थे। वे प्रेम-भक्ति में मतवाले थे। उन्होंने अपना सर्वस्व देकर व्रज के उस काले (कृष्ण) को अपने वश में कर लिया था। रैदास मोची था। उसने इस संसार से परे भक्ति-रूपी रत्न पाया था। साधुओं के मुँह से सुना है कि उसके स्वर्ग में सदा घण्टा बजता था। एक चाँद से सारा संसार आलोकित हो जाता है। एक बीज से सबकी उत्पत्ति हुई है। लालन फकीर कहते हैं कि फिर (जाति-पाँति को लेकर) क्यों हमेशा कलह करते हो।

अपने एक और गान में लालन ने जाति की व्यर्थता सिद्ध करते हुए पुरी के जगन्नाथ और कबीरदास को याद किया है। गान इस प्रकार है–

एकबार जगन्नाथे देख रे थेये जात केन राख बाँचिये।
चण्डाल आनिले अन्न ब्राह्मणे ताइ लय खेये।।
जोला छिलो कबीर दास।

* * *

धर्म प्रभु जगन्नाथ,
चाय नारे से जात-अजात,
भक्तेर अधीन से।[2]

अर्थात् एक बार पुरी के जगन्नाथ की ओर देखिये। यह आपकी जाति कैसे बचेगी? वहाँ तो चाण्डाल का लाया हुआ अन्न ब्राह्मण खा लेता है। कबीरदास तो जुलाहा थे। (उन्हें भी प्रभु जगन्नाथ ने अपनी भक्ति प्रदान की थी) धर्म-प्रभु जगन्नाथ जाति-अजाति नहीं देखते। वे तो भक्ति के अधीन हैं। अपने एक और छन्द में लालन ने कबीरदास का नाम तो नहीं

---

1. बंगाल के बाउल और उनका काव्य, भाग 1, पृ. 142 पर उद्धृत
2. तदैव, भाग 1, पृ. 143 पर उद्धृत
3. कबीर की पंक्तियाँ इस प्रकार हैं–
   काजी तैं कौन कतेब बखांनी
   पढ़त-पढ़त केते दिन बीते, गति एकौ नहिं जांनी।
   –कबीर ग्रन्थावली, पारसनाथ तिवारी, पद 178, पृ. 104
   हाँ तो तुरक किया करि सुनति, औरत सौं का कहिये।
   अरध सरीरी नारि न छूटै, आधा हिन्दू रहिये।
   –कबीर ग्रन्थावली, श्यामसुन्दर दास, पद 59, पृ. 107

लिया है किन्तु जाति-प्रथा के खण्डन में वही तर्क दिया है जो कबीर ने 'काजी' को सम्बोधित अपने प्रसिद्ध पद में दिया है।[3] लालन का 'गान' इस प्रकार हैं–

सब लोके कय लालन कि जात संसारे।
लालन कय, जेतेर कि रूप देख लाम ना ए नजरे।।
छुन्नत दिले हय मुसलमान,
नारी लोकेर कि हय विधान,
वामन चिनि पैतार प्रमाण,
वामनी चिनि कि धरे।
केउ माला, केउ तस्वि गलाय,
ताइते कि जात भिन्न बलाय।
या ओया किवा आसार बेलाय,
जेतेर चिह्न रये कार रे।।[1]

अर्थात् सब लोग संसार में 'जाति' की बात करते हैं। लालन कहता है कि जाति का क्या रूप है? इस दृष्टि से तो मैंने देखा ही नहीं। सुन्नति करके (इन्सान को) मुसलमान बना लिया जाता है। औरतों के लिए क्या विधान है? ब्राह्मण की पहचान यज्ञोपवीत है। ब्राह्मणी की पहचान क्या है? वह क्या धारण करती है? कोई अपने गले में माला और कोई तसवीह धारण करता है। इससे क्या जाति अलग हो गयी? अन्तिम समय (मृत्यु के समय) जाति का कौन-सा चिह्न किसके पास रह जाता है?

लालन साईं बाउलों की परम्परा में अपनी प्रखरता और तर्कशीलता के लिए प्रसिद्ध हैं। उनके उपर्युक्त उल्लेखों से यह प्रकट है कि बाउल संतों की परम्परा कबीर, रैदास आदि सन्तों के व्यक्तित्व और विचारधारा से परिचित थी। विशेषतः सन्तों का मानवतावादी स्वर उनकी प्रवृत्ति के अनुकूल था। सन्तों की प्रेम-साधना और प्रभु-निष्ठा भी उन्हें प्रिय थी। सन्तों की जाति-पाँति विरोधी विचारधारा तो उनका आदर्श ही थी। हो सकता है कि आरम्भिक बाउल सन्तों का कबीर और उनकी विचारधारा से परिचय न रहा हो लेकिन परिवर्ती बाउल सन्त निश्चित रूप से उनसे परिचित थे और अपने समर्थन में उनके विचारों की उद्धृत करने में गौरव को अनुभव करते थे। वस्तुतः कबीर और उनके समकालीन सन्तों की विचारधारा मानवधर्मा होने के कारण विश्वजनीन थी। इसलिए जो भी उनके सम्पर्क में आया था या उनके विचारों से परिचित हुआ वह उनसे प्रभावित हुए बिना नहीं रहा। बाउल सन्त भी इसके अपवाद न थे।

●

---

1. बंगाल के बाउल और उनका काव्य, भाग 1, पृ. 167 पर उद्धृत

कबीर का आदर्शमानव और मानवतावाद

'मानवतावाद' एक विचारधारा के रूप में आधुनिक अवधारणा है। यूरोप में नवजागरण-काल (1350-1550 ई.) में मनुष्य की गरिमा बढ़ी। यह स्वीकार किया जाने लगा कि सम्पूर्ण मनुष्य ही मनुष्यता का प्रतिमान है। इसके पूर्व धार्मिक विश्वासमूलक चेतना, परोक्ष और दिव्य-सत्ता के सामने मनुष्य को बहुत छोटा और हीन मानती थी। मानववादियों ने मानवोपरि दिव्य-सत्ता का निषेध किया और मनुष्य को ही सभी नैतिक मूल्यों का आधार माना मनुष्य के नैतिक, सृजनशील और गरिमामय रूप को अक्षुण्ण बनाये रखने के लिए उन्होंने अमानवीय यान्त्रिकता का भी विरोध किया। मानववादियों का यह मानना था कि "मनुष्य में जो पाशविक है और जो दिव्य है, उन दोनों के मध्य में कुछ ऐसा है, जो पूर्णतः मानवीय है और उसी को नैतिकता, कला, सौन्दर्यबोध तथा अन्य आचार-विचार का प्रतिमान मानना चाहिए।"[1] नवजागरण-काल के बाद अनेक विचारकों ने अनेक रूपों में 'मानववाद' और 'मानवतावाद' का आख्यान किया किन्तु सबसे अधिक मान्य और स्वीकृत व्याख्या समाजवादी विचारक मार्क्स द्वारा प्रस्तुत की गयी। उसने प्रतिपादित किया कि वर्ग-विभाजित समाज में पूर्ण मानवता का विकास सम्भव नहीं है। मार्क्स की स्थापना है कि निजी स्वामित्व और शोषण का उन्मूलन किये बिना वास्तविक मानवतावाद की प्रतिष्ठा नहीं हो सकती। शोषण के समस्त स्रोतों का उन्मूलन करके "समाजवाद लोगों के बीच सच्चे मानवीय सम्बन्धों की इस सिद्धान्त के आधार पर रचना करता है कि मनुष्य, मनुष्य का मित्र, साथी और भाई है।"[2] वस्तुतः मानववाद या मानवतावाद की व्याख्या चाहे जिस रूप में की जाय और उसकी चरितार्थता के लिए सामाजिक आधार की प्रतिष्ठा को लेकर विचारकों में चाहे जो मत-भेद हों, उसमें निहित मूल्यों की परिकल्पना सभी मानववादी विचारकों की प्रायः एक जैसी है। मानववादी ऐसे विश्व का निर्माण करना चाहते हैं जिसमें मनुष्यमात्र की समानता स्वीकृत हो; मनुष्य को ही समस्त मूल्यों का स्रोत और प्रतिमान माना जाय; दरिद्रता का पूर्णतः उन्मूलन हो जाय और मनुष्य दूसरों की स्वतन्त्रता पर बिना किसी तरह का आघात पहुँचाये सामाजिक, राजनीतिक, आर्थिक और बौद्धिक सभी स्तरों पर पूर्णतः स्वतन्त्र हो। ऐसा समझा जाता है कि ऐसे विश्व के निर्माण के लिए समाजवादी विचारकों ने जो वैचारिक आधार प्रस्तुत किये हैं वे अधिक प्रस्तुत किये हैं वे अधिक व्यावहारिक और कारगर हैं क्योंकि आज के उत्तरआधुनिक परिवेश में घोर व्यावसायिक विश्व-व्यवस्था के अन्तर्गत मानव-मूल्यों की सुरक्षा की आशा नहीं कहीं और से नहीं की जा सकती।

यूरोपीय नवजागरण के विकास-क्रम में होनेवाली वैज्ञानिक प्रगति, बौद्धिक उन्मेष और औद्योगिक क्रान्ति तथा उसके फलस्वरूप समाज में प्रभुता-प्राप्त मध्यवर्ग की मूल्य-चेतना के रूप में विकसित इस 'मानवतावाद' से कबीर का 'मानवतावाद' भिन्न है। कबीर के लिए सभी

1. हिन्दी साहित्य कोश, भाग 1, पृ. 314
2. दर्शन कोश, प्रगति प्रकाशन, मास्को, पृ. 480

मनुष्य इसलिए 'एक' और 'समान' हैं कि सभी की उत्पत्ति एक ही 'बीज' से हुई है। सभी का कर्त्ता एक है। वे पण्डितों से सीधे प्रश्न करते हैं कि जब सारे संसार की उत्पत्ति एक ही भगवान् से हुई है तो वे व्यर्थ ही क्या ज्ञान बघार रहे हैं?[1] उनका तर्क है–"जब सभी में एक ही रक्त प्रवाहित होता है, सभी का चाम और मांस एक जैसा है, सभी एक ही तरह का मल-मूत्र त्याग करते हैं, सारी सृष्टि एक ही 'बूँद' से रची गयी है तथा कौन ब्राह्मण है और कौन शूद्र?"[2] वे ब्राह्मणों और तुर्कों दोनों के आभिजात्य पर समान भाव से प्रहार करते हुए कहते हैं–"ब्राह्मण! यदि तुम ब्राह्मणी के पेट से उत्पन्न होने के कारण श्रेष्ठ हो तो किसी और रास्ते से उत्पन्न क्यों नहीं हुए" इसी प्रकार वे तुर्क को सम्बोधित करते हुए कहते है–"तुर्क! यदि तुम तुर्किनी से उत्पन्न होने के कारण तुर्क बन गये हो तो उसके पेट में ही खतना क्यों नहीं करा लिया।"[3] तात्पर्य यह कि 'ब्राह्मण' और 'तुर्क' का भेद कृत्रिम है। बाहरी है। नैसर्गिक नहीं है। इसलिए व्यर्थ है। निश्चय ही कबीर के तर्क तल्ख और चुभनेवाले हैं किन्तु उनके पीछे गहरी आस्तिकता है। यूरोपीय 'मानवतावाद' दिव्य-सत्ता के निषेध पर आधृत है, कबीर का उसके स्वीकार पर। यूरोपीय मानवतावाद में मानव-मूल्यों का स्रोत मानव ही है। कबीर के लिए सभी मूल्यों का स्रोत उनका 'भगवान्' या 'राम' है। कबीर का विश्वास है कि कोई मद्धिम (छोटा) नहीं है। मद्धिम वह है–जिसके मुख में 'राम' नहीं है।[4] अर्थात् जो राम से अपने को जुड़ा हुआ अनुभव नहीं करता। कबीर के 'मानवतावाद' को समझने के लिए भारतीय भक्ति-आन्दोलन की मूल-चेतना को समझना आवश्यक है।

भक्ति-आन्दोलन ने मनुष्य और ईश्वर की दूरी को कम कर दिया था। प्रेम और भक्ति के बल पर भक्त, भगवान् से मिलकर एक हो गया था। भक्तों के भगवान् उच्चतम मानवीय मूल्यों–करुणा, दया, प्रेम, सहिष्णुता, परदुखकातरता, सत्यनिष्ठा, शक्ति, शील तथा सौन्दर्य आदि– की समष्टि के रूप में ही स्वीकार्य थे। उनसे जुड़कर भक्त भी उच्चतर मानवीय मूल्यों का अधिष्ठान बन गया। 'भक्त' ही कबीर का 'आदर्श मानव' है। यों कहिये कि भक्ति-आन्दोलन ने सच्चे सन्त और भक्त के रूप में ही मानवता के आदर्श-रूप की कल्पना की थी। कबीर न 'हरिजन' और 'हरि' में अभेद माना है। वे कहते हैं–

पानी भया तौ क्या भया, ताता सीरा होइ।
हरिजन ऐसा चाहिए, जैसा हरि ही होइ।।[5]

तात्पर्य यह कि सामान्यतः हरिभक्त को जल की तरह निर्मल और द्रवणशील कल्पित किया जाता है किन्तु कबीर की दृष्टि में भक्त का यह सच्चा आदर्श नहीं है। जल में दोष यह है कि वह तप्त भी हो जाता है और शीतल भी। यह द्वन्द्वात्मक स्थिति भक्ति का आदर्श नहीं है। भक्ति तो भक्त को उस द्वन्द्वातीत, निर्विकार शुद्ध चेतना तक ले जाती है जो 'हरि' में ही सम्भव है। कबीर ने 'राम' या 'हरि' की इसी खरी कसौटी पर परखकर अपने

1. कबीर ग्रन्थावली, सम्पादक, डॉ. पारसनाथ तिवारी, पद 180, पृ. 105
2. तदैव, पद 181, पृ. 106
3. तदैव, पद 182, पृ. 106
4. तदैव, पद 182, पृ. 106
5. तदैव, साखी 9, पृ. 207

'आदर्शमानव' की प्रतिष्ठा की थी। वे अच्छी तरह जानते थे कि इस कसौटी पर कोई भी खोटा व्यक्ति नहीं टिक सकता। इस कसौटी पर वही टिक सकता है जो 'जीवनमिरतक' (जीवन्मुक्त) होता है।[1] जीवित रहते हुए मृतक तुल्य हो जाता है। शरीरधारी होकर भी इन्द्रियों को विषयों से विमुख करके वासना-मुक्त हो जाता है। सन्तों के लक्षण बताते हुए कबीर ने कहा है–

निरबैरी निहकांमता साईं सेती-नेह।
विखया सौं न्यारा रहै, संतनि का अंग एह।।[2]

अर्थात् जो निष्काम हो, किसी के प्रति वैर-भाव न रखे, विषयों में जिसकी आसक्ति न हो, प्रभु के प्रति जिसकी प्रगाढ़ प्रीति हो, वही सच्चा सन्त होने का अधिकारी है। कबीर-वाणी में इतस्ततः अन्य अनेक ऐसे नैतिक मूल्यों की चर्चा की गयी है जिनका सन्त या एक आदर्शमानव में होना आवश्यक है। सन्त को मध्यममार्गी होना चाहिए। गर्व नहीं करना चाहिए। दूसरों में दोष देखने के पहले अपने को देख लेना चाहिए। मनसा, वाचा और कर्मणा एक होना चाहिए। किसी को कठोर वचन नहीं कहना चाहिए। तिनके का भी तिरस्कार नहीं करना चाहिए। संशय-रहित होना चाहिए। मृदुभाषी और निष्कपट होना चाहिए। किसी को ठगने की कोशिश नहीं करना चाहिए। मन को वश में रखना चाहिए। आवश्यकता से अधिक संग्रह नहीं करना चाहिए। इस तरह के अनेक कथन कबीर-वाणी में बिखरे हैं। कहना न होगा कि इन कथनों में निहित नैतिक मूल्यों पर हम आज भी गर्व कर सकते हैं।

ये नैतिक मूल्य सहसा उभरकर सामने नही आये थे। ये धर्म-साधना की एक लम्बी परम्परा की देन थे। वैदिक कर्मकाण्ड, हिंसा एवं पशु-बलि की प्रतिक्रिया में आविर्भूत और विकसित होनेवाले जैन एवं बौद्ध धर्मों ने 'करुणा' और 'अहिंसा' की चरितार्थता पर विशेष बल दिया था। बौद्ध-सिद्धों के बाद नाथ-योगियों ने भी चित्त की शुद्धता और आचरणशीलता को अपनी साधना का अंग माना था। दक्षिण से आनेवाली आलवार वैष्णव-भक्ति में भी प्रेम, अहिंसा, परदुःखकातरता एवं शुद्धाचरण को विशेष महत्त्व प्राप्त था। संस्कृत-साहित्य में प्रचलित–'अहिंसा परमोधर्मः', 'आत्मवत् सर्वभूतेषु', 'सर्वभूतहिते रतः', सत्यमेव जयते नानृतं आदि–सूक्तियाँ भी इस तथ्य की साक्षी हैं कि भारतीय संस्कृति एवं धर्म-साधना का मूल-स्वर मानवतावादी हैं। मध्यकाल में इसलाम के साथ आनेवाले सूफी-साधकों ने भी 'प्रेम' के बल पर 'मनुष्य' को देवत्व प्रदान किया था। कबीर और उनकी परम्परा में आनेवाले सन्तों ने इन सभी स्रोतों को आत्मसात् करके सन्त और भक्त के रूप में 'आदर्शमानव' की परिकल्पना की थी। कबीर की सबसे बड़ी विशेषता यह है कि उन्होंने इन मूल्यों को सामान्य जनता के बीच सहज-रूप में प्रतिष्ठित कर दिया। मनुष्य को सच्चे अर्थों में मनुष्य बनानेवाले ये मूल्य ऋषियों-महर्षियों तक सीमित नहीं रहे। कबीर ने यह प्रमाणित कर दिया कि जुलाहा, चमार, नाई, जाट, खत्री जैसे समाज के निचले वर्ग से आनेवाले सामान्य-जन भी उच्चतर मानव-मूल्यों को चरितार्थ

1. कबीर ग्रन्थावली, डॉ. पारसनाथ तिवारी, साखी 4, पृ. 206
2. तदैव, साखी 24, पृ. 156

कर सकते हैं। वे भी मानवीय मूल्यवत्ता और गरिमा के अधिकारी हैं। इस प्रकार मध्यकालीन सन्तों और भक्तों ने जिस 'मानवतावाद' की प्रतिष्ठा की वह अपनी प्रेरणा में दिव्य और आध्यात्मिक होते हुए भी चरितार्थ में पूर्णतः मानवीय है।

उपर्युक्त स्थापनाओं से यह नहीं समझ लेना चाहिए कि कबीर की मानवतावादी अवधारणा सर्वथा निर्दोष है। तर्कशील और विवेकवादी होते हुए भी वे अपने युग की सीमाओं और अन्तर्विरोधों से ऊपर नहीं उठ पाये हैं। स्त्रियों के सम्बन्ध में उनके विचार कत्तई उदार नहीं हैं। वे भक्ति-मार्ग में उन्हें बाधक ही मानते थे। कर्मफल और पुनर्जन्म में भी वे विश्वास करते थे। ये विश्वास उनकी प्रगतिशील और क्रान्तिकारी चेतना की सीमाएँ बन गये हैं। हाँ, हम यह अवश्य कह सकते हैं कि उनके युग में मानवीय मूल्यवत्ता का उनसे बड़ा कोई दूसरा संरक्षक और प्रयोक्ता नहीं था।

हम कह आये हैं आधुनिक प्रगतिशील और मार्क्सवादी विचारक नैतिक मूल्यों के विकास का सम्बन्ध सामाजिक-आर्थिक व्यवस्था के साथ जोड़ते हैं। उनकी दृष्टि में वर्गहीन और शोषण-मुक्त-समाज में मानवीय आदर्श और मूल्य ऊँचे होते हैं। प्रमाण के लिए आदिम साम्यवादी समाज को सामने रखा जा सकता है। आदिम साम्यवादी समाज के विषय में सामान्यतः यह माना जाता है कि उसमें वर्ण-व्यवस्था नहीं थी। वर्ग नहीं थे। उत्पादन के साधनों और श्रमफल पर पूरे समाज का अधिकार था। ऐसे समाज में रहनेवाले मनुष्यों का नैतिक जीवन भी उच्चकोटि का था। डॉ. रामविलास शर्मा का तो यहाँ तक कहना है कि आदिम साम्यवादी व्यवस्था की स्मृतियाँ महाभारत में सुरक्षित हैं। उनके अनुसार हिमालय के उत्तर में कुरु-जन रहते थे। इस क्षेत्र को 'उत्तरकुरु' कहा जाता था। यहाँ आदिम साम्यवादी व्यवस्था थी। इन उत्तर कुरुजनों को आदर्श और देवोपम मानवों के रूप में चित्रित किया गया है।[1] कदाचित् इसीलिए यह दावा किया जाता है कि समाजवादी समाज-व्यवस्था के अन्तर्गत ही वास्तविक मानवतावाद प्रतिष्ठित हो सकता है। यहाँ यह स्मरणीय है कि कबीर का युग सामन्तीय सामाजिक ढाँचे के भीतर व्यापारिक पूँजीवाद का युग था। इसलिए व्यापार के लिए उत्पादित वस्तुओं को तैयार करनेवाली निम्नवर्गीय श्रमशील जातियों में जागृति और आत्मविश्वास का उन्मेष हुआ था। इस सांस्कृतिक जागृति के चलते उन्होंने सामाजिक भेद-भाव के विरुद्ध आवाज उठायी थी और मानवीय एकता और समता का स्वप्न देखा था। आदर्श मानवतावाद की पूर्ण प्रतिष्ठा मध्यकालीन सामाजिक ढाँचे के भीतर सम्भव नहीं थी। आज की परिस्थितियों में, समाजवादी समाज-व्यवस्था में भी 'आदर्श मानवतावाद' की स्थापना एक सम्भावना ही है। विचारक कुछ भी कहें, व्यवहार में समाजवादी व्यवस्थावाले देशों में भी मानवीय मूल्य सुरक्षित नहीं थे। विचारों की स्वतन्त्रता मानवीय गरिमा को बनाये रखने के लिए आवश्यक है। यह स्वतन्त्रता सोवियत रूस में भी सामान्य नागरिकों को प्राप्त नहीं थी। इस सन्दर्भ में समाजवादी विचारक किशन पटनायक के विचार अत्यन्त महत्त्वपूर्ण हैं। वे कहते हैं—"सामाजिक सन्दर्भ में इस सवाल को (मनुष्य की आजादी के सवाल को) कार्ल मार्क्स

1. भारतीय संस्कृति और हिन्दी प्रदेश, भाग 1, भूमिका, पृ. 10

ने सचमुच वैज्ञानिक ढंग से उठाया था। लेकिन इस मुद्दे का राजनीतीकरण साम्यवाद में नहीं हो पाया। मार्क्सवाद की स्थिति इस बारे में विचित्र है। मार्क्स का लक्ष्य अधिकार नहीं आजादी था। लेकिन घोषणापत्र के अनुसार जब तक राज्य रहेगा, तब तक तानाशाही रहेगी। साम्यवादी आन्दोलन को भी निर्देश है कि एक खास प्रकार की तानाशाही स्थापित करे। आजादी तब आयेगी जब अनन्त वैभव की स्थिति पैदा होगी। गौर तलब बात यह है कि इस कल्पना में आजादी एक स्थिति है और अनुकूल स्थिति न होने पर अधिकारों का कोई महत्त्व नहीं है।''[1]

अब स्थिति यह है कि अनन्त वैभव की अवस्था तक पहुँचने के पूर्व ही साम्यवादी सोवियत रूस का विघटन हो गया है। दूसरा समाजवादी देश चीन पूँजीवाद के प्रभाव में है। पूरे विश्व में औद्योगिकीकरण का दौर चल रहा है। उत्पादकता पहले से कई गुना बढ़ गयी है लेकिन इस प्रक्रिया में मशीनों का उपयोग और महत्त्व भी बढ़ता गया है। लाखों श्रमजीवी बेकार हो गये हैं। भौतिक समृद्धि की आकांक्षा का कोई अन्त नहीं है। गरीब मुल्कों में भी बड़े पैमाने पर कृषि-भूमि और जंगल वहाँ के निवासियों को विस्थापित करके औद्योगिक परियोजनाओं के हवाले किये जा रहे हैं। लोकतान्त्रिक कहे जानेवाले देशों की सरकारें अपने व्यावसायिक स्वार्थों के लिए तानाशाह सरकारों से सम्बन्ध बढ़ाने में लगी हैं। सारा विश्व दो भागों में बँटता जा रहा है। समृद्ध औद्योगिक देशों के नागरिकों को तो विचार और जीविका की स्वतन्त्रता है किन्तु पिछड़े देशों के आम नागरिक इससे वंचित हैं। सब मिलाकर स्थिति यह है कि मनुष्य उपेक्षित होता जा रहा है। इसका प्रमाण यह है कि 'संयुक्त राष्ट्र महासभा' द्वारा सर्वसम्मति से स्वीकृत विश्व मानवाधिकारों का भी खुलेआम उल्लंघन हो रहा है। मानवतावादी, मनुष्य को ही सभी मूल्यों की कसौटी मानते हैं। यह मनुष्य भौतिक समृद्धि और यन्त्र के सामने छोटा होता जा रहा है। मानवतावादियों की दृष्टि में मनुष्य की स्वतन्त्रता सामाजिक प्रगति का प्रतिमान है। आज की विडम्बना यह है कि विकसित और अनन्त वैभव-सम्पन्न देशों में भी मनुष्य समृद्धि की नयी राहें खोजने के लिए तो स्वतन्त्र है, किन्तु मानवीय मूल्यों के विकास के लिए नहीं। ऐसा नहीं लगता कि बाहरी परिस्थितियों को पूर्व-कल्पित विचारों के अनुसार एक खास अन्दाज में यान्त्रिक तरीके से सुविधाजनक बना देने मात्र से मनुष्य भीतर से भी बदल जायेगा। ऐसी स्थिति में आज कबीर और उनकी परम्परा के सन्तों की याद स्वाभाविक है, जिन्होंने विषम परिस्थितियों में भी लोक-गति के विरुद्ध जाकर मनुष्य की श्रेष्ठता का उद्घोष किया था और सभी भौतिक प्रलोभनों से ऊपर उठकर उन नैतिक मूल्यों को जीवित रखा था जिनके आश्रय से मनुष्यता सार्थक होती है।

●

1. मानव अधिकारों का संघर्ष, सम्पादक राजकिशोर, पृ. 44

कबीर को कबीर ही रहने दें

यह सर्वविदित है कि कबीर का व्यक्तित्व जाति, धर्म और सम्प्रदाय-निरपेक्ष था। वे मनुष्यधर्मा थे। उन्होंने यथासम्भव हिन्दुओं और मुसलमानों दोनों से समान दूरी बनाये रखी। दोनों की धार्मिक रूढ़ियों, विकृतियों और विवेकहीन मान्यताओं का खुलकर विरोध किया। सामान्यतः कबीर-वाणी से उनके सम्प्रदाय-निरपेक्ष व्यक्तित्व की ही पुष्टि होती है किन्तु वैज्ञानिक पद्धति से सम्पादित कबीर ग्रन्थावलियों में भी कुछ सबदियों के पाठ ऐसे हैं जो उनके व्यक्तित्व के धर्म-निरपेक्ष-स्वरूप को विवादास्पद बना दे रहे हैं कबीर की एक 'सबदी' है–

काजी तै कवन कतेब बखानी।

यह 'शब्दी' बाबू श्यामसुन्दर दास द्वारा सम्पादित और नागरी प्रचारिणी सभा, काशी से प्रकाशित 'कबीर ग्रन्थावली', डॉ. पारसनाथ तिवारी द्वारा सम्पादित और हिन्दी परिषद्, प्रयाग विश्वविद्यालय, प्रयाग, द्वारा प्रकाशित 'कबीर ग्रन्थावली' ; डॉ. शुकदेव सिंह द्वारा सम्पादित 'कबीर बीजक' तथा गुरु अर्जुनदेव द्वारा संगृहीत 'गुरुग्रन्थ साहिब' सभी में पायी जाती है किन्तु इसका पाठ सर्वत्र एक नहीं है। बाबू श्यामसुन्दर दास की ग्रन्थावली में इस सबदी में 'टेक-सहित' कुल 8 पंक्तियाँ हैं। डॉ. पारसनाथ तिवारी की ग्रन्थावली10, 'गुरुग्रन्थ साहिब' में 10 और शुकदेव सिंह सम्पादित 'बीजक' में 12 पंक्तियाँ हैं। बाबू साहब द्वारा सम्पादित 'कबीर ग्रन्थावली' में इस 'शब्दी' का पाठ इस प्रकार है–

काजी कौन कतेब बषानैं।
पढ़त पढ़त केते बीते, गति एकै नहीं जांनैं।।
सकति से नेह पकरि करि सुनति, यहु न बदूं रे भाई।
जौर षुदाइ तुरक मोहि करता, तौ आपै कटि किन जाई।।
हौं तौ तुरक किया करि सुनति, औरति सौं का कहिये।
अरध सरीरी नारि न छूटै, आधा हिंदू रहिये।
छाड़ि कतेब राम कहि काजी, खून करत हौ भारी।
पकरी टेक कबीर भगति की, काजी रहे झष मारी।। 59।।

डॉ. पारसनाथ तिवारी की ग्रन्थावली में शब्दगत भेदों के अतिरिक्त निम्नलिखित दो पंक्तियाँ और हैं-

हिंदू तुरुक कहां ते आए किन एह राह चलाई।
दिल महि खोजि देखि खोजादे भिस्ति कहाँ तै आई।।

'गुरुग्रन्थ साहिब' में भी यही दो पंक्तियाँ अधिक हैं; किन्तु दूसरी पंक्ति का पाठ इस प्रकार हैं-

दिल महि सोचि विचारि कवादे भिसत दोजक किनि पाई।

डॉ. शुकदेव सिंह सम्पादित 'बीजक' में उपर्युक्त दो पंक्तियों के अतिरिक्त निम्नलिखित दो पंक्तियाँ और हैं–

घालि जनेऊ ब्राम्हन होता, मेहरिहिं का पहिराया।
वै जनम की सूद्रि परोसै, तुम पाँडे क्यों खाया।

इससे सिद्ध होता है कि 'कबीरवाणी' में परिवर्द्धन-संशोधन होता रहा है। इसलिए उनकी मूल वाणी का अनुसन्धान आसान नहीं है। यहाँ मूलवाणी के अनुसन्धान का प्रश्न नहीं, मूल वाणी के रूप में सुसम्पादित और प्रकाशित वाणी के उस पाठ का है जो कबीर के व्यक्तित्व को विवादास्पद बना दे रहा है। यह पाठ उपर्युक्त सबदी की छठी पंक्ति का है। बाबू श्यामसुन्दर दास की प्रति का पाठ है–

अरध सरीरी नारि न छूटै, आधा हिन्दू रहिये।

डॉ. पारसनाथ तिवारी का पाठ है–

अरध सरीरी नारि न छूटै तातैं हिन्दू रहिए।

गुरुग्रन्थ साहिब का पाठ है–

अरध सरीरी नारि न छोडै ताते हिन्दू ही रहीऐ।।

डॉ. शुकदेव सिंह के 'बीजक' का पाठ भी ठीक वही है जो पारसनाथ तिवारी का है-

अरध सरीरी नारि न छूटै, तातैं हिन्दू रहिए।

कहना न होगा कि इस पंक्ति में एक शब्द आधा के स्थान पर तातैं के भेद से पूरे पद का निहितार्थ बदल जाता है। यहाँ पूरे 'पद' का निहितार्थ समझने के लिए कबीर की पद-रचना-प्रक्रिया पर भी ध्यान देना आवश्यक है। कबीर अपनें पदों में मुल्ला या पाँडे, या अवधू, या काजी जिस किसी को भी आरम्भ में सम्बोधित करते हैं, अन्त तक पूरा संवाद उसी को लक्ष्य में रखकर चलता है। यहाँ उन्हें काजी के धर्म के नाम पर किये जानेवाले उस कृत्य का अनौचित्य सिद्ध करना है जिसे 'सुन्नति' कहते हैं। वे 'काजी' को सम्बोधित करके कहते हैं- ''काजी! तुम किस शास्त्र-ज्ञान का बखान करते हो? शास्त्र पढ़ते हुए तुम्हें न जाने कितने दिन बीत गये किन्तु तुमने उस 'एक' (ईश्वर या खुदा) की गति को नहीं समझा। तुम बलपूर्वक पकड़कर सुन्नति करते हो, इसे मैं नहीं बदूँगा। (मैं इसे स्वीकार नहीं करूँगा) खुदा किसी को तुर्क बनाकर नहीं भेजता। यदि खुदा हमें तुर्क के रूप में पैरा करता तो जिस अंग-विशेष को काटकर सुन्नति की जाती है, वह स्वतः ही कट जाता। किन्तु ऐसा तो नहीं होता? हमें तो तुमने सुन्नति करके तुर्क बना लिया, औरत का क्या करोगे? जिसे तुम तुर्क बना लेते हो, उसकी औरत तो पूर्ववत् रह जाती है। औरत अर्द्धाङ्गिनी होती है। इस न्याय से तुर्क बनाये गये मनुष्य का भी आधा अंग तुर्क नहीं हो पाता। वह आधा हिन्दू ही रह जाता है। ऐसी स्थिति में शास्त्र की कृत्रिम और असंगत व्यवस्था को त्यागकर राम की भक्ति में मन लगाओ। (सोचकर देखो) तुम सुन्नति के नाम पर भारी जुल्म करते हो।'' कबीर काजी की व्यवस्था को नहीं मानता। उसने तो राम-भक्ति का व्रत ले रखा है। काजी उसका कुछ बिगाड़ नहीं पाते। उसके सामने झक मारते रह जाते हैं। यह पूरा पद सुन्नति की व्यर्थता और

अनौचित्य प्रमाणित करने के लिए रचा गया है। ध्यान रखना होगा कि अपनी उत्कट राम-भक्ति, वैष्णवों के प्रति सापेक्षिक उदारता और पौराणिक सन्दर्भों के प्रचुर उपयोग के बावजूद कबीर हिन्दुओं के पक्षधर नहीं हैं। पुरुष के तुर्क बना लिये जाने पर भी उसका आधा अंग तुर्क नहीं बन पाता इसलिए बेहतर होगा कि 'हिन्दू' ही रहा जाय, यह वही कह सकता है जो हिन्दुओं का पक्षधर हो। 'ताते हिंदू ही रहिऐ' यह पाठ सम्भवतः सबसे पहले 'गुरुग्रन्थ साहिब' में टाँका गया। गुरु अर्जुनदेव की निष्ठा हिन्दुओं में थी। उनके समय तक नानक के सांस्कृतिक मानदण्ड बदल चुके थे। निष्ठा-भेद से पाठ-भेद होता आया है। आज भी पाठ-सम्पादन-पद्धति निष्ठा-भेद से अप्रभावित नहीं है। हम कबीर को जैसा देखना चाहते हैं, उनके पाठ को कुछ उस जैसा ही बदलने की कोशिश करते हैं।

यहाँ हम एक बात और कहना चाहेंगे। 'कबीर' को समझने के लिए कबीर की परम्परा को भी समझना आवश्यक है। 'सुन्नति' का अनौचित्य प्रमाणित करने के लिए कबीर ने जो तर्क दिये हैं, वे तर्क उनसे प्रभावित उनकी परम्परा के अन्य सन्तों ने भी दिये हैं। बंगाल के 'बाउल' सन्तों में 'लालन' का वही स्थान है, जो हिन्दी में कबीर का। लालन भी धर्म, जाति, सम्प्रदाय-निरपेक्ष मनुष्यधर्मा थे। उन्होंने भी सुन्नति की व्यर्थता प्रमाणित करते हुए कहा है—

> **सब लोके कय लालन की जात संसारे।**
> **लालन कय जेतेर कि रूप, देखलाम ना ए नजरे।।**
> **छुन्नत दिले हय मुसलमान,**
> **नारी लोकेर कि हय विधान ?**
> **वामन चिनि पैतार प्रमाण**
> **वामनी चिनि कि धरे।।**[1]

उपर्युक्त छन्द में लालन का तर्क भी वही है, जो कबीर का! लालन कहता है कि मैंने जाति-भेद की नजर से लोगों को नहीं देखा। सारा जाति-भेद कृत्रिम और ऊपरी है। सुन्नति करके मुसलमान बनाया जाता है, भला नारी-लोक का क्या विधान होगा? ब्राह्मण यज्ञोपवीत पहनकर अपनी पहचान बनाते हैं, ब्राह्मणी की पहचान कैसे होगी?

कबीर-परवर्ती सन्तों में पलटूदास (संवत् 1780-1872 वि.) बड़े ही तर्कशील और तेजस्वी थे। उन्होंने भी जातिभेद की कृत्रिमता सिद्ध करते हुए कहा है—

> **बाम्हन तो भये जनेउ को पहिरि कै,**
> **बाम्हनी के गले कुछ नाहि देखा।**
> **आधी सूद्रिनी रहै घरै के बीच में,**
> **करै तुम खाहु यह कौन लेखा।।**

1. बंगाल के बाउल और उनका काव्य, भाग 1, पृ. 167 पर उद्धृत

सेख की सुन्नति से मुसलमानी भई,
सेखानी की नाहिं तुम कहौं सेखा।
आधी हिन्दुइनि रहै घरै के बीच में,
पलटू अब दूहुन के मारु मेखा।।[1]

पलटू साहब का उपर्युक्त छन्द कबीर को पूरी तरह स्पष्ट कर देता है। शेख साहब की सुन्नति हुई और वे मुसलमान बन गये। शेख साहब की बीबी का तो कुछ नहीं हुआ? वह तो 'हिन्दुआनी' ही मानी जायेगी। इस प्रकार शेख साहब भी आधे हिन्दू ही रह गये। यही बात कबीर ने भी कही है। कबीर की परम्परा के सन्तों ने उन्हें हमसे अधिक समझा है।

वस्तुतः कबीरवाणी का मूल स्वर मानवतावादी है। वे विवेकरहित और आडम्बरपूर्ण बह्याचार-मात्र के विरोधी हैं, चाहे वे हिन्दुओं में प्रचलित हों, चाहे मुसलमानों में। चाहे किन्हीं अन्य धर्म-सम्प्रदायों में। राम-भक्ति पर बल देने के कारण उन्हें हिन्दू-धर्म की ओर झुका हुआ समझना, उनके और उनके राम दोनों के साथ अन्याय होगा। उनके राम 'तत्त्व' मात्र हैं। उन्हें किसी भी नाम से पुकारा जा सकता है। वे 'रहीम' भी हैं, 'करीम' भी। 'अल्लाह' भी हैं 'खुदा' भी। मध्यकालीन ऐतिहासिक-सांस्कृतिक परिस्थितियों के परिवर्तन का प्रभाव कबीरवाणी पर भी पड़ा है। मुगल-शासन के अन्तिम चरण में औरंगजेब की इस्लामपरस्ती और हिन्दुओं से अधिक-से-अधिक कर उगाहने की भेदपूर्ण अर्थ-नीति ने किसानों के बीच से उठकर आये हुए सिखों और सतनामी सन्त-सम्प्रदायों को इस्लाम-विरोधी बना दिया था। उनकी निष्ठा में परिवर्तन हुआ था। हो सकता है, इस ऐतिहासिक पृष्ठभूमि में कबीर के वाणी-संग्रहों में कुछ उलटफेर हुआ हो, विशेषतः उसकी पंजाबी पाठ-परम्परा में। कहना न होगा कि 'पाठ' और 'टीका' दोनों परम्पराएँ संग्रहकर्त्ताओं और टीकाकारों की निष्ठा-भेद का शिकार होती रही है। ऐसी स्थिति में हमें कबीर के मौलिक व्यक्तित्व को ध्यान में रखकर ही उनकी वाणी के पाठ के सम्बन्ध में अन्तिम निर्णय लेना चाहिए, विशेषतः तब जब विकल्पों के बीच व्यक्तित्व-व्यंजक पाठ उपलब्ध हो। बेहतर होगा कि हम 'कबीर' को 'कबीर' ही रहने दें, उन्हें न हिन्दू बनायें न मुसलमान।

•

1. पलटू साहिब की बानी दूसरा भाग, पृ. 36

कबीर : अन्तर्विरोधों के बावजूद

यह निर्विवाद रूप से मान्य होना चाहिए कि अनेक अन्तर्विरोधों के बावजूद कबीर पन्द्रहवीं शती के एक अत्यन्त प्रखर तर्क-शक्ति से युक्त क्रांन्तिकारी कवि हैं। वर्ण-व्यवस्था, पुस्तक-ज्ञान एवं अनेक प्रकार की धार्मिक रूढ़ियों का विरोध तो पहले से होता आ रहा था किन्तु समाज में सर्वश्रेष्ठ समझे जानेवाले ब्राह्मण-वर्ग के रू-ब-रू पूरे आत्म-विश्वास से खड़े होकर यह कहना कि–

एक बूँद ते सृष्टि रची है, कौन ब्राह्मण कौन सूदा।

कबीर का ही काम था। ब्राह्मण-वर्ग को यह चुनौती उन्होंने बार-बार दी है। वे यहाँ तक कह गये हैं कि–

जो तू बाभन बभनी जाया। तौ आन बाट होइ काहे न आया।

ब्राह्मण ही नहीं तुर्क से भी उन्होंने सीधे प्रश्न किया है–

जौ तूँ तुरक तुरुकिनी जाया।
तौ भीतर खतना क्यूँ न कराया।।

कबीर को ब्राह्मण और शूद्र का भेद तथा हिन्दू और तुर्क का भेद या यों कहिये कि मनुष्य-मनुष्य का भेद समझ में नहीं आता। उनकी दृष्टि से यदि मनुष्य-मनुष्य में भेद होता तो वह जन्म से ही होता। माता के गर्भ में ही ब्राह्मण और शूद्र अलग-अलग आकार-प्रकार धारण करते और पैदा होते ही उनमें स्पष्ट भेद लक्षित होता। इसी प्रकार हिन्दू और तुर्क यदि अलग होते, उनमें सच्चा भेद होता तो माता के गर्भ में ही तुर्क का खतना हो गया होता। जाहिर है कि कबीर को मनुष्य-मनुष्य के बीच किसी तरह का भेद स्वीकार्य नहीं है। उनका तर्क बे-लाग और स्पष्ट है–जब एक ही बूँद से सारी सृष्टि रची गयी है, जब एक ही ज्योति से सब-कुछ उत्पन्न हुआ है, जब सारे संसार का कर्त्ता एक है तो ऊँच और नीच का प्रश्न ही नहीं उठता। वे कहते हैं–

एक बूँद ते सब जग कीआ, कौन भले कौन मंदे।

कबीर का यह तर्क अकाट्य है। इस अभेद-दृष्टि को लेकर जब कबीर अपने समय के समाज को देखते हैं तो उन्हें सारा समाज धर्म और सम्प्रदाय के नाम पर तरह-तरह की रूढ़ियों, आडम्बरों एवं ब्राह्माचारों में पड़कर दिग्भ्रमित दिखायी देता है। योगी, शैव, शाक्त, वैष्णव, जैन तथा काजी, मुल्ला, पीर, मुरीद, दरवेश सभी ऐसे अनेक कर्म-विधानों एवं बाह्याचारों में लीन थे जिनके पीछे कोई तर्क नहीं था। संसारी लोग मुक्ति की कामना से जिन साधकों के पास जाते थे वे स्वयं अनेक प्रकार के बन्धनों में जकड़े हुए थे। योगी कहते थे कि योग के अतिरिक्त सिद्धि और मुक्ति का कोई दूसरा मार्ग नहीं है लेकिन योग के नाम पर वे हाट,

बाजार में दिखावे के लिए 'तारी' (ध्यान) लगाते थे। तरह-तरह के चमत्कार दिखाते थे। कबीर के लिए प्रदर्शन करनेवाले ये योगी कच्चे सिद्ध थे। मायाग्रस्त थे। कबीर तन के योग की अपेक्षा मन के योग को महत्त्व देते थे। उन्होंने कहा है—

हाट बजारै, लावै तारी।
कच्चे सिद्धनि माया पारी।।
कबीर तन कौं योगी सब करै, मन कौ बिरला कोइ।
सब सिधि सहजै पाइये, जे मन जोगी होइ।।

कबीर के लिए मन का योग ही, सच्चा योग है। यदि मन पवित्र है। ईर्ष्या-द्वेष, लोभ-मोह, भेद-भाव रहित है तो फिर अलग से किसी शारीरिक कष्टसाध्य कर्मकाण्ड की आवश्यकता नहीं। योगियों के बाद वैष्णव भक्तों से कबीर का निकट का सम्बन्ध माना जाता है। परम्परा से कबीर को रामानन्द का शिष्य माना गया है। कबीर ने वैष्णव की प्रशंसा भी की है। वे कहते हैं—

कबीर मेरे संगी दोइ जना, एक वैष्णव एक राम।
वो है दाता मुकति का वो सुमिरावै नाम।।

यों भी वैष्णव भक्ति-आन्दोलन का मूल स्वर 'मानवतावादी' है। मध्यकालीन लोक-जागरण का सहज प्रवाह वैष्णव भक्ति-धारा में ही अपनी चरितार्थता पा सका है। वैष्णव-भक्त अहिंसक, नैतिक, उदार और प्रेम को महत्त्व देनेवाले होते थे। प्रेम की वह तत्त्व है जो मनुष्य-मनुष्य के बीच की दूरी कम करता है। 'नेम' (विधि-विधान) बाह्याचार की ओर ले जाता है। प्रत्येक धर्म-साधना 'नेम' या आचार के स्तर पर एक-दूसरे से भिन्न है किन्तु 'प्रेम' के स्तर पर दूरियाँ कम होती हैं। मनुष्य-मनुष्य से जुड़ता है। प्रेम ही मनुष्यता के सहज रूप को उद्घाटित करता है। मध्यकाल में सामन्तीय जीवन-पद्धति एवं आचार-संहिता के चलते ही ऊँच-नीच, ब्राह्मण-शूद्र, छूत-अछूत की खाईं चौड़ी हुई थी। 'प्रेम' को महत्त्व देनेवाला भक्ति-आन्दोलन बहुत दूर तक इस खाईं को पाटने में सफल हुआ था। प्रेम ही मनुष्य को मनुष्यता की उस उच्चतम भूमि पर ले जाता है जहाँ सारे भेद-भाव समाप्त हो जाते हैं। कबीर को वैष्णव-भक्त का यह प्रेमी, नैतिक और अहिंसक रूप आकर्षित करता है किन्तु जब वे देखते हैं कि उसमें भी प्रदर्शनप्रियता बढ़ गयी है। वह छापा-तिलक में ज्यादा विश्वास करने लगा है तो वे उसकी भी भर्त्सना करने से नहीं चूकते। वे कहते हैं—

वैश्नौ भया तो क्या भया, माला मेल्ही चार।
बाहर कंचन बारहा, भीतर भरी भँगार।।

कबीर को सबसे अधिक चिढ़ शाक्तों से है। शक्ति की उपासना भारत की प्राचीनतम उपासनाओं में से एक है। ऐसा लगता है कि कबीर के समय में सबसे अधिक विकृति शाक्त मत में ही आयी थी। 'शक्ति' की उपासना कई रूपों में की जाती थी। एक तो उसका सामान्य रूप था। उपासक विनीत भाव से कामना-सिद्धि के लिए 'देवी' की उपासना करता था। दूसरा

रूप भयानक था। कापालिक और कालमुख सम्प्रदाय के उपासक इसी रूप में शक्ति की उपासना करते थे। इस रूप में बलि प्रदान की जाती थी। कापालिक नर-बलि भी करते थे। तीसरा रूप काममूलक था। इसमें शक्ति को 'आनन्दभैरवी' या 'त्रिपुरसुन्दरी' मानकर और स्त्री को उसका प्रतीक समझकर काम-भाव से उससे शारीरिक सम्बन्ध स्थापित किया जाता था। शक्ति उपासना के सामान्य रूप को छोड़कर शेष दोनों रूप अनैतिक थे। इसलिए कबीर इसके प्रबल विरोधी थे। उन्होंने यहाँ तक कह दिया है—''ब्राह्मण भी यदि शक्ति का उपासक अर्थात् शाक्त है तो उससे दूर रहना चाहिए और चाण्डाल भी यदि वैष्णव है तो उसे भगवान् समझ उसके गले मिलना चाहिए''—

साकत बाम्हन मति मिलै, वैसनों मिलै चंडाल।
अंकमाल दै भेटिये, मानौ मिले गोपाल।।

जाहिर है कि कबीर के लिए बड़प्पन का आधार समाज-स्वीकृत जातिगत उच्चता नहीं है। जहाँ मनुष्यता है, प्रेम है, शुद्धाचरण है, अहिंसा है, सत्य है, वहीं उच्चता है। जहाँ झूठ है, दिखावा है, आडम्बर है, हिंसा है, अनीति और अनाचार है, वहीं नीचता है। जाति, धर्म, सम्प्रदाय या उपास्यदेव मनुष्य को बड़ा नहीं बनाते, मनुष्य बड़ा होता है—अपने आचरण से, शील एवं विनय से।

कबीर को साफ दिखायी पड़ रहा था कि समाज का प्रतिनिधित्व करनेवाले पण्डित, गुणी, शूर, कवि, दाता, पीर, मुरीद, काजी, मुल्ला, दरवेश, लुंचित (केश नोचकर जीव हिंसा से बचने का दिखावा करनेवाले) मुण्डित (मूँड़ मुँड़ानेवाले) मौनी, जटाधारी सभी सच्चाई से दूर हैं। सभी का विश्वास बाह्याचार में अधिक, शुद्धाचार में कम है। इनमें से कोई भी धर्म के तत्त्व को नहीं जानता। कोई भी यह नहीं समझता कि सच्चा धर्म मनुष्य-मनुष्य के भेद नहीं करता। धर्म, जाति, सम्प्रदाय तथा अनेक प्रकार के उपासना-भेदों के नाम पर मनुष्य बँटा हुआ है। इसीलिए कबीर ने इन पर खुलकर सीधा आक्रमण किया था। मध्यकाल के किसी अन्य धर्म-साधक ने यह साहस नहीं दिखाया। कबीर को न शासन का डर था, न सत्ता का। वे न पण्डित से डरते थे, न मुल्ला से। उनकी तर्कशक्ति अद्भुत और प्रतिभा अद्वितीय थी। उनका व्यक्तित्व सचमुच एक युग-प्रवर्तक क्रान्तिकारी नेता का था।

आश्चर्य तब होता है जब हम यह लक्षित करते हैं कि उस युग में भी कबीर धन और सम्पत्ति को मनुष्य-मनुष्य के बीच भेद उत्पन्न करनेवाला एक ठोस कारण मानते थे। धनी निर्धन को किस दृष्टि से देखता है, उसके साथ कैसा व्यवहार करता है? इसे कबीरदास ने बड़ी बारीकी से देखा है। वे कहते हैं कि निर्धन को कोई आदर नहीं देता। लाख प्रयत्न करने पर भी उसकी ओर कोई ध्यान नहीं देता। निर्धन व्यक्ति जब किसी धनी के पास जाता है तो वह उसे देखते ही मुँह फेर लेता है। इसके विपरीत जब कभी धनी व्यक्ति किसी निर्धन के पास जाता है तो वह उसे पूरा सम्मान और आदर देता है। उसे अपने पास बुलाकर बैठाता है—

निर्धन आदर कोई न देई। लाख जतनकरै ओहु चित न धरेई।
जो निरधन सरधन कै जाई। आगे बैठा पीछ फिराई।
जौ सरधन निर्धन कै जाई। दीया आदर लिया बुलाई।।

कबीर के उपर्युक्त कथन का सीधा तात्पर्य यह है कि समाज में धन और सम्पत्ति से महत्त्व और आदर प्राप्त होता है। निर्धन की उपेक्षा होती है। समाज में मनुष्य का गुण नहीं देखा जाता। उसके मानवीय उत्कर्ष को महत्त्व नहीं दिया जाता, उसकी सम्पत्ति देखी जाती है। इस प्रकार समाज धन और सम्पत्ति को मनुष्यता से अधिक महत्त्व देता है। धन और सम्पत्ति ने भी मनुष्य को छोटे और बड़े में बाँट दिया है। मध्यकालीन सोच की सीमा को देखते हुए कबीर की इस परख को जितनी भी दाद दी जाय, कम है। कबीर की सीमा यह है कि वे धनी और गरीब के भेद को प्रभु की कला का परिणाम मानते हैं। वे यह नहीं देख पाते कि समाज के एक बड़े हिस्से की गरीबी का कारण प्रभु की कला नहीं, मनुष्य का ही कृत्य है। वे कहते हैं—

निर्धन सरधन दोनों भाई।
प्रभु की कला न मेटी जाई।।

मध्यकाल के अनेक सन्तों, भक्तों और विचारकों की भाँति कबीर भी संसार की नश्वरता में विश्वास करते हैं। अन्तर्मुखी साधना को महत्त्व देते हैं। मन को मारने और उसे उलटकर विषय-विमुख करके ईश्वरोन्मुख करने की शिक्षा देते हैं। कर्म-फल के सिद्धान्त को स्वीकार करते हैं। अव्यक्त, अगोचर, असीम और अलौकिक सत्ता के साथ मिलकर सदा-सदा के लिए उससे एक हो जाना चाहते हैं। नारी को माया का प्रतीक मानते हैं और तृष्णा, लोभ तथा विषयोन्मुखता को ही संसार के सारे दुखों का मूल कारण समझते हैं। मध्यकाल का कोई भी विचारक इन मान्यताओं का विरोध नहीं कर सका है। यह ऐसी मान्यताएँ हैं जिन्होंने भारतीय मनीषा की तर्क-शक्ति को बाँध रखा है। प्रगतिशील सामाजिक चेतना के विकास में बाधा पहुँचायी है और सब मिलाकर भारतीय जनता को नियतिवादी बनाया है।

इस प्रकार से देखा जाय तो कबीर का क्रान्तिकारी व्यक्तित्व विभक्त है। एक और उनकी प्रखर प्रतिभा उन सारे तत्त्वों और प्रत्ययों को पहचानती है जो मनुष्य-मनुष्य में भेद उत्पन्न करनेवाले हैं। वे पूरी शक्ति से उन धर्मों और सम्प्रदायों पर चोट करते हैं जो पाखण्ड को प्रश्रय देते हैं। उनकी तर्क-शक्ति बड़े-बड़ों को विचलित कर देती है। प्रभुता-सम्पन्न शासक वर्ग पर भी वे निःशंक और निर्भय होकर प्रहार करते हैं। बड़े-बड़े धार्मिक नेता उनके सहज नैतिकबोध के सामने बौने प्रतीत होते हैं। दूसरी ओर वे अमीर-गरीब के भेद को प्रभु की कला मान लेते हैं। तृष्णा और विषय-लोलुपता को सारे दुःखों का कारण समझते हैं। बौद्ध दार्शनिकों की तरह वे भी दुःखों के कारण और उनके निदान के लिए नैतिक आधार की तलाश करते हैं। यह सही है कि तृष्णा बुरी चीज है। इसे त्यागने से व्यक्ति को बहुत-कुछ शान्ति मिल सकती है किन्तु एक सामाजिक मनुष्य की क्रिया-शक्ति और संघर्षशीलता, प्रवृत्ति से प्रेरित होती है, निवृत्ति से नहीं; तृष्णा का त्याग तो निवृत्तिपरायण होकर ही किया जा सकता

है। कहना न होगा कि यह निवृत्तिपरायणता बौद्ध और जैन धर्मों की एक बहुत बड़ी कमजोरी रही है। मध्यकालीन सन्त-काव्यधारा पर भी इसका प्रभाव दिखायी पड़ता है। गृहस्थ होते हुए भी कबीरदास साईं से उतना ही माँगते हैं जितने में उनके कुटुम्ब का पोषण हो सके और द्वार पर आया हुआ अतिथि भी भूखा न रहे। उनकी इस सन्तोष-वृत्ति में निवृत्तिपरायणता की झलक मिलती है।

कबीर के पूरे व्यक्तित्व को सामने रखकर देखने से स्पष्ट हो जाता है कि अन्तर्मुखी साधना और नियतिवादिता उनके व्यक्तित्व के घटक-तत्त्व अवश्य हैं किन्तु ये तत्त्व उन्हें बाँध नहीं पाते। वे बार-बार इनका अतिक्रमण करते हैं। रूढ़ियों से टकराते हैं। जर्जर लोक-विश्वासों और तर्कहीन बाह्याचारों पर चोट करते हैं। मनुष्य की शक्ति को पहचानते हैं। उसे सारे भेद-प्रभेदों से ऊपर उठाकर सहज रूप में प्रतिष्ठित करना चाहते हैं। युग-धारा के विपरीत चलते हुए मानव-मूल्यों की प्रतिष्ठा करते हैं। मनुष्य-विवेक को इस सीमा तक विकसित करना चाहते हैं कि वह सभी प्रकार के अन्धविश्वासों से ऊपर उठकर अभेद-दृष्टि-सम्पन्न हो जाय और भेद-भाव की सारी बनावटी दीवारों को ढहकर मनुष्य के रूप में अपनी पहचान कायम कर सके। निश्चय ही इस दृष्टि से पूरे मध्यकाल में कबीर का व्यक्तित्व अन्यतम है। उनका कोई प्रतिद्वन्द्वी नहीं है। 'तुलसी' भी नहीं।

•

कबीर का कवि रूप

यह निर्विवाद है कि कबीरदास का एक सन्त साधक थे। काव्य-रचना उनका लक्ष्य नहीं था। भारतीय काव्य-परम्परा से उनका कोई सम्बन्ध नहीं था। उन्होंने काव्य के अंगों और तत्त्वों का अध्ययन नहीं किया था। उन्हें अलंकार, छन्द, रस, रीति, गुण तथा वक्रोक्ति आदि का शास्त्रीय ज्ञान नहीं था। इसलिए शास्त्रनिष्ठ आचार्य-परम्परा के आलोचकों ने उन्हें कवि-रूप में महत्त्व नहीं दिया। यह होने पर भी हिन्दी-साहित्य के प्रत्येक इतिहास में कबीर का उल्लेख किया गया है। उनके विचारों का अध्ययन किया गया है और उनके काव्यत्व को भी किसी-न-किसी रूप में स्वीकारा गया है। कबीर के अध्येताओं और समीक्षकों ने उनकी वाणी में निहित कुछ ऐसी विशेषताओं को लक्षित किया है जिनके आधार पर कबीर को कवि-रूप में प्रतिष्ठा प्राप्त हो सकती है।

हिन्दी साहित्य के मर्मी आलोचक आचार्य रामचन्द्र शुक्ल ने कबीर के सम्बन्ध में लिखा है—"यद्यपि वे पढ़े-लिखे ने थे पर उनकी प्रतिभा बड़ी प्रखर थी जिससे उनके मुख से बड़ी चुटीली और व्यंग्य चमत्कारपूर्ण बातें निकलती थीं। इनकी उक्तियों में विरोध और असम्भव का चमत्कार लोगों को बहुत आकर्षित करता था।"[1] 'कबीर ग्रन्थावली' की भूमिका में बाबू श्यामसुन्दर दास ने कबीर के काव्यतत्त्व पर विस्तार से विचार किया है। अपना निष्कर्ष प्रस्तुत करते हुए उन्होंने कहा है—"सत्य के प्रकाश का साधन बनकर, जिसकी प्रगाढ़ अनुभूति उनको हुई थी, कविता स्वयमेव उनकी जिह्वा पर आ बैठी है। इसमें सन्देह नहीं कि कबीर में ऐसी भी उक्तियाँ हैं, जिनमें कविता के दर्शन नहीं होते—और ऐसे पद कम नहीं हैं—किन्तु उनके कारण कबीर के वास्तविक काव्य का महत्त्व कम नहीं हो सकता, जो अत्यन्त उच्चकोटि का है।"[2] निर्गुण काव्यधारा के गम्भीर अध्येता डॉ. पीताम्बरदत्त बड़थ्वाल का मत है—"कबीर भी सदा काव्य के ऊँचे स्तर तक नहीं पहुँच पाये हैं। उनके पद्यों में केवल कुछ ही ऐसे हैं, जो अच्छी कविता के अन्तर्गत आ सकते हैं और जिनमें प्रदर्शित चित्र भी सुन्दर हैं।"[3] डॉ. रामकुमार वर्मा ने कबीर को महाकवि सिद्ध करते हुए कहा है—"कबीर का काव्य बहुत स्पष्ट और प्रभावशाली है। यद्यपि कबीर ने पिंगल और अलंकार के आधार पर काव्य-रचना नहीं की तथापि उनकी काव्यानुभूति इतनी उत्कृष्ट थी कि वे सरलता से महाकवि कहे जा सकते हैं। कविता में छन्द और अलंकार गौण है। सन्देश प्रधान है। कबीर ने अपनी कविता में महान् सन्देश दिया है।"[4] आचार्य हजारीप्रसाद द्विवेदी कबीर के सर्वजयी व्यक्तित्व के प्रबल आकर्षण को उनके काव्यत्व का मूल कारण स्वीकार करते हुए कहते हैं—"उनकी वाणियों में सब-कुछ को छाकर उनका सर्वजयी व्यक्तित्व विराजता रहता है। उसी ने कबीर की वाणियों में अनन्य-साधारण जीवन-रस भर दिया है। कबीर की वाणी का अनुकरण नहीं हो सकता।

1. हिन्दी साहित्य का इतिहास, पृ. 79
2. कबीर ग्रन्थावली, भूमिका, पृ. 64 (1928)
3. हिन्दी काव्य में निर्गुण सम्प्रदाय, पृ. 349
4. हिन्दी साहित्य का आलोचनात्मक इतिहास, पृ. 266

अनुकरण की सारी चेष्टाएँ व्यर्थ सिद्ध हुई हैं। इसी व्यक्तित्व के कारण कबीर की उक्तियाँ श्रोता को बलपूर्वक आकृष्ट करती हैं। इसी व्यक्तित्व के आकर्षण को सहृदय समालोचक सँभाल नहीं पाता और रीझकर कबीर को 'कवि' कहने में सन्तोष पाता है ऐसे आकर्षक वक्ता को कवि न कहा जाये तो और क्या कहा जाये?"[1] पं. परशुराम चतुर्वेदी ने कबीर के काव्य को जनकाव्य सिद्ध करते हुए कहा है—"सन्त-काव्य की लोकप्रियता उसके काव्यतत्त्व की प्रचुरता पर निर्भर नहीं। वह जनसाधारण के अंग बने कवियों (व क्रान्तदर्शी व्यक्तियों) की स्वानुभूति की यथार्थ अभिव्यक्ति है और उसकी भाषा जनसाधारण की भाषा है। उसमें साधारण जन-सुलभ प्रतीकों के प्रयोग हैं और वह जन-जीवन को स्पर्श करता है। वही सभी प्रकार के जनकाव्य कहलाने योग्य है।"[2] डॉ. माताप्रसाद गुप्त ने कबीर के कवि रूप का समर्थन करते हुए कहा है—"यदि कविता विचारों और भावनाओं की प्रभावपूर्ण और सरस अभिव्यक्ति मात्र है, तो कबीर में 'कविता' की कमी नहीं है और निस्सन्देह अपनी इस विशेषता में वे किसी से कम नहीं हैं।"[3] उपर्युक्त विद्वानों, अध्येताओं और आलोचकों द्वारा प्रस्तुत विशेषताओं का विश्लेषण करने से कबीर के कवि रूप को प्रमाणित करनेवाले अग्रलिखित तत्त्व लक्षित होते हैं—

1. कबीर की प्रतिभा बड़ी प्रखर थी।
2. कबीर की उक्तियाँ चुटीली और व्यंग्य चमत्कापूर्ण हैं।
3. कबीर की वाणी अनुभूत सत्य को प्रकाशित करती है।
4. कबीर के पदों में कुछ अच्छी कविता के अन्तर्गत आ सकते हैं, उनमें प्रदर्शित चित्र सुन्दर हैं।
5. कबीर वाणी में सन्देश की महत्ता है।
6. कबीर की वाणी में उनका सर्वजयी व्यक्तित्व छाया हुआ है।
7. कबीर की वाणी में स्वानुभूति की यथार्थ अभिव्यक्ति हुई है, जो जन-जीवन को स्पर्श करती है।
8. कबीर की वाणी में विचारों और भावनाओं की प्रभावपूर्ण एवं सरस अभिव्यक्ति हुई है।

उपर्युक्त विशेषताएँ कबीर के कवि-व्यक्तित्व के तीन महत्त्वपूर्ण पक्षों की ओर हमारा ध्यान आकृष्ट करती है—(1) प्रतिभा और (2) अनुभूति और (3) व्यक्तित्व का आकर्षण। काव्य के स्वरूप का निर्धारण चाहे जिस आधार पर किया जाये, यदि ये तीनों पक्ष पुष्ट हैं तो रचना में काव्यतत्त्व की स्थिति अवश्य मान्य होगी और रचनाकार को 'कवि' स्वीकार करना होगा। अतः यहाँ यह विचारणीय है कि कबीर में इन तीनों पक्षों की स्थिति किस रूप में और किस सीमा तक लक्षित होती है।

प्रतिभा

संस्कृत के समस्त प्राचीन आचार्यों ने 'प्रतिभा' को काव्य का प्रधान हेतु माना है। यदि प्रतिभा है, तो काव्य की स्फूर्ति होगी ही। 'अभ्यास' और 'व्युत्पत्ति' तो बाद की चीजें हैं।

1. कबीर, उपसंहार, पृ. 217
2. कबीर साहित्य की परख, पृ. 19
3. कबीर ग्रन्थावली : भूमिका : पृ. 70, 1969

प्रतिभा जन्मजात होती है। ईश्वरप्रदत्त होती है। पूर्वजन्म के संस्कारों की देन होती है। यह नये-नये अर्थों का उम्मीलन करती है। कबीरदास में प्रतिभा की स्थिति उनके विरोधियों तक ने स्वीकार की है। प्रतिभा के बल पर ही कबीर ने सहस्रों वर्षों की सामाजिक रूढ़ियों को चुनौती दी है। सड़ी-गली मान्यताओं का विरोध किया है। पाखण्ड और ढोंग को फटकारा है। सारे भेद-प्रभेदों से ऊपर उठकर मानव-सत्य को पहचाना है। उनकी प्रतिभा को स्वीकार करके ही कवीन्द्र रवीन्द्र ने उनकी वाणियों का अंग्रेजी में अनुवाद किया और अपनी मानवधर्म की अवधारणा की पुष्टि में उन्हें उद्धृत किया। प्रतिभा अन्धकार से प्रकाश की ओर ले जाती है। वह 'सत्य' का अन्वेषण करती है। वह बन्धन स्वीकार नहीं करती। स्वातन्त्र्य की अनुभूति प्रतिभा की सबसे बड़ी पहचान है। स्वतन्त्रता बन्धनों से छुटकारा मात्र नहीं है, वरन् वह एक धनात्मक अनुभूति है जो हमारी सत्ता को शुद्ध आनन्द में मग्न कर देती है। कबीरदास ने इसी आनन्द का अनुभव करके अपनी वाणियों में एक अनिर्वचनीय रस भर दिया है। रवीन्द्रनाथ टैगोर के अनुसार एकत्व का बोध ही सत्य है और इस सत्य का अनुभव करना मुक्ति प्राप्त करना है। कबीर ने यह कहकर कि जब हम परमतत्त्व को अपने अन्तःकरण के अन्तरतम में स्थित बताते हैं तो बाह्य जगत् का अपमान करते हैं और जब हम उसे मात्र बाहरी पदार्थ जगत् में ही सीमित बताते हैं तो हम असत्य कहते हैं अपने एकत्व-बोध का परिचय दिया है।[1] मात्र अनुभव के बल पर अन्तः और बाह्य की एकता का प्रतिपादन करना असाधारण प्रतिभा सम्पन्न व्यक्ति का ही कार्य है। इस स्तर पर कबीर अपराजेय हैं।

अनुभूति :

अनुभूति काव्य का प्राण-तत्त्व है। अनुभूतिहीन कविता निष्प्राण होती है। कबीर ने अनुभूति को ही सर्वाधिक महत्त्व दिया है। उन्होंने कहा है कि वही अक्षर, वही वाणी लोग तरह-तरह से कहते हैं, लेकिन जब कोई मर्मी उसमें अनुभूति का लावण्य मिला देता है तो वह अमृतमय रसायन बन जाती है–

'सोई आखर सोई बैन, जन जू-जू बाचवंत।
कोई एक मेलै लवनि, अमी रसाइन हंत।।'[2]

कबीर की दृष्टि में अनुभूति ही वह तत्त्व है, जो वाणी को अमृतमय बना देता है। जिस अनुभूति के संस्पर्श से कबीर ने अपनी वाणी को अमृतमयी बनाया है, वह है–प्रणयानुभूति। प्रणय-प्रकृति और पुरुष की शाश्वत प्रणय-लीला–को अपने अन्तः में अनुभव करना प्रत्येक भक्त और रहस्य-साधक का लक्ष्य है। प्रत्येक भक्त-साधक अन्ततः परम प्रियतम से मिलकर एकाकार हो जाना चाहता है। परम प्रियतम ही कबीर का 'साईं', 'आल्हा', 'हरि', 'पीव', 'भरतार', 'राम', 'कन्त' और 'सहज' है। परम प्रियतम के प्रति उत्कट अनुराग कबीर को सारे संसार से विरक्त कर देता है। वे एकनिष्ठ होकर अपने 'प्रिय' के ध्यान में मग्न हो जाते

1. "The poet saint Kabir has also the same message when he sings–By saying that Supreme Reality only dwells in the inner realm of Spirit, we shame the outer world of matter, and also when we say that he is only in the outside, we do not speak the truth!' –'The Religion of Man', Page 186, Fifth Impression, 1958.
2. कबीर ग्रन्थावली, पारसनाथ तिवारी, पृ. 228

हैं। उनका मन प्रिय से मिलने के लिए तड़पने लगता है। वे प्रियतम का भेजा हुआ एक शब्द का सन्देश सुनने के लिए आकुल हो जाते हैं।[1] प्रियतम का पन्थ निहारते-निहारते उनकी आँखों में झाईं पड़ जाती है और प्रिय का नाम पुकारते-पुकारते उनकी जीभ में छाला पड़ जाता है।[2] उनके नेत्रों से अविरल अश्रु प्रवाहित होता रहता है और वे पपीहा की तरह कातर भाव से अपने प्रिय को पुकारते रहते हैं।[3] प्रिय के विरह में राते-रोते उनकी आँखें लाल हो जाती हैं।[4] प्रियतम से मिलने के लिए उनकी आकुलता इतनी बढ़ जाती है कि वे अपने को जलाकर प्रिय का अनुग्रह प्राप्त करना चाहते हैं। वे सोचते हैं कि इस शरीर को जलाकर राख कर दूँ। जलते हुए शरीर का धुआँ जब स्वर्ग तक पहुँचेगा। तब शायद प्रिय द्रवीभूत हो जायें और वे अपने स्नेह के शीतल जल की वर्षा करके हमारे हृदय की विरह-ज्वाला को शान्त करें।[5] वे प्रियतम का मुख देखने के लिए अपने को उत्सर्ग कर देना चाहते हैं। तन का दीपक, प्राणों की बाती और रक्त का तेल बनाकर वे अपने को जला देना चाहते हैं।[6] कभी व्याकुल होकर कहते हैं कि हे प्रिय या तो विरहिणी की मृत्यु दीजिये (ताकि उसकी वियोग-व्यथा का अन्त हो जाये) या अपना दर्शन दीजिये। आठों पहर वियोग की अग्नि में जलना सहा नहीं जाता।[7] वे प्रिय-मिलन के दुर्लभ क्षणों की प्राप्ति में ही जीवन की सार्थकता मानते हैं।[8] ये क्षण प्रत्येक दम्पति के जीवन में आते हैं। प्रिया और प्रियतम का तन-मन मिलकर एक हो जाता है। जब तक प्रिया-प्रियतम के साथ एक ही शय्या पर शयन न करे तब तक उसके प्रेम की सार्थकता कैसे मान्य हो सकती है? कबीर की प्रणयानुभूति में प्रिय-मिलन के कुछ मार्मिक चित्र हैं। वे कल्पना करते हैं कि नदी के उस पार किसी मनोरम स्थल पर प्रियतम ने हिंडोला डाल रखा है। वही नारी सुलक्षणी है जो नित्य-प्रति उस हिंडोले पर प्रियतम के साथ झूला झूलती हैं।[9] कभी वे कहते हैं कि बहुत दिनों के बाद मैंने अपने प्रियतम को पाया है। प्रिय स्वयं हमारे

1. विरहिनि ऊभी पंथ सिरि, पंथी बूझै आइ। एक सबद कहि पीव का, कबरे मिलैगे आइ।। –कबीर ग्रन्थावली, साखी 5, पृष्ठ 8
2. आंखड़ियाँ झाईं पड़ी, पंथ निहारि निहारि। जीभड़ियाँ छाला पड्या, राम पुकारि पुकारि।।–तदैव, साखी 22, पृ. 9
3. नैना नीझर लाइया, रहट वहै निस जाँम। पपीहा ज्यूँ पिब पिब करौं, कबरु मिलहुगे राम।। –तदैव, साखी 24, पृ. 9
4. अंखडियाँ प्रेम कसाइयाँ लोग जाणैं दुखड़ियाँ साईं अपनी कारणैं, रोइ रोइ रतड़ियाँ।। –तदैव, साखी 25, पृ.9
5. यहु तनु जालौं मसि करूँ, ज्यूँ धुवाँ जाइ सरग्गि। मति वै राम दया करैं, बरसि बुझावै अग्गि।। –तदैव, साखी 11, पृ. 8
6. इस तन का दीवा करौं, बाती मेल्यूँ जीव। लोही सींचौ तेल ज्यूँ, कब मुख देखौं पीव।। –तदैव, साखी 23, पृ. 9
7. कै विरहणि कूँ मीच दे, कै आपा दिखलाइ। आठ पहर का दाक्षणा, मोपै सयहा न जाइ।। –तदैव, साखी 35, पृ. 10
8. वे दिन कब आवैगे माइ। जा कारनि हम धरी है मिलिवौ अंग लगाइ।। –तदैव, पद 306, पृ. 191
9. बाल्हा आव हमारे गेह रे। तुम बिन दुखिया देह रे।। सब कोई कहै तुम्हारौ नारी मौकौ इहै अंदेह रे। एकमेक है सेज न सोवै तब लग कैसा नेह रे।। –तदैव, पद 307, पृ. 192

घर आये हैं। यह मेरा परम सौभाग्य है। मैंने इस अवसर के अनुकूल मंगलाचार किया है और राम-रसायन के रस का आस्वाद लिया है।[1] मेरे हृदय मन्दिर में प्रकाश फैल गया है और मैं अपने प्रिय को साथ लेकर सो गयी हूँ।[2] कहीं-कहीं प्रिय-मिलन का कल्पना-चित्र अत्यन्त संक्षिप्त किन्तु अत्यन्त मार्मिक है। प्रिय के साथ स्वप्न-मिलन हुआ है। प्रिय ने सोते से जगा दिया है। कबीर प्रिय को प्रत्यक्ष देख रहे हैं अर्थात् स्वप्न-मिलन प्रत्यक्ष-मिलन हो चुका है। अब वे इस भय से आँखें बन्द नहीं कर रहे हैं कि कहीं सचमुच यह प्रत्यक्ष-मिलन, स्वप्न-मिलन न हो जाये।[3] कबीर की यह प्रणयानुभूति उनकी अटपटी और रूखी वाणी को निस्सन्देह रसात्मक बना देती है। यहाँ एक प्रश्न यह उठ सकता है कि अलौकिक और अव्यक्त प्रियतम के प्रति व्यक्त प्रेम साधारणीकृत कैसे होगा? काव्य में जिस प्रेम का विधान किया जाता है वह व्यक्त आलम्बन के प्रति होता है। इसलिए वह सहृदय-संवेद्य होता है। यहाँ तो प्रियतम अव्यक्त, अगोचर और अलौकिक है। उसके प्रति व्यक्त प्रेम रहस्य साधकों के हृदय को भले ही प्रभावित करें सामान्य सहृदय के लिए उसमें तन्मय होना सम्भव नहीं होगा। बात ठीक है, किन्तु अनुभूति-मग्न होने की दो स्थितियाँ हो सकती हैं। एक स्थिति तो वह है जिसमें हम अनुभूति और उसकी अभिव्यक्ति के आनुषंगिक विधान दोनों को अपनी ग्राहिका कल्पना में मूर्त करके उसमें लीन होते हैं। यह सामान्य स्थिति है। लौकिक कथाओं में व्यक्त प्रेम अपने आनुषंगिक विधान के साथ साधारणीकृत होकर पाठकों के हृदय को प्रभावित करता है। दूसरी स्थिति इससे भिन्न है। इस स्थिति में शुद्ध अनुभूति में ही लीन होने की बात होती है। आनुषंगिक विधान (उद्दीपन-आलम्बन का मूर्तीकरण) के सहारे अनुभूति तक पहुँचने की आवश्यकता नहीं होती। इसकी पूर्ति प्रतीकों और संकेतों से हो जाती है। संवेदनशील पाठक आवश्यकता होने पर आलम्बन की रूप-कल्पना अपनी ओर से कर लेता है। कबीर की प्रणयानुभूति को संवेदनशील पाठक शुद्ध अनुभूति के रूप में ग्रहण कर सकता है। यों साध ारणीकरण की स्थिति भी एक आदर्श स्थिति है। यह सर्वत्र, सभी प्रकार के काव्यों और सभी स्थितियों में मान्य नहीं हो सकती।

कबीर की अनुभूति का दूसरा बिन्दु है—संसार की नश्वरता। कबीर ने संसार की नश्वरता को अनेक प्रकार के चित्रों के सहारे व्यक्त किया है। यह संसार अपने वैविध्य, व्याप्ति, विराटता और प्रवाहमयता में कितना सुन्दर है किन्तु कितना क्षणिक और नश्वर है। कबीर ने इस नश्वरता की अनुभूति का चित्र अंकित करते हुए कहा है—

कबीर पांणी केरा बुदबुदा, इसी हमारह जाति।
एक दिन छिपि जाहिंगे तारे ज्यूँ परभाति।।[4]

यह संसार, जिसके प्रति मनुष्य में इतनी आसक्ति है, कितना परिवर्तनशील और अस्थिर

1. दरिया पारि हिंडोलनां मेल्ह्या कंत मचाइ। सोई नारी सुलवर्णी नित प्रति झूलण जाइ।। —कबीर गन्थावली, माताप्रसाद गुप्त, पृ. 131
2. बहुत दिनन थैं मैं प्रीतम पाये। भाग बड़े घरि बैठे आये। मंगलचार मांहि मन राखौं। राम रसाइन रसना चाखौं। मंदिर मांहि भया उजियारा। ले सूती अपनां पीव पियारा।। —कबीर ग्रन्थावली, राग गौड़ी, पद 2
3. कबीर सुपिनै हरि मिल्या, सूतां लिया जगाइ। आंखि न मीचौं डरपता, मति सुपिना ह्वै जाइ।। —तदैव, पृ. 128
4. तदैव, पृ. 12, साखी 14

है। यह एक क्षण में मीठा लगता है और दूसरे ही क्षण में खारा हो जाता है। जो आज मण्डप के नीचे बैठा है, वही कल श्मशान में दिखायी पड़ता है—

कबीर यहु जग कुछ नहीं, षिन षारा षिन मींठ।
काल्हि जु बैठा माडियाँ, आज मसांणां दीठ।।[1]

मनुष्य अपने यौवन पर गर्व करता है, किन्तु यौवन का सारा आकर्षण क्षणिक है। किंशुक का फूल चार दिन के लिए पुष्पित होकर वृक्ष की शोभा बढ़ा देता है। किन्तु उसके बाद तो पलाश वृक्ष, खंखड़ हो जाता है।

कबीर कहा गरबियौ, इस जोबन की आस।
केसू फूले दिवस चारि, खंखर भये पलास।।[2]

लोग शक्ति और वैभव एकत्र करते हैं। महल बनवाते हैं। महलों में राग-रंग होता है। वे विभिन्न प्रकार के वाद्यों की झंकार से गूँजने लगते हैं, किन्तु यह सब खेल थोड़े दिनों का होता है। शक्ति और वैभव का अन्त होता है। महल सूने हो जाते हैं और उन पर कौवे बैठने लगते हैं।

कबीर सातौं सबद जु बाजते घरि-घरि होते राग।
ते मन्दिर खाली पड़े, वैसण लागे काग।।[3]

उपर्युक्त साखियों में जीवन के बहुत बड़े सत्य को चित्रों की भाषा में व्यक्त किया गया है। प्रभात काल में आकाश में विलीन होनेवाले तारों, श्मशान में लाये गये मृत शरीर, पत्र-पुष्पहीन पलाश और सूने महल का चित्र सामने लाकर जीवन की नश्वरता की भावना को मूर्त किया गया है। नश्वरता की भावना को उभारने के लिए उसके विरोध में क्षणिक सौन्दर्य, रूप-वैभव और शक्ति को मूर्त करनेवाले चित्र भी प्रस्तुत किये गये हैं। यह अभिव्यक्ति पूर्णतः काव्यात्मक है। कहीं-कहीं इसी अनुभूति को कबीर ने अन्योक्तियों के माध्यम से व्यक्त किया है। इन अन्योक्तियों की मार्मिकता को कबीर के अनेक अध्येताओं ने सराहा है।

मालन आवत देखि करि, कलियाँ करी पुकार।
फूले फूले चुणि लिए, काल्हि हमारी बार।।[4]
बाढ़ी आवत देखि करि, तरिवर डोलन लाग।
हम कटे की कुछ नहीं, पंखेरू घर भाग।।[5]

उपर्युक्त अन्योक्तियों में 'मालिन' और 'कली' क्रमशः काल और मानव-जीवन के प्रतीक हैं और बढ़ई, वृक्ष तथा पक्षी क्रमशः काल, जीर्ण-शीर्ण शरीर और जीवात्मा के प्रतीक हैं। इन प्रतीकों का सहारा लेकर कबीर ने अपनी अभिव्यक्ति को अधिक प्रभावपूर्ण और काव्यात्मक बना दिया है।

---

1. कबीर गन्थावली, डॉ. माताप्रसाद गुप्त, पृ. 122, साखी 15
2. तदैव, पृ. 39, साखी 8
3. तदैव, पृ. 38, साखी 4
4. कबीर ग्रन्थावली, बाबू श्यामसुन्दर दास, भूमिका पृ. 61 पर उद्धृत
5. तदैव, पृ. 61 पर उद्धृत

कबीर की अनुभूति का तीसरा स्तर मानव-जीवन की सहजता का बोध है। सहजता की प्राप्ति जीवन की बड़ी साधना है। मनुष्य ने अपने सहज रूप को अनेक प्रकार के बाह्याचारों, आडम्बरों और अहंकार की तुष्टि करनेवाले क्रियाकलापों से ढँक रखा है। उसके सारे सामाजिक, धार्मिक और साम्प्रदायिक आचार-विचार मनुष्य-सत्य को आच्छादित कर सीमाओं और दायरों की सृष्टि करनेवाले हैं। धर्म, जाति और साधना के नाम पर मनुष्य को छला गया है। पण्डित, मुल्ला, पीर, औलिया, योगी, यती, संन्यासी, जैन, बौद्ध, शैव, शाक्त इन सबने सहज-जीवन से अपने को अलग कर लिया है। साधनाएँ और धर्म विषयों के त्याग का उपदेश देते हैं किन्तु साधक और धार्मिक संसारियों से भी अधिक विषयरत दिखायी देते हैं। सहजभाव से अनायास विषय-त्याग ही सहजतत्त्व को प्राप्त करना है। कबीर ने अनुभूति के स्तर पर सहज-तत्त्व को ग्रहण करके उसे अपने जीवन का संस्कार बना लिया था। सहजता का बोध उन्हें स्वयं-प्रकाश-ज्ञान के रूप में हुआ था। यही वह संस्कारगत मूल्य था जिसे सामने रखकर जब वे विविध धर्मों और सम्प्रदायों की ओर देखते थे तो उन्हें लगता था कि सारा समाज विकृत और विद्रूप हो गया है। उन्होंने अपनी समसामयिक जीवन-पद्धति की जो कटु आलोचना की है, धर्म के बड़े-बड़े प्रतिनिधियों को जो लताड़ा है, बड़े-बड़े साधकों को जो चुनौती दी है, और समाज के बड़े-से-बड़े व्यवस्थापक को जिस आत्मविश्वास के साथ ललकारा है, उसमें एक प्रकार का रस है। रस इसीलिए है कि उसके पीछे कबीर की अनुभूति बोल रही है। उनकी आलोचना के पीछे उनका जीवन-अनुभव है। उन्होंने जो कुछ कहा है, प्रत्यक्ष देखकर कहा है। इसीलिए वे किसी से समझौता नहीं कर सके हैं। आँखों देखी को गलत कैसे माना जाये? और यदि वह सत्य है तो धर्म की ध्वजा लेकर घूमनेवालों से भगवान् बचावें। कबीर का अपना रास्ता ही ठीक है।

व्यक्तित्व-व्यंजना :

मध्यकाल के पूरे भक्ति-साहित्य में कबीर ही एक ऐसे भक्त कवि हैं, जिनका व्यक्तित्व उनकी वाणी में छाया हुआ है। गुरु के चरणों में प्रणत कबीर, आराध्य के प्रति दास्य, सख्य, वात्सल्य और माधुर्य भाव की व्यंजना करनेवाले भक्त और रहस्य साधक कबीर, सारे भेद-प्रभेदों से ऊपर उठकर समरस भाव में लीन सिद्ध कबीर, अखण्ड आत्म विश्वास के साथ 'पण्डित' और 'शेख' पर चोट करनेवाले व्यंग्यकार कबीर, अवधूत योगी की शक्ति और दुर्बलता दोनों से परिचित उसके समर्थ और सतर्क आलोचक कबीर, साधारण हिन्दू ग्रहस्थ के अन्धविश्वासों पर निर्मम प्रहार करनेवाले मस्तमौला कबीर और कथनी करनी की एकता, निर्वैरता, निष्कामता, अनासक्तता, संतोष, निग्रह, दया, प्रेम, अहिंसा का उपदेश देनेवाले सुधारक कबीर तथा अनुभव के सत्य को पाथेय बनाकर जीवन-पथ पर आगे बढ़ते हुए किसी से समझौता न करनेवाले अक्खड़ कबीर के दर्शन हमें उनकी वाणियों में एक साथ होते हैं। कबीर का व्यक्तित्व कितना आकर्षक, महिमामय और प्रभावशाली है इसे प्रमाणित करने के लिए हम कबीर के मर्मी विद्वान् आचार्य हजारीप्रसाद द्विवेदी के कुछ शब्द यहाँ उद्धृत करना चाहेंगे। द्विवेदी जी ने कबीर के व्यक्तित्व से अभिभूत होकर कहा है—"हिन्दी साहित्य के हजार वर्षों के इतिहास में कबीर जैसा व्यक्तित्व लेकर कोई लेखक उत्पन्न नहीं हुआ। महिमा में यह व्यक्तित्व केवल एक ही प्रतिद्वन्द्वी जनता है तुलसीदास, परन्तु तुलसीदास और कबीर के व्यक्तित्व में बड़ा अन्तर था। यद्यपि दोनों ही भक्त थे, परन्तु दोनों स्वभाव, संस्कार और

दृष्टिकोण में एकदम भिन्न थे। मस्ती, फक्कड़ाना स्वभाव और सब-कुछ को झाड़-फटकारकर चल देनेवाले तेज ने कबीर को हिन्दी-साहित्य का अद्वितीय व्यक्ति बना दिया है।"[1] जिस वाणी में व्यक्तित्व की इतनी सशक्त व्यंजना हुई हो, उसे कविता न कहना उसके साथ अन्याय करना होगा।

यह सत्य है कि कबीर ने कविता करने के लिए कविता नहीं की हैं वे 'कवि' को साधारण जीव समझते थे। उनकी स्पष्ट मान्यता थी कि कवि लोग कविता पढ़-पढ़कर मर जाते हैं किन्तु संसार की वास्तविकता नहीं समझ पाते।[2] उन्होंने आत्मानुभव का सार ही अपनी वाणियों में व्यक्त किया है किन्तु यह सार इतना मार्मिक और तत्त्वपूर्ण है कि उन्हें हम कवि रूप में स्वीकार करने के लिए विवश हो जाते हैं।

काव्यशास्त्रीय दृष्टि :

शास्त्रीय मान्यताओं के आधार पर भी कबीर की वाणी को काव्य की सीमा से बहिष्कृत नहीं किया जा सकता। काव्यशास्त्र की दृष्टि से श्रेष्ठ काव्य सरस और अलंकृत होता है। छन्द की गति-यति से नियन्त्रित होता है। उक्ति-वक्रता के चमत्कार से पूर्ण और विशिष्ट पद-रचना के सौष्ठव से युक्त होता है। आलोचकों ने इन सभी विशेषताओं को कबीर की वाणी में लक्षित किया है। कबीर की प्रणयानुभूतियों में आध्यात्मिक शृंगार या मधुररस की स्थिति मान्य है। उनकी नश्वरता का बोध करानेवाली उक्तियों में 'शांतरस' की व्यंजना हुई है और एक सच्चे शूरवीर की भाँति सांसारिक विषय-वासनाओं से जूझने के लिए उनके द्वारा व्यक्त 'उत्साह' में 'वीररस' की सत्ता लक्षित की गयी है। उनके तीखे और प्रखर व्यंग्य हास्य की सृष्टि करने में समर्थ हैं। जहाँ तक अलंकारों का प्रश्न है, आलोचकों ने कबीर-वाणी में सभी प्रमुख अलंकारों का समावेश लक्षित किया है। डॉ. माताप्रसाद गुप्त ने स्व-सम्पादित ग्रन्थावली के परिशिष्ट में कबीर द्वारा समस्त अलंकारों का निर्देश कर दिया है। इसमें 'उपमा', 'रूपक', 'रूपकातिशयोक्ति, 'अन्योक्ति', 'दृष्टान्त' तथा 'विरोधाभास' का उल्लेख बार-बार हुआ है। इससे प्रकट है कि कबीर ने जो कुछ जिस रूप में कहना चाहा है, उसके लिए इन अलंकारों की वर्णन-पद्धति अनिवार्य है। **'उपमा'** का प्रयोग वर्ण्यवस्तु के वैशिष्ट्य को उत्कर्ष देने के लिए, **'रूपक'** का प्रयोग वर्ण्यवस्तु के गुण सौन्दर्य को विश्वसनीय; प्रभावपूर्ण और संगत सिद्ध करने के लिए, **'रूपकातिशयोक्ति'** का प्रयोग वर्ण्यवस्तु के प्रभाव और सौन्दर्य की ओर मर्मज्ञों का ध्यान आकृष्ट करने के लिए, **'अन्योक्ति'** का प्रयोग प्रत्यक्ष न कही जा सकने योग्य बात का परोक्ष और प्रतीकात्मक ढंग से कहने के लिए, **'दृष्टान्त'** का प्रयोग वर्ण्यवस्तु की एकान्त विशेषता को स्पष्ट करने के लिए और **'विरोधाभास'** का प्रयोग वर्ण्यवस्तु के वैशिष्ट्य के विरुद्ध प्रतीत होनेवाली बात कहकर श्रोता को सहसा चमकृत करके उसकी ओर आकृष्ट करने और फिर विरोध का परिहार करके वर्ण्यवस्तु के वैशिष्ट्य के प्रति आश्वस्त करने के लिए किया जाता है। कबीरदास इन अलंकारों की शास्त्रीय परिभाषाओं से परिचित नहीं थे। उन्हें जो बात कहनी थी उसे प्रभावपूर्ण ढंग से कहने के प्रयत्न में ये अलंकार स्वतः आ गये हैं। कबीर की वाणी में इनका प्रयोग सहज रूप में हुआ है। इसलिए इनका सौन्दर्य भी अकृत्रिम और सहज है। यहाँ कतिपय उदाहरण अप्रासंगिक न होंगे—

1. कबीर, हजारीप्रसाद द्विवेदी, पृ. 217, 1953
2. कवित पढ़े-पढ़ि कविता मूये कपड़ केदारौ जाई।—कबीर ग्रन्थावली, बाबू श्यामसुन्दर दास, परिशिष्ट, पृ. 314

(कबीर) माया दीपक नर पतंग, भ्रमि-भ्रमि इवै पडंत।
कहैं कबीर गुन ग्यान थैं एक आध उबरंत —रूपक

(कबीर) यहु ऐसा संसार है जैसा सैंबल फूल
दिन दस के व्यौहार कौं झूठे रंग न भूलि —उपमा

(कबीर) अहेड़ी दौं लाइया, मृग पुकारे रोइ।
जा बन में क्रीड़ा, दाझत है बन सोइ —अन्योक्ति

(कबीर) निरभै राम जपि जब लगि दीवै बाति।
तेल घट्या बाती बुझी तब सोवैगा दिन राति।। —रूपकातिशयोक्ति

कबीर आगे-आगे दौ जलै, पीछे हरिया होइ।
बलिहारी ता ब्रिष की जड़ काट्यां फल होइ।। —विरोधाभास

कबीर कहा गरबियौ, इस जोबन की आस।
टेसू फूले दिवस चारि, खंखर भये पलास।। —दृष्टान्त

उपर्युक्त अलंकारों के अतिरिक्त **'उत्प्रेक्षा'** और **'विभावना'** का प्रयोग भी कबीर ने बड़े ही उपयुक्त अवसर पर सटीक ढंग से किया है। अव्यक्त सत्ता के सौन्दर्य का आभास देने के लिए वे कहते हैं—उस अनन्त का तेज ऐसा है मानो सूर्यों की पंक्ति उदित हो गयी हो (उत्प्रेक्षा)। इसी प्रकार अव्यक्त सत्ता के अलौकिकत्व की व्यंजना करने के लिए वे कहते हैं—बिना मुख के वह खाता है, चरणों के बिना चलता है, बिना जिह्वा के गुणगान करता है (विभावना)। उलटबाँसियों में कबीर ने 'असम्भव', 'असंगत' और 'विभावना' का प्रयोग किया है। इनके अभाव में उलटबाँसियों की रचना सम्भव ही नहीं थी। तात्पर्य यह कि कबीर की वाणी में अनेक महत्त्वपूर्ण अलंकारों का प्रयोग हुआ है किन्तु यह प्रयोग अभिव्यक्ति को सार्थक और प्रभावपूर्ण बनाने के लिए परिस्थितियों के आग्रह से हुआ है।

कबीर में उक्ति-वक्रता और पद रचना-वैशिष्ट्य भी है। लोक का अतिक्रमण करनेवाली उक्ति को वक्रोक्ति कहा गया है। कवि-कर्म की कुशलता से वाणी में जो लोकोत्तर चमत्कार आ जाता है, वही वक्रोक्ति का प्राण है। कहना न होगा कि कबीर की उक्तियाँ लोकोत्तर चमत्कार से युक्त हैं। उनका सारा अलंकार विधान 'वक्रोक्ति' का पोषक है। पद रचना वैशिष्ट्य के अभाव में विशेष अर्थ की व्यंजना सम्भव ही नहीं है। कबीर ने प्रायः परोक्ष की ओर संकेत किया है। चित्र-व्यंजना के द्वारा संसार की असारता का बोध कराया है मनुष्य की विषयासक्ति, मोहान्धता और अहम्मन्यता की व्यंजना की है। यह सब विशिष्ट पद-रचना के द्वारा ही सम्भव हुआ है। कबीर की वाणी में जो प्रवाह और संगीत है, वही उनकी पद-रचना-निपुणता का प्रमाण है।

काव्य रूप और छन्द विधान :

कबीर ने कुल मिलाकर 'साखी', 'सबदी' (पद), 'रमैनी', 'चौंतीसा', 'बावनी', 'वार', 'थिंती', 'चाँचर', 'बसन्त', 'हिंडोला', 'बेलि', 'विप्रमतीसी', 'कहरा' और 'बिरहुली' इन चौदह काव्यरूपों का प्रयोग किया है। ये काव्यरूप शास्त्रीय नहीं हैं। इन्हें कबीर ने सिद्धों और योगियों की परम्परा से प्राप्त किया है। इनके बीज लोककाव्य में लक्षित किये जा सकते हैं। **'साखी'** 'साक्षी' का अपभ्रंश रूप है। साखियों में सन्तों द्वारा अनुभूत (साक्षात्कृत) सत्य व्यक्त हुआ

है। ये ज्ञान की आँखें हैं। इनका प्रयोग गोरखपन्थी योगियों और सिद्धों के साहित्य में भी हुआ है। आचार्य हजारीप्रसाद द्विवेदी का मत है कि जिसे सिद्धों ने 'उएस' 'उपदेश' कहा है, वही बाद को साखी बन गया है।[1] साखी कबीर का सबसे प्रिय काव्य रूप है। **शब्द** या **शब्दी** गेय पद है। 'शब्द' ब्रह्म का प्रथम विवर्त है। शब्द से ही सारे संसार की उत्पत्ति हुई है। ब्रह्म-तत्त्व के विचार से युक्त होने के कारण ही सन्तों ने अपने गेयपदों को 'शब्द' या 'शब्दी' कहा है। गेय पदों की परम्परा अत्यन्त प्राचीन है। बौद्ध सिद्धों के **'चर्यापद'** गेय पद ही हैं। इनसे भी पहले **'बज्रगीतियों'** की परम्परा मिलती है। यह गेय पद-परम्परा लोक-काव्य की निजी शैली है। सिद्धों, योगियों और सन्तों ने इसे अपने अनुकूल बनाकर वहीं से ग्रहण किया है। **रमैनी** के सम्बन्ध में आचार्य हजारीप्रसाद द्विवेदी का मत है कि इसका प्रचलन कबीरपन्थ में बहुत बाद को हुआ है। नाभादास ने कबीर की चर्चा करते हुए 'रमैनी', 'सबदी', 'साखी' का उल्लेख किया है। इससे प्रमाणित है कि नाभादास (सं. 1642 के पहले कबीर साहित्य में 'रमैनी' का प्रचलन था। पं. परशुराम चतुर्वेदी के अनुसार इसकी व्युत्पत्ति रामायण शब्द से (रामायण> रमैनी> रमैन) हुई है।[2] कुछ लोग 'रमैनी' का अर्थ 'संसार में जीवों के रमण का विवेचन करनेवाली' या 'वेद शास्त्र के विचारों मे रमण करानेवाली'[3] करते हैं। 'रमैनी' का समावेश 'कबीर ग्रन्थावली' और 'बीजक' दोनों में है, इसलिए इसे बहुत बाद को प्रचलित नहीं मान सकते। 'रमैनी' में दोहा और चौपाई छन्दों का सम्मिलित प्रयोग मिलता है। **'बावनी'** में नागरी वर्णमाला के 52 अक्षरों को लेकर (16 स्वर तथा 36 व्यंजन) प्रत्येक दो पंक्ति को एक वर्ण से सम्बद्ध करते हुए क्रमशः सभी वर्णों से सम्बद्ध द्विपदियाँ रची जाती हैं। कबीरदास ने जो बावनी लिखी है, उसमें स्वरों को छोड़ दिया गया है और व्यंजनों में भी अन्तिम 'त्र', 'ज्ञ' को छोड़कर चौंतीस व्यंजनों को लेकर ही द्विपदियाँ बाँधी गयी हैं। इस प्रकार कबीर की बावनी एक प्रकार से **चौंतीसा** ही है। **चौंतीसा** भी 'बावनी' की पद्धति का ही काव्य-रूप है। इसमें स्वरों को छोड़ दिया जाता है। शेष वर्णों के क्रम से द्विपदियाँ बाँधी जाती हैं। जायसी ने इसी प्रकार के काव्यरूप को 'अखरावट' कहा है। फारसी में इस प्रकार की रचनाओं को 'सीहर्फी' कहा गया है। ऐसा समझा जाता कि इस काव्य प्रकार के आविष्कर्त्ता जैन कवि हैं। प्राचीन लोक या जन-काव्य में इसके व्यापक प्रयोग से यह सिद्ध होता है कि इसका आरम्भ भी लोककवियों ने ही किया होगा। **'थिंती'** तिथि का अपभ्रंश है। इसमें महीने के दोनों पक्षों की तिथियों का उल्लेख करते हुए भक्ति, ज्ञान, वैराग्यपरक उपदेश दिये जाते हैं। आदिग्रन्थ में संगृहीत कबीरवाणी में 'थिंती' काव्यरूप पाया जाता है। **'वार'** भी इसी प्रकार का काव्यरूप है। इसमें सप्ताह के सातों वारों का क्रमशः उल्लेख करते हुए ज्ञानोपदेश दिया जाता है। **'चाचर'** चर्चरी का अपभ्रंश है। यह वसन्तोत्सव के उपलक्ष्य मे गाया जानेवाला एक लोकगीत है। प्राकृत और अपभ्रंश साहित्य में 'चच्चरी' या 'चाचरि' का प्रयोग बहुत मिलता है। वसन्त ऋतु के मादक वातावरण से उल्लसित होकर लोक-कवि जो गीत गाते रहे होंगे, उन्हें **'बसन्त'** कहा गया होगा। कबीर ने इसी लोक-प्रचलित काव्यरूप को स्वीकार करके उसमें अपना

1. हिन्दी साहित्य का आदिकाल, पृ. 112
2. कबीर साहित्य की परख, पृ. 193
3. कबीर वाङ्मय खण्ड 1, डॉ. जयदेव, डॉ. वासुदेव सिंह, पृ. 12

आध्यात्मिक उपदेश दिया है। इसी काव्यरूप के निकट पड़नेवाले 'फागु' और 'धमार' भी हैं। सावन में झूलते समय जो लोकगीत गाये जाते हैं, उन्हीं के अनुकरण पर सन्तों ने **'हिंडोला'** नामक गेय पदों की रचना की है। **'कहरा'** भी एक प्रकार का गेय पद है। कहरवा के ढंग पर रचे जाने के कारण इसे कहरा कहा जाता है। कुछ लोग 'कहरा' का सम्बन्ध 'कहर' से जोड़ते हैं। उनकी दृष्टि में 'संसार के जरा-मरण रूप कहर (क्लेश) से बचानेवाला ही 'कहरा' है।[1] **'बेलि'** वह काव्यरूप है, जिसमें काव्य को लता रूप में अंकुरित और पल्लवित दिखाया जाता है। राजस्थान में वेलि काव्यों की पुष्ट परम्परा रही है। कबीर ग्रन्थावली में 'वेली कौ अंग' शीर्षक के अन्तर्गत संगृहीत साखियों में 'वेलि' शब्द लता के अर्थ में प्रयुक्त है। किन्तु 'बीजक' में संगृहीत दो बेलियों में लता का रूप बाँधा गया है। ऐसा लगता है कि 'वेलि' भी कोई लोक-प्रचलित काव्यरूप था जिसे सन्तों ने अपने आध्यात्मिक विचारों की अभिव्यक्ति का माध्यम बना लिया। **'विरहुली'** साँप का विष दूर करने के लिए गाया जानेवाला गीत है। किसी-किसी ने इसका अर्थ 'विरही जीव' किया है। यह सम्भव है कि मूल रूप में 'विरहुली' साँप का विष दूर करने के लिए झाड़-फूँक करनेवालों द्वारा गाया जानेवाला मन्त्रगीत रहा हो और लोक में इसका प्रचार देखकर सन्तों ने इसे अपनी वाणियों में स्थान दिया हो। **'विप्रमतीसी'** सम्भवतः 'विप्र-मतितीसी' का बिगड़ा रूप है। इसका अर्थ होगा 'विप्रों की मति का विवेचन करनेवाली तीस पंक्तियाँ।' वस्तुतः इस काव्यरूप में ब्राह्मणों की आलोचना की गयी है यह काव्य-प्रकार बीजक में ही प्राप्त है। कबीरदास द्वारा उपर्युक्त काव्य-प्रकारों में कुछ तो प्राकृत और अपभ्रंश की परम्परा से ग्रहण किये गये हैं और कुछ सिद्धों और योगियों की रचना-परम्परा से। कुछ सीधे लोक-जीवन से लिये गये हैं। यों बीज सभी का लोक-काव्य ही है।

उपर्युक्त चौदह प्रकार के काव्य-रूपों में प्रयुक्त छन्दों की संख्या भी कम नहीं है। कुल मिलाकर 30 प्रकार के छन्दों का प्रयोग किया गया है। साखियों में—दोहा[2], सोरठा[3], उपमान[4], मुक्तामणि,[5] अवतार,[6] देहकीय[7] और गीता,[8] छन्द, सबदियों (पदों में—चौपाई,[9] चौपाई,[10] पद्धरी,[11]

1. कबीर के काव्यरूप, डॉ. नजीर मुहम्मद, पृ. 103, 1971
2. अर्द्धसम छन्द, विषम चरणों में 13 (6+4+3) और समचरणों में (6+4+1) मात्राएँ होती हैं
3. सम तेरह विषमेश, दोहा उलटे सोरठा
4. 23 मात्राएँ, 13 और 10 पर यति, अन्त में (एक गुरु भी हो सकता है)
5. 25 मात्राएँ 13 और 12 पर यति, अन्त में (ऽऽ)
6. 23 मात्राएँ, 13 और 10 पर यति, अन्त में रगण (ऽ। ऽ)
7. 26 मात्राओं का छन्द, पहले और तीसरे चरण में 13 (4+4+5) मात्राएँ और दूसरे और चौथे चरणों में भी 13 मात्राएँ होती हैं। समचरण दोहे जैसे ही होते हैं, उनके आरम्भ में 2 मात्राएँ जोड़ देते हैं
8. 26 मात्राएँ, 14 और 12 पर यति अन्त में ऽ। अन्त्यानुप्रास
9. 16 मात्राओं का छन्द, चार पाद होते हैं। अन्त में जगण (।ऽ।) और तगण (ऽ।।) वर्जित, दो गुरु (ऽऽ)
10. चौपाई की अन्तिम गुरु मात्रा को लघु कर देने से चौपाई छन्द बनता है
11. चार चौकल, अन्त में जगण (।ऽ।) आठ-आठ मात्राओं पर यति
12. 32 मात्राएँ, 16-16 पर यति, अन्त में भगण (ऽ।।)

डिल्ला,[12] वीर,[1] चौबोला,[2] अरिल्ल,[3] ताटंक,[4] लावनी,[5] सार,[6] सखी,[7] सरसी,[8] विष्णुपद,[9] उल्लाला,[10] चण्डिका,[11] लील,[12] शोभन,[13] कुण्डल[14] और सुखदा[15] छन्द तथा शेष काव्य-रूपों में—(उपर्युक्त छन्दों के अतिरिक्त) कज्जल,[16] पद्धटिका,[17] रूपमाला[18] और सिंह[19] छन्दों का प्रयोग मिलता है। कबीर की विशेषता यह है कि उन्होंने उपर्युक्त सभी छन्दों का प्रयोग उनके शुद्ध और अशुद्ध दोनों रूपों में किया है। छन्दों को गेय बनाने के लिए शुद्ध छन्दों के अन्त में कुछ शब्द जोड़ लिये हैं और कभी-कभी दो या अधिक छन्दों को मिलाकर छन्द-विधान का स्वतन्त्र रूप खड़ा कर लिया है। जाहिर है कि कबीर को इन छन्दों का शास्त्रीय ज्ञान नहीं था। उन्होंने लोक-प्रचलित काव्यरूपों का प्रयोग करते हुए अपनी बातें कहीं और उन्हें प्रभावपूर्ण बनाने के लिए वहाँ जैसे चाहा शब्दों का प्रयोग किया। चूँकि यह सारा कथन पद्य-बद्ध है, इसलिए शास्त्रीय दृष्टि से उसमें अनेक प्रकार के छन्द-विधान लक्षित होते हैं।

संगीत तत्त्व :

कबीर की शब्दियों (पदों) में संगीत-तत्त्व की प्रधानता है। हमने यह देखा है कि छन्दों की रचना करते समय भी कबीर ने संगीत को ही महत्त्व दिया है और इसी कारण छन्दों की शास्त्रीय मर्यादा भंग हो गयी हैं। कबीर के पदों का संकलन उन्हें विभिन्न रागों में वर्गीकृत करके किया गया है। आदिग्रन्थ में संगृहीत कबीर के पद 'सिरी', रागु, रागु 'गउड़ी', रागु 'आसा', रागु 'गूजरी', रागु 'सोरठि', रागु 'धनासरी', रागु 'तिलंग', रागु 'सूही' तथा रागु 'विलावलु' आदि में वर्गीकृत हैं। यह वर्गीकरण चाहे कबीर ने न किया हो लेकिन संगीत-तत्त्व के अभाव में इस प्रकार का वर्गीकरण नहीं किया जा सकता। कबीर की वाणियों में ऐसे अनेक संकेत मिलते हैं, जिससे यह प्रकट होता है कि कबीर को तत्कालीन वाद्यों की बनावट का

1. 31 मात्राएँ, 16-15 पर यति अन्त में (ऽ।)
2. 30 मात्राएँ, 15-15 पर यति अन्त में (।ऽ)
3. 16 मात्राओं का छन्द, चार चौकल, अन्त में भगण (ऽ।।) अथवा यगण (।ऽऽ)
4. 30 मात्राएँ, 16-14 पर यति, अन्त में मगण (ऽऽऽ)
5. 30 मात्राओं का सममात्रिक छन्द, अन्त में मगण (ऽऽऽ) का बन्धन नहीं है
6. 28 मात्राएँ, 16-12 पर यति, अन्त में दो गुरु (ऽऽ)
7. 28 मात्राएँ, 14-14 पर यति, अन्त में मगण (ऽऽऽ) या यगण (।ऽऽ)
8. 27 मात्राएँ, 16-11 पर यति, अन्त में गुरु-लघु (ऽ।)
9. 26 मात्राएँ, 16-10 पर यति, अन्त में गुरु (ऽ)
10. 28 मात्राएँ, विषम पादों में 15 और सम पादों में 13
11. 26 मात्राएँ, 13-13 पर यति, अन्त में रगण (ऽ।ऽ)
12. 24 मात्राएँ, 14-10 पर यति
13. 24 मात्राएँ, 14-10 पर यति, अन्त में जगण (।ऽ।)
14. 22 मात्राएँ, 12-10 पर यति, अन्त में 2 गुरु (ऽऽ)
15. 22 मात्राएँ, 21-10 पर यति, अन्त में गुरु (ऽ)
16. 28 मात्राएँ, 14-14 पर यति, अन्त में गुरु लघु (ऽ।)
17. पद्धरी से अभिन्न
18. 24 मात्राएँ, 14-10 पर यति, अन्त में गुरु लघु (ऽ।)
19. 32 मात्राएँ, 16-16 पर यति, अन्त में सगण (।।ऽ)

ज्ञान था। वे उनके ध्वनि-भेदों से परिचित थे और प्रसन्नतापूर्वक अपने आराध्य के गुणों का गान करते हुए वे संगीत की स्वरलहरियों में अपने को अवश्य खो देते रहे होंगे। उनके पहले सिद्धों और योगियों ने भी अपने गीतों को संगीत की मर्यादा में बाँधा था। इसका प्रधान कारण यह प्रतीत होता है कि संगीत भी एक प्रकार की योग-विद्या है। संगीत में आहतनाद की साधना की जाती है। योगी अनाहतनाद की साधना करता है। जैसे असीम को ससीम के माध्यम से ही लक्षित किया जा सकता है, वैसे ही 'अनाहतनाद' की साधना के लिए 'आहतनाद' की साधना आवश्यक है। संगीतज्ञों को भी शरीर के भीतर के, चक्रों का ज्ञान अपेक्षित है। संगीतशास्त्र के अनुसार 'हृदय' के अनाहत चक्र से 'मन्द्र' कण्ठ के विशुद्ध चक्र से 'मध्यम' तथा मूर्धा के सहस्रसार से 'तार' स्वर उत्पन्न होते हैं। इन्ही तीनों के आधार पर तारसप्तक अथवा सप्त स्वरों की सृष्टि होती है।[1] ऐसी स्थिति में बहुत सम्भव है कि कबीर ने अनाहत नाद की साधना के पूर्व आहतनाद की साधना भी की हो। उनके पदों में जिस प्रकार की ध्वनि-प्रवाह है, जिस प्रकार की 'टेक' का विधान है, जिस प्रकार की लयात्मकता है और जिस प्रकार की शब्द-रचना है, उससे साफ जाहिर है कि उन्होंने रचना के समय संगीत का ध्यान अवश्य रखा था। यहाँ यह स्मरणीय है कि नाद का प्रभाव क्षेत्र भाषा की अपेक्षा अधिक व्यापक है। भाषा द्वारा व्यक्त भाव सहृदय के हृदय को ही आन्दोलित करता है। किन्तु 'नाद' पर आधृत गीत पशु-पक्षियों तक को विभोर कर देता हैं। गीत के द्वारा 'असहृदय' व्यक्तियों के हृदय में पड़ी हुई राग-द्वेष की ग्रन्थियाँ भी खुल जाती हैं, उनका हृदय भी तरल हो जाता है और वे भी सहृदयी के समान ही रसास्वादन करने लगते हैं।[2] जिन्हें कबीर की वाणी में कवित्व नहीं दिखायी पड़ता उन्हें कम-से-कम उसमें निहित 'नाद-तत्त्व के प्रभाव' से तो प्रभावित होना ही चाहिए।

भाषा :

कबीर की भाषा का अध्ययन अपने-आप में एक महत्त्वपूर्ण विषय है। इधर विषय की ओर विद्वानों का ध्यान आकृष्ट हुआ है और कुछ विद्वानों ने भाषावैज्ञानिक दृष्टि से कबीर की भाषा का अध्ययन प्रस्तुत भी किया है, किन्तु वास्तविकता यह है कि जब तक कबीर-वाणी का प्रामाणिक पाठ उपलब्ध नहीं होता, तब तक उसके वैज्ञानिक अध्ययन की सार्थकता सन्दिग्ध ही मानी जायेगी। अब तक कबीर वाणी के जितने प्रामाणिक संस्करण (प्रामाणिकता का दावा करनेवाले) प्रकाशित हुए है, उन सभी के सम्पादकों के दावे परस्पर विरोधी हैं। प्रामाणिक पाठ की अनिश्चितता के कारण ही कबीर की भाषा के सम्बन्ध में अलग-अलग मत व्यक्त किये गये हैं। कबीर 'बीजक' के टीकाकार विचारदास जी के अनुसार कबीर की भाषा 'ठेठ प्राचीन पूर्वी' है।[3] डॉ. रामकुमार वर्मा के अनुसार 'कबीर के काव्य का व्याकरण' पूर्वी हिन्दी रूप ही लिये हुए है। उसमें स्थान-स्थान पर पंजाबी प्रभाव अवश्य दृष्टिगत होता है।[4] बाबू श्यामसुन्दर दास के अनुसार कबीर की भाषा पंचमेल खिचड़ी है क्योंकि 'कबीर में केवल शब्द ही नहीं क्रियापद कारक-चिह्नादि भी कई भाषाओं के मिलते हैं, क्रिया-पदों के रूप अधिकतर ब्रजभाषा और खड़ीबोली के हैं। कारक चिह्नों में 'से' 'कै' 'सत' 'सा' आदि

---

1. कबीर साहित्य की परख, पृ. 301
2. भरत का सगीत-सिद्धान्त, श्री कैलाशचन्द्र देव, बृहस्पति, पृ. 267 (1959)
3. बीजक विरल टीका, पृ. 43, कबीर साहित्य की परख, पृ. 208 पर उद्धृत
4. सन्त कबीर, पृ. 22

अवधी के हैं, 'कौ' ब्रज का है और 'थै' राजस्थानी का।[1] डॉ. सुनीतिकुमार चाटुर्ज्या के अनुसार 'कबीर की रचना में हमें मुख्यतः ब्रजभाषा मिलती है, लेकिन इसमें कोसली या पूर्वी हिन्दी का कुछ-कुछ मेल पाया जाता है और खड़ीबोली का रूप भी यथेष्ट परिमाण में मिलता है।'[2] डॉ. उदयनारायण तिवारी के अनुसार कबीर के 'कतिपय पुराने पद' भोजपुरी में मिलते हैं।[3] डॉ. माताप्रसाद गुप्त के अनुसार 'कबीर की भाषा मुख्यतः खड़ीबोली है।'[4] पं. विश्वनाथप्रसाद मिश्र ने कबीर की साखियों में 'खड़ीबोली', सबदियों में 'ब्रजी' और रमैनियों में 'अवधी' या 'पूर्वी' का प्राधान्य लक्षित किया है।[5] पं. परशुराम चतुर्वेदी ने पर्याप्त विचार-विमर्श के बाद कबीर-पूर्व धर्मोपदेशकों की एक सामान्य भाषा के ढलने की सम्भावना व्यक्त की है, यह सामान्य भाषा एक मिश्रित या मिली-जुली भाषा थी जिसमें 'हिन्दवी' अथवा 'पुरानी खड़ीबोली का अंश अधिक रहता था और उसके अतिरिक्त, उसमें 'पूर्वी हिन्दी' 'ब्रज' तथा 'पछाँही बोलियाँ' तक मिली-जुली रहती थीं।[6] उपर्युक्त विवेचन के आधार पर यही कहा जा सकता है कि व्याकरण की दृष्टि से विचार करने पर कबीर की भाषा का कोई एक निश्चित रूप निर्दिष्ट नहीं किया जा सकता। कबीर का यह कहना—'बोली हमरी पूरब की, हमें लखैं नहिं कोय' हमको तो सोई लखै, धुर पूरब का होय।'—निश्चित रूप से कबीर वाणी की आध्यात्मिकता की ओर संकेत करता है। इसका अभिधात्मक अर्थ लेने पर हम कबीर की बोली को पूर्वी (अवधी) मान सकते हैं, किन्तु अवधी की प्रधानता कबीर की रमैनियों में ही है। अतः अभिधात्मक अर्थ यहाँ विशेष महत्त्व नहीं रखता।

पं. हजारीप्रसाद द्विवेदी ने कबीर की भाषा पर व्याकरण की दृष्टि से विचार करना महत्त्वपूर्ण नही समझा है। उन्होंने कबीर की भाषा पर विचार करते हुए उसकी अभिव्यक्ति-क्षमता की सराहना की है। उनका कथन है—"भाषा पर कबीर का जबर्दस्त अधिकार था। वे वाणी के डिक्टेटर थे। जिस बात को उन्होंने जिस रूप में प्रकट करना चाहा है, उसे उसी रूप में भाषा से कहलवा लिया है—बन गया है तो सीधे-सीधे नहीं तो दरेरा देकर। भाषा कुछ कबीर के सामने लाचार-सी नजर आती है। उसमें मानो ऐसी हिम्मत ही नहीं है कि इस लापरवाह फक्कड़ की किसी फरमाइश को नाहीं कर सके।"[7] इन शब्दों में द्विवेदी जी ने कबीर की भाषा को उसकी मूल-संवेदना के स्तर पर समझाने की चेष्टा की है। वस्तुतः कबीर की भाषा की दो प्रमुख विशेषताएँ हैं। पहली विशेषता है—वर्ण्य-वस्तु को प्रभावशाली ढंग से व्यक्त करने की क्षमता और दूसरी विशेषता है—कबीर के व्यक्तित्व की सफल व्यंजना। ये दोनों ही विशेषताएँ द्विवेदी जी के उपर्युक्त कथन में समाविष्ट हैं। कबीर के वर्ण्य-विषय को चार वर्गों में रखा जा सकता है—(1) परमतत्त्व के अलौकिक स्वरूप की व्यंजना, (2) प्रणयानुभूति, (3) नैतिक मूल्य और संसार की असारता, (4) बाह्याचारों का खण्डन। इसमें सन्देह नहीं कि

1. कबीर ग्रन्थावली, प्रस्तावना, पृ. 67
2. भारत की भाषाएँ, पृ. 60
3. हिन्दी भाषा का उद्गम और विकास, पृ. 382
4. कबीर ग्रन्थावली, पृ. 24 (भूमिका)
5. हिन्दी साहित्य का अतीत (भाग 1), पृ. 152
6. कबीर साहित्य की परख, पृ. 228
7. कबीर, हजारीप्रसाद द्विवेदी, पृ. 216

उपर्युक्त सभी विषयों की अभिव्यक्ति की एक सशक्त परम्परा कबीर-पूर्व-युग से चली आ रही थी। अर्थात् कबीर को अपने वर्ण्य-विषय की भाषा गढ़नी नहीं थी। वह पहले से विद्यमान थी। परमतत्त्व के अलौकिक स्वरूप को अनेक प्रकार से व्यक्त किया गया था। अव्यक्त के प्रति प्रणय-निवेदन की परम्परा भी किसी-न-किसी रूप में विद्यमान थी। संसार की असारता का प्रतिपादन विविध प्रकार से किया जा चुका था। नैतिक उपदेश अनेक प्रकार से दिये गये थे और बाह्याचारों के खण्डन की भी एक सुदीर्घ परम्परा चली आ रही थी। फिर ऐसी कौन-सी विशेषता कबीर की भाषा में पायी जाती है जिसे लक्षित करके द्विवेदी जी जैसे मर्मी आलोचक को उन्हें वाणी का डिक्टेटर कहना पड़ा है? यह विशेषता है—शब्दों को समसामयिक सांस्कृतिक मन्थन के अनुरूप नयी अर्थवत्ता प्रदान करना और अपने कथनों को अखण्ड आत्मविश्वास की गरिमा से मण्डित करना। कहना न होगा कि कबीर द्वारा प्रयुक्त 'राम', अल्लह, 'दोजग, 'सुखमनी', 'अनहद', 'खटकरम' तथा 'टण्टा'—आदि अनेक शब्द परम्परागत अर्थ से भिन्न युग-सन्दर्भ एवं कबीर की मानसिकता के अनुरूप अपना नया अर्थ रखते हैं।[1] जहाँ तक आत्मविश्वास का प्रश्न है, उसके सम्बन्ध में स्वयं द्विवेदी जी के ये शब्द ध्यान देने योग्य हैं—"कबीरदास में यह जो अपने प्रति और अपने प्रिय के प्रति एक अखण्ड अविचलित विश्वास था उसी ने उनकी कविता में असाधारण शक्ति भर दी है। उनके भाव सीधे हृदय से निकलते हैं और श्रोता पर सीधे चोट करते हैं।"[2] कबीर वाणी की शक्ति उसमें निहित उनका आत्मविश्वास है। जब वे परमतत्त्व के अलौकिक स्वरूप की चर्चा करते हैं तो इतने विश्वास के साथ अपनी बात कहते हैं मानो वे उसका साक्षात्कार कर आये हों, जब वे प्रणयानुभूति की व्यंजना करते हैं तो सचमुच 'राम की बहुरिया' प्रतीत होते हैं, जब वे नैतिक मूल्यों का उपदेश करते हैं तो साफ प्रतीत होता है कि वे उन मूल्यों को आचरण में उतार चुके हैं, जब वे संसार की असारता का प्रतिपादन करते हैं तो ऐसे-ऐसे बिम्ब प्रस्तुत करते हैं कि लगता है कि सचमुच संसार का सारा भौतिक आकर्षण निस्सार और थोथा है, जब वे बाह्याचारों, रूढ़ियों, अन्धविश्वासों और सम्प्रदायगत संकीर्णताओं का खण्डन करते हैं तो उनका आत्मविश्वास, लापरवाही, फक्कड़ाना मस्ती और प्रतिपक्ष के प्रति तुच्छता का भाव देखते बनता है। इन्हीं विशेषताओं के कारण कबीर की वाणी श्रोता पर सीधे चोट करती है। कबीर जैसी चुटीली भाषा मध्यकाल के किसी कवि की नहीं है। कबीर की भाषा के सन्दर्भ में यह महत्त्वपूर्ण नहीं है कि वह 'अवधी' है या 'ब्रजी' उसमें 'खड़ीबोली' का प्राधान्य है या 'भोजपुरी' का। उसके सन्दर्भ में महत्त्वपूर्ण यह है कि वह तत्कालीन सांस्कृतिक सामाजिक मन्थन की भाषा है। उसमें अनेक परम्परागत सांस्कृतिक स्रोत संश्लिष्ट भाव से मिलकर एक नयी शक्ति, नया विश्वास और नयी मर्यादा प्राप्त कर पुनः गतिशील हो गये हैं। उसमें युग-युग से उपेक्षित एवं दलित निम्नवर्गीय जनता का विरोधी स्वर पहली बार नये विश्वास से मण्डित होकर मुखरित हुआ है। वह एक प्रखर धारा है जो मार्ग के समस्त अवरोधों को हटाकर कूपजल की उपेक्षा करके सामान्य जन के चित्त को सींचते हुए प्रवाहित हुई है। कबीर की भाषा उनके व्यक्तित्व से अभिन्न है। जिस प्रकार कबीर का व्यक्तित्व निराला है, उसी प्रकार उनकी भाषा भी विशिष्ट और विरल है। वह जीवन्त भाषा है। यह वह भाषा है, जो मानव

1. देखिये, 'शब्द और अर्थ : सन्त साहित्य के सन्दर्भ में' डॉ. राजदेव सिंह
2. कबीर, पृ. 62

को उसके जीवन-मूल्य से परिचित कराती है और उसके स्वतन्त्र अस्तित्व की घोषणा करती है। वह क्रान्ति की भाषा है। इसीलिए कबीर की वाणी नाभादास से लेकर हरिशंकर परसाई तक को समान रूप से आकृष्ट कर सकी है और कबीर के कवि रूप को कालजयी बना दिया है।

निष्कर्ष यह कि काव्य की किसी कसौटी को आधार बनाकर कबीर का मूल्यांकन किया जाये उन्हें कवि-कोटि से बहिष्कृत नहीं किया जा सकता। हमारा विश्वास है कि इतिहास लेखकों और आलोचकों की भावी पीढ़ियाँ कबीर को अधिक महत्त्व देंगी और उनकी कविता (काव्य + डा) हल्के ढंग की कविता न मानी जाकर श्रेष्ठ कविता (कबीर = श्रेष्ठ, अरबी शब्द) समझी जायेगी। कबीरदास 'कागद' पर 'कागदी' कविता लिखनेवाले सामान्य 'व्यवहारी' जीव नहीं थे, वे आत्मदृष्टि-सम्पन्न तत्त्व-द्रष्टा थे। उन्होंने सर्वत्र अपने प्रियतम को ही व्याप्त देखा था और उससे मिलकर एक होने की साधना की थी। इस साधना ने ही उन्हें एक सत्यद्रष्टा कवि के रूप में प्रतिष्ठित कर दिया है—उन्होंने कहीं स्वयं कहा है—

'कागद लिखै सो कागदी, की व्यवहारी जीव।
आतम दृष्टि कहा लिखै, जित देखै तित पीव।।'

●

कबीर

कबीर के नाम पर जो भी साखी, पद और रमैणी प्राप्त हैं और जिसे विद्वानों ने प्रामाणिक कहकर प्रस्तुत किया है, उसका 'रस' दृष्टि से विवेचन हो सकता है।

काव्य में रस-मीमांसा का साहित्य विशाल है। रसानुभूति का विश्लेषण मनोवैज्ञानिक, दार्शनिक और आध्यात्मिक कई भूमियों पर किया गया है। जब हम एक भूमि से दूसरी भूमि के स्तर-भेद का ध्यान न रखकर ही एक में गड्डमगड्ड कर देते हैं, तभी आशंकाएँ उत्पन्न होती हैं। अन्तर्विरोध सामने आते हैं और परेशानियाँ बढ़ती हैं। रस-दृष्टि से कबीर के काव्य में प्रधानतः दो रसों की स्थिति मानी जा सकती है—'भक्ति-रस' और 'शान्त-रस'। पृष्ठभूमि के रूप में इन दोनों रसों की संक्षिप्त शास्त्रीय चर्चा अप्रासंगिक न होगी।

काव्यशास्त्र के आचार्यों ने 'भक्ति' को स्वतन्त्र रस की मर्यादा नहीं दी। वे उसे भावकोटि में ही स्थान देते रहे। प्रायः इसका विवेचन शान्त-रस के भीतर ही किया गया है। भक्ति को रस की स्वतन्त्र मर्यादा गौड़ीय वैष्णव परम्परा में प्राप्त हुई। यही नहीं रूप गोस्वामी ने इसे मूल रस माना और अन्य रसों का समावेश इसी के अन्तर्गत कर लिया। इस पर आगे संक्षेप में विचार किया जायेगा। पहले 'शान्त रस' को ही लें। 'शान्त रस' के विषय में भी अनेक मत और व्याख्याएँ हैं। भरतमुनि ने 'शान्त रस' का वर्णन नहीं किया है। इसलिए बहुत-से शास्त्रनिष्ठ विद्वान् इसे प्रस्थान-विरुद्ध मानते हैं। कुछ दूसरे विद्वान् व्यावहारिक जगत् में शान्त रस के स्थायी भाव 'शम' की सत्ता ही नहीं मानते। अतः उनके लिए शान्त रस अमान्य है। तीसरे प्रकार के विद्वान् चित्त की 'शम' प्रधान स्थिति तो मानते हैं किन्तु इसे स्वतन्त्र स्थायी भाव न मानकर 'वीर' या 'वीभत्स' के अन्तर्गत इसका अन्तर्भाव कर लेते हैं। उनके अनुसार 'शम' प्रधान चित्त में परमतत्त्व की प्राप्ति के लिए जो निरन्तर प्रयत्न होता रहता है, वह उत्साहमय होता है। इसलिए इसका अन्तर्भाव वीर के अन्तर्गत हो जाता है। कभी-कभी परमतत्त्वोन्मुख होने पर सांसारिक विषयों के प्रति जुगुप्सा का भाव ही प्रबल होता है, तब इसका अन्तर्भाव वीभत्स के भीतर हो जाता है। चौथी कोटि उन विद्वानों की है, जो 'शान्त रस' की अनुभूति सुख-दुख और राग-द्वेष से परे मोक्षावस्था में स्वीकार करते हैं, इसलिए 'नाटक' में इसकी स्थिति न मानते हुए भी पाठ्य-काव्यों में इसका निषेध या विरोध नहीं करते। 'शान्त-रस' के सम्बन्ध में पाँचवाँ मत अभिनवगुप्त का है। वे इसे ही मूल रस मानते हैं। अभिनवगुप्त के अनुसार रस आनन्द रूप होता है। शुद्ध आनन्द शमावस्था में ही होता है। जब चित्त सांसारिक प्रपंचों से हटकर शुद्ध सत्त्वरूप में प्रतिष्ठित होता है, तभी समचित्तता प्राप्त होती है। यही शान्तावस्था है। यही शुद्ध आनन्द की अवस्था है। बाह्य वस्तु के सामने आने पर जब चित्त तदाकारता ग्रहण कर लेता है, तब उसमें एक प्रकार की विकृति या वैषम्य आ जाता है। शान्त रस के अतिरिक्त अन्य रसों में चित्त में वस्तुनिष्ठता होने के कारण शुद्ध आनन्द नही होता। इसलिए शान्त रस ही मूल रस है। शृंगारादि अन्य सभी रस इसी मूल रस की विकृतियाँ हैं।

रूप गोस्वामी ने 'भक्तिरसामृतसिन्धु' में भक्ति-रस को ही मूल रस माना है। भक्ति रस में भी 'मधुरा रति' सर्वश्रेष्ठ है। इसलिए वस्तुतः 'मधुर रस' ही मूल रस है। गौड़ीय आचार्यों के अनुसार भक्ति-रस के अन्तर्गत कृष्णरति ही स्थायी भाव है। देव-विषयक रति तो भाव मात्र है, किन्तु कृष्ण-रति भगवद्विषया रति है। क्योंकि 'कृष्णस्तु भगवान् स्वयम्' (भागवत)। इसलिए यह रस कोटि में आती है। कृष्ण-विषया-रति दो प्रकार की होती है—मुख्या और गौणी। मुख्या रति से 'मुख्य भक्तिरस' की निष्पत्ति होती है, गौणी-रति से 'गौणी भक्ति-रस' की निष्पत्ति होती है। मुख्या रति 5 प्रकार की होती है—

(1) शुद्धा रति (शान्ति रति)—इससे शान्त रस निष्पन्न होता है।
(2) प्रीति रति (दास्य)—इससे प्रीति रस निष्पन्न होता है।
(3) सख्य रति—इससे प्रेयान् रस निष्पन्न होता है।
(4) वात्सल्य रति—इससे वात्सल्य रस निष्पन्न होता है।
(5) प्रियता या मधुरा रति—इससे मधुर रस निष्पन्न होता है।

गौणी रति 7 प्रकार की मानी गयी है—हास रति, विस्मय रति, उत्साह रति, शोक रति, क्रोध रति, भय रति, और जुगुप्सा रति। इनसे क्रमशः हास्य-भक्ति-रस, अद्भुत-भक्ति-रस, वीर-भक्तिरस, करुण-भक्ति-रस, रौद्र-भक्ति-रस, भयानक-भक्ति-रस, वीभत्स-भक्ति-रस निष्पन्न होता है। इस प्रकार मुख्य और गौण भेदों को मिलाकर भक्ति-रस के 12 प्रकार हो जाते हैं और काव्यशास्त्रीय सभी रसों का समावेश भक्ति रस में हो जाता है।

कबीर में मुख्या रति के पाँचों प्रकार मिल जाते हैं किन्तु कठिनाई यह है कि गौड़ीय भक्तिशास्त्र में कृष्ण के सगुण रूप को आलम्बन मानकर इसके भेदों और उनसे निष्पन्न रसों की चर्चा की गयी है। कबीर ने आलम्बन रूप में जिस आराध्य को स्वीकार किया है, उसका स्वरूप अनिर्दिष्ट एवं अनिर्वचनीय है। जहाँ तक उसके नाम का प्रश्न है, कबीर ने उन सभी नामों का प्रयोग किया है जो मध्यकाल में ईश्वरवाची थे। 'हरि' राम', 'साहब', 'गोकुल', गोविन्द', नरहरि', 'माधव', 'मधुसूदन', बनवारी, 'निरंजन' तथा 'पूरण परमानन्द' आदि। यह अवश्य है कि उन्होंने 'राम' नाम का प्रयोग सर्वाधिक किया है। इससे प्रकट है कि किसी एक नाम के प्रति कबीर का आग्रह नहीं है। नाम कोई हो, तात्पर्य तो परमात्म तत्त्व से है। यह तत्त्व सर्वव्यापी होते हुए भी सर्व-निरपेक्ष है। इसे एक भी कह सकते हैं, 'सम' भी कह सकते हैं, 'परात्पर' भी कह सकते हैं, निर्गुण-सगुण में परे भी कह सकते हैं और 'पूर्ण' भी कह सकते हैं। जो सत्ता अनुभूति रूप है, जिसका अखण्ड आस्था के बल पर ही भावन किया जा सकता है, वह निष्ठा और प्रेम की इकाई ही है। वह चित्त की सर्वोत्तम स्थिति ही है। वह आदर्श की चरम परिणति है। वह भक्त की भावना ही है। निर्गुण और सगुण में कोई तान्त्रिक भेद नहीं है। निर्गुण ही सगुण हो सकता है। निराकार ही साकार हो सकता है। सगुण कहने का अर्थ ही है कि हम उसके निर्गुण स्वरूप को स्वीकार करते हैं। तुलसीदास ने 'फूले कमल सोह सर कैसे, निर्गुण ब्रह्म सगुण भये जैसे।' कहकर 'अरूप के रूप' की ही बात कही है। आकार-ग्रहण करने के पूर्व हर सत्ता निराकार होती है, आत्मगत होती है। आन्तरिक भावादर्श ही प्रत्यक्ष होकर बाह्य अभिव्यक्ति प्राप्त करता है। असीम ही सीमित होकर साकार होता है। यह भी प्रकट है कि हम मात्र आकार या जड़-संघात को प्रेम नहीं करते। यदि ऐसा

होता तो चेतनाविहीन 'शव' को ही रति का आलम्बन माना गया होता। आकार के भीतर जो निराकार है, जड़ में स्पन्दित जो चेतन है, रूप के परे जो अरूप है, सीमा निरपेक्ष जो असीम है, गुणात्मक विषमता से परे जो निर्गुणात्मक समत्व है, उसके प्रति हमारा समर्पण हो सकता है। आचार्य शुक्ल की यह शंका कि परिचय के बिना प्रेम नहीं हो सकता, सही है, किन्तु परिचय केवल आकार से हो सकता है या रूपात्मक अभिव्यक्ति ही हमारी भाव-परिधि में आ सकती है, यह मानना सत्य नहीं है। हमारी भाव-परिधि में—हमारे आदर्शों की वह भावात्मक इकाई भी आ सकती है, हम जिसे बौद्धिक दृष्टि से अपनी ही निष्ठा की वस्तून्मुखी निवृत्ति कह सकते हैं। कबीर ने 'परचा को अंग' लिखकर जिस परमतत्त्व से अपना परिचय बताया है वह उनके प्रेम का ही प्रकाश है। उनकी पाप-पुण्य से परे, वितर्क और शंका से निरपेक्ष, उच्चतम मानसिक स्थिति का ही विमल बोध है। वे कहते हैं—

पिंजर प्रेम प्रकासिया जाग्या जोग अनंत।
संसा छूटा सुख भया मिल्या पियारा कंत।।

प्यंजर प्रेम प्रकासिया अंतरि भया उजास।
सुखि कसतूरी महमंही बाणी फूटी बास।।

अगम अगोचर गमि नहिं, तहां जगमगे जोति।
जहाँ कबीरा बंदिगी (तहाँ) पाप पुण्य नहि छोति।

हद छाड़ि बेहद गया, किया सुन्नि असनान।
मुनि जन महल न पावई, तहाँ किया विश्राम।।

यहाँ जिस प्यारे कन्त से परिचय की बात कही गयी है, वह अनुभूति की उच्चतम स्थिति (आध्यात्मिक अनुभूति) से ही सम्भव है।

आचार्य शुक्ल ने मनोवैज्ञानिक स्तर पर रस की व्याख्या की है। कबीर के काव्य में रस की व्याख्या के लिए उसके आध्यात्मिक स्तर को स्वीकार करना होगा। इस स्तर पर आलम्बन के रूपात्मक अस्तित्व का प्रश्न नहीं उठता। गौड़ीय वैष्णव-परम्परा में भी इसकी ओर संकेत किया गया है। यहाँ उद्दीपन अनुभाव आदि दो प्रकार के माने गये हैं—साधारण और साधारण। असाधारण उद्दीपन और असाधारण अनुभाव भगवान् के अरूपात्मक अस्तित्व के प्रति शुद्ध राग की अवस्था में भी फलित हो सकते हैं। साधारण उद्दीपन और साधारण अनुभाव उनके चतुर्भुज साकार रूप के प्रति रागनिष्ठा की अभिव्यक्ति में फलित हो सकते हैं। उदाहरण के लिए एकान्तेवन, ज्ञानी-भक्त सम्पर्क असाधारण उद्दीपन है। इसी प्रकार अवधूत की-सी चेष्टा, ज्ञान-मूद्रा का प्रदर्शन, मौनावलम्बन तथा निरपेक्षता आदि असाधारण अनुभाव हैं। संचारी भावों को लेकर असाधारण और साधारण का भेद नहीं किया गया है। निर्वेद, वृत्ति, विषाद, उत्सुकता एवं हर्ष आदि को ही संचारी भावों के रूप में स्वीकार किया गया है। इस सम्प्रदाय में श्रीकृष्ण के सगुण रूप को आलम्बन मानते हुए भी उनके निर्गुण निराकार स्वरूप का निषेध नहीं किया गया है। विग्रह और विग्रही में भेद नहीं किया गया है। यहाँ हमारा प्रतिपाद्य निर्गुण-सगुण तत्त्व मीमांसा नहीं है। हम इतना ही कहना चाहते हैं कि उच्चतर मानसिक बोध के क्षणों में चर्मचक्षुओं से परे परमात्मतत्त्व भी हमारे भाव का विषय हो सकता है।

भक्तिरसामृत-सिन्धु में भक्ति-रस का जो जीवन विवेचन किया गया है, उससे हमारे विश्वास को बल मिलता है।

कबीर में भक्ति-रस के पाँचों रूप मिल जाते हैं। शुद्धारति (शान्तरस), प्रीतिरति (दास्य), सख्यरति (प्रेयानूरस), वात्सल्यरति (वात्सल्यरस), और मधुरारति (मधुररस)--सभी की स्थितियाँ कबीर वाणी में लक्षित की जा सकती हैं।

शान्तिरस दो प्रकार की मानी गयी है–शमा और सान्द्रा। शमावस्था में मन निर्विकार होता है। समचित्तता प्राप्त हो जाती है। सान्द्रा-रति में संसार से विरक्ति और परमात्मा से अनुरक्ति की व्यंजना होती है। कबीर में दोनों स्थितियाँ मिल जाती हैं। वे मन को निर्विकार बनाकर समचित्तता प्राप्त करने की बात भी कहते हैं और संसार के प्रति विरक्ति और ईश्वर के प्रति अनुरक्ति भी प्रकट करते हैं–

वासुरि गमि न रैंणि गम, ना सुपनै तर गम।
कबीर तहाँ विलंबिया जहाँ छांहड़ी न घंम।।

कबीर दरसन साध का साई आवै याद।
लेखे में सोई घड़ी बाकी के दिन बाद।।--सन्तबानी संग्रह

भयो रे मन पाहुनड़ी दिन चारि।
आजिक काल्हिक मांहि चलैगो लेकिन हाथ सँवारि।।
यहु संसार इसौ रे प्राणी जैसे घूँवरि मेह।
तन धन जीवन अंजुरी को पानी जात न लागै बार।
सैंवल के फूलन परि फूल्यौ, गरब्यौ कहा गँवार।।

प्रीतिरति दास्यभाव की रति है। कबीर के काव्य में इसकी व्यंजना कई स्थलों पर हुई है–

कबीर चेरा संत का दासनि का परदास।
कबीर ऐसे ह्वै रह्या ज्यूँ पाऊँ तलि घास।।
कबीर कूता राम का, मुतिया मेरा नाऊँ
गले राम की जेवड़ी जित खैंचे तित जाऊँ।।

सख्यरति की व्यंजना भी कबीर की बानियों में हुई है–

देखो कर्म कबीर का कछु पूरब जनम का लेख।
जाका महल न मुनि लहै, सो दोसत किया अलेष।।

पाणी ही तै पातला धूँवाँ ही तैं क्षीण।
पवना वेगि उतावला सो दोसत कबीरे कीन।।

इसी प्रकार वत्सल-रति का निम्नलिखित उदाहरण देखा जा सकता है–

हरि जननी मैं बालिक तेरा,
काहे न औगुण बकसहु मेरा।
सुत अपराध करै दिन केते,
जननी कै चित रहै न तेते।।

वैष्णव भक्तों ने भगवान् को ही बालक रूप में चित्रित किया है। कबीर स्वयं को बालक रूप में प्रस्तुत करते हैं। इससे वत्सलता की स्थिति में कोई अन्तर नहीं पड़ता। भगवत्-तत्त्व

की कल्पना पिता और माता के रूप में सहज भाव से की जा सकती है। सामान्य बोल-चाल में परमपिता परमात्मा कहा ही जाता है। कबीर की दृष्टि में माता की वत्सलता अधिक महत्त्वपूर्ण होती है। हरि हमारा स्रष्टा है। माता की वत्सलता का आरोप उसमें किया जा सकता है। कबीर के काव्य में उपर्युक्त भावों का विस्तार नहीं लक्षित होता है। सबसे अधिक विस्तार प्रियतमा की मधुरारति को दिया गया है। कबीर स्वयं 'बहुरिया' या प्रेमिका है और उसके आराध्य राम ही प्रिय हैं। कुछ लोग सोचते हैं कि पुरुष होकर कबीर ने अपने को प्रेमिका की भूमिका में रखकर मनोवैज्ञानिक दृष्टि से स्वाभाविक मनःप्रवृत्ति के प्रतिकूल आचरण किया है। वस्तुतः राग की चरमनिष्ठा में यह भेद मिट जाते हैं, यदि यह भेद बना ही रहा कि मुझे जो शरीर मिला है, वह पुरुष का है इसलिए मेरा रागभाव भी उसी के अनुसार होना चाहिए तो रागनिष्ठा की कमी समझनी चाहिए। वस्तुतः हम सभी उस महाचेतना के चिंदश मात्र हैं। परमात्मा अंशी है। इसलिए अंशी के प्रति अंश का वह गहन-राग-भाव होना ही चाहिए जो प्रियतमा का प्रिय के प्रति होता है। सन्तों के यहाँ तो परमात्मा ही पुरुष है। शेष सभी में प्रकृतिजन्य विषमता होने के कारण प्रकृतितत्त्व या नारीतत्त्व ही प्रधान है। इसलिए कहा गया है–'सन्त पुरुष औरों सभ नारी।' तो, कबीर ने मधुर भाव या कान्ताभाव को सर्वाधिक विस्तार दिया है। उन्होंने प्रेमी की अनन्यता और दृढ़ता को लेकर अनेक साखियाँ रची हैं। वे कहते हैं–

कबीर बादल प्रेम का, हम परि बरव्यां आइ।
अंतरि भीगी आत्मा, हरी भई वन राइ।

उन्हें अपने प्रिय के प्रति एकान्त रागनिष्ठा है। वे कहते हैं–

नैना अंतरि आव तूँ ज्यूँ हौं नैन झँपेउँ।
ना हौं देखौं और कूँ, ना तुझ देखन देउँ।।
कबीर सुपिनै हरि मिल्या, सूतां लिया जगाइ।
आंखि न मीचौं डरपता, मति सुपिनां ह्वै जाइ।।

यह होने पर भी कबीर यह नहीं भूलते कि प्रिय ने मधुर-मिलन के लिए जो हिंडोला सजाया है, वह 'दरिया के पार' या भवसागर से परे है–

दरियाँ पारि हिंडोलना भेल्या कंत मचाइ।
सोइ नारि सुलषिणीं नित प्रति झूलण जाइ।।

ऐसे प्रियतम को केवल बाह्य अलंकरणों से नहीं रिझाया जा सकता–

नव सत साजे कामिनी, तन मन रही संजोइ।
पीव के मन भावै नहीं, पटम कीये क्या होइ।।

प्रिय को रिझाने के लिए रागनिष्ठा और अनन्यता का भाव ही माध्यम हो सकता है–

जे सुंदरि साईं भजै, तजै आन की आस।
ताहि न कबहूँ परहरै, पलक न छाड़े पास।।

कबीर को यह भी ज्ञात है कि 'साईं' कितना भी दूर क्यों न हो प्रेम की गहनता उसे निकट ला देती है। यदि आस्था विश्वास और प्रेम हो तो उसे अवश्व अनुभव किया जा सकता है–

घट घट मेरा साइयाँ, सूनी सेज न कोइ।
भाग तिन्हौ का हे सखी, जिहिं घट परगट होइ।।

कबीर ने संयोग के क्षणों का चित्रण अधिक नहीं किया है। 'वियोग' के चित्र अधिक हैं। यह वियोग-विस्तार स्वाभाविक है। 'पूर्वराग' की अवस्था में भी वियोग के चित्र आते हैं। वियुक्तावस्था के वर्णन में तो इनका विस्तार होता ही है। 'सम्भोग' के पूर्व 'अयोग' और बाद को 'विप्रयोग' दोनों में ही वियोग की ही स्थिति होती है। शास्त्रीय दृष्टि से वियोग की अनेक स्थितियाँ कबीर में मिल जाती हैं–

अभिलाषा–विरहिन अभी पंथ सिरि, पंथी बूझै धाइ।
एक सबद कहि पीव का, कवर मिलैंगे आइ।।

फाड़ि पुटोला धज करौं कामलड़ी पहिराउँ।
जिहि जिहि भेषां हरि मिलैं, सोइ सोइ भेष कराउँ।।

नैनां नीझर लाइया, रहट वहै नि जाम।
पपिहा क्यू पिव-पिव करै कवरु मिलहुगे राम।।

हौं बलियां कब देखोंगी तोहि।
अहि निस आतुर दरसन कारनि, ऐसी व्यापै मोहि।
नैन हमारे तुम्ह कूँ चाहै, रती न मानै हारि।।
विरह अगिन तन अधिक जरावै ऐसी लेहु विचारि।

बहुत दिनन के बिछुैरै माधो, मन नहीं बाँधे धीर।
देह छूताँ तुम्ह मिलहु कृपाकरि आरतिबंत कबीर।।

व्याधि– अंषड़ियाँ झाईं पड़ी, पंथ निहारि निहारि।
जीभड़ियाँ छाला पड्या, राम पुकारि पुकारि।।

उन्माद– विरह भुवंगम तव बसै, मंत्र न लागै कोइ।
नाम वियोगी ना जिवै, जिवै न बौरा होइ।।

मरण– यह तन जालौं मसि करौं लिखौं राम का नाउँ।
लेखनि करूँ करंक की लिखि-लिखि राम पठाउँ।।

कबीर ने शास्त्र-स्थिति-सम्पादन के लिए उपर्युक्त साखियों की रचना नहीं की है। उनकी उत्कट राग भावना ही इनके मूल में विद्यमान है। इसी प्रकार 'मधुर रस' के पोषक संचारी भाव भी कबीर में मिल जाते हैं। औत्सुक्य, शंका, स्मृति, हर्ष, जड़ता, निर्वेद, मरण आदि अनेक संचारियों ने कबीर की मधुररति को पुष्ट किया है। 'औत्सुक्य' का एक उदाहरण लीजिये–

मन परतीत न प्रेम रस ना इन तन में ढंग।
क्या जानूँ उस पीवसूँ कैसे रहसी रंग।।

अतः हम 'मधुर रस' की स्थिति कबीर में स्पष्ट रूप से लक्षित कर सकते हैं।

हम कह आये हैं कि गौड़ीय भक्तों के भक्तिरस को महत्त्व देने के लिए शान्तरस की भी उसी में अन्तर्भाव कर लिया है। उन्होंने शान्तरस के स्थायी भाव को शुद्धारति या शान्ति-रति मान लिया है। किन्तु शान्तरस को महत्त्व देनेवाले आचार्य यह जानते थे कि शान्त ही एक ऐसा रस है जिसका अन्य किसी रस में अन्तर्भाव नहीं हो सकता। जिस स्थिति में न दुःख हो, न सुख हो, न कोई चिन्ता हो अथवा न राग-द्वेष हो, वही शम भाव की स्थिति है।

न यत्र दुःखं न सुखं न चिन्ता न द्वेष-रागो न च काचिदिच्छा।
रसः स शान्तः कथितो मुनीन्द्रैः सर्वेषु भावेषु शमः प्रधानः।।

यह शंका की गयी है कि जब शान्त के इस स्वरूप का अनुभव मोक्ष अथवा परमात्मस्वरूप-प्राप्ति में ही सम्भव है और जब इसमें (विभावादि का विभावन और व्यभिचारी भावों का परिपोषण) सम्भव ही नहीं है, तब इसे 'रस' क्यों माना जाये? इसका समाधान करते हुए कहा गया है कि यहाँ दुःख-सुख के अभाव से तात्पर्य वैषयिक सुख-दुःख के अभाव से है। रस आनन्द रूप होता है। शमावस्था में वैषयिक सुख-दुःख के अभाव से परम आनन्द की अनुभूति होती है। अन्य रसों में इसका अन्तर्भाव इसलिए नहीं हो सकता कि अन्य रसों में अहं की चेतना का पूर्ण लोप नहीं होता। यहाँ तक कि दयावीर विषयक रति आदि में भी अहंकार की मात्रा रह जाती है। 'शमावस्था' में अहंकार का पूर्ण विसर्जन हो जाता है। पूर्ण प्रशान्त सागर में अहंता, ममता की उर्मियों का अन्तर्भाव हो सकता है, सागर का अन्तर्भाव उमियों में नहीं हो सकता। इसीलिए आचार्य अभिनवगुप्त ने इतर रसों को शान्तरस की विकृतियों के रूप में स्वीकार किया है।

कबीर में 'शान्तरस' की स्थिति स्पष्ट है। इसे हम प्रारम्भ में ही देख आये हैं। भक्तिरस के अन्तर्गत शान्ति-रति की चर्चा करते हुए हमने उनकी वाणियों से उदाहरण भी दिये हैं। अब प्रश्न यह है कि कबीर में भक्तिरस प्रधान माना जाये या शान्तरस। हमारा निवेदन है कि कबीर में शान्तरस ही प्रधान है भक्तिरस के अन्य भेदों—प्रीति (दास्य), सख्य और वत्सल—के उदाहरण बहुत कम हैं। शान्ति-रति और मधुरा रति के उदाहरण ही अधिक हैं। इसमें शान्त रति तो शमभाव ही है और उससे शान्तरस की निष्पत्ति वैष्णव आचार्यों ने भी मानी है। 'मधुरारति' के वर्णन में कबीर का साध्य रतिजनित आनन्द नहीं है। वे अपने प्रिय के स्वरूप में अन्तर्लीन हो जाना चाहते हैं। वे अपने संसारी मन को अन्तर्मुख करके परमतत्त्व में मिला देना चाहते हैं। उनका लक्ष्य एकता, अद्वैतता, पूर्णता, समचित्तता या शून्यता की उपलब्धि है। अभेद की अन्तिम निष्ठा तक पहुँचना है। अविचल, शुद्ध और दृढ़-प्रेम माध्यम है। वे कहते हैं—

पूरा मिल्या तवै सुख उपज्यौ तन की तपनि बुझानी।
कहै कबीर भव-बंधन छूटै जोतिहि जोति समानी।।

इसके अतिरिक्त कबीर-काव्य की प्रवृत्ति निर्वेदपरक है। मन का नियमन, संसार की असारता, तृष्णादि वृत्तियों का शमन, अहंकार का विसर्जन, माया का विध्वंसन आदि की

निरन्तर चर्चा से उनका निवृत्तिमूलक स्वर स्पष्ट है। उन्होंने विरह की पीड़ा व्यक्त करनेवाली साखियों से कहीं अधिक साखियाँ संसार की असारता और विषय-सुख की निस्सारता दिखाने के लिए लिखी है। इससे यह निःसंकोच भाव से कहा जा सकता है कि कबीर के काव्य में शान्तरस प्रधान है। वैराग्य एवं तत्त्वज्ञानजनित निर्वेदवृत्ति की व्याप्ति अधिक है। भव-बन्धन से मुक्त होने की कामना ही प्रधान है। आराध्य के प्रति प्रेम का लक्ष्य निर्द्वन्द्वता या समत्व की उपलब्धि है।

इस प्रसंग को समाप्त करने के पूर्व दो बातें और कहनी हैं। कुछ विद्वानों ने कबीर के काव्य में अद्भुत और वीर दो अन्य रसों का संकेत किया है। 'अद्भुत रस' उनकी उलटबाँसियों में और वीररस उनके सती और शूर की महिमा निरूपण करनेवाली साखियों में लक्षित किया गया है। हम इन दोनों की ही स्थिति नहीं मानते। अद्भुत रस में विस्मय या आश्चर्य स्थायी होता है। उलटबाँसियों में कवि का मन्तव्य (प्रतीकों की व्याख्या से) प्रकट हो जाने पर आश्चर्य का परिहार हो जाता है। साथ ही, इनमें प्रतिपाद्य विषय अध्यात्म ही है। यदि ऐसा मान लिया जायेगा तो विरोधाभास अलंकार में भी अद्भुतरस मानना पड़ेगा। उलटबाँसियों का पाठक यह जानता है कि इसमें कुछ गूढ़ बात कही गयी है। इसी प्रकार जहाँ कबीर ने साधक को शूर-वीर के रूप में निरूपित किया है, वहाँ वीररस की स्थिति नहीं मानी सकती। इन साखियों में कबीर ने कहीं इन्द्रियों से जूझने की बात कही है और कहीं मन से और कहीं काम-क्रोध से। यह युद्ध ज्ञान के गयन्द पर चढ़कर लड़ा जाता है। यहाँ 'उत्साह' स्थायी नहीं संचारी है। लक्ष्य मन पर विजय नहीं, हरि को प्राप्ति है। कबीर ने कहा है–

कबीर मेरे संसा को नहीं, हर सूँ लागा हेत।
काम क्रोध सूँ जूझणां चौड़े माड्या खेत।।

काम और क्रोध को जीतने का उत्साह अन्ततः ईश्वर प्रेम की लक्ष्य सिद्धि का आधार बन गया है। इसलिए यहाँ वीररस की स्थिति मानना कबीर के काव्य की केन्द्रीय प्रवृत्ति से परिचित न होने का प्रमाण देना है।

हम आरम्भ में निवेदन कर आये हैं कि भक्तिरस में आलम्बन का सगुण-साकार होना राग की उच्चतर एवं उत्कट स्थिति में आवश्यक नहीं है। यदि इस सम्बन्ध में किसी को आपत्ति हो तो भी मेरे प्रतिपाद्य में कोई विशेष अन्तर नहीं पड़ता, क्योंकि कबीर ने कुछ स्थलों पर वैष्णव संस्कारवश आराध्य के सगुणत्व को भी स्वीकार कर लिया है। कबीर ग्रन्थावली के 382 पद पृ. 218 में वे कहते हैं–

भजि नारदादि सुकादि वंदित चरन पंकज भामिनी।
भजि भजिसि भूषन पिय मनोहर देव देव सिरोवनी।।

कहना ना होगा कि 'नारदादि सुकादि वंदित चरन-पंकज' कहने से भगवान् का सगुण रूप ही सामने आता है। एक स्थान पर तो प्रहलाद की पूरी कथा उद्धृत करते हुए कबीर ने भगवान् के नरसिंह रूप की चर्चा की है–

महापुरुष देवाधि देव, नरस्यंघ प्रगट कियौ भगतिभेव।
कहै कबीर कोई लहै न पार, प्रहिलाद उवाह्यौं अनेक बार।।

इस प्रकार के स्फुट उदाहरण और भी दिये जा सकते हैं। विस्तार-भय से हम ऐसे उदाहरणों की आवृत्ति नहीं करना चाहेंगे किन्तु यह अवश्य कहना चाहेंगे कि भक्ति-साधना के क्षेत्र में निर्गुण और सगुण के भेद के आधार पर भक्त के राग-बोध एवं निष्ठा पर सन्देह नहीं किया जा सकता। भक्तिरसामृत सिन्धु के टीकाकार आचार्य विश्वेश्वर ने इस सम्बन्ध में कहा है—"भक्ति सिद्धान्त केवल कृष्णभक्तों तक ही सीमित नहीं है, सभी आन्तरिक जन जो किसी भी रूप में ईश्वर की सत्ता मानते हैं, ईश्वर भक्त हो सकते हैं। निराकार परमात्मा का उपासक भी भक्त है और साकार उपासना करनेवाला भी भक्त है। सभी अपने इष्टदेव की अपने-अपने रूप से उपासना करते हैं। इसलिए कृष्ण शब्द यहाँ परमात्मा का ग्राहक है यह समझना चाहिए।"[1] कबीर में यदि निष्ठा की कमी होती तो वे अकेले सारे संसार को चुनौती न दे पाते। संसार के सारे भ्रमजनित भेदों से ऊपर उठकर मन की सहज रागनिष्ठ स्थिति में पूर्ण परमात्मा का साक्षात्कार तथा उनमें अपने अहं का पूर्ण विसर्जन कबीर की आध्यात्मिक साधना का लक्ष्य है। यही वह स्थिति है जहाँ चित्त सारे विकारों से रहित होकर परम शान्त एवं आनन्दमग्न हो जाता है। कबीर निरन्तर इसी आनन्द में लीन रहना चाहते हैं। शास्त्रीय शब्दावली में इसे शान्तरसानुभूति कहना भी अधिक समीचीन है।

कबीर की अटपटी वाणी से घबड़ाकर या उनकी चुनौतीभरी फटकारों से डरकर जो पण्डितप्रवर उनके निकट जाने से घबराते हैं, उन्हें जानना चाहिए कि सहस्रों जातियों-उपजातियों में विभक्त मानव समुदाय की एकता की स्थापना जिस शक्ति से कबीर ने की थी, उस शक्ति का आधार उनका अखण्ड मानव प्रेम था। प्रेम का यह पारावार ही उनकी वाणियों में रस-संचार कर सका है। उनकी रसात्मक भूमि तक पहुँचने के लिए अपनी भाव-परिधि का विस्तार करना होगा। सहज और शून्य का यह साधक रसमूर्ति चाहे न हो, रस-शून्य तो नहीं ही है। बौद्धों के शून्यतत्त्व की मरुभूमि को राम-रस से सिक्त कर देने की क्षमता के एकमात्र अधिकारी के काव्य में रस न देख पाना अपनी ही दृष्टि-दोष का परिचय देना है।

●

---

1. हिन्दी भक्तिरसामृत सिन्धु, पृ. 10

कबीरदास और आधुनिक काव्यसंवेदना

मध्यकालीन कवियों में आज निर्विवाद रूप से 'कबीर' को विशेष महत्त्व दिया जा रहा है। इसका मुख्य कारण धार्मिक रूढ़ियों एवं अन्धविश्वासों के प्रति उनका विद्रोही स्वर है। मध्यकाल में कबीर अकेले कवि हैं, जिन्होंने जीर्ण परम्पराओं का खुलकर विरोध किया है। पहले भी लोक-चेतना में कबीर की प्रतिष्ठा कम नहीं थी। नाभादास ने 'भक्तमाल' में उनका आदरपूर्वक स्मरण किया है। लोकोक्तियों में भी 'तुलसी' और 'सूर' के बाद 'कबीर' का ही महत्त्व स्वीकार किया गया है। इस महत्त्व का कारण उनकी दृढ़ आस्था, निर्भीक व्यक्तित्व और अविचल भक्ति रही है। आज 'कबीर' को जो महत्त्व दिया जा रहा है, उसका कारण कुछ दूसरा है। आज का कवि और साहित्यकार कबीर की मानसिकता को अपनी काव्य-संवेदना के काफी निकट पाता है। यह पूछे जाने पर कि "हिन्दी के आदिकवि 'सरहपा' से लेकर आज के नये-से-नये कवियों में आपको कौन अच्छे लगते हैं?" प्रभाकर माचवे, रघुवीर सहाय, अजीत कुमार, श्रीकान्त वर्मा, मुद्राराक्षस और राजकमल चौधरी जैसे कवियों ने 'कबीर' का नाम आदरपूर्वक लिया है।[1] हरिशंकर परसाई अपनी व्यंग्य-दृष्टि को कबीर के बहुत निकट अनुभव करते हैं। कुछ कवियों ने साठोत्तरी पीढ़ी की कविता को 'कबीर पीढ़ी' की कविता भी कहा है। अतः यह विचारणीय है कि आधुनिक काव्य-संवेदना का कबीर की मानसिकता से क्या सम्बन्ध है?

कबीरदास ने अपने समय के जीवन-प्रवाह को खुले नेत्रों से देखा था। वे 'कागद की लेखी' पर विश्वास नहीं करते थे। उन्होंने जो कुछ कहा है उसके पीछे उनका अनुभव विद्यमान है। वे निर्भीक, स्पष्टवक्ता, विवेकशील और पक्षपातरहित थे। उन्होंने किसी की झूठी खुशामद नहीं की। योगी हो या पण्डित, मुल्ला हो या मौलवी, नवी हो या औलिया, पीर हो या मुरशिद, शैव हो या शाक्त, हिन्दू हो या मुसलमान उन्होंने सभी की दुर्बलताओं पर समान भाव से प्रहार किया। वे सच्चे विद्रोही थे। उनका विद्रोह अन्धविश्वास, मिथ्याडम्बर, जातिगत भेदभाव तथा धार्मिक एवं साम्प्रदायिक संकीर्णता के विरुद्ध था। वे सहज जीवन के समर्थक थे और मनुष्यमात्र की एकता में विश्वास करते थे। दीन-हीन जनता एवं उपेक्षित मानक समुदाय के प्रति उनमें अपार सहानुभूति थी। वैभव, शक्ति और सत्ता के प्रति उनके मन में तनिक भी आकर्षण नहीं था। वे तो सब-कुछ छोड़कर, सारी वासनाओं और एषणाओं को जलाकर जीवन-पथ पर आगे बढ़े थे। उनका भीतर-बाहर एक था। उनके साथ वही चल सकता था, जिसने माया-मोह के सारे बन्धनों को काटकर फेंक दिया हो, जिसने वैभव-विलास की वासना को जलाकर राख कर दिया हो। वे जिस सहज जीवन के आकांक्षी थे वह कहीं भी दिखायी नहीं पड़ता था। जिन्होंने दूसरों को मुक्त कराने का दायित्व ले रखा था वे सबसे अधिक बन्धनग्रस्त थे। कबीर का सहज निर्मल मन समाजव्यापी मिथ्याचार को देखकर विद्रोह कर उठा। उनकी आत्मा तड़प उठी। उनकी कविता में उनकी आत्मा की यह तड़प स्पष्ट लक्षित

1. उत्कर्ष : कविता विशेषांक : पृष्ठ 154-155

होती है। आधुनिक शब्दावली का प्रयोग करें तो कह सकते हैं कि कबीर की कविता उनके सहज जीवन-बोध और तत्कालीन समाजव्यापी मिथ्याचार के बीच उत्पन्न द्वन्द्व एवं तनाव की कविता है। कबीर की कविता में लक्षित होनेवाला यह तनाव ही वह बिन्दु है, जहाँ आज का कवि अपने को कबीर के साथ खड़ा पाता है। कबीर की निर्भीकता, दृढ़ता, यथार्थ-दर्शिता, मस्ती, फक्कड़पन, विवेकशीलता, अभेद-दृष्टि और चारित्रिक निर्मलता आदि अन्य विशेषताए भी आज के कवि और साहित्यकार के लिए विशेष आकर्षण और महत्त्व रखती हैं। वह जब देखता है कि अकेला एक व्यक्ति निर्भय होकर पन्द्रहवीं शती का सम्पूर्ण धर्म एवं समाज व्यवस्था को चुनौती दे रहा है, तो उसके मन में उसके प्रति आदर का भाव उत्पन्न होता है। यह होते हुए भी कबीर की मानसिकता आधुनिक काव्य-संवेदना के समकक्ष नहीं मानी जा सकती। आधुनिक मानव की जीवन-दृष्टि का निर्माण विज्ञान के नवीन अनुसन्धानों के आलोक में हुआ है। आज का मानव-जीवन की प्रत्येक समस्या का बौद्धिक समाधान ढूँढ़ता है। यह संसार उसके लिए मृग-मरीचिका नही है, वरन् एक वास्तविकता है। प्रकृति के रहस्य उसके लिए दैवी लीला नहीं हैं वरन् कार्य-कारण परम्परा से बद्ध भौतिक घटना-प्रवाह है, जिन्हें अपने अनुकूल बनाया जा सकता है। वह जानता है कि मनुष्य की सामाजिक, आर्थिक स्थिति उसके पूर्वजन्म के कर्मों का अवश्यभावी परिणाम नहीं है, वरन् इसके मूल में अधिकार एवं शक्ति सम्पन्न उच्चवर्गीय मानवों का स्वार्थभाव ही कारण रूप में विद्यमान है। आज के मानव के लिए धर्म, दर्शन, कला और नैतिकता के आदर्श उसकी काम-भावना एवं अहन्ता (सुपर इगो) के द्वन्द्व से प्रेरित उसकी मानसिक वृत्तियों के उदात्तीकरण के परिणाम हैं। वह जानता है कि सामाजिक ढाँचा परिवर्तनशील है। शासन-व्यवस्था चुनौती से परे नहीं है। सत्ता का स्रोत जनता है न कि सामन्त या बादशाह। कबीर के सामने यह सत्य नहीं था। वे एक आस्थावादी व्यक्ति थे। गुरु और ईश्वर में उन्हें अखण्ड विश्वास था। वे मनुष्य की नियति को ईश्वरेच्छा का परिणाम मानते थे। उनका विद्रोह आस्तिक विद्रोह था। उन्होंने समाज-व्यवस्था को उस बिन्दु पर चुनौती दी थी जहाँ उन्होंने उसे ईश्वरेच्छा के विपरीत अनुभव किया था। ईश्वर ने मानवमात्र को उत्पन्न किया है। अतः उसके लिए सब समान हैं। ब्राह्मण और शूद्र का भेद ईश्वरकृत नहीं है। इसी प्रकार ब्राह्मण-चाण्डाल, छूत-अछूत, आश्रम-वर्ण आदि के भेद भी ईश्वरकृत नहीं हैं। जब सभी एक ही ईश्वरीय ज्योति से उत्पन्न हैं, जब सभी की शरीर-रचना एक ही प्रकार के हाड़-मांस से बनी हुई है तो कौन ब्राह्मण है कौन शूद्र? निश्चय ही कबीर की ये मान्यताएँ तत्कालीन व्यवस्था के प्रति विद्रोहात्मक प्रतीत होती हैं, किन्तु ध्यान से देखने पर यह स्पष्ट लक्षित होता है कि यह विद्रोह समग्र व्यवस्था के प्रति नहीं है। कबीर ने कहीं राजसत्ता को चुनौती नहीं दी है। आर्थिक उत्पीड़न के प्रति आक्रोश व्यक्त नहीं किया है। मात्र धार्मिक-सामाजिक रूढ़ियों एवं विकृतियों को ही उन्होंने लक्ष्य बनाया है। वे यह नहीं समझ सके हैं कि जीवन के समस्त मूल्य किसी एक ही शक्ति-स्रोत से प्रेरणा ग्रहण करते हैं। कबीर के मन में ईश्वर-भक्तों के प्रति आदरभाव था। जो अनास्थावादी एवं अभक्त थे, उन्हें कबीर हेय दृष्टि से देखते थे। मनुष्य की श्रेष्ठता का मानदण्ड उनके लिए भक्ति थी। मनुष्य चाहे जिस वर्ण, जाति, कुल एवं गोत्र का हो यदि वह राम का सच्चा भक्त है तो कबीर के लिए आदर का पात्र है, और यदि ऐसा नहीं है तो वे उसे हीन समझते हैं। आधुनिक जीवन-दृष्टि भक्ति-अभक्ति के आधार पर व्यक्ति की श्रेष्ठता का निर्णय नहीं कर सकती।

कबीर की मानसिकता और आधुनिक काव्य-संवेदना में बहुत बड़ा अन्तर एक अन्य बिन्दु पर भी है। आधुनिक काव्य-संवेदना द्वन्द्वात्मक है। कबीर के मन में सामाजिक धार्मिक विकृतियों को लेकर भले ही द्वन्द्व एवं तनाव रहा हो वैयक्तिक मनोन्नयन के स्तर पर वे पूर्ण सामंजस्य प्राप्त कर चुके थे। उन्होंने बार-बार समस्त द्वन्द्वों से परे समत्व-बोध प्राप्त करने की बात कही है। वे सुख-दुःख, राग-द्वेष, सत्य-असत्य तथा पाप-पुण्य से परे द्वन्द्वातीत मनःस्थिति में रमण करते हुए प्रतीत होते हैं। इस बिन्दु पर उनका सारा तनाव और द्वन्द्व शमित हो गया है। यह सामंजस्य या समत्वबोध या समरसतत्व आज के कवि के लिए दुर्लभ है। उनकी रहस्यानुभूति भी आधुनिक काव्य-संवेदना से मेल नहीं खाती। आज का कवि किसी रहस्यमय प्रियतम के साथ रागात्मक सम्बन्ध स्थापित करके अद्वैतभाव की साधना नहीं कर सकता। वह यह नहीं कह सकता कि मैंने नैनों की कोठरी में पुतरी की पलँग बिछाकर और पलकों का चिक डालकर अपने प्रियतम को रिझा लिया है। आज का यथार्थजीवी कवि किसी रहस्यलोक की कल्पना नहीं कर सकता। आज स्वप्न, कल्पना, फैण्टेसी, रहस्यानुभूति आदि सभी की मनोवैज्ञानिक व्याख्या हो चुकी है। इन सबके मूल में मनुष्य और उसके पर्यावरण का द्वन्द्व ही कारण रूप में विद्यमान है। कबीर का यह प्रियतम उनका आदर्श पुरुष ही है, जिसे वे इस लोक में न पाकर रहस्यमय दिव्यलोक में प्राप्त करना चाहते हैं। कबीर की इस द्वन्द्वातीत मनःस्थिति और परम प्रियतम के साथ अद्वैतभाव की स्थापना के साथ आधुनिक वैज्ञानिक जीवन-दृष्टि और वस्तुपरक भाव-बोध का सामंजस्य स्थापित नहीं हो सकता।

आज के परम्परा-विद्रोही और मात्र वर्तमान के प्रति जागरूक कवियों को यह जानना चाहिए कि कबीर स्वयं एक परम्परा से जुड़े थे। बौद्ध-सिद्धों एवं नाथ-योगियों की परम्परा से कबीर को सर्वथा अलग नहीं किया जा सकता। कबीर के समय तक आते-आते सिद्धों और योगियों की परम्परा अपनी गतिशीलता खो चुकी थी। कबीरदास की विशेषता यह थी कि उन्होंने इस परम्परा से उतना ही ग्रहण किया जितना प्राणवान् एवं सार्थक था। कबीर के समय की सबसे जीवन्त साधना वैष्णव भक्ति थी। कबीर वैष्णवों को अपने सबसे निकट पाते थे किन्तु वे इतने सतर्क थे कि उन्होंने वैष्णव-भक्ति-आन्दोलन में आनेवाली विकृतियों को भी लक्षित किया और उनके प्रति विरोध भाव प्रकट किया। उनका व्यक्तित्व मध्यकाल के सभी धार्मिक आन्दोलनों से कहीं ऊँचा प्रमाणित होता है। वे किसी भी आन्दोलन के प्रति इस सीमा तक प्रतिबद्ध नहीं हैं कि उनका व्यक्तित्व दब जाय और वे आन्दोलन के प्रवाह में खो जायँ। उनकी प्रतिबद्धता सत्यता और सहजता के प्रति है। इसलिए उनका व्यक्तित्व आज भी आकृष्ट करता है। आज का कवि कभी अपने को कुण्ठित अनुभव करता है और कभी नितान्त अकेला और अजनबी पाता है। कभी खीझता है और कभी आक्रोश व्यक्त करता है। कभी उसका मोह-भंग होता है और कभी वह विद्रोह को ही अपनी पीढ़ी का धर्म मान लेता है। कभी उसके सामने अभिव्यक्ति का संकट आता है, तो कभी प्रतिबद्धता और अप्रतिबद्धता के द्वन्द्व का। कभी वह बिम्बों की सृष्टि में कवि-कर्म की सार्थकता अनुभव करता है तो कभी बिम्बों के व्यामोह को तोड़कर सपाटबयानी पर उतर आता है। यह सब शायद इसलिए है कि वह एक गतिशील समाज का प्राणी है। वह बदलते हुए सामाजिक सम्बन्धों और स्थितियों के अनुसार अपनी मानसिकता और मूल्यगत प्रतिबद्धता में परिवर्तन कर लेता है। कबीर के सम्बन्ध में ऐसा नहीं कहा जा सकता। वे न अपने को कुण्ठित अनुभव

करते हैं, न निराश होते हैं। वे कभी-कभी अपने को अजनबी जरूर अनुभव करते हैं क्योंकि एक भी व्यक्ति उन्हें ऐसा दिखायी नहीं पड़ता जिससे वे अपने मन की बात कह सकें। उनमें खीझ और आक्रोश भी है किन्तु वे इतने मस्त, फक्कड़ और लापरवाह हैं कि यह आक्रोश मानसिक घुटन बनकर उनके व्यक्तित्व को मर्माहत नहीं करता वरन् तीखा व्यंग्य बनकर प्रतिपक्ष को झकझोर देता है। उनके सामने नित्य परिवर्तित सम्बन्धों और मूल्यों का संकट भी नहीं है। वे सहज जीवन और मानवीय एकता के विश्वासी थे। उनकी आस्था राम में थी। राम उनके लिए शाश्वत सर्वनिरपेक्ष परम सत्य थे। वे उनकी आत्मा की सहज प्रतीति के ही प्रतिरूप थे। वे देश-काल-बद्ध सामयिक या क्षणिक सत्य न होकर नित्य, सर्वव्यापी, सर्वशक्ति सम्पन्न अखिल सृष्टि के नियामक परमतत्त्व थे। आज़ का कवि किसी ऐसी शक्ति या किसी ऐसे तत्त्व में विश्वास नहीं करता। करता भी है तो समाज की नैत्यिक समस्याओं से उसे जुड़ा हुआ अनुभव नहीं करता। कबीर अपनी सारी विवेकशीलता, प्रतिभा और प्रखरता के बावजूद एक अपेक्षाकृत स्थितिशील समाज की उपज थे। इसलिए उनकी मान्यताएँ शाश्वत सत्य को केन्द में रखकर विकसित हुई हैं। उनकी मानसिकता के निर्माण में भी इस सत्य की महत्त्वपूर्ण भूमिका लक्षित होती है। कबीर का अन्तिम लक्ष्य समरसत्व की उपलब्धि ही है। यह मन की समरसावस्था या द्वन्द्वातीत स्थिति आज के कवि का लक्ष्य नहीं बन सकती।

तात्पर्य यह कि कबीर की विद्रोहात्मक प्रकृति, यथार्थपरक दृष्टि, प्रखर व्यक्तित्व, निर्भीक एवं ओजस्वी स्वर, अभेदात्मक जीवन-दर्शन तथा सामाजिक धार्मिक विकृतियों को लेकर मन के भीतर बना रहनेवाला तनाव आदि ऐसे बिन्दु हैं, जो आज की काव्य-संवेदना के निकट पड़ते हैं। किन्तु उनकी सारे सांसारिक द्वन्द्वों से ऊपर उठकर समत्वबोध की साधना आज के वस्तुपरक दृष्टि-सम्पन्न कवि की मानसिकता से मेल नहीं खाती। जो लोग साठोत्तरी कविता को 'कबीर की पीढ़ी की कविता' कहते हैं वे कबीर के सम्पूर्ण व्यक्तित्व को सामने न रखकर उनके विद्रोही व्यक्तित्व को ही दृष्टि में रखते हैं। इसमे सन्देह नहीं कि 'कबीर' अपने समय के सच्चे विद्रोही थे। वे हाथ में लुकाठी लेकर निकल पड़े थे। उनमें सब-कुछ छोड़कर आगे बढ़ने का अपार साहस था। उन्होंने कभी पराजय स्वीकार नहीं की। आज का कवि अपने प्रति ईमानदार होकर भी सही बात नहीं कह पा रहा है। वह एकान्त में भी निर्भय नहीं है। कबीर पूरे समाज के बीच अकेले अपनी आस्था के बल पर अडिग खड़े थे और निर्भय होकर प्रहार कर रहे थे। इस दृष्टि से वे आज की विद्रोही पीढ़ी को नेतृत्व प्रदान कर सकते हैं। आज के कवि में यह कहने का साहस नहीं है कि–

"हम घर जारा आपनां, लिए मुराड़ा हाथि।
अब घर जालौ तास का, जो चलै हमारै साथि।।"[1]

●

---

1. कबीर ग्रन्थावली : डॉ. पारसनाथ तिवारी, पृ. 160

कबीर का समसामयिक और परवर्ती सन्तों पर प्रभाव

निर्गुण सन्तमत के प्रवर्तक कबीर का मध्यकालीन सन्त-साहित्य पर व्यापक प्रभाव लक्षित होता है। उनके प्रति उनके समसामयिक एवं परवर्ती सन्तों ने जो उद्‌गार व्यक्त किये हैं, वे उनके व्यक्तित्व की महत्ता तथा उनके विचारों की व्यापकता के साक्षी हैं। सम्पूर्ण सन्त-साहित्य पर उनके विचारों की गहरी छाप है। विविध सन्तों की वाणियों से उनकी वाणी की तुलना करके साम्य निरूपण करना अपने-आपमें एक महत्त्वपूर्ण कार्य है। यहाँ हम उनके प्रभाव का विश्लेषण मात्र उन सहज उद्‌गारों के आधार पर करना चाहेंगे जो समय-समय पर उनके समसामयिक और परवर्ती सन्तों ने उनके महत्त्व की स्वीकृति के रूप में व्यक्त किये हैं।

समसामयिक सन्तों के उद्‌गार :

सन्त रैदास, पीपा, धन्ना और सेन कबीर के समसामयिक माने जाते हैं। इनमें रैदास, पीपा और धन्ना–इन तीनों सन्तों ने कबीर के प्रति अपनी श्रद्धा व्यक्त की है। सन्त रैदास (1388-1588 ई.) ने हरि नाम का स्मरण करने से कबीर के प्रसिद्ध होने और जन्म-जन्म के बन्धनों से मुक्त होने की बात कही है–

'हरि कै नाम कबीर उजागर।
जनम-जनम के काटे कागर।।''[1]

एक अन्य स्थान पर 'निरगुन' के 'गुन' की महिमा का प्रतिपादन करते हुए उन्होंने कबीर के सन्देहमुक्त होने की बात कही है–

'निगुन का गुन देखो आई। देही सहित कबीर सिधाई।।[2]

इसी प्रकार 'हरि' सब-कुछ करने में समर्थ हैं, यह प्रतिपादित करते हुए वे कहते हैं–

'नामदेव कबीरु त्रिलोचनु सधना सेनु तरै।
कहि रविदास सुनहु रे संतहु हरि जीउ ते सभै सरै।।'[3]

स्पष्ट है कि सन्त रविदास कबीर की भक्ति-साधना से प्रभावित थे और उनका महत्त्व स्वीकार करते थे।

सन्त पीपा (जन्म सन् 1353 और 1403 के बीच अनुमानित) ने कबीर की जाति का विवरण देते हुए उनके नवखण्ड में प्रसिद्ध होने की बात कही है–

---

1. गुरुग्रन्थ साहिब, राग आसा, पृ. 487, शिरोमणि गुरुद्वारा प्र. कमेटी संस्करण
2. रैदास जी की बानी, बेलवेडियर प्रेस, प्रयाग, पृष्ठ 33
3. गुरुग्रन्थ साहिब, राग मारू, पृ. 1064, शिरोमणि गुरुद्वारा प्र. कमेटी संस्करण

'जाके ईद बकरीद नित गऊ रे बध करै मानिये सेख सहीद पीरा।
बाप वैसी करी पूत ऐसी धरी नाव नवखंड परिसिध कबीरा।।'[1]

डॉ. बड़थ्वाल ने सम्भवतः 'पौड़ी हस्तलेख' में सम्मिलित रज्जबदास की 'सर्वांगी' के आधार पर इसे सन्त पीपा की उक्ति माना है। यही कथन गुरुग्रन्थ-साहब में सन्त रैदास के नाम से संगृहीत है। जो भी हो, इससे कबीर की प्रसिद्धि की सूचना तो मिलती रही है। डॉ.रामकुमार वर्मा ने 'सरबगोटिका' की हस्तलिखित प्रति से सन्त पीपा का एक छन्द उद्धृत किया है, जिसमें कहा गया है कि यदि कलियुग में कबीर उत्पन्न न हुए होते तो भक्ति रसातल में चली गयी होगी। कबीर ने सत्यनाम का प्रकाश किया और पीपा को भी उसी से कुछ प्रकाश प्राप्त हुआ। पंक्तियाँ इस प्रकार हैं–

'जो कलि माँझ कबीर न होते।
तौ ले–वेद अरु कलियुग मिलि करि भगति रसातलि देते।।
भगति प्रताप राषबे कारन जिन जन आप पठाया।
नाम कबीर साच परकास्या तहाँ पीपै कछु पाया।।''[2]

यह कहना कठिन है कि यह पीपा वे ही हैं, जिनके पद 'गुरु ग्रन्थ साहब' में संगृहीत हैं, क्योंकि परशुराम चतुर्वेदी ने 'निरंजनी सम्प्रदाय' के अन्तर्गत एक अन्य 'पीपा जी' का उल्लेख किया है और उनका जन्म संवत् 1565 वि. (1508 ई.) अनुमानित किया है।[3] यदि ये 'पीपा' निरंजनी हैं तब तो यह स्वीकार करना होगा कि निरंजनी सम्प्रदाय पर भी कबीर का प्रभाव पड़ा है।

सन्त धन्ना (पन्द्रहवीं शती उत्तरार्द्ध में विद्यमान) ने नामदेव, कबीर, रैदास और सेन सभी का महत्त्व एक ही छन्द में प्रतिपादित करते हुए इनकी भक्ति-भावना से प्रभावित होकर स्वयं भक्ति-पथ पर अग्रसर होने की बात कही है–

'गोविन्द गोविन्द गोविन्द संगि नाम देउ मनु लीणा।
आठ दाम को छीपरो होइओ लाखीणा।।1।।
बुनना तनना तिआगि कै प्रीति चरन कबीरा।
नीच कुल जो लाहरा भइयो गुनीय गहीरा।।2।।
रविदास ढुँवता ढोर नीति तिन्हि तिआगी माया।
परगटु होआ साध संगि हरि दरसनु पाइआ।।3।।
सैन नाई बुतकारीआ ओहु घरि घरि सुनिआ।
हिरदे बसिआ पारब्रह्म भगता महि गनिआ।।4।।
इह विधि सुनिकै जाट रो उठि भगती लागा।
मिले प्रतखि गुसाईआ धना बड़ भागा।।5।।

---

1. निर्गुण सम्प्रदाय, डॉ. पीताम्बरदत्त बड़थ्वाल, पृ. 432 (परिशिष्ट) पर उद्धृत।(गुरुग्रन्थ साहिब, शिरोमणि गुरुद्वारा प्र. क. सं. में यह छन्द पृ. 1293 पर सन्त रविदास के नाम से उद्धृत है
2. सन्त कबीर, डॉ. रामकुमार वर्मा, पृ. 54 पर उद्धृत
3. कबीर साहित्य की परख, पृ. 94

उपर्युक्त पद से यह भी संकेत मिलता है कि धन्ना के मन में नामदेव के बाद कबीर का स्थान था। यह भी हो सकता है कि उसने काल-क्रम से 'नाम-देउ', 'कबीर', 'रैदास' और 'सेन' का नाम लिया हो। किन्तु यह निर्विवाद है कि नीच कुल में उत्पन्न जोलाहा जाति के कबीर उसके समय तक 'गुनी गुहीर' हो गये थे।

परवर्ती सन्तों के उद्गार :

कबीर के परवर्ती सन्तों में दादू, रज्जब, सुन्दरदास, मलूकदास, हरिदास निरंजनी, उदादास, धर्मदास, दरियादास (बिहारवाले), गरीबदास (चरणदासी), बुला साहब, गुलाल साहब, तुलसी साहब, शिवनारायण साहब, देवकीनन्दन साहब आदि अनेक सन्तों ने कबीर को अपना आदर्श माना है और उनका महत्त्व स्वीकार किया है। दादू (1544 ई.-1603 ई.) कबीरदास से सर्वाधिक प्रभावित प्रतीत होते हैं। उन्होंने कबीर को शीर्ष स्थान पर प्रतिष्ठित करने की बात कही है।[1] उनकी चाल (साधना-पद्धति) को 'अधर-चाल' कहा है।[2] उनकी 'रहनी' (जीवनी-पद्धति) को कठिन एवं विषम कहा है।[3] उनकी राम-भक्ति को अनन्य आस्थापूर्ण बताया है और उसी के बल पर उनके काशी छोड़कर मगहर जाने का उल्लेख किया है।[4] उनके उपदेशों और कथनों की सत्यता को सराहा है।[5] उनके इन्द्रिय-निग्रह की प्रशंसा की है।[6] उनके सीस देकर हरि से एकात्मभाव स्थापित करने की बात कही है।[7] उनको राम का अनन्य सेवक—ऐसा सेवक जो सेवा के भरोसे प्रभुमय हो जाता है—बताया है[8] और उनको हरि-रस का पान करनेवाला घोषित किया है।[9] यही नहीं दादू ने तो यहाँ तक कह दिया है कि कबीर ने जिस कन्त का वरण किया है, मैं भी वही वर वरण करूँगा—

जेथा कंत कबीर का, सोई वर वरि हूँ।
मनसा वाचा कर्मना, मैं और न करि हूँ।। —वही, पृ. 217

रज्जब (सन् 1567-1689 ई.) ने अपने गुरु 'दादू' के साथ ही 'कबीर' का भी नाम लिया है, और कहा है—

गुरु दादूर कबीर की काया भई कपूर।
रज्जब रीझ्या देखि करि सरगुण निरगुण नूर।।[10]

रज्जब, दादू के शिष्य थे, इसलिए उनका नाम पहले लेना स्वाभाविक है। किन्तु इसमें सन्देह नहीं कि 'कबीर' के प्रति उन्होंने समान श्रद्धा व्यक्त की है। सुन्दरदास (1596 ई.-1689 ई.) ने कबीर को गोरखनाथ और भर्तृहरि की परम्परा में स्थान दिया है—

1. सिर पर राषि कबीर कौ, निरंजन ल्यौ लाइ। दादू मारग जुगों का, एक पलक में जाइ।।—दादू ग्रं., पृ. 92, सभा सं.
2. अधर चाल कबीर की आसंधी नहिं जाइ। दादू डाकै मृग ज्यूँ उलटि पड़ै भ्वै आइ।। —दादू ग्र. पृ. 194
3. दादू रहणि कबीर की कठिन विषम यहु चाल। अधर येक सौं मिलि रह्या, जहाँ न झपै काल।। —तदैव, पृ. 194
4. कासी तजि मगहर गया कबीर भरोसे राम। सदेही साई मिल्या, दादू पूरे काम।। —तदैव, पृ. 214
5. साचा सबद कबीर का मीठा लागै मोहि। दादू सुणतां परम सुख, केता आनन्द होइ।। —तदैव, पृ. 230
6. माहै मन सौं जूझ करि, जैसा सूरा वीर। इंद्री अरिदल भाति सब, यौं कलि हुआ कबीर।। —तदैव, पृ. 242
7. साई कारणि सीस दे, तनमन सकल सरीर। दादू प्राणी पंच दे, यौं हरि मिल्या कबीर।। —तदैव, पृ. 242
8. चे कोइ सेवै राम कौ, तौ राम सरीखा होइ। दादू नाम कबीर ज्यूँ, साधी बोल्यै सोइ।। —तदैव, पृ. 256
9. हरि रस लागे नामदे पीपा अरु रैदास। पीवत कबीरा ना थक्या, अजहूँ प्रेम पियास।। —तदैव पृ. 328
10. सुन्दर ग्रन्थावली, पृ. 4

गोरखनाथ भरतरी रसिया सोइ कबीर अभ्यासा रे।
गुरु दादू परसाद कछू इक पायौ सुन्दर दासा रे।।

अर्थात् जिस रस के रसिक गोरखनाथ और भर्तृहरि थे, कबीर ने भी उसी का अभ्यास किया था और गुरु दादू की कृपा से सुन्दरदास ने भी कुछ थोड़ा-सा उसका स्वाद पा लिया है।

हरिदास 'निरंजनी' (17वीं शती वि. में वर्तमान) ने रैदास और नाभादास के साथ सन्त कबीर को भी स्मरण किया है और उन्हें राम-भजन के आनन्द का अनुभव करनेवाला माना है।

नाभैदास कबीर राम भजतां रस पीया।
पीयै जन रैदास बड़े छकि लाहा लीया।।[1]

सन्त मलूकादास (सन् 1574-1682 ई.) ने कबीर को 'सतगुरु' के तत्त्व को जाननेवाला कहा है और उनका नाम प्रह्लाद, नामदेव, नानक तथा गुरु गोरखनाथ के साथ लिया है—

हमरा सतगुरु विरले जाने।
सुई के नाके सुमेर चलावै, सो यह रूप बखानै।
की तौ जानै दास कबीरा की हरिनाकस पूता।
की तो नामदेव औ नानक की गोरख अवधूता।।[2]

दरियादासी सम्प्रदाय के प्रवर्तक सन्त दरियादास (बिहारवाले) (सन् 1634-1780 ई.) ने तो अपने को कबीर का अवतार घोषित किया[3] और यह भी कहा कि वही कहो जो कबीर ने कहा है और उसी को खोजो जिसे कबीर ने खोजा है—

सोई कहो जो कहहि कबीरा।
दरियादास पद पायों हीरा।।
* * *
ताहि खोजु जो खोजहि कबीरा।
बइठि निरन्तर समय गम्भीरा।।[4]

कबीरपन्थी की छत्तीसगढ़ी शाखा के प्रवर्तक धर्मदास (जिनका कबीर का समसामयिक होना सन्दिग्ध है) ने कबीर को अपना 'अजर-अमर गुरु' कहा है और उन्हें 'विद्रोही' विशेषण से युक्त किया है—

अजर अमर गुरु पाये कबीरा।
* * *
साहब कबीर प्रभु मिले विदेही
झीना दरस दिखाइआ

इससे प्रकट है कि धर्मदास (चाहे कबीर से 50-60 वर्ष बाद ही उत्पन्न हुए हों[5]) निश्चित रूप से कबीर के प्रति प्रगाढ़ श्रद्धा रखते थे।

---

1. उत्तरी भारत की सन्त-परम्परा, पृ. 470 पर उद्धृत
2. सन्त बानी संग्रह, दूसरा भाग, पृ. 102
3. उत्तरी भारत की सन्त-परम्परा, पृ. 567
4. उत्तरी भारत की सन्त-परम्परा, पृ. 575 पर उद्धृत
5. डॉ. केदारनाथ द्विवेदी ने धर्मदास के आविर्भाव की तिथि सत्रहवीं शताब्दी के प्रथम चरण के आस-पास मानी है
—कबीर और कबीरपन्थ, पृ. 173

चरणदासी सम्प्रदाय के कबीरदास (सन् 1717-1778 ई.) ने अपने को 'कबीर का चेरा' कहा है और उन्हें सुरति-निरति का तार जोड़नेवाला बताया है–

दास गरीब कबीर का चेरा।
सत्तलोक अमरा पुर डेरा।।

* * *

दास गरीब कबीर सतगुरु मिले।
सुरति और निरति का तार जोड़ा।।

ऐसा प्रतीत होता है कि परवर्ती सन्त, चाहे वे किसी सम्प्रदाय के अन्तर्गत आते हों, कबीर की विचारधारा से प्रभावित होकर सीधे उन्हें अपना गुरु घोषित कर देते रहे हैं। 'साधू सम्प्रदाय' के प्रवर्तक ऊदादास के सम्बन्ध में कहा गया है कि "जो काशी में कबीर नाम से प्रकट हुए थे, वे ही यहाँ विजेसर में ऊदादास नाम से प्रसिद्ध हैं।" यह ऊदादास सम्भवतः वीरभान के गुरु थे और संवत् 1600 के आस-पास विद्यमान थे।

'बावरी पन्थ' के प्रसिद्ध सन्त बूला साहब (सन् 1632-1709 ई) ने 'कबीर' का उल्लेख कई बार किया है। एक स्थान पर वे अपने मूर्ख मन से उसी भक्तिपथ पर आगे बढ़ने का आग्रह करते हैं जिस पर 'हनुमान', 'कबीर' और रैदास अग्रसर हुए थे–

भजु मन मूढ़ मूर्ख गँवार।

* * *

जाको भज हनुमंत कबीरा औरो देव मुरारी।
रैदासहुँ कहँ किरपा कीन्हीं भक्ती भाव विचारी।।[1]

अन्य स्थान पर वे मन के 'अगम' फाग खेलने की बात कहते हैं और उन भक्तों का उल्लेख करते हैं जो इस प्रकार का फाग खेल रहे हैं–

मन वसंत खेलै अगम फाग। चरन कमल अनुराग जाग।।

* * *

खेलहिं नामा और कबीर। खेलहिं नानक बड़ हैं धीर।।[2]

बूला साहब के शिष्य गुलाल साहब (1709 ई. में विद्यमान) भगवान् के प्रति यह निवेदन करते हुए कि उन्होंने सदैव भक्तों की रक्षा की है, नामदेव और कबीर की 'साखी' पेश करते हैं–

नामदेव कहँ गाई जियायो। दास कबीर डुबे नहिं पायो।
प्रह्लाद अम्बरीष प्रतिज्ञा राखी। कहहु तो और बुलाओं साखी।।[3]

साहिब पन्थ के प्रवर्तक तुलसी साहब (1763-1843 ई.) ने झूठ पर आधारित पन्थों द्वारा संसार के लूटे जाने की बात कहकर 'कबीर' के प्रति अपनी निष्ठा व्यक्त की है–

झूठा पन्थ जगत सब लूटा।
कहा कबीर सो मारग छूटा।।

शिवनारायणी सम्प्रदाय के प्रवर्तक सन्त शिवनारायण (सन् 1735 ई. में विद्यमान) ने भक्तों की परम्परा का उल्लेख करते हुए रामानन्द के बाद कबीर और नानक का नाम श्रद्धापूर्वक लिया है–

1. महात्माओं की वाणी, पृ. 26
2. तदैव, पृ. 168
3. तदैव, पृ. 70

रामानन्द कबीर गुसाईं।
नानक नाम जान इक साईं।।[1]

बावरी पन्थ में ही बहुत बाद को बलिया जिले की चीत बड़ागाँववाली शाखा में आनेवाले सन्त देवकीनन्दन (सन् 1803-56 ई.) ने उन भक्तों का उल्लेख करते हुए, जिनके गुण-अवगुण पर ध्यान न देकर भगवान् ने अपना बना लिया था; कहा है—

जाको हरि हठि अपनाई लियो।
ताको गुन अवगुन न बिचारत पालत मग्न हियो।
रामानन्द कबीर नामदेव नरसिंह पत्र दियो।।[2]

जायसी और कबीर :

प्रेमाख्यानक कवियों में जायसी का स्थान सर्वोपरि है। इनका जन्म कबीर से लगभग 76 वर्ष बाद हुआ था। जायसी के अखरावट' में कुछ पंक्तियाँ इस प्रकार हैं—

ना नारद तब रोइ पुकारा।
एक जोलाहै सो मैं हारा।।[3]
प्रेम तन्तु नित ताना तनई।
जप तप साँचि सैकरा भई।।

उपर्युक्त पंक्तियों के आधार पर विद्वानों का अनुमान है कि जायसी, कबीरदास की साधना से प्रभावित थे। उन्होंने नारद को शैतान की भूमिका में प्रस्तुत किया है। उनका यह नारद एक जुलाहा (कबीर) पर अपने प्रपंच का प्रभाव नहीं डाल पाता। इससे स्पष्ट है कि जायसी ने कबीर के आध्यात्मिक महत्त्व को स्वीकार किया है।[4]

कबीर और तुलसीदास :

महान रामभक्त तुलसीदास भी एक प्रकार से कबीर से प्रभावित कहे जा सकते हैं। यह प्रभाव महत्त्व की सहज स्वीकृति के रूप में नहीं है वरन् क्षोभ और तीव्र प्रतिक्रिया उत्पन्न करनेवाला है। यह तो प्रकट है कि महात्मा तुलसीदास के समय तक सन्त-परम्परा में पन्थ-प्रवर्तन की प्रवृत्ति पनप चुकी थी। वे पन्थ-प्रवर्तक सन्त वर्ण-व्यवस्था के कायल नहीं थे। यह भी सत्य है कि वेद-पुराण की परम्परा एवं पुस्तक-ज्ञान के विरोधी थे। भारतीय सांस्कृतिक सम्पदा का पूर्ण ज्ञान रखनेवाले व्यवस्था-प्रिय महात्मा तुलसीदास को ये पन्थ-प्रवर्तक सन्त दम्भी और मोहग्रस्त प्रतीत हुए। उन्होंने इनकी भर्त्सना करते हुए कहा—

कलिमल ग्रसे धर्म सब लुप्त भए सदग्रन्थ।
दंभिन्ह निज मति कल्पि करि प्रगट किये बहु पन्थ।।

—रामचरितमानस उत्तरकाण्ड, दो. 97

---

1. गुरुन्यास, भक्त खण्ड, पृ. 181
2. सन्त देवकीनन्दन साहब और उनकी रचनाएँ, पृ. 114
3. जायसी ग्रन्थावली, ना. प्र. स., पृ. 328
4. वही, पृ. 331

श्रुति सम्मत हरि भक्ति पथ संजुत विरति विवेक।
तेहि न चलहिं नर मोहिं बस कल्पहिं पंथ अनेक।।

—वही, उत्तरकाण्ड, दो. 100

व्युत्पन्न एवं विवेकशील तुलसीदास ने उस मूल आधार को ही काट देना चाहा जिस पर निर्गुण सन्तमत का महल खड़ा किया गया था। कबीरदास ने कहा था—

दसरथ सुत तिहुँ लोक बखाना।
राम नाम का मरम है आना।।[1]

इसी रामनाम के मर्म का आख्यान करते हुए राम-कथा आरम्भ होती है। पार्वती जी के अनेक प्रश्नों में एक प्रश्न है—

राम सो अवध-नृपति सुत सोई। की अज अगुन अलख गति कोई।।
जो नृप-तनय तो ब्रह्म किमि, नारि विरह मति भोरि।
देखि चरित महिमा सुनत, भ्रमति बुद्धि अति मोरि।।

भगवान् शिव को यही प्रश्न नहीं सुहाता। वे कहते हैं—

एक बात नहिं मोहि सुहानी। जदपि मोह बस कहेउ भवानी।।
तुम्ह जो कहा राम कोउ आना। जेहिं श्रुति गाव धरहिं मुनि ध्याना।।

इतना कहते-कहते शिव का स्थान तुलसी ले लेते हैं और पार्वती के स्थान पर पन्थ-प्रवर्तक सन्त उनकी कल्पना में साकार हो जाते हैं और वे बरस पड़ते हैं—

कहहिं सुनहिं अस अधम नर, ग्रसे जे मोह पिसाच।
पाषंडी हरि-पद-विमुख, जानहिं झूठ न साँच।।

इसके बाद की चार-चौपाइयों (16 अर्द्धालियों) में उपर्युक्त करनेवाले अधम नरों की खबर लेने के बाद तुलसीदास ने 'सगुन-अगुन' में अभेद स्थापित करते हुए दाशरथि राम का ब्रह्मत्व प्रतिपादित किया है—

जेहि इमि गावहिं बेद बुध, जाहि धरहिं मुनि ध्यान।
सोई दसरथ-सुत भगतहित, कोसलपति भगवान।।

आचार्य हजारीप्रसाद द्विवेदी ने इस प्रसंग को उद्धृत करते हुए कहा है—

"इस उद्धरण के मोटे टाइप के शब्दों पर ध्यान देकर देखा जाये तो कोई सन्देह नहीं रह जाता कि तुलसीदास के मन में 'दशरथ सुत तिहुँ लोक बखाना। राम नाम का मरम है आना' वाली कबीरपन्थियों की उक्ति ही थी। बार-बार 'दशरथ सुत', 'नृप सुत', 'नृप-तनय', 'कोउ आना' आदि पर अचानक नहीं आ गये हैं, जान-बूझकर और सोच-समझकर ले आये गये हैं।"[2] इससे यह स्पष्ट हो जाता है कि तुलसी ने पूर्व-पक्ष के रूप में कबीर के कथनों को ही उपस्थित किया है। इसके अतिरिक्त रामनाम माहात्म्य, सन्तों के लक्षण, सन्तों की रहनी, संसार की असारता, भगवान् के प्रति अविचल निष्ठा एवं प्रेम, जीवन में नैतिक दृष्टि का

1. कबीर ग्रन्थावली में यह पंक्ति नहीं है, किन्तु कबीर के नाम के साथ इसका व्यापक प्रचार है
2. कबीर, हजारीप्रसाद द्विवेदी, पृ. 119

महत्त्व आदि अनेक ऐसे प्रसंग हैं, जिनका विवेचन करते हुए तुलसी, कबीर की मान्यताओं के अत्यन्त निकट आ गये हैं। श्री वियोगी हरि ने 'विनय पत्रिका' की टीका करते हुए अनेक स्थलों पर तुलसी के समानान्तर भाव-साम्य रखनेवाली कबीर उक्तियों को उद्धृत किया है।

कबीर और नानकपन्थ :

नानक-पन्थ या सिख धर्म पर कबीर पर प्रभाव निर्विवाद रूप से मान्य है। सिक्खों के छठवें गुरु अर्जुनदेव (सन् 1563-1606 ई.) ने सन् 1604 ई. में 'गुरुग्रन्थ साहिब' का सम्पादन करते समय उन्हीं सन्त गुरुओं की वाणियों का संग्रह तैयार कराया था जो उनकी अपनी गुरु-परम्परा के निकट थे। गुरु नानक कबीर से लगभग 70 वर्ष बाद प्रतिष्ठित हुए। गुरु नानक का जन्म 1469 ई. में हुआ था। कबीर का जन्म सन् 1399 ई. में माना गया है। ऐसा कहा जाता है कि गुरु नानकदेव से कबीर साहब की भेंट संवत् 1553 (सन् 1406 ई.) में हुई थी।[1] इस समय तक कबीर वृद्ध हो चुके रहे होंगे और सन्तों में उनकी प्रसिद्धि रही होगी इसलिए गुरु नानक का प्रभावित होना स्वाभाविक है।[2] गुरु नानक और कबीर की विचारधारा में न केवल साम्य है, वरन् दोनों ने एक ही प्रकार की पारिभाषिक शब्दावली का प्रायः एक ही अर्थ में प्रयोग भी किया है। नानकपन्थी शेख फरीद ने तो कुछ ऐसी साखियाँ लिखी हैं, जिनकी शब्दावली भी कबीर की ही है। एक उदाहरण लीजिये—

कबीर : कबीर बिरहा किरहा जिनि कहौ, बिरहा है सुलितान।
जिस घटि बिरह न संचरै, सो घट सदा मंसाण।।[3]

शेख फरीद : विरहा विरहा आखीऐ विरहा तू सुलतानु।
जिन तनु विरहु न ऊपजै सो तनु जाणु मसानु।।[4]

इस प्रकार के अन्य उदाहरण भी प्रस्तुत किये जा सकते हैं। नानक या सिखपन्थ में कबीर की प्रतिष्ठा गुरु रूप में है। अतः इस पन्थ के सन्तों पर उनका प्रभाव प्रमाणित करने के लिए उदाहरण जुटाने की आवश्यकता नहीं है।

गुजराती सन्तों पर कबीर का प्रभाव :

गुजराती सन्तों पर कबीर के प्रभाव के सम्बन्ध में कहा गया है—"कुछ भी हो किन्तु इतना अवश्य मानना पड़ेगा कि गुजरात का समस्त सन्त-साहित्य कबीर से प्रत्यक्ष एवं परोक्ष दोनों रूपों में प्रभावित है। सम्भवतः गुजरात का ऐसा कोई गाँव शेष नहीं जहाँ कोई छोटा-मोटा कबीर मन्दिर तथा कबीर मतावलम्बी न पाया जाता हो।"[5] गुजरात में कबीरपन्थ की कई शाखाएँ विद्यमान हैं। इनमें 'राम कबीरिया पन्थ', 'सन्त कबीरिया पन्थ' और 'निर्वाण साहब की परम्परा'—यह तीन विशेष रूप से उल्लेखनीय हैं। यों तो 'दान कबीरिया', 'मंगल कबीरिया', 'हंस कबीरिया', 'उदासी कबीरिया' आदि अनेक परम्पराओं का उल्लेख मिलता है।[6] इसके अतिरिक्त काठियावाड़

1. उत्तरी भारत की सन्त-परम्परा : पृ. 712 (परिशिष्ट)
2. डॉ. रामकुमार वर्मा ने 'सन्त कबीर' की भूमिका में 'नानक' के दो ऐसे पद उद्धृत किये हैं, जिनमें 'कबीर' का नाम है।—नाम छीपा कबीर जुलाहा पूरे गुरते गति पाई। —मानक सिरी रागु
3. कबीर ग्रन्थावली : सं. डॉ माताप्रसाद गुप्त, पृ. 16
4. गुरु ग्रन्थ साहिब : पृ. 1379, सलोक 37
5. हिन्दी साहित्य की गुजरात के सन्त-कवियों की देन : डॉ. रामकुमार गुप्त, पृ. 61 सं. 2024 वि.
6. हिन्दी साहित्य का गुजरात के सन्त कवियों की देन, पृ. 66

का 'मूल निरंजन पन्थ', 'बड़ौदा का टकसारी पन्थ', भड़ौच का 'जीवा पन्थ', भी कबीर-पन्थ की ही शाखाओं के रूप में स्वीकार किये जाते हैं। किंवदन्ती है कि 'जीवा' और 'तत्वा' (ये दोनों नाम सांकेतिक हैं) दो भाइयों ने सद्गुरु की खोज करते हुए 'कबीर' को पाया था और उनके कहने पर कबीरदास ने वट वृक्ष की दातुन से वट वृक्ष उगा दिया था। नर्मदा के तट पर आज भी यह वट वृक्ष (कबीर वट) के नाम के विद्यमान बताया जाता है। कबीरपन्थी परम्परा के सन्तों के अतिरिक्त गुजरात के परम प्रसिद्ध वैष्णव कवि नरसी मेहता (संवत् 1470-1536 वि. के मध्य विद्यमान) के काव्य में भी कबीर से विचारों की छाप लक्षित की गयी है। कहा गया है कि—"जहाँ भक्ति को गौण बनाकर इन्होंने ज्ञान-वैराग्यपूर्ण काव्य-रचना की है, वहाँ निश्चय ही कबीर का-सा भावसाम्य उतर आया है।[1] तुलना के लिए निम्नलिखित पंक्तियाँ द्रष्टव्य हैं।

कबीर : आतम तत्व चीना बिना सब है झूठी रोब।
करे सो तो भ्रमण क्या तीरथ क्या देव।।
नरसी : ज्याँ लगी आतमा तत्व चीन्यो नहीं,
त्याँ लगी साधना सर्व झूठी।।

वस्तुतः नरसी मेहता की भक्ति में निर्गुण-साधना के तत्त्व उसी प्रकार अनुस्यूत हैं, जिस प्रकार मीराँ की भक्ति में। मीराँबाई ने तो स्पष्ट शब्दों में 'कबीर' का उल्लेख किया है। वे कहती हैं—

'म्हारे नैणां आगे रहो जी, स्याम गोविंद।। टेक।।
दास कबीर घर बालक जो लाया, नामदेव की छवंद।
दास धना को खेत निपजायो गज की टेर सुनंद।।[2]

गुजरात के स्वतन्त्र चेता ज्ञानी कवि 'अखा' (संवत् 1701 में विद्यमान) को गुजरात का कबीर कहा गया है। इनमें वही अक्खड़पन है, जो कबीर में था। इनकी 'अरवेगीता' प्रसिद्ध है। इन्होंने हिन्दी में भी रचनाएँ की हैं और इनके हिन्दी ग्रन्थों की संख्या ग्यारह बतायी जाती है। 'सन्तप्रिया' इनकी लोकप्रिय हिन्दी रचना है। इनका कहना है—

'माला न फेरूँ टीका न बनाऊँ, शरणे न जाऊँ मैं काऊ किसी का।
आपा न मेटूं थापा न थापूं मैं मदमाता हूँ मेरी खुशी का।।[3]

कबीर ने लगभग इसी स्वर में कहा है—

आँख न मूँदो कान न रूँधो तनिक कष्ट नहिं धारौं।
खुले नैन पहिचानों हँसि-हँसि सुन्दर रूप निहारौं।।[4]

अखा का एक और छन्द है—

मिरग के पास कस्तूरी है, सो जाय पत्थर को सूँघता है।
अखा आप पिछान बिना सब कोई ऐसे भूलता है।

---

1. हिन्दी साहित्य को गुजरात के सन्त कवियों की देन, पृ. 89
2. मीराँ की पदावली, सं. परशुराम चतुर्वेदी, पद 137, पृ. 48
3. हिन्दी साहित्य को गुजरात के सन्त कवियों को देन पृ. 120 पर उद्धृत
4. कबीर, आचार्य हजारीप्रसाद द्विवेदी, पृ. 67 पर उद्धृत

कबीर की निम्नलिखित साखी में उपर्युक्त भाव व्यक्त हुआ है–

कस्तूरी कुंडलि बसै मृग ढूँढ़ै वन माहिं।
ऐसे घटि-घटि राम हैं, दुनियां देखै नाहिं।।[1]

इस प्रकार के भाव-साम्य रखनेवाले अनेक उदाहरण दिये जा सकते हैं। सन्त 'अखा' कबीर से लगभग दो सौ वर्ष बाद उत्पन्न हुए थे, फिर भी उनमें वही पक्कड़पंन और निर्भयता है, जो कबीर में लक्षित होती है।

कबीर और महाराष्ट्र सन्त :

महाराष्ट्र सन्तों में सन्त नामदेव का नाम कबीर ने बड़े आदर से लिया है। यह निस्संकोच भाव से स्वीकार किया गया है कि 'उत्तरी भारत के सन्त भी नामदेव के बहुत ऋणी हैं।[2] यह होने पर भी ध्यान रखना होगा कि कबीर द्वारा प्रवर्तित सन्त-परम्परा मूलतः वैदिक विधि-विधान, पुस्तक-ज्ञान एवं ब्राह्मण संस्कृति आदि का विरोध करनेवाली है, जबकि महाराष्ट्र के वारकरी सन्तों को वेद-विहित एवं श्रुति-सम्मत हरिभक्त-पथ स्वीकार है। वारकरी सन्तों ने भक्ति को सर्वजन सुलभ बना दिया और जीवन के उस नैतिक पक्ष पर बल दिया जिस पर कबीर आदि उत्तर भारत के सन्तों ने विशेष ध्यान दिया था। इसलिए दोनों में विचारों का पर्याप्त साम्य लक्षित होता है। गुरु का महत्त्व, योग-साधना एवं ज्ञान-साधना का भक्ति साथ समन्वय तथा रूढ़ियों का विरोध आदि अन्य बातों में भी दोनों में समानता लक्षित होती है। नामदेव ने राम (परमतत्व) के साथ जिस प्रकार की दाम्पत्य भावना स्थापित की है, कबीर ने भी उसी प्रकार के मधुर भाव की व्यंजना की है। नामदेव कहते हैं–

मैं बउरी मेरा राम भतारु।
रचि-रचि ताकऊ करऊ सिंगार।।[3]

कबीर की यह उक्ति प्रसिद्ध है–

हरि मोरा पिउ मैं हरि की बहुरिया।
राम बड़े मैं तनक लहुरिया।।[4]

अतः नामदेव से कबीर का प्रभावित होना सम्भावित है। महाराष्ट्र सन्तों में एकनाथ (सन् 1533-1599 ई.) कबीर के बाद हुए थे। एकनाथ का काशी आकर 'रुक्मिणीस्वयंवर' लिखना प्रसिद्ध है। काशी-प्रवास-काल में उनका कबीर के विचारों से निकट का परिचय हुआ होगा। श्री वियोगी हरि ने एकनाथ का एक छन्द उद्धृत किया है जो कबीर के उसी भाव के छन्द से बहुत मिलता-जुलता है–

कबीर की उक्ति है–

जो रे, खुदा मस्जिद में बसत है,
और मुलक किस केरा?

---

1. कबीर ग्रन्थावली हिन्दी परिषद्, प्रयाग विश्वविद्यालय, पृ. 172
2. उत्तरी भारत की सन्त-परम्परा, पृ. 107
3. हिन्दी और मराठी के वैष्णव साहित्य का तुलनात्मक अध्ययन, पृ. 377 पर उद्धृत
4. कबीर ग्रन्थावली, हिन्दी परिषद्, प्रयाग विश्वविद्यालय, पृ. 8

एकनाथ का कथन है–

मसजिद ही में जो अल्ला खुदा
तो और स्थान क्या खाली पड़ा?
चारों वक्त नमाजों के,
तो और वक्त क्या चोरों के?
'एका' जनार्दन का बंदा।
जमीन आसमान भरा खुदा।

एकनाथ के काशी-प्रवास के पूर्व ही कबीर का देहान्त हो गया था इसलिए दोनों की प्रत्यक्ष भेंट सम्भव नहीं है। प्रवृत्तिगत समता एवं भक्ति-साधना-परम्परा के मूल स्रोत की एकता के कारण एकनाथ कबीर के विचारों की ओर आकृष्ट हुए हों तो असम्भव नहीं।

उपर्युक्त विवेचन के आधार पर यह निर्विवाद रूप से कहा जा सकता है कि 'कबीर' ने समस्त सन्त परम्परा को बहुत दूर तक प्रभावित किया है। निर्गुण धारा के सन्तों के अतिरिक्त प्रेमाख्यानक सूफी सन्त जायसी तथा प्रसिद्ध रामभक्त तुलसीदास भी उनसे किसी-न-किसी रूप से प्रभावित हैं। महाराष्ट्र और गुजरात के वैष्णव सन्तों पर भी उनका प्रभाव लक्षित होता है। यदि उनकी परम्परा में उन जैसा प्रखर और सन्त सुन्दरदास (दादूपन्थी) जैया व्युत्पन्न कोई दूसरा सन्त साधक उत्पन्न हुआ होता तो कबीर-पन्थ में उन अनेक बाह्याडम्बरों का प्रवेश न होता, जिनका कबीर आजीवन विरोध करते रहे। यह दुःख की बात है कि जिस सहज मानव-धर्म की प्रतिष्ठा के लिए कबीर ने प्रत्येक आडम्बरी धार्मिक नेता को चुनौती दी थी वह स्वयं उनके नाम से सम्बद्ध पन्थ में भी प्रतिष्ठित न हो सका। इससे यही निष्कर्ष निकलता है कि जिन उच्चतर मूल्यों को कोई भी महामानव समाज में प्रतिष्ठित करना चाहता है वे उसके जीवन-काल में भले ही लोकप्रियता प्राप्त कर लें किन्तु बाद को समाज उन मान्यताओं को अस्वीकार करके उस महामानव की पूजा करने लगता है और इतने में ही अपने कर्त्तव्य की इतिश्री मान लेता है।

●

परिशिष्ट

कुछ पारिभाषिक शब्द

अजपा जाप :—सामान्यतः सन्त साधक अपने अराध्य का नाम जिह्वा से उच्चारित करते हैं। यह नाम-जप की आरम्भिक अवस्था है। साधना की उच्चतर-स्थिति में पहुँचने पर नाम-जप सन्त साधक का संस्कार बन जाता है नाम-जप का कार्य श्वास-प्रश्वास क्रिया के साथ निन्तर चलता रहता है। योगी इसे 'अजपा गायत्री' कहते हैं। कहा गया है—

हंकारेण बहिर्याति सकारेण विशेत्पुनः।
हंस हंसेत्ययं मन्त्रं जीवो जपति सर्वदा।।

अर्थात् 'हंकार' की ध्वनि के साथ श्वास बाहर जाता है और 'सकार' की ध्वनि के साथ भीतर प्रवेश करता है। इस प्रकार 'हंस', 'हंस', का मन्त्र जीव निरन्तर जपता रहता है। इसी को 'सोऽहं वृत्ति' कहते हैं। यही 'अजपा गायत्री' है।

अजपा नाम गायत्री योगिनां मोक्षदायिनी।
तस्याः संकल्प मात्रेण नरः पापैर्विमुच्यते।।

इस प्रकार 'माला' या 'सुमिरनी' की सहायता से जिह्वा के द्वारा उच्चारित नाम स्मरण या जाप एक प्रकार की सायास क्रिया है। जब यह क्रिया समाप्त हो जाती है और बिना किसी आयास के स्वतः श्वास क्रिया के साथ 'हंस', 'हंस' का जाप निरन्तर चलने लगता है तो 'अजपा जाप' की स्थिति मान्य होती है। कबीरदास ने कहा है—

सुरुति समांनी निरति मैं, अजपा माहैं जाप।
लेख समांना अलेख मैं, यों आप माहैं आप।।

कबीर के उपर्युक्त कथन से भी यही निष्कर्ष निकलता है कि जाप की परिणति अजपा में होती है। अर्थात् 'अजपा' नाम-स्मरण की उच्चतम आध्यात्मिक स्थिति है।

अनाहदनाद :—संसार में कर्णेन्द्रिय के माध्यम से जो भी नाद सुनायी पड़ता है वह सब 'आहतनाद' है क्योंकि वह किन्हीं दो वस्तुओं के टकराने से उत्पन्न होता है। हम सामाजिक उपयोग के लिए जिस भाषा (वैखरी वाणी) का प्रयोग करते हैं उसके शब्द ध्वनि अवयवों के टकराने से उत्पन्न होते हैं। अतः हमारी लौकिक भाषा 'आहतनाद' की भाषा है। जब तक साधक की प्रवृत्ति बहिर्मुखी होती है तब तक वह आहतनाद ही सुन सकता है किन्तु जब उसकी प्रवृत्ति अन्तर्मुखी हो जाती है और वह अपनी चित्तवृत्ति को भीतर की ओर प्रवाहित कर लेता है तब उसे 'अनाहतनाद' सुनायी पड़ता है। योग-साधना की शब्दावली में यह 'नादानुसन्धान' की क्रिया है 'नाद का अनुसन्धान' 'शब्द ब्रह्म' का अनुसन्धान है। चित्तवृत्ति के अन्तर्मुखी होने पर आरम्भ में जो अन्तर्लोक में अनेक प्रकार की आकर्षक ध्वनियाँ सुनायी पड़ती हैं वे वास्तविक अनाहत ध्वनियाँ नहीं हैं। वे साधक का ध्यान बँटाने के लिए अपनी ओर उसे आकृष्ट करती हैं। इनके आकर्षण से अपने को मुक्त करके योगी साधक अपना ध्यान हृदय के अन्तरतम प्रदेश में लीन करता है। 'अनाहत चक्र' ही 'अनाहतनाद' का केन्द्र है। अपनी अन्तर्मुखी चेतना को अनाहत चक्र में लीन करके योगी उस 'शब्द ब्रह्म' का अनुभव करता है जो समग्र विश्व में अखण्ड रूप में व्याप्त है। कबीरदास ने अपने कई पदों में 'अनाहत' या 'अनाहद' शब्द का प्रयोग किया है—

उलटे पवन चक्रषट वेधा, मेरदंड सरपूरा।
गगन गरजि मन सुनि समाना, बाजे अनहद तूरा।।

उपर्युक्त पद से स्पष्ट है कि मनःप्रवृत्ति के अन्तर्मुखी होने पर कुण्डलिनी शक्ति जब षट्चक्रों को भेदकर शून्य में समा जाती है तभी अनाह्वत ध्वनि सुनायी पड़ती है। कबीर ने एक अन्य पद में कहा है–

अवधू ग्यान लहरि धुनि मांडी रे।
सबद अतीत अनाहत राता, इहि विधि त्रिष्णा षाड़ी।।

इससे भी यही संकेत मिलता है कि ग्यान की तंरग में मग्न होने और सांसारिक तृष्णा के क्षय होने पर ही (चित्तवृत्ति के पूर्णतः अन्तर्मुखी होने पर ही। लोकातीत अनाहत शब्द में साधक का मन लीन होता है। स्पष्ट है कि कबीरदास योगियों के 'नादानुसन्धान' की क्रिया से पूर्णतः परिचित थे और इस रहस्य को लक्षित करते हुए ही उन्होंने 'अनाहतनाद' की चर्चा की है।

उनमन :—मन की विशेष अवस्था जब वह सांसारिक विषयों में विमुख होकर ईश्वरोन्मुख हो जाता है, 'उनमन' (उम्मन) अवस्था कहलाती है। इस अवस्था में मन की सारी चंचलता समाप्त हो जाती है। उसका पूर्ण आध्यात्मीकरण हो जाता है। वह शुद्ध और परिष्कृत हो जाता है। यह स्थिति प्राप्त कर लेने पर ही वह शून्यावस्था तक पहुँच जाता है। कबीर ने कहा है–

मन लागा उन्मन सौं गगन पहूँचा जाय।
देल्या चंद बिहूँण चांदिणां, तहाँ अलख निरंजन राय।।

—क. ग्र. साखी 15, पृ. 13

डॉ. पीताम्बरदत्त बड़थ्वाल ने इसके पर्याप्त रूप में 'तन्मनस्कता', 'वह मन', 'अतिचेतना' इन तीन शब्दों का उल्लेख किया है। योगी साधक का मन जब स्थिर हो जाता है तब उसकी जीवन-पद्धति या 'रहनी' को 'उन्मनी रहनी' कहते हैं। गोरखपन्थी योग-साधना में इसे 'मनोन्मनी अवस्था' कहते हैं। हठयोग प्रदीप में 'मनोन्मनी अवस्था' का महत्त्व प्रतिपादित करते हुए कहा गया है–

एक सृष्टिमयं बीजं, एका मुद्रा च खेचरी।
एको देवो निरालम्ब एकावस्था मनोन्मनी।।

इस अवस्था का लक्षण बताते हुए कहा गया है कि इस अवस्था में वायु का संचार भीतर की ओर रहता है; मन स्थिर हो जाता है और यह मन का सुस्थिरीभाव ही मनोन्मनी अवस्था है–

मारुते मध्य संचारे, मनःस्थैर्य प्रजायते।
यो मनः सुस्थिरीभावः सैवावस्था मनोन्मनी।।

उलटबाँसी :— सामान्य उलटबाँसी गूढ़ एवं रहस्यमयी बातों का चमत्कारिक ढंग से व्यक्त करने की एक शैली है। इस शैली का प्रयोग गोरखबानी में भी मिलता है और उसके पूर्व बौद्ध-सिद्धों की वाणियों में भी। योगियों की दृष्टि में योग-मत के अतिरिक्त अन्य सभी बातें उलटी हैं। सूक्ष्म को पहले स्थान मिलना चाहिए स्थूल को बाद में; जो श्रेष्ठ एवं महत्त्वपूर्ण

है उसका उल्लेख पहले होना चाहिए और जो अपेक्षाकृत कम महत्त्वपूर्ण है उसका उल्लेख बाद को; किन्तु दुनिया का क्रम उलटा है। दुनिया का क्रम है—धर्म-अर्थ-काम-मोक्ष; ब्रह्मचर्य-गार्हस्थ्य-वानप्रस्थ-संन्यास; शृंगार-हास्य-करुण-रौद्र-वीभत्स-भयानक-अद्‌भुत-शान्त; पृथ्वी-जल-तेज-वायु-आकाश। यह सारा क्रम उलटा है। दुनिया की इस उलटी रीति की ओर संकेत करने के लिए ही योगियों ने उलटबाँसी शैली का प्रयोग किया है। कबीरदास ने योगियों से ही इस शैली को ग्रहण किया। जिस प्रकार योगियों की दृष्टि में दुनिया की रीति उलटी है, उसी प्रकार दुनिया की दृष्टि में योगियों की बातें उलटी प्रतीत होती हैं। इसलिए उलटबाँसियो में विरोध लक्षित होता है किन्तु सन्तों की मान्यताओं को दृष्टि में रखकर संकेतार्थ ग्रहण करने से विरोध का परिहार हो जाता है। कबीर की एक प्रचलित उलटबाँसी है—

एक अचंभा देखा रे भाई। ठाढ़ा सिंह चरावै गाई।।
पहले पूत पीछे भई माई। चेला कै गुरु लागै पाई।।

उपर्युक्त उलटबाँसी में सिंह, ज्ञान का प्रतीक है और गाय इन्द्रियों का। ज्ञान ही इन्द्रियों को नियन्त्रित करता है। इस अर्थ में सिंह गाय को चराता है। इसी प्रकार पूत 'जीवात्मा' का और माई 'माया' का प्रतीक है। जीव पहले शुद्ध और मुक्त होता है, बाद को माया उसे अपने प्रभाव में ले लेती है। चेला शुद्ध चित्त का प्रतीक है, गुरु अहंकारयुक्त मन का। अहंकारी मन शुद्ध और सहज होकर ही महत्त्व प्राप्त कर सकता है। अहंकार त्याग ही चेला के पैर लगना है। इस प्रकार प्रतीकार्थों को ग्रहण करने से विरोध का परिहार हो जाता है और हम उलटबाँसियों में निहित गूढ़ार्थ ग्रहण कर लेते हैं।

निरंजन :—कबीरदास ने अपनी वाणियों में कई स्थलों पर 'निरंजन' शब्द का प्रयोग किया है। 'निरंजन' का शाब्दिक अर्थ 'अंजन-रहित' हैं। अंजन से तात्पर्य 'माया' से है। इस प्रकार 'निरंजन' का सामान्य अर्थ मायारहित निर्गुण ब्रह्म है। 'गोरखबानी' में 'निरंजन' को उदय-अस्त, रात-दिन, स्थूल-सूक्ष्म से परे; अधिष्ठान और नामरूपोपाधि से भिन्न सर्वव्यापी तत्त्व के रूप में देखा गया है।

उदै न अस्त राति न दिन, सरबे सचराचर भाव न भिन।
सोई निरंजन डाल न मूल, सब व्यापीक सुषम न अस्थूल।।

—गो. बा. पद 111

कबीरदास ने—"गोव्यंदे तू निरंजन तू निरंजन तू निरंजन राया। तेरे रूप नाहीं रेख नाहीं मुद्रा नाहीं माया।" कहकर निरंजन को 'परमतत्त्व' का ही पर्याय प्रमाणित किया है। अन्यत्र वे राम और निरंजन में अभेद करते हुए सारे इस अखिल सृष्टि से परे बताते हैं—

राम निरंजन न्यारा रे, अंजन सकच पसारा रे।

—क. ग्रं. पृ. 201, पद 336

इसी क्रम में वे यह भी कहते हैं कि जो आवागमन में पड़ा है वह सब अंजन है, निरंजन तो तत्त्व रूप है जो सभी प्राणियों में व्याप्त है—

अंजन आवै अंजन जाइ, निरंजन सब घटि रह्यौ समाइ।।

—क. ग्रं. पृ. 202, पद 337

इस प्रकार जहाँ तक कबीर का प्रश्न है 'निरंजन' के सम्बन्ध में उनका मत नाथ-योगियों से अभिन्न है। कबीर के बाद उनके अनुयायियों ने 'निरंजन' को एक कपटी देवता के रूप में चित्रित किया है। पं. हजारीप्रसाद द्विवेदी का कथन है—"आगे चलकर कबीर पन्थ निरंजन की बड़ी दुर्गति हुई है। निरंजन वहाँ पक्का शैतान बना दिया गया है।" (कबीर, पृष्ठ 54) बंगाल के पश्चिमी भाग और बिहार के पूर्वी जिलों में निरंजन देवता या धर्मराज की उपासना करनेवाला एक 'धर्म सम्प्रदाय' आज भी विद्यमान है। पण्डितों का अनुमान है कि किसी समय यह धर्म सम्प्रदाय कबीरपन्थ में अन्तर्भुक्त हुआ था। उसी समय कबीरपन्थ में निरंजन की भावना में परिवर्तन हुआ होगा। कुछ भी हो, जहाँ तक कबीर का प्रश्न है, उन्होंने 'निरंजन' को मायारहित परमतत्त्व ही माना है।

सुरति-निरति :—सन्त-साहित्य में प्रचलित महत्त्वपूर्ण पारिभाषिक शब्द है। इन शब्दों को लेकर सर्वाधिक विचार-मन्थन हुआ है। बाबू सम्पूर्णानन्द 'सुरति' को स्रोत का बिगड़ा हुआ रूप मानते हैं और इसका अर्थ 'चित्तवृत्तियों का प्रवाह' करते हैं। (विद्यापीठ त्रैमासिक पत्रिका, भाग 2, पृ. 135) गुलाल साहब' सुरति' को मन से अभिन्न मानते हैं। डॉ. बड़थ्वाल 'सुरति' को 'स्मृति' से निकला हुआ मानते हैं। (हिन्दी काव्य में निर्गुण सम्प्रदाय, परिशिष्ट 3, पृ. 418) आचार्य क्षितिमोहन सेन ने 'सुरति' का अर्थ 'प्रेम' किया है। पं. परशुराम चतुर्वेदी 'सुरति' से 'शब्दोन्मुख चित्त' अर्थ लेते हैं। (कबीर साहित्य की परख, पृ. 252) आचार्य हजारीप्रसाद द्विवेदी के अनुसार 'सुरति' मूल रूप में स्मरण या स्मृति ही है, पर यह स्मृति अन्तरतम में बँटे हुए किसी परम प्रियतम की है। (सहज साधना, पृ. 76) डॉ. रामकुमार वर्मा 'सुरति' को 'सूरते इलहामिया' से जोड़ते हैं और इसका अर्थ 'आध्यात्मिक किरण' मानते हैं। श्री पुरुषोत्तम लाल श्रीवास्तव 'सुरति' का मूल 'श्रुति' मानते हैं। उनके अनुसार अन्तर्नाद या अन्तरात्मा के शब्द (श्रुति) को सुनने के लिए श्रुति (श्रवणवृत्ति) को बाह्य व्यक्त शब्दों से हटाकर एकाग्र और अन्तर्मुखी करना आवश्यक है। (कबीर साहित्य का अध्ययन, पृ. 384) डॉ. पारसनाथ तिवारी ने भी इसी व्युत्पति की पुष्टि की है। (कबीर वाणी सुधा, पृ. 149) इस प्रकार 'सुरति' की व्युत्पति को लेकर विद्वानों में पर्याप्त मतभेद हैं किन्तु इसके तात्पर्य को लेकर कोई विशेष मतभेद नहीं है। सभी विद्वान् यह स्वीकार करते हैं कि 'सुरति' अन्तर्मुखी चित्तवृत्ति ही है। जो चित्तवृत्ति सांसारिक विषयों की ओर प्रवाहित है वह जब ईश्वरोन्मुख हो जाती है तो उसे 'सुरति' कहते हैं। 'श्रुति' या श्रवण वृत्ति का अन्तर्मुखी होना चित्तवृत्ति का अन्तर्मुखी होना ही है। किसी परम प्रियतम की स्मृति का आना भी चित्त को बाह्य वस्तुओं से हटाकर अन्तर्लीन करना ही है और चित्त का शब्दोन्मुख होना भी उसका अन्तर्मुखी होना ही है। 'निरति' डॉ. बड़थ्वाल के अनुसार 'पूर्णतन्मयता' की स्थिति है। पं. हजारीप्रसाद द्विवेदी के अनुसार सारे बाह्य भ्रम-जाल से निरत होकर अन्तर्मुख होने की प्रवृत्ति का नाम ही 'निरति' है। (सहज साधना, पृ. 76) पं. परसुराम चतुर्वेदी के अनुसार 'शब्द एवं सुरति' का मिलकर एक हो जाना ही 'निरति' है। (कबीर साहित्य की परख, पृष्ठ 252) कुछ विद्वानों के अनुसार 'निरति' वैराग्यवृत्ति या सांसारिक विषयों से अनासक्तता का द्योतक है। श्री पुरुषोत्तम लाल श्रीवास्तव के अनुसार 'निरति' की व्युत्पत्ति शब्द 'निऋति' से हुई है जिसका अर्थ 'शून्य' या 'आनन्दपद' है। (कबीर साहित्य का अध्ययन, पृ. 384) महापण्डित राहुल सांकृत्यायन 'निरति' का सम्बन्ध बौद्ध-सिद्धों के 'नैरात्म्य' (नैरामणि) से जोड़ते हैं। उनके अनुसार 'बुद्ध' के मुख्य

सिद्धान्त—जो है, वह क्षणिक है—के अनुसार जगत् और उसके किसी पदार्थ के अन्तस्तल में भी कोई नित्य पदार्थ—आत्मा या ब्रह्म—निहित नहीं है। सभी आत्म-रहित निरात्मा या नैरात्म्य, नइरामणि है। उसी नैरात्म्य तत्त्व-शून्यता को साक्षात् करना है' (दोहा कोश, भूमिका, पृ. 26) कबीरदास ने सुरति और निरति का एक साथ प्रयोग करते हुए जो कुछ कहा है उससे भी इसी अर्थ की पुष्टि होती है—

सुरति समानी निरति मैं, निरति रही निरधार।
सुरति निरति परचा भया, तब खूले स्यंभ दुआर।।

—क. ग्रं. 5 । 22

साधक चित्तवृत्ति को अन्तर्मुखी करके निरति (शून्यता या नैरात्म्य भाव) में लीन कर सकता है किन्तु 'निरति' तो अभावात्मक होने के कारण निराधार है ही। चित्तवृत्ति के निरति या शून्यता में लीन हो जाने पर सिंह द्वार खुलता है और शिवत्व या समरसत्व की उपलब्धि होती है। अन्यत्र भी कबीरदास ने सुरति के शून्य में सामने की बात कहकर उपर्युक्त मान्यता की पुष्टि की है—

उलटे पवन चक्र पट बेधा सुन्नि सुरति लै लागी।

—क. ग्र., पद 8

सुन्नहि सुरति समानिया, कासो कहिए जात।

—बी. र. 39

सहज-शून्य :—सन्तों ने 'सहज' और 'शून्य' शब्दों का प्रयोग प्रायः एक साथ किया है। 'शून्य' शब्द मूलतः बौद्ध-दर्शन का शब्द है। आध्यात्मिक बौद्ध 'शून्य' को अनिर्वचनीय मानते थे। तत्त्व अनिर्वचनीय है क्योंकि वाणी और बुद्धि उसे ग्रहण नहीं कर सकती। संसार भी अनिर्वचनीय है क्योंकि वह न तो 'सत्' है, न 'असत्', न 'सदसत्', न 'सदसद्भिन्न'। 'तत्त्व' और 'संसार' दोनों ही शून्य हैं। 'तत्त्व' 'प्रपंच-शून्य' हैं। और संसार 'स्वभाव-शून्य'। 'शून्य' शब्द का अर्थ केवल 'अभाव' नहीं है। नाथपन्थ में 'शून्य' का प्रयोग इससे भिन्न अर्थ में किया गया है। नाथ-योगियों के अनुसार सहस्रार चक्र ही शून्य चक्र है। इस चक्र में पहुँचकर जीवात्मा सुख-दुख, राग-द्वेष, हर्ष-अमर्ष इन सभी द्वन्द्वों से ऊपर उठ जाता है। यही शून्यावस्था है। नाथ-योगियों के लिए यह शून्यावस्था ही सहजावस्था है। इस प्रकार 'शून्य' और 'सहज' एक ही स्थिति के बोधक शब्द हैं। 'शून्य' की उलपब्धि ही 'सहज' की उपलब्धि है। बौद्ध-सिद्धों ने 'शून्य' को 'परमपद' कहा था और इसे प्राप्त करने पर 'महासुख' की अनुभूति की कल्पना की थी। सिद्ध सरहपाद ने कहा था—

'सुण्ण णिरञ्जण परम पउ, सुइणोमाअ सहाब'

—दोहा कोश, पृ. 30

अर्थात् परमपद शून्य निरंजन है और इसका स्वभाव स्वप्नोपम है। यह परम पद अक्षर और वर्ण से बिन्दु और चित्र से परे है। यह न सीमित है न विस्तृत। यह परम महासुख रूप है।

अक्खर-वण्ण-विवज्जिअ णउ सो बिन्दु ण चित्त।
एहु सो परममहासुह, णउ फेडिअ णउ खित्त।।

—दोहा कोश, पृ. 30

यह परमपद आदि, मध्य और अन्त-रहित है, भव और निर्वाण एवं आत्म और पर की भावना से परे है–

आइ ण अन्त ण मज्झ नहि, णउ भव णउ णिव्वाण।
एहु सो परम, महासुह, णउ पर णउ अप्पाण।।

दोहा कोश, पृ. 10

यह परमसुख ही सहजानन्द है और शून्य परमतत्त्व ही सहज तत्त्व है। इस सहजानन्द की अवस्था में इन्द्रिय बोध समाप्त हो जाता है और आत्मस्वभाव (अपने-आपको जानने की स्थिति) भी नष्ट हो जाता है–

इन्दी जत्थ विलीअ गउ, णट्ठो अप्प सहाब।
सो हलें सहजानन्द तण, फुड पुच्छह गुरुपाव।

दोहा कोश, पृ. 8

इस सहजानन्द को प्राप्त करने के लिए जीवन को नैसर्गिक रूप में बिताना आवश्यक है। चित्त का अनावश्यक निरोध अनुचित है। यह संसार सहजानन्द से पूरित है। शुद्ध चित्त में नैसर्गिक जीवनयापन करते हुए सांसारिक विषयों का भोग सहज साधना है। सिद्ध सरहपाद ने कहा था–

जइ जग पूरिय सहजाणन्दे। णाचहु गाअहु विलसहु चंगे।
जइ पुणु घेप्पहु वासण बिन्दे। तंह फुड बाज्झहु ए भव फन्दे।।

–दोहा कोश, पृ. 30

सरहपाद का लक्ष्य यही नहीं था कि सहज-साधना के नाम पर मुक्त भोग की छूट दी जाये। वे इस बात के समर्थक थे कि मानव की जो सहज आवश्यकताएँ हैं, उन्हें सहज रूप से पूरा होने देना चाहिए' (हिन्दी काव्यधारा, राहुल सांकृत्यायन, पृ. 35) किन्तु कालान्तर में सहज-साधना के नाम पर गुह्य-समाज एकत्र होने लगे और इन समाजों में स्त्री-पुरुषों को मद्य-मैथुन की पूरी छूट दी गयी। नाथ-योगियों ने इस प्रकार की सहज-साधना का विरोध किया। उन्होंने संयम पर बल दिया और शिव-शक्ति के समरसीकरण की साधना को सहज-साधना का नाम दिया। कबीरदास ने सहज भाव से विषयों के त्याग और अनासक्त जीवन को सहज-साधना के रूप में अपनाया। उन्होंने कहा–

सहज सहज सब कोउ कहै, सहज न चीन्है कोइ।
तिन्ह सहजै विषिया तजी, सहज कहीजै सोइ।।

सहज तत्त्व के रूप में उन्होंने अपने 'राम' को प्रतिष्ठित किया और राम से मिलकर एक होने के आनन्द को ही उन्होंने 'सहजानन्द' माना–

सहजै सहजै सब गये, सुत-वित्त-कामिणी-काम।
एकमेक है मिलि रह्यो, दास कबीरा राम।।

क. ग्रं. 21/3

इस प्रकार सहज और शून्य को कबीरदास ने राम या हरि का पर्याय बना दिया। योगियों के जिस शून्य-मण्डल में बिना सूर्य और चन्द्रमा के दिव्य ज्योति प्रकाशित होती थी; जहाँ आदि

निरंजन आनन्द करते थे, जहाँ वियोग और संयोग, धूप और छाया, दिन और रात की विषमतामूलक स्थिति का कोई प्रभाव नहीं था, जहाँ पहुँचकर योगी साधक 'सोऽहं' की अनुभूति करता था, उसका चित्त पाप और पुण्य से परे हो जाता था और वह अविचल होकर सहजशून्य में समा जाता था। वहीं कबीरदास ने श्री कमलाकान्त को स्थापित कर दिया–

कदली पुहुप दीप परकास। रिदा पंकज महिं लिया निवास।।
द्वादस दल अभिअंतर मंत। जहाँ पउढ़े स्त्री कवलाकंत।।
अरध उरध बिच लाइलै अकास। सुन्नि मंडल मंहि करि परगासु।।
जहाँ सूरज नाहीं चंद। आदि निरंजन करै आनंद।।
जो ब्रह्मांडि पिंडि सो जानु। मानसरोवर करि असनानु।।
सोहं हंसा ताकौ जाप। ताहि न लिप पुन्नि अरु पाप।।
अमिलन मिलन घाम नहि छाँहा। दिवस न राति कछू है ताहाँ।।
टार्‌यो टरै न आवै जाइ। सहज सुनि महि रह्यो समाइ।।

—कबीर ग्रन्थावली, पारसनाथ तिवारी, पद 130

नाद-बिन्दु :— नाद-बिन्दु मूलतः तन्त्रशास्त्र के शब्द हैं। सन्त-साहित्य में भी इनका प्रयोग हुआ है। तन्त्रशास्त्र के प्रसिद्ध ग्रन्थ 'शारदा तिलक' के प्रथम पटल में ही 'नाद' और 'बिन्दु' के आविर्भाव के सम्बन्ध में कहा गया है–

निर्गुणः सगुणश्चेति शिवो ज्ञेयः सनातनः।
निर्गुणः प्रकृतोन्यः सगुणः सकलः स्मृतः।।
सच्चिदानन्दविभवात्सकलात्परमेश्वरात् ।
आसीत् शक्तिस्ततो नादो नादात् बिन्दुसमुद्भवः।।

अर्थात् निर्गुण और सगुण शिव के ये दो रूप सनातन हैं। निर्गुण उनका प्रकृति-सम्बन्ध-रहित रूप है और सगुण प्रकृतियुक्त रूप है। इस सच्चिदानन्द एवं प्रकृतियुक्त परमेश्वर से शक्ति उत्पन्न हुई। शक्ति से नाद और नाद से बिन्दु का आविर्भाव हुआ। सम्भवतः तन्त्रशास्त्र के इन्हीं कथनों को ध्यान में रखकर आचार्य हजारीप्रसाद द्विवेदी ने 'नाद' और बिन्दु' के सम्बन्ध में लिखा है–"सीधी भाषा में यों समझाया गया है कि निर्गुण शिव विशुद्ध चैतन्य है और सगुण शिव उपाधियुक्त। उपाधियुक्त चैतन्य से उपाधियुक्त शक्ति उत्पन्न होती है। इन दोनों के संयोग से विश्व में जो एक विक्षोभ होता है, वही नाद है और उस विक्षोभ का क्रियाशील होना ही बिन्दु है।" (सहज साधना, पृ. 45) सर आर. जी. भण्डारकर ने शांभव दर्शन का हवाला देते हुए 'नाद' 'बिन्दु' के सम्बन्ध में कहा है–शिव और शक्ति आदि तत्त्व हैं। प्रकाश रूप शिव विमर्श या स्फूर्ति रूपा शक्ति में प्रवेश करके 'बिन्दु' विकसित होने लगता है। 'बिन्दु' से 'नाद' (स्त्री तत्त्व) का उद्भव होता है। ये 'बिन्दु' और 'नाद' एक होकर संश्लिष्ट 'बिन्दु' बन जाते हैं। पुरुष एवं स्त्री दोनों तत्त्वों का संश्लिष्ट रूप में प्रतिनिधित्व करनेवाला यह 'बिन्दु' ही 'काम' कहलाता है। निष्कर्ष यह कि 'नाद' और 'बिन्दु' शिव और शक्ति के संयोग से ही उत्पन्न होनेवाले तत्त्व हैं। शिव और शक्ति से ही सम्पूर्ण विश्व का आविर्भाव हुआ है। अतः यह समय ब्रह्माण्ड नाद-बिन्दु रूप ही है। सन्त 'नाद' और 'बिन्दु' के रहस्य से परिचित थे। कबीरदास ने कहा है–

नाद व्यंद की नावरी, राम नाम कनिहार

—कबीर ग्रन्थावली, पद 18

अर्थात् यह मानव शरीर 'नाद' 'बिन्दु' से रचित है। राम का नाम ही इसे भवसागर से पार लगानेवाला है। अन्यत्र उन्होंने कहा है—

नादहि व्यंद कि व्यंदहि नाद, नादहि व्यंद मिलै गोव्यंद।

—कबीर ग्रन्थावली, पद 326

सचमुच यह कहना कठिन है कि 'नाद' से 'बिन्दु' है कि 'बिन्दु' से 'नाद' है। 'नाद' और 'बिन्दु' के रहस्य को समझ लेना 'गोविन्द' को जान लेना है।

औंधा कुआँ :— डॉ. पीताम्बरदत्त बड़थ्वाल ने त्रिकुटी या आकाश (ब्रह्मरन्ध्र) में स्थित अमृत कूप को ही औंधा कुआँ माना है। (हिन्दी काव्य में निर्गुण सम्प्रदाय, पृ. 378) कबीरदास ने लिखा है—

आकाशे मुखि औंधा कूवाँ पाताले पनिहारी।
ताका पानी कोउ हंसा पीवै, विरला आदि विचारी।

—कबीर ग्रन्थावली 5। 4

अर्थात् कबीर के अनुसार 'औंधा कुआँ' की स्थिति 'आकाश' में है। सम्भवतः सहस्रार पद्म के मूल में स्थित शक्ति-केन्द्र से झरनेवाले अमृत को ही कबीर ने औंधा कुआँ का जल मान लिया है क्योंकि खेचरी मुद्रा-सिद्ध योगी ही इस अमृत का पान कर सकता है और कबीर ने भी किसी मुक्त साधक (हंसा) को ही उस औंधा कुआँ के जल को पीने में समर्थ माना है।

टकसार बानी :— कबीरपन्थ में कबीरदास की समस्त वाणियों को चार वर्गों में रखा गया है—1. कूट बानी, 2. टकसार, 3. मूलज्ञान, 4. बीजक वाणी। इन चारों प्रकार की वाणियों को क्रमशः सूक्ष्म ऋग्वेद, सूक्ष्म यजुर्वेद, सूक्ष्म सामवेद और सूक्ष्म अथर्ववेद समझा जाता है। टकसार वाणी में प्रामाणिक एवं सत्य कथन का संकेत भी है क्योंकि 'शब्दावली' में कहा गया है कि यदि काल के प्रभाव से बचना चाहते हो तो 'टकसार शब्द' को ग्रहण करो। कबीर ग्रन्थावली में कहा गया है—

पारस रूपी नाम है, लौह रूप संसार।
पारस तैं पारस भया, परखि भयाटकसार।

अर्थात् राम का नाम पारस रूप है। यह संसार लौह रूप है। राम नाम का स्पर्श पाकर यह लौह रूप संसार पारस हो गया। इस प्रकार राम नाम की कसौटी पर खरा उतर जाने के बाद (परख हो जाने के बाद) वह टकसाली सोना हो गया। कबीर की वाणी भी राममय है। अतः यह समझा जा सकता है कि कबीर की 'टकसार बानी' खरे सोने के समान है। वह प्रामाणिक और सत्य है।

●

सहायक ग्रन्थ सूची

1. अथर्ववेद
2. आईन-ए-अकबरी, अबुल फजल अल्लामी, 1893
3. इलाहाबाद गजेटियर, 1909 ई.
4. उत्तरी भारत की सन्त परम्परा, परशुराम चतुर्वेदी, भारती भण्डार, इलाहाबाद, 2008 वि.
5. ऐतरेय ब्राह्मण सं. मार्टिन होम, गवर्नमेण्ट सेण्ट्रल बुक डिपो, बम्बई, 1863 ई.
6. कबीर, हजारीप्रसाद द्विवेदी, हिन्दी ग्रन्थ रत्नाकर कार्यालय, बम्बई, 1964 ई.
7. कबीर के काव्य रूप, नजीर मुहम्मद, 1973 ई.
8. कबीर और कबीर पन्थ, केदारनाथ द्विवेदी, हिन्दी साहित्य सम्मेलन, प्रयाग, 1965 ई.
9. कबीर ग्रन्थावली, सम्पादक माताप्रसाद गुप्त, प्रामाणिक प्रकाशन, आगरा, 1969 ई.
10. कबीर ग्रन्थावली, सम्पा. पारसनाथ तिवारी, हिन्दी परिषद्, प्रयाग विश्वविद्यालय, प्रयाग, 1961 ई.
11. कबीर ग्रन्थावली, श्यामसुन्दर दास, नागरी प्रचारिणी सभा, काशी, 1938 ई.
12. कबीर का रहस्यवाद, रामकुमार वर्मा, 1931 ई.
13. कबीर चरित, मुकुन्द कवि, (गुजरात के सन्तों की हिन्दी-वाणी 1969, में उद्धृत)
14. कबीर वचनावली, अयोध्यासिंह उपाध्याय 'हरिऔध', नागरी प्रचारिणी सभा, काशी, 2015 वि.
15. कबीर वाङ्मय, खण्ड 1 (रमैनी), सम्पादक ठाकुर जयदेव सिंह, 1974 ई.
16. कबीर बीजक, शुकदेव सिंह, 1972 ई.
17. कबीर वाणी सुधा, डॉ. पारसनाथ तिवारी, 1972 ई.
18. कबीर साहित्य का अध्ययन, पुरुषोत्म लाल श्रीवास्तव, सं. 2008 वि.
19. कबीर साहित्य की परख, परशुराम चतुर्वेदी, भारती भण्डार, प्रयाग, सं. 2011 वि.
20. गुरु ग्रन्थ साहब, 1951 ई.
21. गुरु न्यास शिवनारायण साहब, प्र. सन्त समाज प्रबन्धक समिति, कानपुर, 1952 ई.
22. गोरखबानी, सम्पादक पीताम्बर दत्त बड़थ्वाल, हिन्दी साहित्य सम्मेलन, प्रयाग, 2003 वि.
23. चिन्तामणि, भाग 2, रामचन्द्र शुक्ल, इण्डियन प्रेस, प्रयाग, 2006 वि.
24. जायसी ग्रन्थावली, रामचन्द्र शुक्ल, नागरी प्रचारिणी सभा, काशी, सं. 2013 वि.
25. दविस्तान-ए-मजाहिब, मोहसिन फानी (बम्बई, 1662 हि.)
26 दिल्ली सल्तनत, आशीर्वादी लाल, तृ. सं. 1959 ई.
27. दोहा कोश, सम्पादक राहुल सांकृत्यायन, 1957 ई.
28. नारदभक्ति सूत्र, गीताप्रेस, गोरखपुर, 2009 वि.
29. नाथ सम्प्रदाय, हजारीप्रसाद द्विवेदी, द्वितीय संस्करण, 1966 ई.
30. पंचदशी, विद्यारण्य मुनि, निर्णय सागर मुद्रणालय, बम्बई, 1949 ई.

31. पद्मावत, जायसी, सम्पा. वासुदेव शरण अग्रवाल, साहित्य सदन, चिरगाँव, 2018 वि.
32. बीजक मूल, कबीर चौरा बनारस, 1932 ई.
33. बीजक श्री कबीर साहब, साधु पूरनदास, करनेलगंज इलाहाबाद, 1905 ई.
34. भक्ति आन्दोलन का अध्ययन, रतिभानु सिंह नाहर, प्र. सं.
35. भारत का संगीत सिद्धान्त, कैलाश चन्द्र देव, 1959 ई.
36. भक्तमाल, नाभादास, वेंकटेश्वर प्रेस, बम्बई, 1953 ई.
37. भक्तमाल की रसबोधिनी टीका, प्रियादास
38. भागवत पुराण, गीता प्रेस, गोरखपुर, सं. 1997
39. भारतीय संस्कृति और साधना, म. म. गोपीनाथ कविराज, बिहार राष्ट्रभाषा परिषद्, पटना, प्रथम खण्ड (2019 वि.), द्वितीय खण्ड (2021 वि.)
40. भारतीय दर्शन, बलदेब उपाध्याय, शारदा मन्दिर, वाराणसी 1935 ई.
41. महात्माओं की वाणी, बाबा रामबरनदास, सन् 1933 ई.
42. मीराँ की पदावली, सं. परशुराम चतुर्वेदी, सं. 2006
43. मुण्डकोपनिषद् शांकर भाष्य गीता प्रेस, गोरखपुर, 2013 वि.
44. शतपथ ब्राह्मण, अच्युत ग्रन्थमाला कार्यालय, काशी, 1994 वि.
45. शब्द और अर्थ : सन्त साहित्य के सन्दर्भ में, राजदेव सिंह, 1967 ई.
46. शारदा तिलक, चौखम्भा संस्कृत सिरीज, 1934 ई.
47. सहज साधना, हजारीप्रसाद द्विवेदी, सं. 2020
48. सन्त कबीर, सम्पा. रामकुमार वर्मा, साहित्य भवन लिमिटेड, इलाहाबाद, 1957 ई.
49. सन्त बानी संग्रह, दो भाग, बेलवेडियर प्रेस, इलाहाबाद, 1905 ई.
50. सन्त देवकीनन्द साहब और उनकी रचनाएँ, सं. परशुराम चतुर्वेदी, सं. 2025 वि.
51. श्री मद्भगवद्गीता, गीताप्रेस, गोरखपुर त्रयोदश संस्करण
52. हस्तलिखित हिन्दी-पुस्तकों का संक्षिप्त विवरण, नागरी प्रचारिणी सभा, काशी, सं. 2021
53. हिन्दी काव्यधारा, राहुल सांकृत्यायन, 1945 ई.
54. हिन्दी काव्य में निर्गुण सम्प्रदाय, पीताम्बरदत्त बड़थ्वाल, अनु. परशुराम चतुर्वेदी, अवध पब्लिशिंग हाउस, लखनऊ, 2000 वि.
55. हिन्दी साहित्य का इतिहास, रामचन्द्र शुक्ल, नागरी प्रचारिणी सभा, काशी 2007 वि.
56. हिन्दी साहित्य का आलोचनात्मक इतिहास रामकुमार वर्मा, 1954 ई.
57. हिन्दी साहित्य का आदिकाल, हजारीप्रसाद द्विवेदी, बिहार राष्ट्रभाषा परिषद्, पटना 1961 ई.
58. हिन्दी को मराठी सन्तों की देन, विनयमोहन शर्मा, 1957 ई.
59. हिन्दी और मराठी के वैष्णव साहित्य का तुलनात्मक अध्ययन, 1955 ई.
60. हिन्दी भाषा का उद्गम और विकास, उदय नारायण तिवारी, 1955 ई.
61. हिन्दी साहित्य का अतीत, भाग 1, विश्वनाथ प्रसाद मिश्र, वाणी वितान, वाराणसी, 2022 वि.
62. हिन्दी साहित्य को गुजरात के सन्त कवियों की देन, डॉ. रामप्रसाद गुप्त, सं. 2004

●

ENGLISH BOOKS

1. Akbar the Great Mogul, Vincent, A. Smith.
2. Banares District Gazetteer, 1906
3. Indian Inheritance, Bhartiya Vidya Bhawan, 1919
4. Introduction to Tantra Sastra, Sir John Woodroffe, 1956.
5. Kabir and Kabir Panth. H.G. Westcott, 1907
6. Kabir and his Followers, F.F. Key, 1931.
7. Kabir and the Bhakti Movement, Mohan Singh, 1934.
8. Mystcism in Maharashtra, Ranadey, 1939.
9. Outline of Islamic Culture Vol. II A.M.A. Shushliry 1955.
10. Outline of Religious Literature of India, Dr. Farquhar, 1920.
11. Religious Sects of the Hindus. H.H. Wilson, 1846.
12. The Bijak of Kabir, Rev. Ahmed Shah, 1917.
13. The Philosophy of Religion, D. Miall Edwards. 1960.
14. The Religion of Man, Rabindra Nath Tagore, 1958,
15. The Sikh Religion, Macauliffe, 1909.
16. Vaisnavism, Saivism and Minor Religious Cults R.G. Bhandarker, 1913.

●

नामानुक्रमणिका

र

व

श

स

ह

क्ष

ज्ञ